독서교육론

독서교육론

2015년 9월 17일 초판 1쇄 펴냄
2023년 8월 30일 초판 13쇄 펴냄

지은이 이순영·최숙기·김주환·서혁·박영민

책임편집 정세민
편집 이소영·김혜림·조유리
디자인 김진운
본문 조판 아바 프레이즈
마케팅 김현주

펴낸이 권현준
펴낸곳 (주)사회평론아카데미
등록번호 2013-000247(2013년 8월 23일)
전화 02-326-1545
팩스 02-326-1626
주소 03993 서울특별시 마포구 월드컵북로6길 56
이메일 academy@sapyoung.com
홈페이지 www.sapyoung.com

독서교육론

이순영·최숙기·김주환·서혁·박영민 지음

사회평론아카데미

머리말

독서는 모든 교육의 기초이자 사회적 소통의 핵심적인 수단이다. 독서의 중요성은 누구나 인정하지만 독서교육 분야의 전문성이나 학문성은 아직 취약한 것이 현실이다. 학생들은 시행착오를 거치며 스스로 독서 능력과 태도를 기르고 있고, 그나마 시행되는 독서교육도 교양을 위해 독서 시간을 제공하거나 도서관 이용법을 알려 주는 수준이다. 독서교육의 방법도 교육 주체의 개인적 경험이나 상식에 의존하는 바가 크다. 이 과정에서 많은 학생들이 필요한 독서 능력을 갖추지 못한 채 책과 멀어지는 등 어려움을 겪고 있다.

독서교육의 현재 모습은 독서교육의 과거와 긴밀하게 연결되어 있다. 고대와 중세 시대에 독서는 유교적인 가치관을 형성하고 관직에 나아가 입신양명하는 수단이었다. 근대 국가가 성립되면서 독서교육은 서양의 새로운 문물을 익히고 민족의식을 고취하는 국민 양성의 수단이었다. 시대에 따라 조금씩 강조점을 달랐지만 독서교육의 주 목표는 오랫동안 가치관 교육, 교양 증진, 인격 도야였다. 독서교육이라고 하면 동서양의 고전 읽기가 떠오르는 것도, 독서교육 시간에 교사가 유명 작가의 작품을 꼼꼼하게 강독하는 것도, 독서 캠프에 으레 문학답사가 포함되는 것도 이러한 전통의 영향으로 볼 수 있다.

그러나 최근 이러한 독서의 개념은 급속하게 변화하고 있다. 지식을 전달하는 수단이 서책에서 디지털 매체로 확장되었고, 방대한 정보 속에서 필요한 정보를 선별하여 활용하거나 지식을 창조하는 능력이 강조되고 있다. 독서 환경이 급속히 바뀌면서 독서의 개념과 목적도 변화하고 있는 것이다. 이에 따라 독서교육의 목표도 교양과 가치관 확립이라는 전통적인 사명에서 지식 정보의 수용과 생산 능력의 향상이라는 새로운 방향으로 이양되고 있다.

이 책은 변화하는 문식 환경 속에서 중·고등학교의 학생들에게 어떻게 독서를 지도할 것인가 하는 고민을 담고 있다. 이 책의 주요 예상 독자는 장차 이들에게 독서를 지도할 사범대학의 예비 교사들이다. 물론 기존에 독서교육 전공의 책이 없었던 것은 아니다. 독서교육은 전 연령의 독자를 대상으로 하며, 교육 주체도 공교육의 교사, 사설기관의 전문가, 도서관의 사서, 부모 등 다양하다. 연계된 학문 분야도 교육학, 심리학, 문헌정보학에 이른다. 이는 독서교육에 직·간접적으로 관여하고 있는 이들이 다양함을 의미한다. 그러다 보니 시중의 독서교육론은 동일한 이름에도 불구하고 그 내용과 성격이 매우 상이했다. 그러나 그 속에서 사범대학 학생들의 요구에 꼭 맞는 개론서를 찾기는 쉽지 않았다.

이 책은 이러한 문제의식을 가진 다섯 필자가 협업한 결과물이다. 독서교육 중에서도 텍스트 연구에 천착해 오신 서혁 교수님, 20년 이상의 교사 경력에 독서토론 분야의 전문가이신 김주환 교수님, 독서와 작문교육을 넘나들며 다양한 주제를 탐구해 오신 박영민 교수님, 그리고 독서 발달과 평가에 특별한 관심을 가지고 계신 최숙기 교수님께서 함께해 주셨다. 이 책의 필자들은 모두 사범대학 국어교육과의 교수로서, 또 독서교육 전문가로서 공통의 기반을 가지고 있었다. 이러한 집필진의 특성은 독서교육의 다양한 주제를 독자의 수준에 맞추어 안정적으로 풀어내는 데 중요한 기반이 되었다.

이 책은 독서를 지도하거나 독서교육에 관심이 있는 이들이 적절한 지식을 습득하고, 교육 실행을 준비하도록 기획되었다. 또한 독서교육의 개론서로서 학부 학생들이 쉽게 이해할 수 있도록 집필되었다. 그러나 독서교육 분야의 최신 동향은 물론 교육 실행과 관련된 각종 현안도 심도 깊게 다루고 있어 현직에서 학생들을 지도하는 교사나 학교도서관 운영자, 사서, 독서지도사의 전문성을 높이는 데도 유용할 것이다.

이 책은 독자의 요구를 고려하여 3부 13장으로 구성하였다. 1부 '독서의 개념과 이론'에서는 독서와 독서교육에 대한 핵심 개념과 이론들을 정리하여 독서교육을 위한 학문적 기반을 마련하고, 2부 '독서의 교육과정과 교수학습'에서는 실제적인 교육 실행을 준비하고, 3부 '독서교육의 탐구와 확장'에서는 독서교육의 전문성을 심화·확장하도록 기획하였다. 각 장마다 '핵심 내용 정리', '학습활동', '참고문헌'을 두었고, 필요한 경우 '더 알아보기'를 넣어 추가 정보를 제공하였다. 또한 독자에게 최신 정보를 제공하고자 2015 개정 국어과 교육과정, 누리과정, 현재 사용 중인 중등 교과서에 대한 내용을 포함하였다.

끝으로 이 책의 출판에 도움을 주신 많은 분들께 감사의 말씀을 전한다. 무엇보다도 바쁘신 와중에 이 책을 함께 집필해 주신 필자들께 깊이 감사드린다. 이 책은 교무처장직, 결혼, 장기 출장, 연구년 등의 상황 속에서도 늘 이 책에 우선순위를 두고 헌신해 주신 필자들 덕분에 출판될 수 있었다. 또한 이 책을 꼼꼼히 읽고 좋은 의견을 제시해 준 오은하, 김경환, 박진아 선생에게도 감사드린다. 끝으로 이 책을 출판해 주신 사회평론아카데미와 출판의 전 과정을 지원해 주신 고하영 편집자께도 감사드린다.

2015년 여름, 다섯 필자를 대표하여 이순영 씀.

차 례

2부 독서의 교육과정과 교수학습

1부

독서의 개념과 이론

1장 독서의 역사와 개념 / 2장 독자의 특성과 반응 / 3장 독서 능력과 독서 발달 / 4장 독서 과정과 독서 모형 / 5장 독서와 텍스트

1부는 이 책의 독자가 독서교육 분야의 주요 개념, 지식, 이론을 체계적으로 습득하여 독서교육을 위한 학문적 기반을 갖추도록 기획되었다. 독서는 독서 행위의 주체인 '독자'가 독서 자료인 '텍스트'를 만나 그 의미를 능동적으로 구성하는 적극적인 정신 작용이다. 독서 행위는 문자의 탄생과 함께 시작되었고, 끊임없이 변화해 왔다. 1장에서는 인류 역사 속에서 독서의 개념이 어떻게 변천해 왔는지를 개관하고, 현재의 독서 행위와 독서교육이 갖는 특성을 고찰한다. 2~4장에서는 독자의 다양한 특성과 발달의 문제, 그리고 독자의 머릿속에서 진행되는 독서의 과정을 세밀하게 살펴볼 것이다. 5장에서는 텍스트에 초점을 맞추어 텍스트의 개념, 유형, 구조, 난도의 문제를 다룬다. 1부 학습을 통해 독서교육의 관점을 정립하고 독자와 텍스트에 대한 이해를 심화하여 교육 기반을 마련할 수 있을 것이다.

1장

독서의 역사와 개념

1. 문자와 책, 그리고 인류 문명의 발전
2. 독서의 개념과 의미 구성의 신비

Speech makes us human, and literacy makes us civilized.
— David Olson, 1977

1. 문자와 책, 그리고 인류 문명의 발전

(1) 문자 언어와 책의 탄생

독서의 역사는 책의 역사, 보다 근본적으로는 기록 언어인 문자의 탄생과 함께 시작된다. 인류의 문명 발전에서 문자 언어는 매우 특별한 의미를 갖는다. 흔히 동물과 구별되는 인간의 고유한 특질로 음성 언어를 지적하지만, 인류가 현재와 같은 문명을 이룩할 수 있었던 핵심적인 기반은 문자 언어였다. 인간은 문자 언어를 사용하면서 시간과 공간을 초월하여 지식을 공유하거나 전승할 수 있게 되었다. 나아가 기록을 통해 기억의 부담에서 해방된 인간은 자신의 인지적인 에너지를 보다 새롭고 고차원적인 사고에 할애할 수 있게 되었다. 복잡다단한 지식의 이해·적용·분석·종합·평가와 같은 고등 수준의 사고는 인간이 문자 언어를 사용함으로써 가능해진 것이다.

문자 언어의 탄생: 수메르-이집트-그리스의 문자
현재까지 남아 있는 최고(最古)의 문자 기록은 수메르의 쐐기(설형)문자이다.

기원전 3300년경 메소포타미아 지역의 수메르인들은 부드러운 점토판에 뾰족한 필기구를 사용하여 여러 가지 정보를 기록하였다. 이렇게 기록된 쐐기문자는 설형문자라고도 불리는데, 후대로 갈수록 기록의 편의를 위해 문자의 모양이 직선형으로 발전한다. 기록이 끝난 점토판은 보존을 위해 건조되었고 그중 일부는 현재까지 남아 있다. 점토판에는 법률이나 종교와 회계에 이르기까지 다양한 분야의 정보가 기록되었다. 문자를 읽고 쓰는 기술을 전승하기 위해 학교도 설립되었는데, 다른 고대 사회와 같이 메소포타미아에서도 문자를 읽고 쓰는 능력을 의미하는 문식성(literacy) 교육은 소수의 관료나 사제에게만 허락된 특권이었다.

이후 이집트와 페니키아 등 세계 곳곳에서 문자가 형성되었다. 특히 이집트의 상형문자는 수메르의 문자보다 훨씬 발전된 형태였다. 구어를 거의 완벽하게 기록할 수 있었을 뿐만 아니라 추상적인 개념도 표현할 수 있었다. 하지만 서양 문자사 최대의 혁명은 알파벳이었다. 기원전 5~6세기에 그리스 알파벳이 개발되면서 비로소 문자의 보급이 활발해졌다. 이전에 존재하던 수메르의 쐐기문자나 이집트의 상형문자, 한자의 경우는 기록을 위해 최소 천 자 내외의 문자를 암기해야만 했다. 그리스 알파벳은 순수한 표음문자라는 점에서 이전의 문자 체계와는 달랐고 무엇보다도 문자의 습득이 용이했다. 그 결과 아테네의 남성 시민 계층을 중심으로 식자층이 늘어났다. 아테네 시민의 일상 속에서 문자는 중요한 부분이 되었고 시민의 읽기 학습은 법으로 규정되었다. 이 당시의 읽기 학습은 주로 음독 연습이었는데 유창한 음독과 암송이 강조되었다. 이후 로마 시대에 이르러 문자는 더욱 확산되었다. 로마 제국의 광대한 영토를 관리하기 위해서는 문자를 기반으로 한 의사소통 교육(읽기, 쓰기, 수사학)과 통치 체제를 정비하는 작업이 필수적이었기 때문이다.

중국의 갑골문자와 간독

고대 중국에서도 문자 언어가 형성되고 많은 정보가 기록되었다. 현재 남아

[표 1-1] 문자와 책의 약사

서양·일반 사건	연대 (B.C.)		중국·한국 사건
		B.C.	
메소포타미아 수메르 쐐기문자	3300		
이집트 상형문자	3000		(중국, 한자의 발생기로 추정)
수메르에 서기관 학교 설립	2000		
		1400	중국, 갑골문 기록
그리스 알파벳 개발	600		
파피루스의 보급 활성화	460		
		475	중국, 비단에 문자 기록(전국시대)
		A.D.	
양피지의 등장		1C	
		2C	
		105	**중국, 채륜이 종이 발명** 종이 생산이 증대되고 유교 전파에 기여
코덱스의 발명과 확산(2~3세기) 4C 이후 널리 사용됨		3C	
		4C	
		5C	
도자기, 가죽 등 각종 재료에 기록 수도원 도서관에서 필경사 활동		6C	
		7C	중국, 목판인쇄술 발명
610년 이후 중국의 제지법이 이슬람의 지배를 받던 스페인을 거쳐 12세기에 전 유럽으로 전파		8C	한국, 현존 최고 목판인쇄물 **『무구정광대다라니경』**(706년 이전 인쇄)
		9C	
		10C	중국, 10세기 이후 목판인쇄술 널리 전파
		11C	한국, 고려 문종 때 서적점 설립 충선왕 때 전교시를 두어 인쇄·출판 관장
		12C	중국, 가동활자 개발
		13C	
		1230	한국, 금속활자 발명 기록(고려 중기) **『팔만대장경』**(81,258개의 목판 보존)
		14C	
		1377	한국, 현존 최고 금속활자인쇄본 **『직지심체요절』**
		1403	한국, 태종 3년에 궁내에 주자소 설치
14세기 후반, 목판화(종교화) 유행		15C	
		1446	세종의 한글 반포
		1447	한글 동활자 『월인석보』, 『월인천강지곡』 인쇄, 한글 목활자로 『동국정운』 인쇄
구텐베르크 금속활자인쇄기 발명 인쇄소 확산, 소책자시대, 종교개혁, 과학혁명	1455	16C	
		1592	한국, 임진왜란 때 홍문관 소실(서적 유실)
정기간행물 확산 지식인과 작가의 탄생		17C	
독해 가능한 인구의 증가		18C	한국, 세책가와 방각본(상업적 민간출판도서, 주로 목판인쇄된 한글소설) 유행
		19C	
		20C	
유네스코 '국제 문식성의 날' 선언 (문맹 퇴치와 성인교육 강조)	1965		지식정보화 시대(문식성의 재개념화)
		21C	디지털 문식성, 복합양식 문식성의 대두

있는 중국의 문자 기록 중에 가장 오래된 것은 갑골문자이다. 중국의 허난성 안양현의 은허에서 거북의 복갑에 새긴 갑골문이 5만 여점 출토되었는데, 그 위에 약 4,500개의 문자가 기록되어 있었다. 이 갑골문자는 한자의 시초로 알려져 있으며, 현재까지 천 자 이상의 글자가 해독되었다. 이후 중국의 전국시대(B.C. 475~B.C. 221)에 이르러서는 비단이 기록 매체로 활용되었다. 그러나 비단은 비싼 가격 때문에 보급이 제한적이었고, 대신 대나무가 널리 사용되었다. 대나무로 만든 초기의 책을 '죽간(竹簡)'이라 부른다. 일반적으로 가늘고 긴 대나무 조각에 내용을 기록한 후 이를 엮어 두루마리로 만들었다. 기록을 위해 다른 종류의 나무 조각(목간, 木簡)도 사용되었는데, 죽간과 목간을 합쳐 '간독(簡牘)'이라 부른다. 간독은 부피가 클 뿐만 아니라 습기에 약하고 먹으로 쓴 글씨가 바래는 등 문제가 있었다. 그러나 나무는 구하기 쉽고 저렴한 재료였기 때문에 오랜 기간 동안 사용되었다. 현재와 같이 얇고 네모난 종이를 묶은 서책이 보편화되기까지는 동·서양에서 모두 천 년 이상의 시간이 걸렸다.

본격적인 책의 탄생: 코덱스와 종이의 발명

인류의 역사 속에서 문자 언어의 사용은 자연스럽게 그 기록물인 책의 탄생으로 이어졌다. 인류의 진화와 함께 지식을 기록하는 매체도 지속적으로 변화·발전해 왔다. 앞서 언급하였듯이 고대 메소포타미아에서는 점토판이, 이집트에서는 물풀의 일종인 파피루스가, 중앙아시아나 페르시아 지역에서는 양피지가 오랫동안 대표적인 기록 매체였다. 이외에도 사람들은 도자기의 표면, 상아, 금속, 천, 목재, 동물의 뼈 등 보존 가능한 다양한 재료에 기록을 남겼다. 인류의 문명이 발전할수록 기록할 지식은 많아졌고, 저렴하면서도 효율적인 기록 매체에 대한 요구도 늘어났다.

인류의 역사 속에서 가장 중요한 기록 매체는 종이였다. 중국의 후한시대에 환관 채륜이 개발한 종이는 책의 형태와 제본에 큰 영향을 미쳤다. 기존의 책은 동·서양을 막론하고 기본적으로 두루마리 형태였다. 현재와 같이 넘길 수 있는 네모난 책장을 갖춘 책은 2~3세기에 확산된 코덱스(codex)에서 찾을 수 있다. 코덱스는 파피루스를 네모난 모양으로 잘라 묶은 것도 있었으나 일반적으로는 양피지로 만들었다. 그리고 표지를 두어 속장을 보호하였다. 현재의 책과 유사한 형태로 개발된 코덱스는 두루마리를 말거나 풀면서 필요한 정보를 찾아야 하는 기존 기록 매체의 문제점을 개선한 획기적인 발명품이었다. 12세기 이후 전 유럽에 제지술이 보급되면서 코덱스는 비싸고 두꺼운 양피지 대신 종이로 제작된다. 15세기에 이르면 제지술과 목판인쇄술이 비약적으로 발전하고 동·서양에서 모두 책에 대한 수요와 보급이 확산되면서 서책 시대가 열린다. 인류의 문명사에서 볼 때, 책은 방대한 지식을 작은 지면에 담아 휴대할 수 있도록 한 놀라운 발명품이었다. 책이 보급되고 이러한 책을 읽고 쓸 수 있도록 하는 교육이 확대되면서 인류는 기존의 문명에서는 상상할 수도 없는 놀라운 일들을 이루어 나간다.

(2) 인쇄술의 발달: 조선의 인쇄 문화와 구텐베르크의 금속활자

서기 105년에 종이가 발명되었다. 하지만 책의 대량 생산과 보급을 위해서는 인쇄술이 필요했다. 인쇄술이 발달하기 전까지 모든 책은 사람이 직접 기록하고, 또 노동집약적으로 필사되었다. 양피지나 종이와 같은 재료도 귀했지만 내용을 필사하는 데 엄청난 노력이 들었다. 그래서 책은 매우 귀하고 비싼 재화였다. 성서 주석 한 권을 필사하기 위해서는 10년을 작업했다고도 하니 필사자의 노고를 상상할 수 있다. 이 당시의 책은 대부분 종교 서적이었다. 서양에서는 주로 성서가, 동양에서는 유·불·선과 관련된 서적이 필사되었다. 이런 이유로 필사 작업은 주로 수도사가 담당하였으나, 오탈자 없는 정확성과 책의 장식적인 측면에 대한 요구가 커지면서 전문적인 필경사와 채색사도 등장하였다. 사람이 손으로 책의 내용을 베껴 쓰는 엄청난 노력과 비용을 해결해 준 것이 바로 인쇄술이다.

라이헤나우 수도원에서 양피지에 제작한
오토시대 채색 필사본 표지

아름답게 채색된 중세의 성경 필사본 내부

목판인쇄술의 기원과 발전

초기의 인쇄술은 나무판에 문자를 새긴 후 그 표면에 먹을 묻혀 찍어 내는 목판인쇄술이었다. 목판인쇄술의 기원은 정확하지 않지만 8세기 이전에 중국에서 발명되었다고 본다. 중국에서는 일찍부터 금석문이나 비석에 먹을 묻혀 찍어 내는 일이 성행했는데, 목판인쇄의 원리는 이러한 탁본이나 도장, 보다 정확하게는 양각으로 인쇄하는 볼록 판화와 유사하다. 목판인쇄술은 중국 당나라 후기의 재상이었던 풍도에 의해 발전하였다고 전해진다. 풍도는 목판인쇄술을 정비하여 수많은 경전을 인쇄하였는데,『금강반야바라밀경』을 비롯한 당대의 목판인쇄물이 둔황에서 발견되었다. 이 중 부처와의 대화를 기록한 『금강반야바라밀경』에는 정교한 삽화가 포함되어 있고, 글자의 형태와 조성도 뛰어나 당대 목판인쇄술의 수준을 보여 준다.

목판인쇄술은 중국에서 개발되었지만 현존하는 최고(最古)의 목판인쇄물

무구정광대다라니경(국보 제126호)

은 우리나라의 『무구정광대다라니경』으로 평가받고 있다. 국보 제126호인 이 경전은 1966년 10월 경주 불국사의 석가탑을 보수하기 위하여 해체하는 과정에서 발견되었다. 석가탑 내 사리합 뚜껑 위에 놓여 있던 『무구정광대다라니경』은 너비 약 8센티미터, 길이 약 620센티미터의 두루마리형 인쇄물로 발견 당시 일부 유실된 부분이 있었다. 석가탑의 조성 연대는 통일신라시대인 751년으로 이 다라니경의 간행 연대는 8세기 초반으로 추정된다. 제작 연대가 분명한 목판인쇄물로는 고려 목종 10년에 간행된 안동 보광사의 『일체여래심비밀전신사리보협인다라니경』(1007)이 있다. 고려시대에는 중국에서 가져온 서적과 국내에서 제작한 목판인쇄물이 증가하였고, 서적점이나 전교시와 같은 기관을 두어 국가적인 차원에서 인쇄와 출판을 관장하였다는 기록이 남아 있다. 고려의 목판인쇄술은 상당히 높은 수준이었는데, 그 결정체가 13세기에 조성된 『팔만대장경』(고려대장경판)이다. 세계적인 문화유산인 『팔만대장경』은 81,258개에 이르는 목판이 현재까지도 완벽한 상태로 전승되어 초기 목판제작술의 면모를 보여 준다.

활자의 개량 작업과 조선의 인쇄 문화

목판인쇄술은 기본적으로 판각에 많은 비용과 시간이 소요되고 내구성도 약했다. 목판은 일부의 글자가 마모되거나 손상되면 새 판을 판각해야만 했다.

또한 보다 근본적으로 하나의 목판으로는 하나의 문서만 찍어 낼 수 있는 한계가 있었다. 이를 보완하기 위하여 개별 문자 단위로 활자를 만드는 **가동활자**가 개발된다. 가동활자는 11세기 중국에서 최초로 개발되었는데 초기의 가동활자는 진흙을 불에 구워서 만든 교니활자였다. 그러나 흙으로 만든 교니활자는 내구성이 약했다. 비슷한 시기에 나무로 만든 목활자도 나타났다. 목활자는 13세기 후반 이래 중국에서 실용화가 되었으나 역시 쉽게 갈라지는 문제가 있었다. 인쇄용 활자의 내구성 문제는 13세기 초반에 금속활자가 개발되면서 해결되었다. 이규보의 『동국이상국집』에 의하면 고려시대인 1234년에 금속활자로 『상정고금예문』을 인쇄하였다는 기록이 나온다. 그러나 『상정고금예문』은 현재 전해지지 않는다. 현존하는 세계 최초의 금속활자인쇄본은 고려 말에 인쇄된 『백운화상초록불조 직지심체요절』(1377)이다. 『직지심체요절』로도 불리는 이 인쇄본은 부처와 명승의 편지와 말씀에서 내용을 뽑아 구성한 책이다. 상·하로 두 권이 인쇄되었으나 현재는 하권만 프랑스 국립도서관에 소장되어 있다.

고려의 뛰어난 목활자와 금속활자인쇄술은 조선에도 이어져 태종은 궁내에 주자소를 설치하였다. 조선은 개국 후 사회의 혼란을 정리하고 성리학적 사상 체계를 확립하기 위하여 책의 인쇄와 보급을 강조하였다. 이에 조선은 주자소 이래 지속적으로 주자나 도서 관련 업무를 담당하는 관청을 두었다. 계미자, 경자자, 갑인자가 조선 초의 활자로 15세기 초에 이미 이십 만여 개의 구리활자가 만들어졌다. 특히 세종 16년에 주조된 갑인자는 구리로 만든 정교하고 아름다운 활자였다. 여기에 조립식 인판 기술[植字版]을 적용해 인쇄의 속도와 선명도를 크게 개선하였다. 1447년에 한글 구리활자로 인쇄된 『월인석보』와 『월인천강지곡』, 그리고 한글 목활자로 인쇄된 『동국정운』 등이 세종시대의 인쇄술을 보여 준다.

우리나라는 12~15세기에 세계 최고 수준의 활자 제조법과 인쇄술을 갖추고 있었으나 그 사회적 효과는 미미했다. 조선보다 훨씬 늦게 금속활자인쇄술을 개발한 구텐베르크가 서양 사회 전반에 일대 변혁을 가져온 것과는 대조적이다. 이 문제와 관련하여 강명관 교수는 『조선시대 책과 지식의 역사』 (2014)에서 금속활자의 제조와 서책의 인쇄 모두 중앙 정부에서 독점적으로 관리한 점을 지적하고 있다. 조선의 책은 대부분 왕이 출간을 결정하거나 고급 관료의 요청을 왕이 허락하여 출판되었다. 책의 유통도 궁에서 제작한 책을 왕이 관료에게 하사하거나 개인 간의 물물교환 중심이었다. 조선의 금속활자인쇄술은 성리학에 기반을 둔 중세적 사회체제를 유지하기 위해 제한적으로 사용되었으며, 그 결과 지식의 보급도 통제되었다는 해석이다. 그러나 이러한 통제 속에서도 책의 인쇄·필사·유통은 조금씩 그 경로를 다양화하면서 확산되어, 18세기에 이르면 조선에서도 민간에 책을 대여하는 세책가와 일종의 상업적 민간출판도서인 방각본 도서가 유행하게 된다.

구텐베르크의 금속활자인쇄술과 근대 사회의 탄생

한편, 서양에서는 독일의 금 세공사였던 구텐베르크가 1455년에 개발한 금속활자인쇄술이 사회 전반에 엄청난 영향을 미쳤다. 1999년 말, 밀레니엄을 앞두고 *TIME*지는 지난 천 년 동안 인류 역사에 가장 큰 영향을 미친 100명의 인물을 발표하였는데, 금속활자인쇄술을 통해 대중매체의 시대를 연 구텐베르크가 1위로 선정되었다. 구텐베르크가 활동하던 15세기 유럽에는 책과 관련된 상업적 수요가 형성되어 있었다. 그러나 그 당시 유럽에서 필사되던 책은 너무나 희귀하고 비쌌기 때문에 수도원이나 소수의 지배 계층만 소유할 수 있었다. 이런 상황에서 일반 대중은 독서 능력을 갖추기는커녕 책에 접근할 기회조차 없었다. 구텐베르크는 합금으로 주조한 활자에 유성 잉크와 압착식 인쇄술을 결합하여 책의 대량 생산에 성공하였다. 구텐베르크가 성서를 대량으로 인쇄하고 상대적으로 저렴한 값에 보급하면서 성서가 대중화된다. 이후 금속활자인쇄술은 불과 20년 만에 이탈리아, 프랑스, 스페인을 거쳐 영국과 네덜란드까지 급속도로 전파되고, 유럽에만 수 천 개의 인쇄소가 설립되었다.

흔히 금속활자인쇄술은 유럽의 종교개혁과 과학혁명, 그리고 근대적 지식 기반의 경제 발전을 위한 도화선이 되었다고 평가받는다. 일례로 교회의 악폐를 비판하는 마르틴 루터의 반박문(1517)은 인쇄술에 힘입어 2주 만에 독일 전역에 퍼져 나갔다. 한편으로는 민간에 성서가 보급되면서 성직자와 교황청에 대한 대중들의 의존도가 낮아졌다. 이러한 영향으로 독일과 스위스를 비롯한 유럽 전역에서 로마 교황청의 압제에 대한 반발의 여론이 형성되고 이는 대대적인 종교개혁으로 확산된다. 종교의 절대적인 지배력이 약화되면서 신학의 시녀로서 위축되었던 철학도 자신의 색채를 되찾게 되었고, 인간의 이성을 강조하면서 인문주의와 자연과학도 부흥하였다. 이와 동시에 봉건 체제에서 착취당하던 농민과 노동자의 개혁 운동이 일어나고 산업도 발달하면서 유럽 사회 전반에 큰 변화가 나타났다.

서양의 금속활자인쇄술은 인류 역사상 처음으로 일반 대중이 책을 소유하고 책의 내용을 해석할 수 있는 시대를 열었다. 구텐베르크가 발명한 인쇄술은 초기에는 성서에 초점을 맞추었지만, 곧 그리스와 로마의 고전 작품을 비롯해 다양한 종류의 책을 생산하였다. 16세기에는 소책자 시대가 열리면서 왕실이나 정치 분야의 각종 가십(gossip)을 다룬 책자도 싼값에 보급되었다. 17세기에는 신문이나 일간지와 같은 정기 간행물도 본격적으로 보급되었다. 인쇄술의 발전은 대중에게 다양한 지식을 제공하여 새로운 문화 권력층인 지식인층을 탄생시켰고, 이 과정에서 책을 집필하여 명성을 얻고 부를 축적하는 전문적인 작가도 등장하였다. 그리고 책을 매개로 하여 여론도 형성되었다. 특히 주체의식을 갖춘 근대적 독자의 탄생은 인쇄 문화가 근대 사회의 탄생과 발전에 핵심적인 계기가 되었음을 보여 준다.

문식성의 확산과 인쇄 문화의 황금기

책의 역사는 곧 책을 읽고 사고하는 독자층의 확산, 그리고 이들을 육성하는 공교육의 역사이기도 하다. 서양에서는 18세기 중반 이후 교육 받은 인구가 점차 증가하여, 19세기 후반에 이르면 대부분의 인구가 문자를 읽고 쓰는 문식성(文識性, literacy)을 일정 수준 갖추게 된다. 교육을 통해 문식성을 갖춘 대중들은 자신의 인권을 자각하는 데서 나아가 타인의 상황과 권익에 관심을 가졌다. 이들은 타인의 생각에 공감하고 또 때로는 비판적인 의견을 제시하며, 자신의 생각을 타인과 공유해 왔다. 문식성 교육은 사회 구성원들 간의 공감과 소통, 생산적인 비판과 조율 작업을 통해 합리적인 의사결정에 기여해 왔다. 책의 보급과 함께 실현된 문식성 교육이 주체적으로 사고하고 행동하는 민주 시민을 육성하고 개인 간의 의사소통을 확장해 왔다는 평가는 이러한 맥락에서 이해할 수 있다.

인류의 사회문화사 측면에서 볼 때, 20세기는 인쇄 문화의 황금기라고 할 수 있다. 20세기에 이르면 인쇄술은 의사소통과 지식 전승의 보편적인 도구로서 확립된다. 대중들이 읽기와 쓰기 능력을 갖추고 인류가 축적해 온 방대한 지식에 접근할 수 있게 되었다. 인류가 생산하는 지식의 양도 비약적으로 늘어났다. 인쇄 문화의 발전은 인간과 지식, 지식의 소유와 권력, 그리고 지식과 생활 간의 관계를 재편하는 데 큰 영향을 미쳤다. 20세기의 이러한 변화는 개인의 인권, 특히 교육 받을 권리를 확대하고 생각과 표현의 자유가 보장된 민주 사회를 구현한다는 측면에서 특별한 의미를 갖는다. 그러나 문식성 교육은 아직도 지역이나 성별, 계층 등에 따라 그 수준과 보급 측면에서 다양한 문제를 안고 있다. 또한 20세기 후반 이래 인류의 인쇄 문화는 보다 근본적이고 강력한 도전을 맞고 있다. 과학 기술의 비약적인 발전으로 인해 인류의 생활양식이 급격히 변화하고 있으며, 특히 디지털 기술은 개인의 의사소통 양식은 물론 지식의 수용과 생산 방식에도 엄청난 영향을 미치고 있다. 21세기는 문식성의 발전과 교육 측면에서 대변혁의 시대가 될 것으로 예측된다.

2. 독서의 개념과 의미 구성의 신비

(1) 독서의 변천: 해독과 암송을 넘어 이해의 영역으로

문자가 생성된 이래 문식성 교육이 보편화되기까지는 수천 년이 걸렸다. 이 역사 속에서 독서의 개념도 지속적으로 변화해 왔다. 수메르인의 쐐기문자나 이집트의 상형문자 같은 초기의 문자는 주로 종교나 국가와 관련된 중요한 사안을 기록하기 위해 사용되었다. 이집트인들은 문자를 신의 선물이라고 믿었고, 중국에서도 갑골문자와 관련하여 유사한 믿음이 있었다. 그래서 고대 사회에서는 소수의 사제나 관료가 전대의 기록을 정확하게 해독(decoding)하고 새로운 기록을 남기기 위해 문자를 배웠다. 당시의 문식성은 문자를 정확하게 해독하고 또 기록하는 능력을 의미했다. 그러나 고대 사회의 일반 구성원들은 절대 다수가 문식성을 갖추지 못한 채 구술과 기억에 의존했다.

중세 시대에도 대중들의 삶은 여전히 구술문화 속에 있었다. 시간이 흐를수록 필사되거나 인쇄된 책의 양은 조금씩 늘어났지만 독서 능력을 갖추고 있는 이는 극소수에 불과했다. 당시의 책은 동·서양을 막론하고 대부분 성경이나 유교경전과 같은 종교 서적이었다. 독서의 목적도 책에 기록된 내용을 있는 그대로 암송하는 데 있었다. 대부분 문맹(illiteracy)이었던 당시 사람들은 성직자의 낭독을 들으며 그 내용을 기억하려고 노력하였다. 이들에게 독서는 일종의 듣기를 통한 기억 행위였다. 책의 내용은 신이나 성현의 말씀이었기 때문에 개인의 생각을 반영하거나 변형하는 것은 생각할 수도 없는 일이었다. 독자의 역할은 성직자의 낭독을 통해 전달되는 절대자의 말씀을 온전히 기억하고 수용하는 것이었다. 종교가 곧 사회의 질서였던 이 시대의 독서는 다분히 종교적이고 사회적이며 공적인 행위였고, 작문은 절대자의 말씀을 베껴 쓰는 필사에 한정되었다.

독서 행위는 문자 언어와 함께 탄생되었지만, 대중들의 삶에 초점을 맞추어 볼 때 본격적인 독서문화는 16~19세기를 거치면서 형성되었다고 할 수 있다. 이 시기에는 다양한 책이 민간에 보급되고 문식성 교육을 받은 이들이 비약적으로 늘어났다. 인류의 역사 속에서 일반 독자층이 탄생한 특별한 시기이기도 하다. 이들은 성직자의 낭독에 의존하는 대신 직접 책을 읽고 그 의미를 탐구하였다. 독서는 비로소 독자의 개인적인 공간 안에서 실행되는 사적인 행위가 되었다. 이와 함께 음독 대신 **묵독**이 보편화 되었는데, 묵독을 통해 독자는 자신의 인지적인 에너지를 의미 파악에 집중할 수 있게 되었다. 전대의 독자들과는 다른 차원의 정신활동을 수행하게 된 것이다. 이 시대의 독자들은 책의 의미를 이해하고, 필자의 메시지에 자신의 의견을 더하거나 반박하기도 하였다. 또한 이들은 인문학이나 과학 분야의 신간, 신문기사, 정치 가십, 통속 소설 등 다양한 읽을거리를 읽고 살롱이나 커피하우스에 모여 이야기를 나누었다. 각종 인쇄물을 매개로 하여 세상사에 대해 의견을 공유하는 과정에서 여론도 형성되었다. 이 시대의 독자들은 글의 의미에 대해 주체적으로 사고하고 자신의 생각을 타인과 공유했다는 점에서 발전된 독서의 개념을 보여 준다.

20세기 이래 독서의 개념은 더욱 복잡해지고 확장되고 있다. 독서는 기본적으로 문자를 해독하고 글의 내용을 이해하는 정신 작용을 의미한다. 필자는 문자 언어를 사용하여 자신이 전달하고자 하는 의미를 글로 구성하고, 독자는 그 글을 읽으며 필자가 구성한 의미를 이해하고 재구성하는 활동을 수행하게 된다. 이때 독서는 필자와 독자가 문자 언어를 매개로 하여 소통하는 행위이며, 문자 언어는 필자와 독자의 의사소통을 가능케 하는 일종의 상징적 표상 체계(system of symbolic representation)라 할 수 있다.

인간의 독서 행위에 대한 전문적인 연구도 20세기 초에 시작되었다. 일례로 영국의 심리학자인 프레데릭 바틀렛(Frederic Bartlett)은 '유령들의 전쟁'이라는 제목의 글을 활용하여 실험(1932)을 하였다. 인디언 전설을 읽고 일정한 시간이 경과한 후에 그 내용을 회상하는 실험이었다. 그런데 학생들이 회상한 내용은 원문과는 매우 달랐다. 인디언 전설에 친숙하지 않았던 학생들은 원문의 내용을 자기 나름대로 이해한 후 재구성하여 회상했던 것이다. 독서 후 시간이 지날수록 내용의 변형도 심해졌다. 이 실험은 시간이 경과하면서 인간의 기억이 재구성되며, 특히 독자가 글의 정보를 자기 나름대로 변형해서 이해하고 기억한다는 사실을 보여 주었다. 독자의 경험, 지식, 문화, 신념, 예측, 선호 등 다양한 요인이 독서의 과정은 물론 독서의 결과인 기억에 영향을 준다는 사실을 확인하게 된 것이다. 이후 심리학자들은 인간의 이해(understanding), 사고(thinking), 느낌(feeling), 학습(learning), 기억(memory) 등 다양한 정신 작용을 본격적으로 탐구해 왔다. 독서는 이러한 인간 정신 작용의 총화이기 때문에 독서 행위에 대한 연구는 20세기 이래 현재까지 활발하게 진행 중이다.

(2) 독자의 의미 구성 : 스키마와 초인지의 작용

독서는 기본적으로 글과 독자의 상호 작용이며, 독서의 과정에서 독자는 중요한 역할을 수행한다. 만일 글의 의미가 글 속에 결정되어 있다면, 동일한 글을 읽은 이들의 독해 결과도 동일해야만 한다. 그러나 '유령들의 전쟁'을 비롯한 수많은 연구에서 동일한 글에 대한 독자들의 이해가 상이하다는 사실

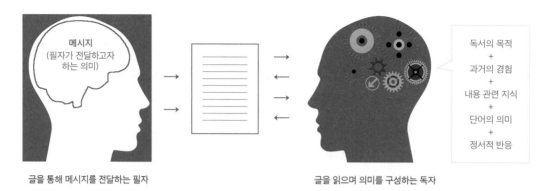

메시지
(필자가 전달하고자
하는 의미)

글을 통해 메시지를 전달하는 필자

글을 읽으며 의미를 구성하는 독자

독서의 목적
+
과거의 경험
+
내용 관련 지식
+
단어의 의미
+
정서적 반응

[그림 1-1] 글을 매개로 하는 필자-독자의 상호 작용과 독자의 의미 구성

을 밝혀냈다. 인간(독자)은 자극(글)을 그대로 수용하는 블랙박스가 아니었던 것이다. 이로써 독자의 인지 작용에 대한 관심이 높아진다.

1960년대 후반에 이르러서는 독서를 포함한 인간의 인지 과정이 심리학의 중요한 연구 분야가 되었다. 그 결과 독자의 머릿속에서 일어나는 의미 구성의 과정(processes of meaning construction)을 과학적으로 밝히는 연구 성과가 축적되었다. 이들의 연구에 의하면 능숙한 독자는 글의 내용을 자신이 가진 과거의 경험과 지식을 활용해서 이해하고, 글에 제시되지 않은 정보나 필자의 의도를 추론했을 뿐만 아니라, 독서의 목적에 따라 자신의 독해 과정을 조절해 나가는 능동적인 존재였다. 이처럼 글과 독자가 힘의 균형을 이루고 상호 작용하는 관계로 인식되면서, 독서를 연구하고 교육하는 이들은 글 중심의 독서관에서 벗어나 독자의 독해 과정에 관심을 갖고 탐구하게 되었다.

의미 구성의 기반, '스키마'의 개념

앞서 독서는 글 자료와 독자의 상호 작용임을 살펴보았다. 이때 독자는 자신이 축적해 온 경험과 지식을 활용하여 독해를 시도한다. 독자의 기억 속에 존재하는 구조화된 지식의 총체가 바로 스키마(schema, 배경지식 혹은 사전 지식)이다. 스키마는 인지 구조의 기본 단위로 학문 분야에 따라서는 도식(圖式), 틀, 거시 구조라고도 불린다. 스키마 이론에 의하면 독서는 '독자가 적절한 스키마를 활용하여 글과 상호 작용하면서 의미를 구성하는 과정'으로 볼 수 있다.

스키마는 개별 독자의 인지 체계로 지식의 수용, 생산, 기억의 전 과정에 영향을 미친다. 스키마는 글의 내용을 해석하고 저장하는 과정에서 내용을 구성(construction)하기도 하지만, 기억을 회상하는 과정에서 기존에 구성하였던 내용의 재구성을 유도하기도 한다(노명완, 1988: 291). 사실 모든 글에는 많은 세부 정보가 누락되어 있는데, 독자는 자신이 가지고 있는 스키마를 활용하여 이 정보들을 추론하고 또 적절히 메워 가면서 글을 읽어 나간다. 그래서 스키마가 절대적으로 부족한 상황에서 전문 분야의 글을 읽으면 독해가 불가능할 수 있다. 친숙한 분야의 글을 읽을 때 독해가 수월한 것도 스키마의 영향 때문일 수 있다. 이처럼 독자는 스키마를 인식의 틀로 활용하여 독해 활동을 수행하지만, 스키마도 매 순간 독자가 경험하는 외부의 자극에 의해 영향을 받는다. 책은 지식의 집결체로 책 안에는 수많은 구(舊) 정보와 신(新) 정보가 혼재되어 있는데, 독자는 이미 알고 있는 구 정보를 활용하여 신 정보를 이해해 나간다. 이 과정에서 독자의 스키마도 확장되거나 강화되거나 재구성된다.

스키마의 유형과 기능

스키마 이론은 우리의 지식이 기억 속에 어떻게 표상되고 또 구조화되어 있는지에 관심을 갖는다. 스키마 이론가들은 스키마가 기본적으로 개념(concept) 단위로 구성되며, 특정한 개념을 중심으로 하는 개별 스키마에는 그 개념과 관련된 대상, 상황, 사건, 행동 등 여러 변인과 이들의 관계가 포함되어 있다고 보았다(노명완, 1988). 각각의 스키마는 일정한 구조를 이루며 서로 연계되어 있는데, 이러한 스키마의 집합체를 스키마타(schemata, schema의 복수형)라고 한다. 또한 스키마 중에서도 시간의 흐름에 따라 일련의 행위나 장면이 연속적으로 구성되는 것을 스크립트(script)라고 부른다. 예를 들어, 영화관 스크립트(영화관 도착→매표소에서 표 구매→상영관 입장→좌석 확인과 착석→소등→

영화 상영 시작→영화 관람→점등→상영관에서 퇴장)나 쇼핑 스크립트, 각종 요리법에 대한 스크립트가 있을 수 있다.

[표 1-2] 스키마의 유형

내용 스키마(content schema)	글의 화제와 내용에 대한 지식
형식 스키마(formal schema)	글의 구조에 대한 지식, 구조 스키마 각 담화유형이 가진 고유한 관습적 구조에 대한 인식과 지식 (예: 이야기 문법)
언어 스키마(language schema)	개별 단어와 글 속에 포함된 단어 간의 관계에 대한 지식

독자는 스키마를 활용해서 글에 나와 있는 정보를 쉽게 이해할 수 있을 뿐만 아니라 글에 누락된 정보를 추론하거나 향후 제시될 내용을 예측하기도 한다. 예를 들어, 영화관 스크립트를 가지고 있는 독자는 글에 표를 구매하는 장면이 명시되지 않아도 관객이 표를 구매했다는 사실을 추론할 수 있다. 또한 글의 내용이 기존의 스키마에 일치할 경우, 그 글은 이해가 쉬울 뿐만 아니라 보다 기억도 용이하다. 반면에 스키마는 글의 내용 중 일부만 선별적으로 기억하도록 작용하기도 한다. 스키마가 없는 신 정보에 노출될 때 이를 제대로 이해하지 못하거나, 작동된 스키마에 따라 특정 정보만 선택해서 기억하는 결과가 그러한 예이다.

성공적인 독해를 위해서는 스키마의 양과 질도 중요하지만, 스키마를 적절하게 활용하는 능력도 중요하다. 스키마는 독자가 가지고 있는 지식의 총체이기 때문에 방대한 양의 스키마 속에서 필요한 스키마를 선별하고, 또 이 스키마를 적절히 활용하여 독해의 질을 높이는 것이 중요하다. 그러나 미숙한 독자는 스키마를 활용하면서 다양한 문제에 봉착한다.

첫째, 독자의 의지와 관계없이 스키마가 활성화되어 통제가 어려운 경우가 있다. 부적절한 스키마가 활성화되면 독해에 방해가 된다. 예를 들어, 중국의 운하에 대한 글을 읽는데 중국 요리나 무협지의 내용이 자꾸만 떠오른다면 글 내용에 집중하기 어려울 것이다. 둘째, 특정한 스키마가 과도하게 동원되어 불필요하거나 과도한 정교화(elaboration)가 일어나기도 한다. 글의 특정 정보에 지나치게 집중하여 독해를 심화하거나 확장하는 것도 효과적인 독해라고는 볼 수 없다. 독서는 독서의 목적을 고려하여 글의 의미를 효과적으로 파악해야만 하기 때문이다. 셋째, 적절한 스키마를 가지고 있음에도 불구하고 이를 활용하지 못하는 경우도 있다. 이때는 교사가 학생의 스키마를 유도하여 독해에 활용할 수 있도록 도움을 주어야 한다. 교과서를 구성할 때, '읽기 전 활동'으로 학생의 동기를 촉진하고 스키마를 유도하는 활동을 포함하는 것도 이러한 이유이다.

스키마 이론의 한계

스키마 이론은 독서 연구의 새 장을 열었지만 여러 가지 한계도 가지고 있었다. 스키마는 독자의 머릿속에 축적된 추상화된 지식 체계로서, 새로운 지식의 습득이나 알지 못하는 것에 대한 인지를 설명하는 데 한계가 있었다. 또한 일부 교육가들에게 독서교육의 내용과 관련하여 오해를 낳기도 하였다. 스키마 이론을 잘못 이해하면 독서교육의 내용이나 방법을 스키마의 확대로 설정할 수 있다. 스키마가 많으면 각 분야의 책을 잘 읽을 수 있을 테니 각 분야에 대한 지식 자체를 늘리는 것이 제일 중요하다는 논리이다. 이러한 논리는 상황에 따라서 사실일 때도 있다. 그러나 스키마 이론을 한층 더 깊이 이해하면 스키마의 양적인 확장보다도 적절한 스키마를 선별하여 효과적으로 활용하는 능력의 습득이 더욱 중요함을 알 수 있다. 스키마가 동일해도 독해의 결과는 독자마다 달라진다. 능숙한 독자들은 설사 스키마가 부족해도 글의 각종 정보와 맥락을 활용하여 효과적으로 글의 내용을 이해하기도 한다. 이때 스키마를 적절히 활용하거나 보강하여 성공적인 독서 활동을 수행하는 데 핵심적인 요소가 바로 초인지이다.

독서 과정의 조절 기제, '초인지'의 개념과 기능

초인지(meta-cognition)는 상위인지라고도 불리는데 자신의 인지 과정을 점검하고 조정하는 상위 차원의 인지를 의미한다. 독해 과정에서 초인지는 독자가 자신의 이해 수준을 파악하고, 더 잘 이해하기 위해 자신의 독서 전략을 조절해 나가는 심리적 기제를 의미한다. 능숙한 독자들은 1) 독서 목적을 뚜렷하게 인식하고, 2) 독서 목적에 따라 필요한 전략을 확인하고, 3) 독서 전략을 운용하며 자신의 독서 행위를 조정하고, 4) 이 과정에서 필요한 스키마를 효과적으로 활용하고, 5) 스키마가 부족한 경우 문맥이나 부가적인 정보원을 활용하고, 6) 글의 내용과 자신의 독해 수준(독서 목적 달성 여부)에 대한 평가 활동을 통해 독서를 마무리한다. 능숙한 독자의 독서 활동은 매우 전략적이며 자기주도적인 문제 해결 과정으로 볼 수 있다. 독자 스스로 독서의 과정 중에 발생하는 문제를 인지하고, 독서의 목적을 달성하기 위해 최선의 해결책을 찾아 자신의 독서 과정을 조정해 나가고 있기 때문이다. 이러한 자기 점검과 조절이 초인지의 작용이다.

초인지가 발달된 독자는 전략적으로 독서 활동을 수행하게 된다. 전략(strategy)은 흔히 문제를 해결하거나 과제를 수행하기 위해 동원되는 체계적인 인지 활동을 의미한다(한국교육심리학회, 2000). 전략의 핵심은 행위의 목적과 이 목적을 달성해 나가는 과정에서 부딪치는 문제에 대한 명확한 인식이다. 문제를 확인한 독자는 여러 가지 인지 기능을 복합적으로 사용하여 문제를 해결하고자 노력하게 된다. 이때 동원되는 유목적적이고 인지적인 조작 활동을 전략이라고 할 수 있다. 초인지가 발달된 독자는 자신의 독서 과정을 점검하고, 문제 해결을 위한 전략을 수립·적용해 나갈 수 있기 때문에 독립적인 활동이 가능하다. 이러한 맥락에서 볼 때, 학교 독서교육의 최고 목표 중 하나는 능동적이고 자율적인 독서 활동을 수행할 수 있는 독자의 육성이라고 할 수 있다.

[표 1-3] 평생 독자의 성장과 독서 능력의 발달

글 깨치기 (문자 해득)	유창성 획득	독해의 심화와 전략 습득	정서적 반응과 가치의 내면화	독립적이고 조화로운 독자 육성
• 문자 판별 • 문자·발음의 관계 이해 • 문자 해독	• 음독 유창성 • 의미 처리의 자동화	• 스키마 활용 • 전략 습득 • 능동적 의미 구성 • 사실·추론·비판· 창조적 독해	• 독서 효능감 • 독서 동기·흥미· 태도의 심화 • 독서 가치 인식 • 독서 반응의 형성과 공유 • 지식의 가치화· 내면화	• 독서 과정의 조절과 문제 해결 • 능동적·자율적 독서 수행 • 독서의 인지· 정서·사회적 측면의 조화 • 지식의 창조와 사회 참여

지금까지 독서의 역사 속에서 다양한 독서의 개념과 각 개념이 요구하는 독서 능력을 살펴보았다. 글 깨치기부터 유창한 음독, 스키마의 활용과 독해, 그리고 초인지를 활용한 능동적 독해는 독서 개념의 발달을 보여 주는 동시에 한 명의 독자가 성장하면서 갖추어야 하는 독서 능력을 의미하기도 한다. 현대 사회의 구성원은 그 수준은 다르지만 평생토록 독자로서 살아가게 된다. 그래서 평생 독자나 생애 독자라는 용어를 쓰기도 한다. 세상에 태어난 어린 아이는 주로 가정에서 문자를 접하고 점차 문식 세계에 들어오게 된다. 이때를 문식성의 뿌리라고 하여 발생적 문식성(emergent literacy) 시기라고도 일컫는다. 이후 이 어린 독자는 점차 유창하게 단어나 문장을 읽으며 독해 능력을 발달시켜 나가게 된다. 이 시기가 되면, 자연스럽게 음독이 줄고 묵독이 늘면서 독자의 인지적인 에너지가 글의 의미 처리에 집중된다. 이후에는 독해 수준과 함께 독립적이고 조화로운 독자의 육성이 관건이 된다. 기존의 독서는 '잘 읽는' 인지적인 측면이 강조되었으나, 20세기 중반 이래 독서의 정의적이고 사회적인 측면이 갖는 중요성이 부각되고 있다. 개인적으로 행복하고, 유능하며, 공공선을 추구하는 독자를 육성하기 위해서는 독서교육의 내용과 방법을 모색함에 있어서 독서의 인지·정의·사회적인 측면을 모두 고려할 필요가 있다.

(3) 21세기 독서의 개념: 문식성의 재개념화와 비판적 세계 인식

현재 독서의 개념은 상당히 역동적으로 변화하고 있다. 독서의 개념이 문자 해독에서 독자의 능동적 의미 구성으로 확장되기까지 약 오천 년이 걸렸다. 이 변화만으로도 20세기는 독서의 역사 속에서 매우 중요한 시기로 기록될 것이다. 그런데 이렇게 확장된 독서의 개념은 20세기 후반 이래 다시 급격하게 변화하고 있다. 변화의 방향은 크게 세 가지로 살펴볼 수 있다.

사회문화적 관점의 대두

독서의 개념과 성격을 규명함에 있어 사회학의 영향력이 증가하면서 독서의 사회적 성격과 역할이 강조되고 있다. 20세기 초·중반까지 독서의 개념은 주로 언어학과 심리학의 영향을 받았다. 그러나 20세기 후반에 이르면 독서를 사회문화적 관점에서 이해하려는 시도가 활발해진다. 세부 초점에 따라서는 사회정치적 또는 사회역사적 관점으로 명명되기도 한다. 사회문화적 관점에 의하면 독서는 특정한 상황 속에서 실행되는 사회적인 행위라고 볼 수 있다. 이때 독자가 글의 내용을 이해하는 방식이나 독자가 형성하는 반응은 독자를 둘러싼 사회적 관계와 문화의 영향을 받는다. 사회문화적인 관점이 대두되면서 독서를 개별 독자 단위의 탈맥락적인 정보 처리나 두뇌 속 정신 작용으로 규정했던 인지심리학적 관점은 상당한 타격을 받았다.

사회문화적 관점에서 독서를 연구하고 독서교육의 방향을 모색하는 이들 중에는 비판 이론(critical theory)에 근거하는 경우가 많다. 프랑스의 사회학자인 피에르 부르디외(Pierre Bourdieu)나 브라질의 교육학자였던 파울루 프레이리(Paulo Freire)는 인간의 의식이나 행위가 사회·문화·정치·경제적인 제약 속에서 형성되고 또 교육을 통해 재생산되고 있음을 비판했다. 부르디외는 특정한 환경에 의해 형성된 성향·인지·행동 체계를 아비투스(habitus)라고 명명했다. 이 개념에 의하면 개인의 독서 반응이나 취향도 개인의 고유한 속성이 아니라 소속 집단의 문화나 환경 속에서 형성된 일종의 아비투스일 수 있다. 한편 프레이리는 교육이 사회적 불평등을 재생산하고 심화시키는 기제이며, 인간의 언어 사용과 교육 전반에 이데올로기가 개입되어 있다고 보았다. 이런 맥락에서 비판 이론에 근거한 교육 실천가들은 언어 활동을 권력의 실천과 재생산으로 보고, 독자들이 주체자(agency)로서 교과서와 교실, 학교와 사회 속에 실재하고 있는 불평등과 억압의 문제를 인지해야 한다고 주장한다. 글과 독자, 그리고 언어 사용에 대해 새로운 관점이 제시되면서, 독서의 개념은 글 자료에 대한 해독과 의미 구성을 넘어 보다 비판적이고 사회 참여적인 성격을 갖게 되었다.

'독서'에서 '문식성'으로

20세기 후반에 이르면서 독서(reading)라는 용어 대신에 문식성(literacy)이 널리 사용되고 있다. 전통적으로 우리는 독서와 작문을 각각 이해와 표현 활동으로 구분해 왔다. 그러나 독서와 작문은 모두 인간의 인지 작용으로 많은 공통점을 가지고 있다. 실제로 작문의 필자는 자기가 작성하고 있는 글의 일차적인 독자가 된다. 그래서 작문의 과정에는 필연적으로 자가 독서 활동이 포함된다. 이외에도 작문을 위해서는 글의 자료를 얻기 위해 독서 활동이 전제가 되는 경우가 많다. 이와 유사하게 독자들도 독서 후 말이나 글로 자신의 생각이나 느낌을 표현하는 활동을 수행하는 경우가 많다. 또한 독자는 독서의 과정 중에 글의 내용을 수용할 뿐만 아니라 상당한 양의 새로운 지식을 생성하기도 한다. 글 자료가 독자에게 창의적인 생각과 느낌을 생산하도록 자극하는 원천이 되기 때문이다. 이때 독자가 머릿속에 생성하는 새로운 의미는 아직 구체적인 언어가 아닐 수 있다. 그러나 이 또한 지식 형성의 활동이며, 이렇게 형성된 의미는 독서 후 본격적인 표현 활동의 자료가 되기도 한다. 그러므로 독서를 지식의 수용(이해) 활동으로, 작문은 온전히 지식의 생산(표현) 활동으로 보는 이분법적 시각에는 한계가 있다.

이처럼 독서와 작문의 연계성을 새롭게 해석하는 관점이 대두되면서 문식성(文識性)이라는 용어가 학계와 사회에 확산되고 있다. 문식성은 문(文)으로 상징되는 문자 언어를 알고 다루는[識] 능력을 의미하는데, 독서와 작문을 독립적이거나 대립적인 행위가 아닌 하나의 복합적 행위로 보는 특성이 있다. 20세기 후반 이래 기존에 사용되던 '독서'나 '작문'을 '문식성'으로 대체하는 양상이 나타나고 있다. 많은 대학의 전공 명칭이 독서교육(reading education)에서 언어와 문식성(language and literacy)으로 전환되었고, 독서 관련 학회의 이름이 국제독서협회(National Reading Conference: NRC)에서 문식성연구학회(Literacy Research Association: LRA)로 개편된 것도 이러한 변화를 보여 준다. 일반인들에게는 아직 독서와 작문이 보다 친숙한 용어지만, 문식성이라는 용어의 확산은 독서나 작문이라는 용어가 수천 년 동안 갖고 있던 독점적 지위가 약화되고 있음을 보여 준다.

문식성의 재개념화 양상들

최근 문식성은 그 학문적·사회적 지위를 확장해 나가면서 동시에 그 개념이 재정립되고 있다. 21세기는 문식성의 재개념화(reconceptualization) 시기라고도 한다. 문식성은 학문 용어로서 아직 불안정한 측면이 많다. 분야에 따라서는 '문해력'이나 '소양'으로 번역되기도 하고, '리터러시'라고 영어 발음 그대로 사용하기도 한다. 또한 컴퓨터 문식성, 수학 문식성, 정보 문식성, 직업 문식성, 성인 문식성, 다문화 문식성 등 특정 분야나 대상에 붙어 그에 대한 일정한 능력을 의미하기도 한다. 이는 문식성의 뛰어난 조어력을 의미하기도 하지만 한편으로는 지나친 다양성으로 인해 정작 문식성이 무엇을 의미하는지 파악하기 어려운 문제점을 낳기도 한다. 국내에서는 『문식성연구』(노명완·이차숙, 2002)와 『문식성 교육 연구』(노명완·박영목 외, 2008)가 출간되면서 문식성의 개념에 대한 본격적인 논의가 심화되었다. 다음은 여러 책에서 밝히고 있는 문식성의 개념을 정리한 것이다.

- 글을 배워 알고 더 나아가 이를 활용하여 지식과 정보에 접근하고 이를 분석·평가·소통하며 개인과 사회의 문제나 과제를 해결하는 능력(노명완·이차숙, 2002).

- 글을 읽고 쓸 수 있는 능력을 의미한다. 문식성은 단순히 글을 해독하고 표시하는 것 이상으로 읽기와 쓰기에 대한 태도와 기대, 생활 속에서 읽기와 쓰기 행동이 갖는 의미와 가치까지를 포함한다. 읽기와 쓰기는 의미를 해석하고 소통하는 수단으로서 읽기는 인쇄물에서 의미를 찾는 능력으로 정의되고, 쓰기는 타인과의 의사소통을 위해 인쇄물을 사용하는 능력으로 정의됨(『교육심리학용어사전』, 2000).

- 글을 통해 의미를 구성하기 위해 사회적 맥락에 요구되는 방식으로 읽고 쓸 수 있는 능력과 의지(『독서교육사전』, 2006).

21세기에 제시된 문식성의 개념들은 문식성이 단순한 독서·작문 능력의 합 이상의 의미가 있음을 강조하고 있다. 같은 맥락에서 박영목(2008: 74)은 "21세기 문식성은 일련의 기술적 기능들의 집합이 아니라 고도의 지적 능력, 미래에 대한 통찰력, 공동체적 삶을 영위하는 데 필요한 올바른 인간성과 가치관 등을 바탕으로 한 격조 높은 삶의 양식과 밀접한 연관을 맺게 될 것"임을 지적하고 있다.

독서의 개념이 수천 년 동안 끊임없이 변화해 왔듯이 문식성의 개념도 역동적으로 변화하고 있다. 정혜승(2008)은 문식성의 개념 변화를 검토하면서 문식성의 '문(文)'과 '식(識)'의 내용이 변화하고 있음을 지적하였다. 정혜승(2008: 174)에 의하면 "과거에는 인쇄 매체 중심의 문자 언어 지배적인 단일한 양식(mono-mode) 텍스트가 '문'을 대표하였다면, 현대에는 다양한 매체를 통해 문자 언어는 물론이고 음성 언어, 그림, 도식, 영상, 음악, 사진 등 다양한 양식이 복합적으로 작용하는 복합양식 텍스트(multimodal text)가 '문'의 자리를 대표"하고 있다. 동시에 '식'도 전통적인 독서와 작문 능력의 합에서 나아가 지식 정보화 사회의 발전에 따라 새로운 내용과 수준을 포함하게 되었다. 복합양식 텍스트는 인쇄 텍스트와 의미 구성이라는 측면에서 유사점을 갖지만 [표 1-4]와 같이 그 차이점도 상당하다.

[표 1-4] 인쇄 텍스트와 복합양식 텍스트 읽기의 차이

	인쇄 텍스트 기반 읽기	복합양식 텍스트 읽기
의미 전달 도구	단어: 담화, 레지스터, 어휘, 언어적 패턴, 문법, 챕터, 문단, 문장 구조를 포함한 문자 언어(words)가 내용을 설명함(tell).	시각적 이미지: 배치, 사이즈, 모양, 색상, 선, 각도, 위치, 관점, 화면, 프레임, 아이콘, 링크, 하이퍼링크를 포함한 이미지가 내용을 보여줌(show).
감각 사용	시각, 약간의 촉각	시각, 촉각, 청각, 근감각
개인 간 의미	대화나 1·2·3인칭 서술자에 기반한 '언어적 목소리'를 통해 형성됨.	제공/요구와 같은 자리매김(positioning), 각도, 관점과 같은 '시각적 목소리'를 통해 형성됨.
스타일	문자 언어의 사용 속에 나타나는 어조, 억양, 유머, 아이러니, 풍자, 말놀이와 같은 언어적 스타일. 타이포그래픽 배열, 양식, 배치, 폰트, 구두점	매체의 선택, 그래픽, 애니메이션, 프레임, 메뉴판, 하이퍼링크와 같은 시각적 스타일
형상화	묘사, 이미지, 상징, 은유, 직유, 두운을 포함한 언어적 형상화	색상, 모티브, 아이콘, 반복을 통한 시각적 형상화
읽기 경로	선조적이거나 연속적인 경우가 많음. 독자들은 대체로 텍스트의 읽기 경로를 그대로 따름.	비선조적이고 비연속적인 경로(vectors). 독자는 텍스트를 선택하고 상호 작용할 기회를 더 많이 갖게 됨.

(Walsh, 2004: 11; 최숙기, 2003: 228)

최근 진행되고 있는 문식성의 재개념화는 변화하는 문식 환경에 적합한 새로운 문식성(new literacies)에 대한 탐색 작업이라고 볼 수 있다. 신(新) 문식성 운동은 1996년 제임스 지(James Gee)와 앨런 루크(Allan Luke)를 포함한 10명의 문식성 연구자들이 모여 뉴런던 그룹(New London Group)을 형성한 것을 그 시초로 본다. 이들은 종래의 독서나 작문이라는 용어가 과학 기술의 발전에 따라 급속도로 변화하고 있는 새로운 의사소통 환경에서의 문식 활동을 설명하기

에 한계가 있음을 지적하며 신 문식성을 주장하였다. 신 문식성 연구자들은 기호학의 영향하에 문자나 음성 외에도 다양한 양식의 기호 체계가 인간의 의사소통에 기여하고 있음을 강조하였다. 이런 이유로 21세기의 문식성은 기본적으로 다양한 양식이 혼합된 복합양식적 속성을 갖게 된다.

21세기 문식성의 재개념화의 마지막 특징으로는 디지털 공간에 대한 관심과 이해를 들 수 있다. 과학 기술이 비약적으로 발전하면서 인간의 의사소통 환경도 크게 달라졌다. 특히 디지털 기술을 바탕으로 매체 환경이 변화하면서 그 속에서 생산되고 유통되는 정보의 양·종류·질·속성도 크게 달라졌다. 그 결과 최근에는 디지털 공간의 복합양식 텍스트나 인터넷 하이퍼 텍스트 읽기 능력에 대한 연구가 활발하다.

현재 독서 연구자들은 인터넷 상에서의 읽기 활동과 인쇄 글 읽기가 공통점과 차이점을 함께 갖고 있는 것으로 보고 있다(조병영, 2007). 인터넷 읽기도 일반적으로 문자 언어를 포함한다. 그리고 인터넷의 개별 창은 일종의 문서이기 때문에 인쇄 글 읽기 전략을 온라인에도 적용할 수 있다. 반면에 온라인 읽기는 전통적인 인쇄 글 읽기와는 다른 '시스템 지식(검색 엔진이나 웹사이트의 구조에 대한 배경지식)'을 요구한다. 그리고 온라인에 존재하는 방대한 정보를 효율적으로 처리하기 위해서는 필요한 정보를 가능한 빨리 찾아내고, 또 정확하게 선별하는 작업이 중요하다. 특히 온라인에는 부정확한 정보가 많이 섞여 있기 때문에 정보의 내용과 질을 평가하는 비판적 읽기 능력이 필수적이다. 또한 여러 문서의 내용을 종합하여 정보를 재구성하는 다문서 독해(multiple text comprehension) 전략도 요구된다. 그런데 온라인에 존재하는 정보의 양과 복합양식적 특성, 또한 비선형적인 구조는 독자에게 인지적인 부담을 준다. 또한 유혹 요인이 많기 때문에 독서 목적에서 이탈하기 쉽다. 이러한 이유로 인해 온라인 독서를 효율적으로 수행하기 위해서는 독자가 자신의 독해 과정을 점검하고 통제하는 초인지 전략이 필수적이다.

지금까지 21세기의 문식성이 새로운 문식 환경 속에서 재개념화되고 있음을 살펴보았다. 인류의 과학 기술은 이 순간에도 끊임없이 발전하고 있으며, 앞으로도 문식 환경의 변화에 따른 문식성의 재개념화 작업은 계속될 것이다. 그리고 독자들이 온·오프라인의 공간에서 인쇄·디지털 매체를 매개로 하여 수행하는 문식 활동도 더욱 다양해질 것이다. 독서와 문식성은 수천 년 동안 문자를 비롯한 다양한 기호 체계를 대상으로 하여, 기호의 해독부터 지식의 생산과 적극적 소통을 통한 비판적 문식성에 이르기까지 그 의미역을 확장해 왔다. 특히 21세기의 문식성은 이미 그 '문'이나 '식'의 의미역이 매우 넓어져 더 이상 하나의 문식성으로 그 전체를 규정하기 어려운 상황이다. 이런 맥락에서 21세기는 다양한 문식성이 존재하는 다중 문식성(multiple literacies)의 시대라고도 명명할 수 있다. 현재 인류는 다양한 의사소통 양식, 문화, 언어, 매체 속에서 중층적으로 의미 구성 활동을 설계(design)하고 또 실행(practice)하고 있다(윤준채, 2009). 이제 독서와 문식성 교육은 21세기의 중·후반기를 책임질 후속 세대들이 개인적·사회적·정치적·국가적인 차원에서 요구되는 다양한 문식 활동을 효율적으로 또 비판적으로 사용하도록 하는 데 초점을 맞추어야 할 것이다.

1장 독서의 역사와 개념

1. 문자와 책, 그리고 인류 문명의 발전

- 인간은 문자 언어를 사용하면서 시공간을 초월하여 지식을 전승하고 인지적인 부담에서 벗어나 고등 수준의 사고를 할 수 있었다. 그래서 문명의 발전도 가능했다.

- 현재까지 전승되는 초기의 문자 기록으로는 수메르의 쐐기문자, 이집트의 상형문자, 중국의 갑골문자를 들 수 있다.

- 인류는 다양한 기록 매체에 문자를 기록하였다. 초기에는 점토판, 파피루스, 금속, 돌, 목재, 가죽 등의 재료를 사용하다가 이후에는 종이가 사용되었다.

- 초기의 책은 재료도 귀하고 필사에 엄청난 노력이 필요했기 때문에 매우 희귀하고 비싼 재화였다. 인쇄술이 발전하면서 비로소 책의 보급과 유통이 활발해졌다.

- 우리나라는 고려시대와 조선시대에 매우 뛰어난 인쇄술을 발전시켰다. 현존하는 세계 최고(最古)의 목판인쇄물은 『무구정광대다라니경』, 금속활자인쇄물은 『백운화상초록불조 직지심체요절』로 모두 우리 선조들의 인쇄물이다.

- 서양에서는 구텐베르크가 금속활자인쇄술을 발명하여 책의 대량 생산과 보급에 성공하였다. 구텐베르크의 금속활자인쇄술은 유럽의 종교개혁, 과학혁명, 근대적 지식 기반의 경제 발전을 위한 도화선이 되었다고 평가받는다.

- 책의 대량 생산과 보급은 문자를 읽고 쓸 수 있는 능력에 대한 대중적 요구를 증폭시켰다. 그 결과 공교육이 확산되고, 문식성을 갖춘 독자층이 육성되었다.

2. 독서의 개념과 의미 구성의 신비

- 독서의 개념은 시대에 따라 변화해왔다. 독서 행위는 문자와 함께 탄생되었지만, 오랜 기간 동안 극소수의 사람들만이 문자를 읽거나 쓸 수 있었다. 일반인들은 성직자가 낭독해 주는 책의 내용을 듣고, 그 내용을 암송하는 것으로 독서를 대신하였다. 이후 독서의 개념은 '글과 독자의 상호 작용을 통한 의미 구성의 과정'으로 정립된다.

- 전문적인 독서 연구는 20세기 초에 시작되었다. 프레데릭 바틀렛(Frederic Bartlett)이 '유령들의 전쟁'이라는 글을 가지고 회상 실험을 하면서, 독자가 글의 정보를 나름대로 변형하여 기억하며 이 기억은 시간이 지나면서 재구성됨을 알게 되었다.

- 독서의 과정에서 독자는 글(텍스트) 이상으로 중요한 역할을 수행한다. 독자의 독해에 영향을 주는 핵심적인 요소로 스키마와 초인지가 있다.
  - 스키마(schema, 배경지식)는 독자의 기억 속에 존재하는 구조화된 지식의 총체로, 독자마다 스키마의 내용과 활용 양상이 다르기 때문에 독해의 결과가 달라진다.
  - 초인지(meta-cognition, 상위인지)는 독자가 자신의 인지 과정을 점검·조절하는 상위 차원의 인지. 초인지가 발달한 독자는 능동적으로 문제 해결 전략을 사용해 독해에 성공한다.

- 21세기에 이르러 독서의 개념은 문식성을 중심으로 새롭게 정립된다. 이를 '문식성의 재개념화'라고 하는데, 문식 환경의 변화 속에서 복합양식 문식성, 다중 문식성의 개념이 강조되고 있다.

학습활동

1. 아래 용어의 개념을 간단히 설명하시오.

   - 표음문자
   - 스키마
   - 의미 구성
   - 초인지
   - 복합양식 텍스트
   - 비판적 문식성

2. 다음 진술을 참(T)과 거짓(F)으로 구분하고, 거짓은 바르게 수정하시오.

   (1) 인류 최초의 문자 기록은 중국의 갑골문자이다.
   (2) 목판인쇄술과 금속활자인쇄술은 우리나라에서 세계 최초로 발명되었다.
   (3) 독서의 개념은 20세기까지 변해 왔으나, 21세기에는 안정화되었다.

3. 본문의 [표 1-1: 문자와 책의 약사]에 시대별로 독서의 개념이 어떻게 변화했는지 기록하고, 각 시대별로 독서가 사회에 미친 영향을 설명해 보시오. 그리고 21세기 중반 이후에는 독서의 개념이 어떻게 바뀔지 논의해 보시오.

4. 자신이 가지고 있는 독서의 개념을 제시하고, 이 개념이 현재의 독서나 문식성의 개념과 어떠한 공통점과 차이점이 있는지 설명해 보시오.

5. 이 장을 통해 새롭게 배우고 느낀 바를 자유롭게 공유해 보시오. 그리고 독서교육을 실천해야 하는 주체로서 독서의 역사와 개념을 알아야 하는 이유가 무엇인지 논의해 보시오.

6. 다음은 브랜스포드와 존슨(Bransford & Johnson, 1972)의 실험 자료이다. 지시에 따라 자료를 읽고, 두 실험의 결과를 각각 추론해 보시오.

〈실험 1〉

(1) 아래의 글을 읽고, 무엇에 대한 글인지 제목을 붙여 보자.

> 절차는 실제로 매우 단순하다. 먼저 항목들을 몇 종류로 분류한다. 물론 해야 할 양이 얼마나 되느냐에 따라서 때로는 한 묶음으로도 충분할 수가 있다. 시설이 모자라 다른 곳으로 옮겨야 한다면 그렇게 한다. 그렇지 않으면 이제 준비는 다 된 셈이다. 중요한 것은 한 번에 너무 많은 양을 하지 말아야 한다는 점이다. 아예 한 번에 조금씩 하는 것이 너무 많은 양을 한 번에 하는 것보다 차라리 낫다. 이 점은 얼핏 보기에는 별로 중요한 것 같지 않으나, 일이 복잡하게 되면 곧 이유를 알게 된다. 한 번의 실수는 그 대가가 비쌀 수도 있기 때문이다. 이 모든 절차는 처음에는 꽤 복잡하게 보일지 모르나, 곧 이 일이 생활의 일부분임을 알게 된다. 일단 이 일이 끝난 다음에는 항목들을 다시 분류한다. 그리고 적당한 장소에 넣어둔다. 이 항목들은 나중에 다시 사용될 것이다. 다음에도 지금까지의 모든 절차는 반복될 것이다.

(2) 이 글의 제목은 '세탁하기'이다. 이를 염두에 두고 다시 글을 읽어 보자.

(3) 이 실험을 통해 스키마가 독자의 의미 구성에 어떻게 영향을 미치는지 (1)과 (2)의 결과를 비교하면서 설명해 보시오.

〈실험 2〉

(가)그림을 보고 글을 읽을 때와 (나)그림을 보고 글을 읽을 때의 차이를 말해 보자. 그리고 왜 그러한 차이가 나타났는지 설명해 보자.

바닥에서 그곳까지는 꽤 멀리 떨어져 있기 때문에 만일 풍선이 터진다면 소리는 전달되지 않을 것이다. 일단 창문이 닫혀 있어도 소리는 역시 전달되지 않을 것이다. 왜냐하면, 요즈음 짓는 건물들은 방음 장치가 꽤 잘 되어 있기 때문에 전선의 어느 한 부분이라도 끊어진다면 이 또한 문제가 된다. 물론 젊은이가 크게 소리를 지를 수도 있다. 그러나 인간의 목소리는 그 정도의 거리에까지 도달할 수 있을 만큼 크지는 않다. 만일 그렇게 된다면 메시지만 전달해야 하기 때문이다. 거리만 가깝다면 사정은 훨씬 나을 것이다. 그러면 걱정거리도 적어질 것이다. 얼굴과 얼굴을 가까이 할 수만 있다면 일이 잘못될 가능성은 거의 없다.

(가)　　　　　　　　　　(나)

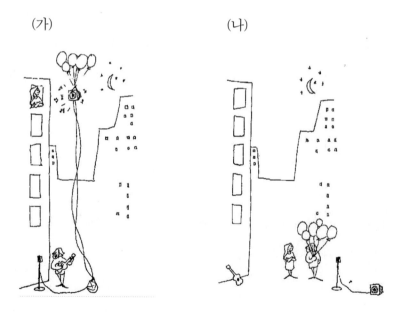

참고문헌

강명관(2014). 조선시대 책과 지식의 역사: 조선의 책과 지식은 조선사회와 어떻게 만나고 헤어졌을까? 천년의 상상.

김봉순(2008). 독서교육에서 비판의 성격과 지도내용. 독서연구 19, 167-199.

김재봉(2014). 독서토론중심 수업에 관한 교사와 학생의 인식 연구. 고려대학교 박사학위논문.

김혜정(2008). 비판적 사고력 신장을 위한 읽기지도 방향. 독서연구 20, 47-81.

노명완(1986). 글의 구조 표상과 독해. 국어교육 55, 217-218.

노명완(1988). 국어교육론. 한샘.

노명완·이차숙·조정숙(1997). 유아언어교육. 한국방송대학교출판부.

노명완·이차숙(2002). 문식성연구. 박이정.

노명완·박영목 외(2008). 문식성 교육 연구. 한국문화사.

노명완 외(2011). 독서교육의 이해: 독서의 개념·지도·평가. 한우리북스.

박수자(2003). 21세기 문식력과 국어과교육의 과제. 국어교육 110, 3-66.

박영목(2008). 21세기 문식성의 특성과 문식성 교육의 과제. 문식성 교육 연구. 한국문화사.

육영수(2010). 책과 독서의 문화사: 활자 인간의 탄생과 근대의 재발견. 책세상.

윤준채(2009). 문해력의 개념과 국내외 연구 경향. 새국어생활 19(2).

이경화(2010). 읽기교육의 원리와 방법. 박이정.

이삼형(1995). 스키마 이론과 읽기 지도. 한국언어문화 13, 1037-1055.

이성영(2003). 생태학적으로 타당한 독서 교육을 위하여. 한국초등국어교육 22, 123-156.

이순영(2010). 디지털 시대의 청소년 독자와 비판적 읽기. 독서 연구 24, 87-110.

이순영(2015). "꼼꼼하게 읽기(close reading)"의 재조명: 독서 이론과 교수학습 측면의 의미를 중심으로. 독서연구 37, 39-65.

정옥년(2013). 디지털 시대의 독서지도를 위한 교사교육. 독서연구 30, 121-168.

정혜승(2008). 문식성 개념 변화와 교육과정적 함의. 문식성 교육 연구. 한국문화사.

조병영(2007). 인터넷 환경에서의 초인지적 독서 전략: 사고 구술 연구로부터의 증거들. 국어교육 124, 281-316.

천경록(2009). 읽기 교육 내용과 지식의 깊이. 독서연구 21, 319-348.

최숙기(2013). 복합 양식 텍스트에 대한 독자의 읽기 행동 분석에 기반한 디지털 시대의 읽기교육 방안 탐색. 독서 연구 29, 225-264.

최영환(2007). '독서'의 인지적 영역 발달과 사회적 관점. 독서연구 17, 41-61.

한국교육심리학회(2000). 교육심리학용어사전. 학지사.

한국어문교육연구소·국어과교수학습 연구소(2006). 독서교육사전. 교학사.

한철우·박진용·김명순·박영민(2001). 과정 중심 독서 지도. 교학사.

Bartlett, F. C.(1932). *Remembering: A study in experimental and social psychology.* Cambridge University Press.

Bransford, J. D., & Johnson, M. K.(1972). Contextual prerequisites for understanding: Some investigations of comprehension and recall. *Journal of Verbal Learning & Verbal Behavior,* 11, 717-726.

Evans, J.(2005). *Literacy moves on: Popular culture, new technologies, and critical literacy in the elementary classroom.* Portsmouth, NH: Heinemann. [정현선 역(2011). 읽기쓰기의 진화: 아이들은 미디어를 어떻게 읽고 쓰고 만드는가. 사회평론.]

Irwin, J. W.(2007). *Teaching reading comprehension processes*(3rd ed.). Boston, MA: Pearson. [천경록·이경화·서혁 역(2012). 독서교육론: 독해 과정의 이해와 지도. 박이정.]

Martyn, L.(2011). *Books: A Living History.* Malibu, CA: J. Paul Getty Museum. [서지원 역(2011). 책, 그 살아있는 역사: 종이의 탄생부터 전자책까지. 21세기북스.]

Ong, W. J.(1982). *Orality and literacy: The technologizing of the word.* New York. [이기우·임명진 역(1995). 구술문화와 문자문화. 문예출판사.]

Walsh, M.(2004). Reading visual and multimodal texts: how is 'reading' different?. Proceedings of the ALEA 2004 Conference(http://www.swanseagfl.gov.uk/literacy/mmres/addread/ReadingMulti modalTexts.pdf).

2장
독자의 특성과 반응

1. 독서 행위의 주체, 독자의 발견
2. 독자 반응의 의미와 유형

A novel or a poem or a play remains merely inkspots on paper until
a reader transforms them into a set of meaningful symbols.
— Louise M. Rosenblatt, 1995

1. 독서 행위의 주체, 독자의 발견

(1) 독서의 구성 요인과 독자

독서는 여러 가지 요인이 함께 작용하는 복잡한 정신 작용이다. 독서의 요인은 매우 다양하지만, 대표적인 요인으로는 1)독서의 목적이나 과제, 2)독서의 자료가 되는 텍스트, 3)독서의 주체인 독자, 그리고 4)독서 행위가 이루어지는 상황이나 맥락을 들 수 있다. 이 중에서 가장 큰 주목을 받은 요인은 텍스트이다. 독서의 역사 속에서 텍스트는 독서의 출발점이자 목적지였다. 전통적으로 독서는 텍스트에 내재된 의미를 독자가 이해하고 수용하는 행위로 인식되었기 때문이다. 텍스트는 필자의 메시지를 독자에게 전달하는 일종의 매개물로서 독서의 핵심이었다.

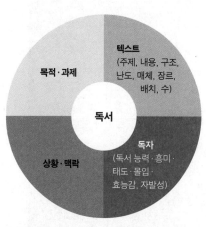

[그림 2-1] 독서의 구성 요인

이런 이유로 초기의 독서 연구자들은 독서의 여러 요인 중에서도 텍스트에 특별한 관심을 기울였다. 그 결과 1970~80년대를 거치면서 텍스트의 내용, 주제, 장르, 구조, 난도, 스키마의 영향과 독해에 관한 다양한 연구가 활발하게 진행되었다.[1] 독서 연구자들의 텍스트에 대한 관심은 현재까지 지속되고 있다. 최근에는 테크놀로지, 복합양식성, 텍스트 복잡도, 다문서 독해를 포함한 새로운 분야로 텍스트에 대한 연구 영역이 점차 확장되고 연구 방법도 다원화되는 추세이다.

텍스트에서 독자로: 독자의 존재와 역할의 발견

초기의 독서 연구 중에는 텍스트에 따라 인간의 기억이나 독해가 어떻게 달라지는가를 검증한 경우가 많았다. 이때 연구자들이 텍스트에 주목한 이유는 텍스트의 여러 가지 특성(예: 구조, 난도, 주제 등)에 따라 독서의 과정이나 결과가 달라진다고 보았기 때문이다. 이는 기본적으로 텍스트에 무게 중심을 두고 독서를 탐구하는 관점이었다. 이러한 관점이나 접근 방식은 인류의 역사 속에서 오랫동안 내려온 텍스트(글) 중심 독서관과도 상통한다. 그러나 텍스트와 독해의 관계를 탐구한 일련의 연구들은 오히려 텍스트가 인간의 독서 행위에 미치는 영향이 제한적이라는 사실을 밝혀냈다. 독해에는 텍스트의 영향만으로는 설명할 수 없는 미지의 영역이 있었고, 그 핵심은 독자였다.

독자는 독서 행위의 주체이다. 독자는 독서의 목적을 인식하고, 독서의 대상인 텍스트를 선정하고, 독서의 방법을 결정하고, 실제로 텍스트를 읽어 나가면서 다양한 기능과 전략을 사용하고, 텍스트의 의미를 이해한다. 또한 독서의 과정에서 발생하는 각종 문제를 인지하고, 적절한 방법을 찾아 해결하고, 텍스트에 대한 자신의 생각을 정리하여 다른 독자와 공유하는 활동도 수행한다.

---

[1] 이 시기에 출간된 독서 분야의 연구 종합서를 살펴보면, 텍스트와 독해에 대한 다양한 리뷰 논문이 수록되어 있다(Meyer & Rice, 1984; Anderson, 1991; Tierney & Pearson, 1991). 이는 이 시기에 텍스트에 대한 양질의 독서 연구가 상당히 축적되었음을 의미한다.

독자가 이 중 어느 한 과정이라도 성공적으로 수행하지 못하면 독서는 실패한다. 독서의 전 과정이 사실상 독자의 통제 하에 있으니 독서에서 독자의 역할은 결정적이라고 할 수 있다.

그러나 독서의 개념을 규정함에 있어서 독자의 중요성이 제대로 인식된 것은 20세기의 일이다. 과거 오랜 기간 동안 독서에 대한 인식은 독서 자료인 텍스트를 중심으로 이루어졌고, 독자의 존재감은 미약했다. 20세기 중후반에 이르러 연구자나 일반인들의 인식 속에 자리 잡고 있던 텍스트의 견고한 위상이 붕괴된다. 그 이면에는 독자의 비율과 문식 수준의 상승, 독서의 과정과 요인에 대한 전문적인 연구 결과의 축적, 독자의 역할을 인식하고 강조하는 다양한 학문 분야의 성장 등이 자극원으로 존재했다. 아카데미 안팎의 이러한 변화 속에서 텍스트뿐만 아니라 독자의 영향도 중요하다는 인식이 점차 대중들에게까지 확산되었다.

이 과정에서 '독자는 누구이며, 독자의 독서 행위를 촉발시키는 동기는 무엇이고, 개별 독자의 특성에 따라 독서 행위는 어떻게 달라지고, 독서 후 독자에게는 어떠한 변화가 나타나는가?'와 같은 문제를 본격적으로 탐구하는 독자 연구도 활성화된다. 독서의 개념도 '텍스트와 독자가 상호 작용하여 의미를 구성하는 정신 작용'으로 설정된다. 엄밀하게 말해 이러한 독서의 개념은 텍스트에 비해 독자의 우위를 인정한 것은 아니다. 이 개념에서 텍스트와 독자는 각각 독립적으로 존재하며, 동등한 입장에서 서로 상호 작용하는 존재로 설정되어 있다. 그러나 이러한 독서의 개념은 독서의 역사에 비추어 볼 때, 수천 년 동안 텍스트에 가려졌던 독자의 위상을 텍스트의 수준까지 끌어올려 인정하였다는 점에서 상당한 의미를 갖는다. 이런 맥락에서 볼 때, 20세기는 독서에서 독자의 존재와 역할이 새롭게 정립된 시기라고도 할 수 있다.

(2) 독자의 유형과 특성

독자는 독서 행위의 주체인 동시에 독서교육의 대상이다. 교육을 개별 학습자를 대상으로 한 계획적인 행동 변화라고 볼 때, 독서교육은 개별 독자의 수준과 특성을 정확하게 파악하는 데서 출발한다. 이러한 정보를 바탕으로 하여 개별 독자의 유형을 파악하면 해당 독자를 위한 독서교육의 내용과 방법을 결정하는 데 도움이 된다. 독자의 유형은 나이, 독서 수준, 독서 능동성, 텍스트 수용 태도 등 여러 가지 기준을 가지고 다양하게 분류할 수 있다. 아래의 표는 여러 기준을 가지고 독자의 유형을 정리한 것이다. 이 책을 읽는 독자는 이 표를 활용하여 각 기준별로 자신이 속하는 독자의 유형을 확인해 볼 수 있을 것이다. 이 책에서는 표에 제시한 다양한 분류 기준 중에서도 특히 나이를 중심으로 여러 독자의 특성을 살펴보고자 한다.

[표 2-1] 독자의 유형 분류

분류 기준	독자의 유형									
나이	아동 독자		어린이 독자		청소년 독자		성인 독자		노인 독자	
독서 수준	상위 수준의 독자 유능·능숙한 독자 전문 독자			하위 수준의 독자 미숙한 독자 독서 부진			독서 장애 교정 독서 대상 (독서치료, 난독증)			
독서 능동성	열렬 독자, 애독자, 독립적 독자					책맹(독서 능력이 있으나 읽지 않는 이)				
책·독서 애착 수준	애서가, 탐서가, 책 수집가					책·독서 혐오자				
텍스트 수용 태도	수용적·긍정적 독자					비판적·저항적 독자				
텍스트 범위	잡식형 독자, 남독(濫讀)					편식형 독자(분야, 장르, 작가, 수준, 목적)				
독서 집중도	몰입형 독자					산만한 독자(잦은 중단, 멀티태스킹)				
완독 여부	완독형 독자					선독, 발췌독, 여러 책을 한꺼번에 읽는 독자				
사회성	책 추천형		책 선물형		북클럽형		홀로 읽기형			
매체	종이, 서책 읽기		킨들 등 디지털 기기		오디오북 듣기		스토리빔			
장소	도서관	교실	여행지	대중 교통	카페	야외	직장	거실 침대	화장실	어디서든

아동 독자와 그림이야기책

나이(연령)는 가장 보편적으로 사용되는 분류 기준이다. 나이에 의한 분류는 독자의 발달과 직접적인 관련이 있다. 현대인은 생애의 대부분을 독자로서 생활하는데, 생후 약 3~5년에 이른 아이는 글자나 단어를 지각하고 습득하는 발생적 문식성(emergent literacy) 단계에 이른다. 이는 곧 문자 언어 세계로의 입문을 의미한다. 이후 아동이 문자 언어를 습득하면서 본격적인 읽기 학습도 진행된다. 이 시기의 독자를 '아동 독자'라고 명명한다. 아동 복지법의 제3조 1항에 "아동이란 18세 미만인 사람을 말한다."고 규정되어 있지만, 이는 사회에서 통용되는 아동의 개념보다 광의의 개념이다. 사회에서 일반적으로 지칭하는 아동은 영·유아보다 조금 더 성장한 아이를 의미하는 경우가 많다. 아동 독자는 대체로 미취학 상태로, 가정이나 보육 시설 또는 유치원 등의 공간에서 책을 접하고 독서 활동을 수행하는 존재로 볼 수 있다. 이 시기의 독서 활동은 아동의 단독 활동보다 부모나 성인의 도움 속에서 진행되는 경우가 많다.

아동 독자의 주요 독서 자료는 그림이야기책이다. 아동 독자는 글자가 없는 순수한 그림책에서 출발하여 점차 글자가 많이 포함된 책으로 이양하게 된다. 그림이야기책은 그림과 글자가 함께 의미를 전달하는 아이코노텍스트(iconotext)로서 일종의 복합양식 텍스트라고 볼 수 있다. 그림이야기책의 그림과 글은 다양한 방식(예: 상호보완, 중복·반복, 병렬)으로 의미를 전달한다. 그리고 아동 독자는 이러한 그림과 글의 정보를 종합하여 독해 활동을 수행한다. 그림이야기책 중에는 팝업 등의 장치나, 천과 같은 다양한 재질을 사용하여 시각이나 촉각적 자극을 극대화한 경우도 많다. 그림이야기책은 아동이 책에 관심을 갖도록 유도하고 독서의 즐거움을 주기 위한 내용을 담고 있는 경우가 많지만, 한글 깨치기나 행동 교정(예: 식탁 예절, 스스로 옷 입기) 등 특정한 목적을 강하게 갖고 있는 책도 있다.

아동 독자와 그림이야기책은 각기 아동 문학의 주요 대상이기도 하다. 전통적으로 아동 문학은, 성인인 작가가 아동을 주요 독자로 설정하여 창작한 이중적 성격의 텍스트였다. 17세기까지 아동을 위해 출판된 책은 훈육을 목적으로 하는 교과서나 도덕책이 많았다. 그 이면에는 아동을 미숙하고 이기적이며 불필요하고 때로는 사악한 존재로 보는 아동관이 깔려 있었다. 이후 아동이나 아동기에 대한 사회의 관점은 계속해서 변화하였다. 아동은 순수한 존재, 성인의 미니어처, 미완의 상태이지만 미래 사회를 책임질 잠재력을 가진 미성년(소년/청년) 등 다양한 관점에서 규정되었다. 최근에는 성인과의 대비에서 벗어나 아동을 그 자체로 완전한 존재로 보고, 있는 그대로 인정하고자 하는 관점이 우세하다.

이처럼 아동이 사회·역사·문화적으로 새롭게 개념화되면서, 그림이야기책을 포함한 아동 문학의 내용과 형식도 변화하고 있다. 일례로 최근의 포스트모던 그림이야기책은, 주제는 물론 형식 측면에서도 과거의 그림책과는 확연히 다른 모습이다. 가족이나 개인 간의 갈등, 성, 불평등, 외모, 억압, 폭력, 욕망, 인종, 빈부, 사회 구조적 문제와 같이 다양하고 때로는 금기시되던 주제가 그림이야기책 속에 구현되고 있다. 그림이야기책의 형식(삽화, 편집 등)도 크게 변화·발전하고 있다. 그림이야기책의 예술성과 완성도가 높아지면서 독자층이 청소년이나 성인까지 확대되고 있는 점도 주목할 만하다. 이러한 영향으로 인해 최근에는 그림이야기책이 초등학교는 물론 중·고등학교에서도 독서 자료로서 재조명되고 있다.

어린이 독자, 글 깨치기에서 학습 독서까지
평생 독자의 두 번째 시기는 '어린이 독자'이다. 사전적 정의에 의하면, 어린이는 대개 4·5세부터 초등학생까지의 아이를 일컫는다. 이러한 규정에 의하면 미취학의 어린이 독자는 아동 독자로도 규정할 수 있다. 그러나 독자의 발달 측면에서 볼 때, 4~13세까지의 10년은 독자의 일생 중에서 가장 경이로운 변화가 일어나는 시기이다. 이 시기의 독자는 발생적 문식성 단계에서 출발하여 능숙한 독자로 성장하게 된다. 그러므로 이 책에서는 이 시기를 한 단계로 묶기보다는 미취학 시기는 아동 독자로, 취학 후인 초등학교 시기는 어린이 독자로 규정하여 살펴보고자 한다.

어린이 독자는 초등학교 생활을 시작하면서 학교 시스템 속에서 본격적인 독서교육을 받게 된다. 취학과 동시에 어린이 독자의 생활은 가정에서 학교로 그 중심이 이동하고, 학교 생활과 또래 집단과의 관계가 중요한 비중을 갖게 된다. 이 시기의 학습자는 급격한 인지·정의·사회적(도덕적) 발달을 통해 평생 학습의 기반을 마련하게 된다. 특히 독서 능력은 이 시기의 학습자에게 요구되는 가장 중요한 기초 학습 능력이다. 그러나 초등학교에 입학하는 어린이 독자의 수준은 편차가 매우 큰 것이 특징이다. 일부의 학생들은 체계적인 문자 지도나 책에 대한 경험이 거의 없는 상태(예: 책을 펼쳐 어느 방향으로 읽어 나가야 하는지 알지 못함)로 초등학교에 입학한다. 반면에 아동 독자 단계부터 체계적으로 문자 습득을 시작해서 취학 시점에는 이미 상당한 수준의 독서 능력을 갖추고 있는 독자도 있다. 그러므로 이 시기의 독서지도는 학급의 특성은 물론 개별 독자의 발달 단계와 특성을 고려해서 기획될 필요가 있다.

어린이 독자를 위한 독서지도는 한글 깨치기 학습에서 시작된다. 보통은 1)글 깨치기를 위한 읽기 학습(learn to read)에서 출발하여, 2)음독 유창성 획득, 3)기본적인 독해 능력 습득, 그리고 4)독해 능력의 심화 단계로 진행된다. 초등 1~2학년의 독서교육은 글 깨치기와 읽기 유창성(reading fluency)의 획득에 집중된다. 유창한 음독을 통해 문자 해독이 자동화되면, 독자의 에너지는 자연스레 글의 내용을 파악하는 독해 활동으로 넘어간다. 이런 이유로 초등 3~4학년 이후의 독서교육은 독서 기능의 연습을 통한 의미 구성에 초점을 맞추게 된다.

초등 저학년은 독자로서의 인지적 능력뿐만 아니라 정의적이고 사회적인 측면의 여러 특성이 형성되는 시기이다. 그러나 이 시기의 독해 능력이 각별히 중시되는 이유는 독해 능력이 곧 학습 능력의 기초가 되기 때문이다. 초등학교 3~4학년 단계까지 기본적인 독해 능력을 습득하지 못한 학습자는 교과 학습에 큰 어려움을 경험하게 된다. 모든 교과의 학습은 기본적으로 독서 활동이기 때문이다. 적절한 독해 능력을 습득하지 못하면 효과적인 학습도 불가능하다. 이런 이유로 세계 여러 나라에서는 초등에서의 독서 부진이 학습 부진이나 학습 장애로 악화되지 않도록 많은 노력을 기울이고 있다. 특히 독서 부진 학습자는 학년이 높아질수록 일반 학습자와의 간극이 급격히 벌어지기 때문에, 초등 저학년 단계에서 적절한 지도가 필요하다. 우리 정부도 2012년부터 학습종합클리닉과 기초학력 지원 사업을 통해 5대 교과(국·영·수·사·과)와 기초 기능[3Rs: 읽기(reading), 글쓰기(writing), 수학(arithmetic)] 분야에서 부진이나 경계 학생을 위한 진단과 보정 시스템을 운영하고 있다.

어린이 독자는 다양한 상황에서 독서 활동을 수행하게 된다. 미취학 시기에는 주로 가정이나 보육 시설 또는 유치원에서 자유 독서 활동을 한다. 자유 독서는 개인의 자율적인 독서 활동을 의미한다. 자유 독서는 주로 여가 시간에 이루어지며, 즐거움을 목적으로 관심 있는 분야의 책을 읽는 경우가 많다. 그래서 자유 독서는 전 연령대의 독자가 수행할 수 있는 기본 활동이지만, 자발성을 전제로 하기 때문에 책에 대한 독자의 관심과 흥미가 필수적인 조건이라고 할 수 있다. 성인 독자는 관심 분야의 책을 스스로 선택할 수 있지만, 아동이나 어린이 독자는 성인(부모나 교사)이 추천한 도서를 읽는 것이 일반적이다. 이때 성인은 어린이 독자가 책에 관심을 갖도록 유도하고, 독자의 상상력이나 창의성을 자극하고, 올바른 독서 습관을 촉진하고자 노력한다. 성인이 어린이 독자에게 추천하는 도서는 서사 장르의 그림이야기책으로, 재미와 교훈을 함께 제공할 수 있는 내용인 경우가 많다.

자유 독서는 초등학교에서도 중요한 활동으로 자리 잡고 있다. 학교도서관이나 각종 동아리 프로그램, 학급문고, 아침독서시간이 어린이 독자들의 자유 독서 활동을 적극적으로 지원하고 있다. 또한 학교 밖의 다양한 공간(예: 가정, 지역사회, 학교 외 각종 교육기관 등)에서의 문식 활동 중에서도 자유 독서의 비중은 높다. 현재까지도 어린이 독자를 대상으로 한 가정과 학교 안팎의 독서 활동은 대부분 자유 독서에 해당된다. 그 이면에는 자유 독서가 어린이 독자의 독서 동기를 높이고 독서 습관을 형성하는 데 도움이 된다는 사회적인 믿음이 존재한다. 그러나 한편으로는 지금까지의 어린이 독서지도가 지나치게 자유 독서에 치중하였고, 어린이를 위한 추천도서 목록도 장르나 주제 측면에서 다원화가 필요하다는 지적도 있다. 어린이 독자를 위한 자유 독서 프로그램은 개별 독자의 구체적인 특성(예: 나이, 독서 수준과 동기, 관심 분야, 문식 환경 등)을 적극적으로 고려하여 설계해야 한다. 그리고 어린이 독자이지만 도서의 선정이나 독후 활동에 대해서는 독자의 선택을 일정 수준 보장할 때 독자의 자발성과 능동성이 높아진다.

이와 함께 주목할 점은 어린이 독자의 경우, 학년이 높아질수록 자유 독서에 비해 학습 독서(reading to learn)의 중요성이 점차 높아진다는 점이다. 학습 독서는 자유 독서와 달리 유목적적인 독서 활동으로 학습을 목적으로 하는 독서 활동을 의미한다. 교과 공부와 연계한 교과 독서나 성인들이 직무와 연계하여 수행하는 직무나 전문 독서는 모두 일종의 학습 독서라고 할 수 있다. 독서는 즐겁고 자유로운 활동이어야 한다고 생각하는 이들도 많다. 그러나 평생 독자의 상황은 계속 변화하므로, 독자의 상황에 따라 자유 독서와 학습 독서의 비율을 조정해 나갈 필요가 있다.

예를 들어, 미취학 아동이나 노인층에서는 자유 독서의 비율이 높을 수 있다. 그러나 중·고·대학생이나 직장인에게는 자유 독서 활동만을 강조할 수 없다. 이 시기의 독자에게는 여가 시간에 자율적으로 수행하는 자유 독서와 별개로, 자신의 학업이나 직무와 직결되는 독서 활동이 필요하기 때문이다. 또한 학습 독서는 문학 텍스트(literary text)보다는 각 분야의 지식과 정보를 논리적으로 다루는 정보 텍스트(informational text)를 대상으로 하는 경우가 많다. 어린이 독자의 독서 흥미나 동기는 매우 다양하므로, 다양한 분야의 텍스트를 접할 수 있도록 지도해야 한다. 현행 학교도서관의 장서 구성이나 학교 안팎의 독서 프로그램 중에는 자유 독서를 위한 문학 텍스트의 비중이 높은 경우가 많다. 독서교육 담당자들은 이 점을 염두에 두고 자유 독서와 학습 독서, 그리고 텍스트의 주제·장르·난도의 균형을 고려하여 독자에게 맞는 프로그램을 운영할 필요가 있다(텍스트와 관련하여 5·11장 참고).

청소년 독자, 정체성과 비판성의 발달

평생 독자의 세 번째 시기는 '청소년 독자'이다. 아동 독자나 어린이 독자처럼 청소년 독자도 그 범위를 설정하는 데 어려움이 있다. 청소년 기본법 제3조 1항에 의하면, 청소년은 9세 이상 24세 이하인 사람을 말한다. 초등학교 중학년부터 성인(대학생)에 이르는 시기를 모두 포함하고 있는 셈이다. 그러나 청소년의 법률적 범위는 아동의 경우처럼 사회의 통용 범위와는 상당한 차이가 있다. 일반적으로 청소년은 10대 중후반 시기로 중·고등학교교육을 받는 시기의 사람을 의미한다. 이 책에서는 중·고등학생의 연령대(13-18세 내외)를 청소년 독자로 설정하고자 한다.

청소년은 복잡하고 다층적인 존재라 할 수 있다. 신체적·인지적·정서적인 측면에서 볼 때, 청소년기는 비약적인 변화와 성숙의 시기이다. 무엇보다도 청소년기는 자아를 발견하고 개인적인 성향이 발현하는 시기이다. 그러나 이러한 '나'다움에 대한 발견과 표출로 인해 청소년에 대한 사회적 시각은 불안정하고 다루기 불편한 존재(예: 반항아, 사춘기, 질풍노도의 시기)나, 청소년과 관련된 각종 문제(예: 게임 중독, 폭력)를 강조하는 경우가 많았다. 그러나 최근에는 청소년기를 불안정한 훈육의 대상으로 보는 시각에서 벗어나, 복잡하고 다층적인 특성을 있는 그대로 인정하는 새로운 관점이 강조되고 있다.

독서교육의 측면에서 보면 청소년 독자는 매우 중요한 대상이다. 동·서양을 막론하고 독서교육은 글 깨치기에서 출발했기 때문에 미취학이나 초등 저학년 교육에 편중된 특성이 있었다. 청소년 독자는 독서 연구는 물론 교육 측면에서도 방치된 독자들이었다고 할 수 있다. 이러한 문제의식은 외국에서도 동일하게 제기되고 있다. 일례로 국제문식성학회(International Literacy

Association)에서 매년 실시하는 What's Hot 조사에 의하면 청소년 독자는 더 많은 관심과 연구가 필요한 대표적인 영역으로 손꼽히고 있다.

또한 청소년 독자는 학교를 통한 독서교육의 종착점이라는 점에서 특별한 의미가 있다. 학교 독서교육의 목표는 고등 수준의 독서 능력을 갖추고 아울러 독서를 즐기는 자율적 독자를 육성하는 데 있다. 청소년 독자는 12년간의 학교 독서교육을 통해 이러한 목표를 달성해야 한다. 그러나 청소년 독자의 현실은 밝지만은 않다. 학업에 대한 부담 속에서 독서 동기가 급감하고, 독서량도 절대적으로 줄어들고, 독자로서의 효능감은 물론 독서와 관계된 개인적 또는 사회적 활동도 약화되기 때문이다. 청소년 독자를 위한 학교, 국가, 사회 차원의 지원도 상대적으로 미약하다.

그러나 초등의 글 깨치기나 기초 문식성 습득 이상으로 중등의 독서교육은 중요하다. 아동이나 어린이 독자에게 글 깨치기는 생존을 위한 기초 기능의 습득이라는 측면에서 당위적인 성격을 갖는다. 그러나 청소년 독자에게는 이들과는 비교할 수도 없는 고등 수준의 독해 능력과 전략이 요구된다. 또한 청소년기는 독자 정체성이 형성되는 시기이다. 이때 독자의 정체성은 텍스트에 담겨 있는 세상을 자신의 관점에서 이해하고, 나아가 나를 둘러싼 현실의 세상을 비판적으로 인식하도록 하는 기반이 된다. 이런 맥락에서 볼 때, 정체성이 확립된 청소년 독자는 비로소 텍스트와 대등하거나 텍스트보다 우위의 입장에서 능동적인 독해 활동을 수행하게 된다.

청소년기는 정체성의 형성과 작용이 두드러지는 시기이므로, 청소년 독자를 이해하기 위해서는 독자의 정체성 발달에 영향을 주는 사회·문화적 요인에 주목할 필요가 있다. 청소년 독자가 텍스트를 이해하는 방식이나 문식성 실행(literacy practice)은 독자 개인의 고유한 특성이라기보다는 독자와, 독자를 둘러싼 환경이 상호 작용한 결과이기 때문이다. 청소년 독자는 자신이 접해 온 텍스트와 환경에 영향을 받지만, 동시에 자신이 접하는 외부의 환경을 비판적으로 인식하고 이를 변화시키는 주체로서 행동한다. 그런데 청소년 독자가 이렇게 주체로서 성장하고 건강한 에너지를 획득하기 위해서는 해당 독서 활동이 독자에게 의미가 있어야 한다. 청소년 독자가 자신의 문식 활동에 의미를 부여하고, 나아가 이 문식 활동이 다시 독자에게 긍정적인 에너지를 제공할 때 독자는 능동성과 건전한 비판성을 유지할 수 있을 것이다.

성인 독자와 노인 독자, 평생 독서와 행복한 삶

이러한 과정을 거쳐 성장한 독자는 한 사람의 '성인 독자'로서 활동하게 된다. 독자의 전 생애 중에서 청소년기 이후는 기본적으로 성인 독자기라고 볼 수 있다. 그러나 최근에는 노후가 길어지고 성인 독자의 상황이 분화되면서, 20~50대의 성인 독자와 60~65세 이후의 노인 독자를 구별하는 경우가 많다. 이때 성인 독자는 대학생을 포함하여 직업을 갖고 사회 활동을 수행하는 연령대의 사람을 의미하고, 노인 독자는 퇴직 후의 실버층을 의미한다.

성인 독자는 일정한 수준의 독서 능력을 이미 갖추고 있는 존재이다. 성인 독자는 대체로 자신이 이미 갖추고 있는 독서 능력을 활용하여 맡은 바 직무를 수행하게 된다. 이 시기에는 개별 독자의 문식성 중에서도 특히 직무와 관련된 직업 문식성(job literacy)이 중요하다. 직업에 따라서는 직업 문식성을 증진시키도록 지원이 있는 경우도 있지만, 그렇지 않은 경우는 독자 스스로 직무에 필요한 문식성을 갖추도록 노력해야 한다. 또한 이 시기의 성인 독자에게는 직무와 관련된 독서와 개인 차원의 자유 독서 간의 균형도 중요하다. 자유 독서는 개인의 여가 시간에 자발적으로 이루어지기 때문에 바쁜 직장인은 시간을 할애하기 어려운 경우가 있다. 그래서 자유 독서 시에도 직무에 연관되는 도서만 읽는 이들도 있다. 최근에는 성인 독자가 직장 안팎에서 다양한 도서를 쉽게 접할 수 있도록 지원하는 사업도 활발하다.

이와 함께 최근에는 '노인 독자'에 대한 사회적 지원도 활성화되고 있다. 노인 독자, 특히 소외 계층 노인의 독서 활동은 삶의 질 차원에서도 중요하다. 지역의 도서관과 복지 시설에서는 노인 독서 모임을 통해 노인들이 책을 매개로 하여 타인과 소통하고 사회적 참여 활동을 지속할 수 있도록 지원하고 있다. 최근에는 고학력의 노인 독자가 증가하면서 자신의 능력을 활용하여 어린이집에서 책을 읽어 주거나 글쓰기를 지도하는 등 의미 있는 봉사 활동을 하는 이도 늘어나고 있다. 이러한 흐름에 맞추어 우리나라에서는 국민독서진흥법을 제정하여 노인과 소외 계층을 포함한 모든 국민에게 독서교육의 기회를 제공하고 국민 전체의 독서문화를 진흥하도록 강조해 왔다. 국민독서진흥법 제1조는 "독서문화의 진흥에 관한 기본적 사항을 규정하여 국민의 지적 능력을 향상하고 건전한 정서를 함양하며 평생교육의 바탕을 마련함으로써, 국가 경쟁력을 강화하고 국민의 균등한 독서 활동 기회를 보장하며 삶의 질을 개선하는 데 이바지함을 그 목적으로 한다."고 명시하고 있다. 앞으로도 모든 평생 독자가 적절한 독서 능력을 갖추고 의미 있는 독서 활동을 지속해 나가기 위해서는 학교·사회·국가의 적극적인 관심과 체계적인 지원이 필요할 것이다.

(3) 독서의 영역과 독해에 영향을 미치는 독자 요인

[그림 2-2] 독서의 3영역

앞서 독서는 독서의 목적-텍스트-독자-상황 요인이 개입된 복잡다단한 정신 작용임을 살펴보았다. 특히 독자는 독서의 전 과정에 걸쳐 독서의 목적을 인지하고, 자신이 속한 특정한 사회·문화적인 상황 속에서, 텍스트와 상호 작용하면서 의미를 구성하는 주체였다. 독서의 특성을 이해하기 위해서는 독서에 개입되는 요인과 함께 독서의 영역(domains)을 살펴보는 것이 중요하다. 독서는 흔히 인지·정의·사회적 영역으로 나누어 그 속성을 설명한다.

독서의 인지적 영역

독서의 인지적 영역(cognitive domain)은 주로 텍스트의 의미를 효과적으로 잘 파악하는 지적인 작용에 대한 부분이다. 독해 능력, 독해 수준, 독해 기능과 전략은 모두 독서의 인지적 영역에 해당하는 문제들이다. 오랫동안 독서교육의 기본적인 목표는 글의 내용을 잘 이해하도록 지도하는 데 있었다. 그래서 이 문제와 직결된 독서의 인지적 영역은 독서교육이나 독서 연구의 핵심이었다. 독서 연구자들은 독서교육의 내용과 방법을 찾아내기 위해 독해력이 뛰어난 독자들의 특성을 분석하였다. 그리고 능숙한 독자가 사용하는 기능과 전략을 일반 독자들에게 가르쳐 왔다. 독서 기능과 전략의 지도를 위하여 교수법도 발전하였다. 이와 관련하여 이 책의 2부에 수록된 8-9장에서 다양한 독서 교수·학습법을 소개하고 있다.

독서의 정의적 영역

인지적 요인을 중심으로 한 독서교육은 일정한 성과가 있었으나 한계도 있었다. 좋은 독서 기능과 전략, 그리고 효과적인 교수법을 검증하여 교실에 제공하였지만 학생들의 성취는 상이했다. 게다가 청소년이나 성인 독자 중에는 충분한 독서 능력을 갖추고 있음에도 불구하고 자발적으로는 책을 읽지 않는 책맹(aliteracy)이 증가하여 사회적인 문제가 되고 있다. 그러면서 독서 전문가들은 독서의 정의적 영역에 관심을 갖게 되었다. 독서교육의 양대 목표가 '독해를 잘하도록 지도하기'와 '즐겨 읽도록 지도하기'라면 이 중 전자는 인지적 영역에 후자는 정의적 영역(affective domain, 정서적 영역)에 해당한다. 이 중에서 독서의 정의적 영역은 주로 독자의 감정에 관련된 부분이다. [표 2-2]에는 독서의 정의적 영역에 포함되는 대표적인 용어들이 제시되어 있다.

[표 2-2] 정의적 영역의 독서 용어와 개념

용어	개념
독서 동기 (reading motivation)	• 독서 행위를 촉발하고 지속적으로 유지, 강화시키는 독자의 다면적인 심리 구조 　– 내재적 독서 동기: 독서 효능감, 호기심, 몰입, 독서에 대한 가치 인식, 자기 선택권 　　등 독자의 내적인 요인에 의해 촉구되는 자기목적적인 동기 　– 외재적 독서 동기: 독서와 관련된 경쟁, 성적, 칭찬, 인정, 벌 등의 외적 자극이나 　　행위 후 주어질 결과에 의해 독서 행위가 유발되는 것
독서 흥미 (reading interest)	• 특정한 독서 주제나 분야에 대한 독자의 선호도나 취향 　(독서 자료의 주제, 장르, 외형 체제, 독서환경의 영향을 받음)
독서 태도 (reading attitude)	• 장기간에 걸쳐 형성된 독서나 책에 대한 독자 개인의 호불호 • 독서에 대한 지속적인 호의, 또는 비호의적인 반응을 동반한 학습된 성향
독서 효능감 (reading self-efficacy)	• 자신의 독서 능력과 성공적인 독서 행위에 대한 독자의 기대와 믿음
독서 몰입 (reading engagement)	• 특정한 문식 경험과 상황하에 독자가 독서 행위에 인지적·정의적으로 몰입하는 상태, 　또는 몰입 상태에서 경험하는 여러 가지 심리적 현상 • 독서 활동에 개인의 모든 주의가 완전히 집중되면서 시간이 무의미해지고 텍스트에 　대한 깊은 이해를 동반하는 심리적 과정
독서 자의지 (reading volition)	• 독서를 위한 독자의 자발적이고 지속적인 노력 　(독자의 주의를 산만하게 하는 방해 요소에도 불구하고 근면성과 행동 통제 전략을 　요구하는 일에 집중할 수 있는 능력)
독서 주체성 (reading ownership)	• 독자가 스스로 자신의 독서 활동을 통제하거나 조절하고 있다는 믿음 　(독자가 독서 과제나 자료에 대해 자율적 선택권을 가질 때 주체성이 높아짐)

　독서의 모든 과정에는 독자 요인이 깊이 관여한다. 텍스트의 선정부터 독해의 수준, 그리고 독자가 체감하는 텍스트의 난도와 정서적 반응에 이르기까지 독자 요인이 개입되지 않는 부분이 없다. 그런데 이때의 독자 요인은 특히 독서의 정의적 영역과 연계되어 있다. 독자는 모두 인간이며, 인간의 독서 행위는 필연적으로 독서 동기나 흥미, 호기심, 기대, 몰입과 같은 다양한 정의적 요소를 동반하기 때문이다. 그리고 이러한 정의적 요소는 다시 인지적 영역과 긴밀하게 연계되어 있다.

　정의적 요인 중에서도 특히 독서 동기는 독서 활동을 유도하는 결정적 요인이라는 점에 주목할 필요가 있다. 초등학교 3~4학년과 중학교 진학 후 학생들의 독서 동기가 급격히 하락하는 현실에서 학생들의 독서 동기·흥미·태도를 개선하는 일은 매우 중요하다. 독서의 정의적 요인들은 독서 행위를 가능하게 하고 독자의 몰입과 성찰을 자극해 독해를 촉진할 뿐만 아니라, 즐거움이나 만족감을 높여 독자가 체감하는 독서 경험의 질에도 큰 영향을 미친다. 양질의 독서 경험은 다시 정의적 요인을 강화하여 후속 활동을 유발하는 선순환 구조를 형성하게 된다.

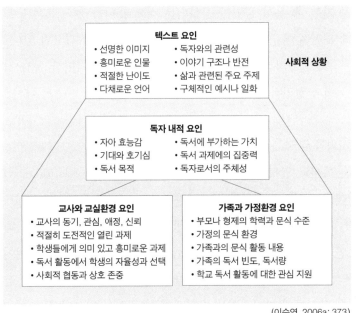

(이순영, 2006a: 373)

[**그림 2-3**] 독서 동기와 몰입에 영향을 미치는 요인들

독서의 정의적 요인은 **독자별 개인차를 밝히는 핵심적인 요인**이기도 하다. 일례로 텍스트의 난도는 텍스트 내에 고정된 요인으로 인식하기 쉽다. 그러나 독자가 실제로 체감하는 텍스트의 난도는 텍스트 자체의 난도와는 다르다. 이 과정에 독자의 독서 동기나 흥미와 같은 다양한 정의적 요인이나 환경의 영향이 개입되기 때문이다. 이는 동일한 독서 능력을 가지고 있어도 독자마다 느

끼는 텍스트의 난도나 독해의 수준이 크게 다를 수 있음을 의미한다. 같은 이유로 일반적으로 효과적이라고 알려진 독서교육의 방법도 모든 학생에게 동일한 효과를 발휘하지는 않는다. 독자의 개인차와 해당 독자를 둘러싼 환경의 차이 때문이다. 그러므로 현장에서 독서교육을 기획하는 이는 적극적으로 정의적 요인을 고려할 필요가 있다. 그런데 독자들의 정의적 요인을 강화하는 효과적인 방법 중의 하나가 독자의 선택권이다. 독자들은 자신이 독서의 목적을 설정하거나, 독서 자료를 선택하거나, 독서 과제나 활동의 내용을 결정하는 선택권을 가질 때 독서 동기가 강화되는 것으로 나타났다. 그러므로 학생 독자들에게도 적절한 수준의 자율권이나 선택권을 제공할 필요가 있다. 이와 함께 개별 독자가 가치를 부여할 수 있는 긍정적이고 유의미한 독서 경험을 제공하면 독서의 정의적 영역이 강화될 것이다.

독서의 사회적 영역

최근에는 독서의 인지·정의 영역과 함께 사회적 영역(social domain)의 중요성도 강조되고 있다. 독서 연구는 전통적으로 심리학에 기반을 두고 독서 기능, 전략, 독해와 같은 인지적 문제에 관심을 두었다. 그러나 이후 독해가 인지적인 요인 외에도 다양한 정의적 요인에 의해 영향을 받는다는 사실이 밝혀졌다. 아울러 학생 독자들의 독서 동기가 급감하면서 인지적 요인과 함께 정의적 요인을 조화롭게 발전시키는 방법에 대한 관심이 고조되었다. 이 과정에서 다시 새롭게 주목받은 것이 독서의 사회적 영역이다. 독서는 매우 사회적인 활동이며, 독서의 정의적 요인들도 개별 독자에게 내재된 태생적인 속성이 아니었기 때문이다.

일례로 어린이나 청소년 독자는 또래 집단이나 대중문화의 영향을 강하게 받는다. 이들은 책이나 영화, 의상 등 다양한 아이템에 대해 또래 집단의 평가나 아이돌의 영향을 강하게 받는 것으로 알려져 있다. 사실 독자가 특정한 책에 대해 자신의 호오를 판별하려면 실제로 그 책을 일정 부분 읽어야 한다. 그러나 만일 주변의 또래가 모두 그 책에 열광한다면, 학생 독자가 그 책을 읽을 가능성은 매우 높아진다. 게다가 이 독자는 처음부터 그 책에 대해 기대 수준도 높고 호의적인 태도를 취할 것이다. 이후 이 독자의 독서 과정은 외적인 영향이 없을 때와는 다르게 진행된다. 이러한 독자는 책이 마음에 들지 않더라도, 자신의 독서 반응을 긍정적으로 왜곡하여 공유할 수 있다. 또래와 다른 생각을 표현하는 데 따른 부담 때문이다. 이 경우 이 독자의 도서 선택과 독서의 전 과정, 그리고 독서 후의 반응에 이르기까지 또래 집단의 영향이 있었다고 볼 수 있다. 이런 맥락에서 볼 때 독서는 일종의 사회적 활동이며, 독서의 인지나 정의적 요소도 독자를 둘러싼 사회·문화적 상황과 연관이 있음을 알 수 있다.

사회적 학습 결과로서의 독서

독서를 개인의 심리적 작용이나 태생적 취향을 넘어 사회적 행위로 보는 데는 보다 근본적인 이유가 있다. 독서 연구자들은 텍스트에 대한 독자의 해석이나 반응이 어떻게 형성되는가 하는 문제를 고민해 왔다. 이후 이들은 특정한 사회·문화적 집단에 속한 독자들의 경우, 텍스트에 대한 해석도 유사한 현상을 발견하게 된다. 예를 들면, 조선시대의 사람들은 아버지의 눈을 고치고자 인당수에 몸을 던진 심청을 효녀로 칭송하고 그 뜻을 높이 샀다. 그러나 요즘의 독자들은 심청의 행동을 널리 본받을 만한 효행으로 보지 않을 수 있다. 타 문화권의 현대 독자가 심청전을 읽는다면 심청의 행동에 대해 혼란스러워하거나 부정적인 평가를 내릴 수도 있다.

이처럼 동일한 텍스트라 하여도 독자에 따라서 그 해석은 달라진다. 이러한 독해의 차이는 독자별 개인차인 경우도 있지만, 독자가 속한 집단의 영향인 경우도 있다. 개별 독자는 특정한 시대, 국가, 사회, 계층, 세부 집단에 소속되어 있으며, 이 안에서 특정한 문화를 공유하며 성장하고 생활한다. 이러한 사회·문화적 배경은 독자의 가치관을 형성할 뿐만 아니라 독자가 텍스트를 해석할 때 일종의 렌즈로서 작용하게 된다. 결국 개별 독자는 정도의 차이는 있지만 특정한 사회문화적 영향 속에서 텍스트를 이해하게 된다. 이때 독서는 독자가 평생 동안 특정한 사회문화적 환경 속에서 타인과 상호 작용을 하면서 획득해 온 사회학습의 결과라고 할 수 있다.

인간을 사회적 존재로 보고 인간의 학습을 타인과의 상호 작용의 결과로 해석하는 이론은 다양하다. 레브 비고츠키(Lev Vygotsky)의 사회적 인지주의 이론이나 모방과 관찰 학습을 강조한 앨버트 반두라(Albert Bandura)의 사회적 학습 이론이 그 예이다. 그러나 심리학자였던 비고츠키나 반두라의 주 관심사는 인간의 인지 학습이었다. 비고츠키는 특히 인간의 사고와 언어학습에, 반두라의 이론은 인간의 행동과 인지 형성에 초점을 맞추었다. 이로 인해 비고츠키나 반두라의 이론에 근거하여 독서의 사회적 성격을 이해하는 것은 제한적인 측면이 있다.

20세기 후반에 이르면 기호학이나 비판 이론 등 다양한 학문 분야의 논의가 직간접적으로 독서의 영역을 확장하는 데 기여하였다. 특히 비판 이론은 사회학에 기반을 두어 보다 본격적으로 독서의 사회적 성격을 규명하였다. 비판 이론은 책을 비롯한 인간의 모든 언어 사용과 언어에 대한 해석에 인간 간의 관계, 특히 권력과 이데올로기의 문제가 깊이 개입되어 있음을 지적한다. 이러한 관점에서 볼 때, 학교는 특정한 가치를 대변하는 텍스트(교과서)를 역시 특정한 방식으로 해석하도록 유도하는 가장 강력한 기구이다. 비판 이론가들의 입장에서 볼 때, 독자는 자신이 접하는 텍스트 안에 특정한 이데올로기가 내재되어 있을 수 있음을 지각해야만 한다. 나아가 자신이 텍스트를 해석하는 방식이나 교육에서 강조하는 모범적인 해석이 사실은 학습된 이데올로기의 실행은 아닌지를 비판적으로 인식할 필요가 있다.

독자에 대한 이해, 독서지도의 출발점

독서는 인지적 영역에 대한 관심에서 출발하여 정의·사회적 영역에 이르기까지 그 영역을 확장해 왔다. 중요한 점은 독서의 세 가지 영역이 상호 긴밀하게 연계되어 있다는 것이다. 앞서 개별 독자의 독해 결과도 사실은 독자의 독서 동기나 독자를 둘러싼 타인, 그리고 그들을 둘러싼 여러 층위의 사회·문화적 환경에 긴밀한 영향을 받고 있음을 설명하였다. 독서교육 담당자들은 개별 독자가 독서의 인지·정의·사회적 영역을 고루 발전시켜 나가도록 지원해야 한다. 독서의 세 영역 중 특정한 부분이 부족할 때는 해당 영역을 직접적으로 강화하는 방법도 있지만, 다른 영역을 강화함으로써 부족한 부분이 보강되는 효과를 얻을 수도 있다. 이를 위해서는 개별 독자의 특성을 면밀하게 파악해야만 한다.

책맹 상태의 청소년 독자를 예로 들어 보자. 이 경우 교사는 독서의 정의적 영역에 집중하여 독자의 내재적 또는 외재적 동기를 자극하는 방법을 택할 수 있다. 그러나 한편으로는 독자의 독서 동기가 낮은 이유를 확인하여 다른 영역을 강화하는 방법을 추출할 수도 있다. 예를 들어, 이 학습자가 홀로 책을 읽는 활동은 지루해 하지만, 타인과 함께 하는 독서토론 활동에서는 활발한 모습을 보였다고 하자. 이런 독자에게는 독자가 타인과 사회적 상호 작용을 할 수 있는 기회를 제공하면 독자의 독서 동기를 자극하는 데도 도움이 될 것이다. 만일 이 독자의 독서 능력에 한계가 있어 독서 동기가 낮았다면, 독자의 독서 능력을 개선하는 것이 무엇보다도 시급한 지도 방법일 수도 있다. 이처럼 외적인 문제는 동일해 보여도 그 문제의 원인이나 해결 방법은 독자마다 상이할 수 있다. 개별 독자에 대한 꾸준한 관찰과 기록을 통해 최적의 지도 방법을 찾아 나가는 것이 중요하다.

2. 독자 반응의 의미와 유형

(1) 독자 반응의 개념과 독자 반응 이론

'반응(responses)'이라는 용어는 다양한 학문 분야에서 상이한 개념으로 사용되어 왔다. 대표적으로는 심리학과 문학 이론이 있다. 전통적으로 심리학에서 반응은 자극(stimulus)에 대응되는 개념으로, 자극이 인간의 마음에 작용할 때 인간이 만들어 내는 모든 결과물(예: 행동, 감정, 생각 등)을 의미한다. 특히 자극-반응(S-R) 접근을 근간으로 하는 행동주의 심리학에서 반응은 외부로부터 들어온 자극에 대해 유기체가 일으키는 신체적·심리적·행동적 변화를 의미한다. 이러한 심리학의 관점에서 볼 때, 독서 반응은 텍스트라는 외부의 자극이 독자의 마음에 불러일으키는 다양한 변화라고 이해할 수 있다.

문학 이론 중에는 독자 반응 이론(reader response theory)이 독자의 반응에 초점을 맞춘 대표적인 이론이다. 문학작품의 의미나 가치를 다루는 문학 이론은 본질적으로 문학작품에 대한 분석을 목적으로 한다. 그러나 많은 문학 이론 중에서도 독자 반응 이론은 텍스트와 함께 텍스트에 대한 독자의 반응을 강조한다는 점에서 특수성이 있다. 이런 이유로 문학 비평 이론서 중에는 독자 반응 이론을 다루지 않는 경우도 많다. 수많은 문학 이론 중에서도 독자의 역할을 텍스트와 동등한 수준에서, 때로는 텍스트 이상으로 강조했던 독자 반응 이론은 독서교육 측면에서 특별한 의미를 갖는다. 교육의 내용과 방법은 모두 학습자에서 시작되어 학습자로 귀결된다. 같은 맥락에서 독서교육의 핵심은 학생 독자의 인지·정의·사회적 성장이고, 이를 위해서는 학생 독자가 텍스트를 실제로 어떻게 이해하고 반응하는가에 대한 관심이 필수적이다. 독자 반응 이론은 바로 이 부분에 대한 이론적 기반을 제공해 주었다.

로젠블랫의 독자 반응 이론

독자 반응 이론은 해석 공동체를 강조한 스탠리 피시(Stanley Fish), 독자의 심리와 정체성에 주목한 노먼 홀랜드(Norman Holland), 독서 관습의 문제를 다룬 조나단 컬러(Jonathan Culler) 등 다양한 이론가에 의해 발전되었다. 그러나 이 중에서도 독서교육 측면에서 특별히 주목받는 이는 루이스 로젠블랫(Louise Rosenblatt, 1904-2005)이다. 로젠블랫은 미국에서 태어났지만 프랑스에서 비교 문학을 전공하여 박사 학위를 취득하였다. 이후 로젠블랫은 『탐구로서의 문학Literature as Exploration』(1938)과 『독자, 텍스트, 시: 문학작품의 상호교섭이론The Reader, The Text, The Poem: The Transactional Theory of the Literary Work』(1978)이라는 저서를 통해 텍스트 해석에 있어서 **텍스트와 독자 간의 상호교섭(transaction)**을 강조하였다. 이때 독자와 텍스트는 해석 과정에 개입하는 일종의 협업자라고 할 수 있다. 로젠블랫은 텍스트를 종종 '시(poem)'라고 표현하였는데, 이는 텍스트가 해석의 대상이며 모든 독자에게 동일한 의미를 갖지 않는다는 의미를 담고 있다.

로젠블랫은 독서를 특정한 시간과 환경하에 상이한 배경지식과 신념을 가지고 있는 개별 독자와 텍스트가 만나는 사건으로 보았다. 이때 독자는 독서의 과정에서 일정한 입장(stance)을 취한다고 보았는데, 로젠블랫은 이를 원심적 독서와 심미적 독서로 설명하였다. 원심적 독서(efferent reading)는 라틴어 efferre(운반하다)에 근간을 두는 단어로, 텍스트에서 의미를 추출하는 것을 주목적으로 하는 독자의 태도를 의미한다. 연구자에 따라서는 '정보 추출적 입장'으로 번역하기도 한다. 원심적 입장의 독자는 텍스트에 대해 논리적이고 분석적인 태도를 취하게 된다. 반면에 심미적 독서(aesthetic reading)는 즐거움을 목적으로 하는 독서로, 다양한 의미를 담고 있는 '시'의 아름다움을 최대한 경험하는 독서를 의미한다. 로젠블랫은 두 입장을 이분법적으로 설명하기보다는 동일한 선상에 존재하는 정도성의 차이로 보았다. 독자는 원심적이고 심미적인 입장을 넘나들며 '시'와 교섭하고, 이러한 독서의 과정에서 독자의 마음에는 다양한 반응이 형성된다.

로젠블랫의 이론 변화와 최근의 독자 반응 이론

1938년 로젠블랫의 이론이 발표된 이후 다양한 비판도 제기되었다. 일례로 로젠블랫의 반응이나 상호교섭의 개념이 모호하며, 독자가 형성한 반응에 대해 어떻게 평가하고 지도할 것인가에 대한 의문도 있었다. 로젠블랫은 1938년에 『탐구로서의 문학』을 출판한 이후 근 70년 동안 왕성하게 활동하며 한편으로는 자신의 이론을 지속적으로 수정·보완했다. 이런 이유로 로젠블랫의 독자 반응 이론은 시대에 따라 상당히 다른 모습이다. 특히 제2차 세계대전은 그녀의 이론에 큰 영향을 미쳤는데, 이후 로젠블랫의 학문적 관심은 순수 문학 비평에서 현장의 독서교육으로 옮겨왔고, 1948년에는 뉴욕 대학교의 영어교육학과 교수로 임용된다. 로젠블랫은 1978년에 『독자, 텍스트, 시』를 출판하면서 전쟁과 자신의 학문적 변화를 자세히 설명하였다. 1980년대를 거치면서 로젠블랫의 이론은 문학 중심 교수학습(literature-based instruction) 운동과 연동되면서 학교 현장에 깊이 뿌리를 내렸고, 현재까지도 학교 독서·문학 교육 전반에 큰 영향을 미치고 있다.

1990년대를 거치면서 독자 반응 이론은 다시 리 갈다(Lee Galda), 리처드 비치(Richard Beach), 신시아 루이스(Cynthia Lewis) 등 다양한 연구자에 의해 정련된다. 후속 연구자들은 로젠블랫이 제시한 독자 반응의 개념을 개인적이고 심미적인 영역에서 보다 사회·문화적이고 비판적인 영역으로 확장시켰다. 일례로 갈다와 비치(2001)는 '문화적 활동으로서의 문학 반응'을 강조하였는데, 이때 독자 반응은 텍스트의 의미와 독자의 입장(stance), 그리고 사회·문화적인 상황 속에서 독자의 정체성이 발현된 것이다. 루이스(2000)도 로젠블랫의 독자 반응 이론에 대한 사람들의 오해를 지적하고, 독자 반응에 영향을 미치는 비판적 문식성과 사회적 실천의 문제를 강조하였다. 이러한 입장에서 볼 때, 독자 반응은 특정한 해석 공동체에 속한 독자가 특정한 사회·문화적 맥락 속에서 텍스트를 이해하고 자신의 정체성을 구성해 나가는 능동적이고 비판적인 활동으로 해석할 수 있다.

(2) 독자 반응의 유형과 독서지도

최근에는 학생 독자의 독서 반응에 대한 관심이 높다. 교사가 텍스트의 의미를 학생들에게 설명하던 전통적인 독서교육과 비교해 볼 때 이는 큰 변화라고 할 수 있다. 독서교육의 기본적인 목표는 학생 독자가 스스로 텍스트의 의미를 파악하고 자신의 독서 반응을 정교화할 수 있는 능력을 획득하는 데 있다. 학생 독자가 양질의 다양한 독서 반응을 형성하기 위해서는 교사가 학생의 반응에 관심을 가져야 한다. 독자 반응과 관련하여 교사의 관심은 크게 세 가지(학생의 다양한 독서 반응을 유형화하는 방법, 학생의 독서 반응을 촉진하는 방법, 학생의 독서 반응에 피드백하는 방법)로 정리할 수 있다.

다음의 [표 2-3]은 여러 연구자들이 제시한 독자 반응의 유형을 정리한 것이다. 독자 반응 유형은 체험적이고 통합적으로 인식하기 쉬운 반응의 유형을 체계화했다는 점에서 그 의의가 크다. 독자 반응의 유형 범주는 개별 독자가 텍스트에 대해 제시하는 반응의 범위, 다양성, 수준, 양상을 확인하는 틀로 활용할 수

[표 2-3] 연구자에 따른 독자 반응의 유형 분류

분류	Squire (1964)	Newell (1996)	Sipe (1998)	이지영 (2011)
독자 반응 범주	• 문학적 판단 • 해석적 반응 • 서술적 반응 • 연합적 반응 • 자기 연관 • 규범적 판단 • 기타	• 서술적 진술 • 개인적 반응 진술 • 연합적 진술 • 해석적 진술 • 평가적 진술 • 기타	• 분석적 이해 (텍스트와 함께) • 상호텍스트적 이해 (텍스트를 넘나들며) • 개인적 이해 (텍스트로부터) • 투영적 이해 (텍스트를 통해서) • 수행적 이해 (텍스트 위에서)	• 독서 과정: 독서 전-중-후 반응 (독서 후 반응: – 이야기 구조 반응 – 생각과 느낌 반응 – 상호텍스트 반응 – 독서 태도 반응) • 표현 시기: 즉각 반응–회고 반응 • 개방성: 열린 반응–제한된 반응 • 표현 방식: 구두, 문자, 그림, 신체, 다매체 반응
특징	• 청소년 대상 • 문학작품에 대한 반응	• 청소년 대상(10학년) • 이야기 반응(쓰기)	• 초등학교 1~2학년생 • 그림이야기책 읽어 주기 활동에 대한 반응	• 초등학교 4학년생 대상 • 이야기책에 대한 반응

있다. 그런데 독자 반응은 1) 독서의 목적과 과제 요인, 2) 텍스트 요인(장르, 주제, 형식, 매체 등), 3) 상황 요인(독서환경, 타인과의 상호 작용 여부), 4) 독자 요인에 직간접적으로 영향을 받는다. 또한 독자 반응은 교사에게 유용한 정보를 제공한다. 독자 반응을 통해 교사는 개별 독자의 독해 수준(사실적-추론적-비판적-창조적 이해)을 확인할 수 있다. 또한 교사는 이러한 독자 반응 정보를 통해 학생이 텍스트에서 주목한 부분이나 독해의 특성을 파악하여 지도 방법을 결정할 수 있다.

그러나 현재의 독자 반응 유형은 주로 문학 텍스트, 특히 이야기(story)에 대한 반응으로 한정되어 있다. 그러나 문학 텍스트와 정보 텍스트에 대한 독자의 반응은 상이하므로, 정보 텍스트에 대한 독자 반응의 유형을 체계화하는 작업이 시급하다. 그리고 문학 텍스트나 정보 텍스트의 하위 장르에 대한 독자 반응 연구도 필요하다. 독자 반응 유형은 학생 독자가 생산한 반응을 분석하고 평가하는 준거이지만, 동시에 특정한 유형의 반응을 생산하도록 교수학습하는 근거 자료로 활용할 수도 있다.

마지막으로 학생 독자가 양질의 반응을 형성하도록 지원하고, 독자가 이미 형성한 반응에 대한 피드백을 제공하는 후속 활동을 살펴볼 수 있다. 교실 상황에서 학생 독자의 반응을 촉진하는 기본적인 방법은 질문이다. 좋은 질문은 학생의 독서 반응을 확장하고 심화시키는 훌륭한 도구이다. 학생의 반응에 대해 교사가 좋은 질문을 제시하면 질문 그 자체로 훌륭한 피드백이 되기도 한다. 그러나 독후 질문 중에는 특정한 답을 전제로 하고, 사실 정보를 확인하는 경우가 많다. 이때 학생 독자는 자신이 형성한 반응을 감추고 교사가 제시하는 정답을 수용하게 된다. 그러므로 교사는 자신의 해석을 제시하기에 앞서 학생이 텍스트의 의미를 파악하고 자신의 생각을 표현할 수 있는 기회를 제공해 주어야 한다. 독서토론이나 상징적 표상법(symbolic representation)은 학생이 주도권을 갖고 자신의 반응을 공유할 수 있는 대표적인 방법이다.

　　학생들이 다양한 수준의 반응을 제시할 때, 교사는 교실 상황에서 이를 어느 수준까지 허용해야 하는지 고민할 수 있다. 사실 학생의 독서 반응은 모두 나름의 의미가 있다. 하지만 그중에는 논리적으로 조금 더 타당한 해석과 그렇지 않은 해석이 있을 수 있다. 그러므로 학생의 해석과 반응을 무조건 수용하기보다는 함께 검토하고 정리하는 후속 활동이 필요하다. 교사와 학생이 함께, 또는 학생들끼리 특정한 독서 반응이 텍스트에 근거를 두고 있으며 논리적으로 합당한 것인지 논의할 수 있다. 이러한 과정을 거치면서 자연스럽게 텍스트에 대해 보다 타당한 해석을 모색할 수 있다. 이러한 독후 활동은 학생 독자의 독서 반응에 대한 평가인 동시에 학생 독자의 독해를 심화·확장시키는 계기가 될 것이다. 독서교육의 궁극적인 목적은 학생 독자가 스스로 텍스트의 의미를 깊이 있게 이해하고, 텍스트에 대한 자신의 의견을 적극적으로 공유하고, 나아가 즐겨 독서하는 습관을 갖도록 하는 데 있다. 이 장에서는 독서교육의 출발점이 개별 독자에 대한 관심과 이해에 있음을 확인하였다. 독자의 인지·정의·사회적 특성을 고려하면서 다양한 독서 반응을 공유할 때, 교실은 더욱 생기 있고 학생들의 독해 능력도 촉진될 것이다.

2장 독자의 특성과 반응

1. 독서 행위의 주체, 독자의 발견

▪ 독서는 여러 가지 요인이 함께 작용하는 복잡한 정신 작용이다. 독서의 요인으로는 1) 독서의 목적과 과제, 2) 텍스트, 3) 독자, 4) 독서 상황과 맥락을 들 수 있다.

▪ 독서의 역사 초기에는 '텍스트(글) 중심 독서관'이 우세하였으나, 최근에는 독서 행위의 주체로 독서의 전 과정을 관장하는 '독자'의 역할과 특성이 텍스트와 함께 강조되고 있다.

▪ 독자는 나이, 독서 수준, 독서 능동성, 텍스트 수용 태도 등 여러 기준에 의해 분류할 수 있다. 이 중 나이 기준을 적용하면, '아동 독자 – 어린이 독자 – 청소년 독자 – 성인 독자 – 노인 독자'로 분류할 수 있다. 각 시기의 독자는 상이한 특성과 요구를 갖기 때문에 지도 방법을 달리해야 한다.

▪ 독서는 텍스트의 의미 구성과 관계된 '인지적 영역', 독자의 감정에 관계된 '정의적 영역', 그리고 독자의 독서 행위에 영향을 미치는 각종 사회문화적 요소에 관계된 '사회적 영역'으로 나누어 살펴볼 수 있다. 효과적인 독서 지도 방법을 수립하기 위해서는 독자의 특성을 정확하게 파악해야 하는데, 이를 위해서는 독서의 세 영역을 고루 고려할 필요가 있다.

2. 독자 반응의 의미와 유형

▪ 전통적으로 '반응(response)'은 자극이 인간의 마음에 작용할 때 인간이 만들어 내는 모든 결과물을 의미한다. '독서 반응'은 텍스트라는 외부 자극이 독자의 마음에 불러일으키는 다양한 변화를 통칭하는 것으로 이해할 수 있다.

▪ 문학 이론 중에서는 '독자 반응 이론'이 텍스트 해석에 대한 독자의 역할과 반응을 강조하였다는 점에서 특징적이다.

▪ 독자 반응 이론가 중에서는 루이스 로젠블랫(Louise Rosenblatt)이 독서교육에 큰 영향을 미쳤다. 로젠블랫은 독서를 텍스트와 독자 간의 상호교섭(transaction) 작용으로 보았다. 로젠블랫에 따르면 독자는 원심적이고 심미적인 입장을 넘나들며 텍스트와 교섭하고, 이 과정에서 독자의 마음에는 다양한 반응이 형성된다.

▪ 교사는 학생 독자들이 다양하고 풍성한 독서 반응을 형성하고 공유할 수 있도록 유도하고, 나아가 학생의 해석과 반응을 무조건 수용하기보다는 함께 검토하고 정리하는 후속 활동을 수행해야 한다.

학습활동

1. 아래 용어의 개념을 간단히 설명하시오.

   - 독서 동기
   - 독자 효능감
   - 상호교섭

   - 독서 흥미
   - 책맹
   - 원심적 독서

   - 독서 태도
   - 독자 반응

2. 다음 진술을 참(T)과 거짓(F)으로 구분하고, 거짓은 바르게 수정하시오.

   (1) 텍스트 중심 독서관은 독자 반응 이론이 전파되면서 소멸되었다.
   (2) 어린이 독자의 독서 동기를 위해서는 서사 텍스트가 가장 효과적이다.
   (3) 독자 반응 이론에 의하면 독자가 생성하는 모든 반응은 가치가 있고 옳다.
   (4) 책이 대량생산되면서 아동이나 청소년 독자에 대한 새로운 관점이 형성되었다.

3. 이 장에 제시된 '독자의 유형 분류'를 활용하여 자신이 독자로서 어떠한 특성을 가지고 있는지 분석해 보자. 그리고 이러한 특성이 형성되는 데 영향을 미친 요인은 무엇이었는지 생각해 보자.

4. 로젠블랫이 제시한 독자 반응 이론의 교육적 함의와 한계에 대해 동료들과 자유롭게 논의해 보자.

5. 이 장에 제시된 청소년 독자의 특성을 정리해 보자. 그리고 이러한 청소년 독자의 특성을 고려해 볼 때, 중·고등학교에서의 독서교육은 어떤 측면에 유의해야 할지 동료들과 자유롭게 논의해 보자.

참고문헌

권이은(2015). 초등학생의 정보 텍스트 독해 양상 연구. 고려대학교 박사학위논문.

김남희(2008). 아동기 문학교육에서 장르의 문제. 문학교육학 27, 159-185.

김라연(2007). 모둠 독서 활동에서의 독서 행동 변화 양상 연구. 고려대학교 박사학위논문.

김명순(2010). 중등학교 학생과 교사의 독서 지도에 대한 인식 양상. 새국어교육 86, 57-84.

김상욱(2006). 어린이문학의 재발견. 창비.

김종윤(2014). 다문서 읽기 연구의 연구 동향과 전망. 국어교육학연구 49, 138-163.

김주환(2014). 교과서 시 작품을 바라보는 세 가지 시선. 새국어교육 98, 495-521.

김주환·장은섭(2014). 정보 텍스트와 서사텍스트에 대한 고등학생들의 반응 분석. 새국어교육 101, 113-139.

김중신(1997). 학습자 중심의 문학교육과정 내용 체계. 문학교육과정론(우한용 외). 삼지원. 162-194.

김지은(2013). 소집단 독서 토론에 나타난 초등학생의 독해 양상 연구. 고려대학교 박사학위논문.

김혜정(2010). 대중독자의 독서 양상과 비판적 읽기 필요성. 독서 연구 24, 51-86.

노명완(2010). 초등 저학년을 위한 문식성 교육. 한국초등국어교육 42, 5-50.

류보라(2012). 청소년 독자의 문식 실행과 정체성 구성 연구. 고려대학교 박사학위논문.

박상진(1999). 열림, 컨텍스트, 해석의 한계. 기호학연구 6, 57-90.

박영민(2006). 중학생 읽기 동기 구성 요인. 독서 연구 16, 297-334.

서수현·정혜승(2012). 중학생의 읽기 태도 양상. 독서 연구 27, 258-283.

서혁·이소라·류수경·오은하·윤희성·변경가·편지윤(2013). 읽기(독서) 교육 체계화를 위한 텍스트 복잡도 상세화 연구(2). 국어교육학연구 47, 253-290.

선주원(2008). 청소년 문학교육론. 역락.

윤준채(2007). 독자의 정의적 영역 발달: 초등학생의 여가 및 학습 읽기 태도를 중심으로. 독서 연구 17, 229-259.

이순영(2006). 독서 동기와 몰입에 영향을 주는 요인에 관한 이론적 고찰. 독서 연구 16, 359-381.

이순영(2010). 디지털 시대의 청소년 독자와 비판적 읽기. 독서 연구 24, 87-110.

이순영(2011). 텍스트 난도와 텍스트 선정에 관한 독자 요인: 초·중·고등학교 독자들의 반응을 중심으로 한 시론. 독서 연구 26, 61-96.

이재기(2006). 사회구성주의 관점에서의 독자. 독서 연구 16, 77-109.

이주형·류덕제·임성규(2009). 한국 아동청소년 문학 연구. 한국문화사.

이지영(2010). 아동 독자의 독서 활동 연구. 독서 연구 23, 9-40.

이지영(2011). 아동독자의 이야기책 읽기 반응 연구. 고려대학교 박사학위논문.

이형래(2006). 공무원의 직업문식성 평가에 관한 연구. 고려대학교 박사학위논문.

장도준(2010). 독자반응이론에 대하여. 한국어문연구 19, 207-245.

장봉기·김영란(2014). 국어과 학습 관련 정의적 요소와 학업성취도 간의 관계 연구: 자아 효능감, 흥미, 가치 인식과 수업 몰입, 학업성취도 간의 관계를 중심으로. 국어교육 144, 431-464.

정기철(2006). 해석학적 관점에서의 독자. 독서 연구 16, 31-53.

정옥년(2007). 독서의 정의적 영역과 독자 발달. 독서 연구 17, 139-180.

정옥년(2010). 평생학습자로서 독자의 발달. 독서 연구 23, 71-105.

진선희(2006). 독서 성향면에서 본 어린이 독자. 독서 연구 16, 113-161.

최숙기(2012). 텍스트 복잡도 기반의 읽기교육용 제재의 정합성 평가 모형 개발 연구. 국어교육 139, 451-490.

최인자(2006). 청소년 문학 경험의 질적 이해를 위한 독서 맥락의 탐구: 학교에서의 다양한 문식적 클럽들을 중심으로. 독서 연구 16, 163-197.

한국교육심리학회(2000), 교육심리학용어사전. 학지사.

한국어문교육 연구소·국어과교수학습 연구소(2006). 독서교육사전. 교학사.

한철우(1998). 사람들은 왜 책을 안 읽는가. 독서 연구 3, 155-182.

Anderson, R.(1991). Role of the reader's schema in comprehension, learning, and memory. In R.B. Ruddell, M.R. Ruddell, & H. Singer(Eds.), *Theoretical models and processes of reading*(Vol. 4, pp. 469-482). Newark, DE: International Reading Association.

Franzak, J. K.(2006). Zoom. A review of the literature on marginalized adolescent readers, literacy theory, and policy implications. *Review of Educational Research*, 76(2), 209-248.

Galda, L., & Beach, R.(2001). Response to literature as a cultural activity. *Reading Research Quarterly*, 36(1), 64-73.

Guthrie, J. T., & Wigfield, A.(1997). *Reading engagement: Motivating readers through integrated instruction*. Newark. DE: International Reading Association.

Lee, S.(이순영)(2007). *Korean adolescent engaged readers: Their self-perceptions, literacy practices, and negotiations inside and outside of a seventh grade classroom.* Unpublished doctoral dissertation. The University of Iowa.

Lewis, C.(2000). Limits of identification: The personal, pleasurable, and critical in reader response. *Journal of Literacy Research,* 32, 253-266.

Meyer, B. J. F., & Rice, G. E.(1984). The structure of text. In P. D. Pearson, R. Barr, M. L. Kamil, & P. Mosenthal(Eds.), *The handbook of reading research*(Vol. 1, pp. 319-352). Mahwah, NJ: Erlbaum.

Newell, G. E.(1996). Reader-based and teacher-centered instructional tasks: Writing and learning about a short story in middle-track classrooms. *Journal of Literacy Research,* 28(1), 147-172.

Rosenblatt, L. M.(1938, 1995). *Literature as exploration*(5th ed.). New York: Modern Language Association of America.

Rosenblatt, L. M.(1978). *The Reader, the text, the poem: The transactional theory of the literary work.* Carbondale, IL: Southern Illinois University Press.

Sipe, L. R.(1998). The construction of literary understanding by first and second graders in response to picture storybook read-alouds. *Reading Research Quarterly,* 33(4), 376-378.

Squire, J.(1964). *The responses of adolescents while reading four short stories.* Urbana, IL: National Council of Teachers of English.

Tierney, R. J., & Pearson, P. D.(1991). Learning to learn from text: A framework for improving classroom practice. In R.B. Ruddell, M.R. Ruddell, & H. Singer(Eds.), *Theoretical models and processes of reading*(Vol. 4, pp. 496-513). Newark, DE: International Reading Association.

Walsh, M.(2004). Reading visual and multimodal texts: how is 'reading' different?. Proceedings of the ALEA 2004 Conference(http://www.swanseagfl.gov.uk/literacy/mmres/addread/ReadingMulti modalTexts.pdf).

3장
독서 능력과 독서 발달

1. 독서 능력에 대한 이해
2. 독서 기능과 독서 전략의 관계
3. 독서 발달 단계에 대한 이해

A child who successfully develops beginning reading skills
may not automatically become a skilled reader.
— Catherine Snow, 2002

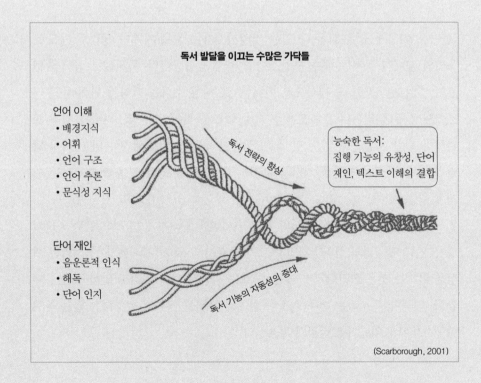

(Scarborough, 2001)

1. 독서 능력에 대한 이해

(1) 독서 능력이란 무엇인가

"인간은 어떻게 글을 읽을 수 있는 것일까?"라는 질문 자체가 생경할 정도로, 우리의 삶에서 독서는 매우 자연스럽고 익숙한 활동이다. 독서는 그림책을 읽으며 흥미로운 동화 속 세상으로 떠나는 것, 세상 소식을 접하기 위해 출근 버스에서 신문을 읽거나 스마트폰을 꺼내 뉴스를 찾아 읽는 것, 과제를 위해 교과서나 관련 자료들을 읽는 것, 삶의 문제를 해결하기 위해 인류의 지혜가 담긴 고전을 읽으며 자신을 가다듬어 가는 것과 같이 삶의 길목 어디에서든 쉽게 접할 수 있다.

그러나 이렇듯 친숙한 독서의 과정이 세상에 알려지게 된 것은 불과 최근의 일이다. 19세기 말의 심리학자인 에드먼드 휴이(Edmund Huey)가 "독서라는 현상을 밝히는 것은 심리학자가 이룰 수 있는 최선의 업적"이라고 말한 것을 통해 알 수 있듯이, 독서라는 아주 복잡한 인지적 행위를 명확히 설명하는 일은 독서 연구자들에게 대단히 도전적인 과제였다.

이러한 어려움 속에서 독서가 일어나는 현상을 연구한 연구자들은 독서 능력이 인간에게 유전적으로 내재되어 있어서 별도의 노력 없이 자연히 얻어지는 능력도, 시간이 지나면 저절로 발달해 가는 것도 아니란 사실을 발견하였다. 또한, 이들은 독서는 매우 복잡한 정신적 활동이므로 이를 위해서 인간은 고도의 집중이 필요할 뿐 아니라 독서에 필요한 여러 지식이나 기능들을 동원할 수 있어야 한다는 사실 역시 발견하였다.

실제로 독서를 하기 위해서 우리가 어떠한 노력을 기울였는가를 생각해 보면 초등학교 저학년 시기에 한글을 깨치는 것과 같은 경험을 떠올려 볼 수 있다. 한글을 깨치기 위해 우리는 한글의 체계를 이해하고 한글의 형태, 소리를 의미와 끊임없이 결합하는 훈련을 반복하였을 것이다. 지루할 정도로 글자를 베껴 쓰고, 소리 내어 읽기를 반복하여 한글을 온전히 깨친 이후에는 문장이나 문단, 글로 확장해 가면서 글을 읽고 글의 의미를 파악하는 과정을 거듭하였을 것이다. 그리고 어느 순간에 이르러 글을 읽는 것이 매우 자연스러워지는 경험을 하였을 것이다.

결국 인간은 독서를 할 수 있기 위해서는 독서 능력을 갖출 수 있어야 한다. 독서 능력이란 독서를 가능하도록 하는 능력으로, 이는 온전히 독서교육을 통해 실현될 수 있다. 독서교육을 통해 실현되어야 할 독서 능력을 명확히 규명하는 일은 독서 연구나 독서교육을 담당하는 이들에게는 가장 중요한 과업이다. 독서 능력에 대한 이해는 독서교육의 목표를 설계하고 독서교육에서 다루어야 할 내용을 구성하기 위해 필수적이기 때문이다.

독서 능력: 후천적인 학습과 노력의 산물
독서 능력은 인간의 선천적 능력에 속하지 않고 오로지 학습을 통해서만 후천적으로 습득되는 능력이다. 예를 들어, 한글을 전혀 배운 적이 없는 어린 아이에게 '사과'라는 단어를 제시한다면 아이는 읽을 시도조차 할 수 없을 것이다.

 **사과** 옆에 제시된 단어를 읽을 수 있게 된 과정에 대해 설명해 보시오.

혹시라도 이제야 한글을 익히기 시작한 아이라고 한다면 '사기', '사고'라고도 대답할 수 있을 것이다. 아주 능숙하게 자신의 생각을 말로 표현하는 다섯 살짜리 아이라 할지라도, 자신이 말하는 만큼 글을 읽지는 못한다. 이는 독서 능력이 구어 능력보다 더 느리게 발달하며, 오로지 반복적인 훈련이나 학습의 결과임을 뒷받침해 주는 것이다.

실제로 우리의 뇌에는 독서에만 특화된 영역은 존재하지 않는다. 생각해 보면, 우리 인류 문명의 역사에서 독서 행위는 문자가 발명된 시기 이후로 출현한 것이므로 인간의 유전 코드상에 '독서'가 인식되어 있지 않은 것은 당연하다. 그럼에도 불구하고 우리가 독서를 자연스러운 행위라고 인식한다면 이는 독서가 어느 정도 자동화되었기 때문이다.

자동화란 특정한 인지적 노력을 들이지 않아도 손쉽게 인지적 문제를 처리하는 것을 의미한다. 글자가 결합하여 이루어진 단어를 인지하고 소리 내어 읽을 수 있는 해독이 어느 정도 숙달된 독자라면 글을 읽고 이해하는 데 보다 더 집중할 수 있을 것이다. 반면에 해독이 충분히 숙달되지 않은 독자는 해독에 대한 인지적 부담이 크기 때문에 글자와 소리, 의미의 관계를 파악하고 연결 짓는 데 집중하게 되므로 글을 읽는 속도가 느리고 이해의 정확도나 깊이는 떨어질 것이다.

이처럼 독서의 과정별로 요구되는 기능에 대한 자동화를 이루는 것은 독자가 독서를 성공적으로 수행할 수 있는 기반이 된다. 독서의 과정마다 인지적 처리가 느리게 일어난다면, 독서의 속도는 줄고 글에 대한 이해는 충분히 일어나지 못하기 때문이다. 결국 독서 기능의 자동화가 덜 된 독자일수록 미숙한 독자이고 글을 잘 읽지 못하는 독자이다. 그러므로 독서교사는 독자들이 독서 기능을 사용하는 데 자동화되고 숙달되도록 지도해야 한다. 책이나 글을 많이 읽는 과정은 학생들이 독서 기능이나 독서 전략들을 익힐 수 있도록 하는 가장 기본적인 지도 방법이다. 책이나 글을 읽는 가운데 학생들로 하여금 독서의 과정별로 요구되는 독서 기능이나 전략을 잘 이해하도록 안내하고 이를 충분히 익혀 적용할 수 있도록 연습의 기회를 제공해 줌으로써 독서교사는 학생들의 독서 능력을 온전히 길러 줄 수 있는 것이다.

(2) 해독과 독해의 통합적 관계로 이루어진 독서 능력

독서 능력은 어떻게 정의할 수 있을까? 독서 능력에 대한 규명은 독서 능력의 상위 개념을 언어 능력으로 정의한 연구자들의 논의로부터 출발한다. 1970년대 존 올레(John Oller)는 언어 능력에 대해 "어떠한 하위 구성 능력들로 구분할 수 없는 하나의 단일한 능력 체계"라고 설명하면서 단일 능력 가설(Unitary Competence Hypothesis)을 주장하였다. 이 가설에 따르면, 언어 능력은 빈칸 메우기나 받아쓰기와 같이 총체적이고 통합적 과제로만 평가할 수 있는 단일한 능력이며, 독서 능력도 독후감이나 요약문과 같이 하나의 통합적 독서 과제로만 평가될 수 있는 단일한 능력으로 정의할 수 있다.

그러나 이로부터 약 10년이 흐른 후 그는 일반적인 독해 기능과 어휘력은 구분되어야 한다고 주장하며 자신의 단일 능력 가설을 정면으로 반박했다. 이후 언어학자인 찰스 앨더슨(Charles Alderson, 2000)이 독서 능력을 해독(decoding)과 독해(reading comprehension)라는 두 기능 요소 간의 통합적 관계로 정의하면서, 독서 능력을 하위 독서 기능들의 통합 관계로 설명하는 것이 일반화되었다.

독서 능력을 해독과 독해의 통합적 관계로 설명하는 방식은 독서에 대한 일련의 정의들로부터도 확인할 수 있다. 로벡과 월리스(Robeck & Wallace, 1990)는 독서에 대해 "텍스트를 해독하고 이해하기 위한 여러 인지적 기능들의 총체적 수행 과정"이자 "독자가 텍스트와 인지적으로 상호 작용하는 과정"으로 설명하였다. 이는 독자가 독서를 하기 위해서는 일련의 표지나 상징들로부터 구성된 정보를 실제적 의미로 전환하고, 이를 독자의 기존 인지 및 정의 구조에 통합하는 능력을 갖추어야 함을 시사한다. 최숙기(2011)에서도 독서 능력에 대해 "제시된 정보의 표지를 정확히 의미와 대응시키고, 이를 통해 구성된 내용을 명확히 이해하며, 자신의 경험과 지식을 반영하여 의미를 형성할 수 있는 독자의 총체적 능력"으로 정의하고 있다.

독서 능력을 해독과 독해라는 하위 독서 기능 간의 관계로 정의하고 독서 능력을 독서의 세부 기능들로 체계화하는 방식은 독서교사, 교과서 개발자, 언어평가 전문가들에게 매우 유용하다. 독서 능력을 구성하는 기능과 그 기능을 구성하는 하위 요소에 따라 교육의 내용 요소를 설정하고, 이를 학년별로 위계화하고, 성취 수준을 결정할 때 독서 능력을 하나의 단일한 능력 요소로 설명하기보다, 세분화된 기능 요소들의 총합으로 설명하는 것이 훨씬 합리적이고 타당하기 때문이다. 이는 현대의 독서평가 요소를 정립한 연구자인 바렛(Barrett, 1976)이 독서 능력의 위계화와 독서 기능 체계 세분화의 본질적 목적이 독서교사들이 독해 검사를 위한 질문을 개발하는 것을 돕는 데 있다고 설명하는 것을 통해서도 확인할 수 있다.

독서 능력에 대한 이해가 필요한 이유

독서 능력에 대한 올바른 이해는 독서교육을 실천하는 교사가 반드시 갖추어야 할 덕목 가운데 하나이다. 독서 능력을 규정하는 바에 따라 독서교육의 지향점이 변화하기 때문이다. 독서 능력에 대한 규정을 위해 독서교사는 현재 시점의 독서관(讀書觀)을 이해할 필요가 있다. 독서관이란 독서를 바라보는 관점을 의미한다. 독서관은 특정한 시대나 시기별로 변화해 왔으며, 독서 능력은 이러한 독서관에 의해 규정된다.

예를 들어, 과거에는 '의미'가 텍스트 속에 존재하며 독자는 그것을 '낡아 올리는 사람'으로 여겼다. 이때의 독서란 필자가 전달하는 메시지를 정확히 파악하는 활동이었다. 즉 과거의 독서관에 따르면, 독서는 '독자가 필자의 메시지를 자신의 머릿속에 정확히 옮기는 과정'으로 규정될 수 있다. 반면에, 오늘날에는 '의미'는 독자가 자신의 배경지식과 경험을 텍스트와 상호 작용해 가는 과정에서 구성되는 것이며 독자는 의미 구성의 주체라고 볼 수 있다. 이때의 독서는 '독자와 텍스트, 독서 맥락이 상호 작용하는 과정'이며, 오늘날의 독서관에 따르면 독서는 '독자가 능동적으로 의미를 구성하는 과정'으로 규정될 수 있다.

과거의 독서관을 따르는 교사는 저자에 대한 정보를 고려하여 독자가 글을 읽도록 하거나, 내용을 정확히 파악하고 오랫동안 기억할 수 있도록 하는 필자 중심의 독서지도 활동에 열중할 것이다. 그러나 오늘날의 독서관을 따르는 교사는 독자가 자신이 가지고 있는 배경지식이나 경험을 적극적으로 활용하며 글을 읽고 상황을 고려하여 적극적으로 의미를 추론하거나 내용에 대해 평가하고 감상할 수 있도록 하는 독자 중심의 독서지도 활동에 더욱 집중할 것이다.

또한, 독서교사는 독서 능력을 구성하는 요인들과 그 요인들의 발달 특성에 대해 정확하게 이해해야 한다. 독서 능력, 해독, 독해의 통합적 관계에 대한 이해나 각각의 세분화된 하위 독서 기능들에 대한 이해는 독서지도를 위한 독서 내용 체계를 마련하고 위계화하도록 도울 뿐 아니라 독서평가의 타당성과 신뢰성을 확보할 수 있도록 하는 데 기여할 수 있다.

그러나 독서 능력의 하위 요소별 세분화나 요소 간의 위계화를 논의할 때, 독서교사는 소위 기능 중심의 독서교육에 대한 비판적 접근들에 대해 고려할 필요가 있다. 과연 실제적 독서 맥락과 분리되어 독서 기능 연습에만 집중하는 지도 방안이 바람직한가? 하위 요소별 독서 기능들을 분리하여 반복적으로 지도하였을 때 독자의 독서 능력은 온전히 발달할 수 있는가? 이는 너무나 익숙한 자전거를 타는 방법의 예로 환원될 수 있다. 핸들을 다루는 법,

브레이크를 당기는 법, 페달을 밟는 법을 분리하여 배운 아이가 곧바로 자전거를 탈 수 있게 되는가?

독서 능력은 실제적인 독서의 맥락에서 여러 독서 기능들이 상호 작용하는 가운데 길러질 수 있다. 또한 실제로 독서를 하는 맥락에서는 독서의 기능들이 항시 동일하게 사용되지는 않으므로 상황에 알맞게 적절한 독서 기능을 접목하여 사용할 수 있어야 한다. 독서 목적에 맞게 적절한 방식으로 독서 기능이 선별적으로 적용될 수 있는데, 이것이 바로 '독서 전략'이다. 저명한 독서 전문가인 리처드 바카(Richard Vacca)는 '유창한 해독자'가 아니라 '전략적 독서가'로의 전환이 독서 발달에서 매우 중요한 것이라고 보았다. 그는 기본 독서 기능인 해독 기능을 숙달한 독자는 독서의 유창성을 획득한 이후에 능숙한 독해자로, 그리고 전략적 독서가로 성장해 가야 한다고 주장하였다.

전략적 독서가는 독서의 전, 중, 후 과정에 걸쳐 자신의 배경지식과 경험을 통해 중요한 정보를 파악하고 추론하며 획득한 정보를 종합하고 평가할 수 있다. 또한 전략적 독서가는 독서의 전체 과정에서 자신이 잘못 이해한 바가 무엇인지 그리고 그러한 원인이 발생하게 된 독서 방법상의 문제들이 무엇인지를 점검하고 조정해 나갈 수 있다. 이는 독자의 독서 능력을 온전히 발달시키기 위해서는 독서 기능에 대한 분리적 지도가 아니라 실제적인 독서 맥락에서 독서 기능과 독서 전략과의 관계를 살펴 지도해야 함을 뒷받침해 준다.

2. 독서 기능과 독서 전략의 관계

(1) 독서 기능의 개념과 유형

교육학이나 심리학 분야에서 기능이라는 용어가 사용된 지도 약 100년 정도
가 지났다. 기능은 인간의 행동이나 인지를 설명하기 위해 일반적으로 사용
되어 왔으며, '특정한 일에 대해 별도의 사고 없이 자동적으로 수행하는 어떤
것'으로 정의되었다. 독서 영역에서 '기능(skill)'이라는 용어는 1925년에 발간
된 『교육 사회를 위한 국가 사회의 24번째 연감 The Twenty-Fourth Yearbook
of the National Society for the Study of Education』에서 최초로 등장하였다. 이
책에서 독서 기능은 효과적인 독서교육을 위한 교육과정의 세 번째 목표하에
(a)사고의 단위(문장), 단어의 재인, (b)독서 건강(적절한 빛, 눈의 거리, 앉은 자
세), (c)구어 그리고 의미적 해석 등과 함께 기술되어 있다.

    이후 독서 기능은 앤더슨(Anderson, 1995)이나 알렉산더와 제톤(Alexander
& Jetton, 2000) 등에 의해 음운 재인, 단어 재인, 통사적 처리 기능, 요약하기 기
능 등의 예로 설명되면서, 자연적으로 습득되기보다 목표 지향적 과제를 학습한

결과로 나타나는 것이며 점진적인 과정을 통해 자동화되는 것으로 설명되었다. 이에 따르면, 독서 기능은 자동화되는 수준에 이르기까지 필연적으로 학습을 통해 숙달될 수 있다.

이러한 독서 기능들은 '해독'과 '독해'의 두 기능 요소의 범주로 이원화할 수 있다. 해독과 독해의 두 기능은 위계적 관계를 지닌다. 아무리 우수한 지능을 지닌 사람일지라도, 언어의 규약이나 문자-소리의 대응 관계를 배우지 않고 글을 읽는 것은 불가능하다. 독자는 글을 이해하기 이전에 반드시 해독 기능을 숙달해야만 한다.

해독 기능: 글자를 소리로 변환하여 읽을 수 있는 능력

'글자를 깨쳤다'는 것은 해독 기능을 숙달하였다는 것을 의미한다. 해독이란 인쇄된 철자를 소리로 변환하는 것으로, 해독 능력이 있다는 것은 곧 글자를 읽을 수 있게 되었음을 뜻한다. 우리나라의 경우 해독 기능에 대한 지도는 초등학교 저학년 시기에 이루어지며, 대개 초등학교 중학년 시기 전에 숙달된다고 알려져 있다. 해독 기능은 독서를 위한 기본 기능으로서, 해독 기능을 올바로 숙달하지 못한 아이는 더 수준 높은 독해로 나아갈 수 없다. 해독 기능을 갖추었다는 것은 하나의 단어가 여러 글자로 이루어져 구어를 표현한다는 사실을 인식하고 있으며, 음소를 조합하여 실제로 발음할 수 있다는 것을 의미한다. 애벗 외(Abbott et al., 2002)에 따르면, 해독 기능과 관련한 각 기능들은 학령 전 아동들의 독서 능력을 예측하는 데 가장 효과적이다. 해독 기능은 음운 인식, 단어 재인, 읽기 유창성과 같은 하위 기능들을 포함한다.

먼저, 음운 인식이란 구어에서 사용되는 단어의 소리 단위와 유형을 지각하고 이해하는 것을 의미한다. 음운 인식은 언어가 소리 구조로 이루어져 있음을 독자가 파악하는 것을 통해 드러난다. 한글은 음소 문자로 자음과 모음의 구별이 뚜렷하며, 자음과 모음의 말소리를 나타내는 글자소로 이루어진 표음 문자이다. 한글의 자음과 모음 부호를 이용하기 위해서는 자음과 모음에

해당하는 음가 체계를 사전에 숙달하고 있어야 한다. 즉 소리와 글자 간의 대응이 가능해야 비로소 글자를 읽는 것이 가능해진다. 우리나라 아동의 음운 인식은 단어 인식, 음절 인식, 음소 인식의 단계로 큰 단위에서 작은 단위로 인식이 발달해 간다. 또한 우리나라 아동은 약 4세경에 음절 인식을, 약 7세경에 음소 인식을 할 수 있는 것으로 나타났다.

[표 3-1] 해독 기능의 하위 기능 요소 및 검사 과제 유형

기능 요소	개념	검사 과제 유형
음운 인식	구어를 구성하는 소리 단위를 인식하는 것으로 언어가 소리 구조로 이루어져 있음을 파악하는 능력	(1) 두운과 각운 이해 과제: 첫소리와 끝소리가 같은 단어 찾기 과제 (2) 음절 수 세기 과제: 검사자가 들려준 단어의 음절 수를 말하는 과제 (3) 음절 및 음소 탈락 과제: 특정 음절 및 음소 생략 시 남은 소리를 발음하는 과제 (4) 음소 합성 과제: 받침 없는 단어에 받침을 붙여 발음하는 과제 (5) 음소 변별 과제: 단어의 초성, 중성, 종성을 다른 음소로 바꾸어 발음하도록 하는 과제
단어 재인	제시된 시각적 부호로서의 단어를 인식하고 이 단어의 발음과 의미를 파악하는 것	(1) 단어 분석 과제: 단어 카드 및 단어 분류 활동을 통해 발음과 의미 파악 과제 (2) 단어 식별 과제: 모르는 단어의 의미를 파악하기 위해 맥락을 제시하여 해결하도록 하는 과제
읽기 유창성	빠르고 정확하게 글을 읽을 수 있는 능력으로, 읽기의 속도와 정확성, 처리의 유연성을 포함하는 것	오류 분석 검사(WCPM): 1분당 정확하게 읽은 어절 수= 1분당 읽은 전체 어절 수−틀리게 읽은 오류 어절 수

음운 인식은 소리와 글자 간의 연결, 더 나아가 의미 간의 연결이 가능해지도록 하기 위한 전 단계에 요구되는 능력이다. 음운 인식 검사의 한 예로 [꿀밤]이라는 소리를 아이에게 들려준 뒤 "[꿀]을 빼면 어떤 소리가 남지?"라고 질문하면 아이가 답을 하는 것을 들 수 있다. 마찬가지로 "[바늘]에서 [바]를 빼면 남는 소리는?" 혹은 "[배]에서 [애]를 빼면 남는 소리는?"이라는 질문을 통해 구어와 소리의 관계, 구어를 나타내는 글자와 소리의 관계를 인식하

는지를 확인할 수 있다. 앞의 질문들은 모두 단어, 음절, 음소 수준에서 탈락 검사의 예를 든 것으로, 음운 인식 검사는 탈락 검사를 포함하여 합성·변별 검사의 세 유형으로 나눌 수 있다.

아동들이 말놀이나 운율 맞추기 놀이 등을 통해 언어의 소리 구조에 대한 인식, 즉 음운 인식에 대한 기능을 어느 정도 숙달하게 되면, 단어 재인 기능의 숙달로 나아간다. 단어 재인은 간단히 말해 단어를 읽을 수 있는 능력으로, 시각적 부호인 글자로 제시된 단어를 보고 이 단어의 발음과 의미를 파악할 수 있는 능력이다. 일반적인 단어 재인 검사는 2음절이나 3음절의 단어를 한 글로 제시한 뒤 그 단어를 읽게 하거나 그 의미를 말해 보게 한다거나, 특정한 맥락에서 사용되는 단어를 말해 보도록 하는 검사들로 이루어져 있다. 만약에 아동들에게서 단어를 다른 단어로 대치하여 읽거나 단어의 문자를 반전하여 읽는 현상, 단어의 순서를 바꾸어 읽는 현상, 단어 발음을 못하거나 혹은 느리고 일관성이 떨어지게 읽는 현상들이 발견된다면 단어 재인 기능이 숙달되지 못한 것으로 판별할 수 있다.

해독 기능에서 읽기 유창성은 빠르고 정확하게 글을 읽을 수 있는 능력을 의미한다. 읽기 유창성 수준이 낮은 아동들은 글을 읽을 때 속도가 매우 느릴 뿐 아니라 단어를 읽는 것에만 주의 집중하는 경향이 강하다. 이 때문에 이러한 아동들은 글의 내용을 잘 기억하지 못할 뿐 아니라, 자신의 경험이나 지식을 글의 내용과 잘 연결 짓지 못한다. 반면에 읽기 유창성 수준이 높은 아동들은 단어를 해독하는 데 그리 많은 시간이 필요하지 않으므로 글의 의미 파악에 집중함으로써 독해를 성공적으로 수행한다. 이처럼 읽기 유창성은 단어를 인지하는 것과 글을 이해하는 것 사이를 중재하는 매우 중요한 기능이라 할 수 있다. 읽기 유창성의 수준은 단어를 얼마나 잘 알고 있고 읽기 연습을 얼마나 했는지를 통해 확인할 수 있다. 읽기 유창성 검사의 대표적인 예로, 오류 분석(WCPM) 검사를 들 수 있다. 이 검사는 읽기 발달 수준에 적합한 글자 수를 포함한 텍스트를 아동들에게 제시한 뒤 소리 내어 읽게 하고 1분당 정확하게 읽은 어절 수를 판별하는 검사로, 1분당 학생들이 읽은 전체 어절 수에서 틀리게 읽은 오류 어절 수를 빼는 것을 통해 읽기 유창성을 평가한다.

독해 기능: 글과 독자의 경험과 배경지식의 상호 작용, 그리고 의미 구성
글자를 빠르게 소리 내어 읽을 수 있다거나 내용에 대한 이해 없이 유창하게 읽을 수 있다는 것이 글에 대한 이해를 전제로 하였다고는 볼 수 없다. 해독 기능을 완벽하게 숙달하였다는 것을 온전한 의미에서 독서 능력을 갖춘 것으로 보기는 어렵다. 독서 능력은 해독 기능과 독해 기능의 숙달이 통합적으로 이루어졌을 때 발현되며, 온전한 의미의 독서 능력은 글에 대한 표면적 이해와 심층적 이해를 독자가 획득할 수 있을 때 나타나는 것이다. 독해 기능은 독자가 자신의 배경지식과 경험을 바탕으로 글과 상호 작용하여 의미를 구성하는 능력을 의미한다. 독해 기능의 하위 분류 유형이나 위계화 방식은 학자마다 차이를 보인다.

펜넬과 큐잭(Pennel & Cusack, 1929)은 독해 기능을 1)주의 집중, 2)사고의 연계, 3)상징과 의미를 연결하기, 4)새로운 개념 이해를 위해 과거의 경험을 연결 짓기, 5)의미를 조직하기, 6)평가하기, 7)유지하기 등으로 제시하였다. 실제로 얼마나 많은 종류의 독해 기능이 존재하는지를 조사하기 위해 미국 내 학교 수준의 교육과정을 분석한 데이비스(Davis, 1944)에 따르면, 독해 기능은 1)단어 의미, 2)문맥 속 단어 의미, 3)문단 조직하기, 4)중심 생각, 5)텍스트에 기반한 세부적인 질문에 답하기, 6)텍스트에 기반한 질문에 대해 자신의 말로 재진술하기, 7)내용에 대한 추론, 8)문학적 장치, 9)필자의 의도 등을 포함하고 있다. 1920년대 이후에 알려진 독해 기능들은 일반적인 인지 기능인 주의 집중력이나 해독 기능들을 모두 포함하고 있다. 이는 최근 독해 기능에 대한 설명과는 다소 차이가 있다.

글의 내용을 파악하고 내용에 대해 추론하고 평가하는 등의 현재 독해 기능과 가장 밀접한 관계를 보이는 논의는 토마스 바렛(Thomas C. Barrett, 1976)

의 독해 기능 분류 방안에서 확인할 수 있다. 본래 이 독해 기능의 분류는 교사들이 독해 검사 질문을 효과적으로 개발할 수 있도록 독서 기능을 분류하고 범주화하여 제시한 것이다. 바렛(1976)이 제시한 독서 능력 위계화를 통해 제시된 독서 기능은 1)단어 재인, 2)기호 혹은 상징과의 의미 연계, 3)축어적 이해, 4)해석, 5)비판적 읽기, 6)창의적 읽기이다. 이는 우리나라 독서 교육과정에서 일반적으로 제시해 온 1)단어 및 문장의 이해, 2)사실적 이해, 3)추론적 이해, 4)비판적 이해, 5)창의적 이해와 가장 유사한 독서 기능의 분류 체계에 해당한다.

[표 3-2]에 제시된 독서 기능 가운데 단어 재인 수준을 넘어서서 문장 간의 연결에서 글의 전체적 이해(comprehension)에 작동하는 독해 기능은 축어적 이해, 해석, 비판적 읽기, 창의적 읽기로 설명할 수 있다. 바렛(1976)은 독해 기능을 [표 3-3]과 같이 분절적으로 제시하였다. 축어적 이해는 명시적으로 제시된 글의 정보나 아이디어를 정확히 파악하고 기억하는 것이다. 이는 명시적인 글의 세부 내용이나 중심 생각, 줄거리, 비교나 인과 관계를 정확히 파악하는 독해 기능을 의미한다. 재구조화는 명시적 정보에 대한 범주화나 요약하는 독해 기능을 의미하며, 추론적 이해는 비명시적 정보에 대한 파악을 위해 가설을 설정하고 글의 정보를 활용하는 기능을 의미한다. 추론적 이해는 자신의 경험과 지식, 글을 연결 짓고 아이디어를 통합하고, 추론하거나 결론을 예측하며 읽는 기능을 의미한다. 평가는 글에 대한 독자 자신의 판단을 토대로 글의 정보를 분석, 종합, 평가하는 것으로 사실과 의견, 적절성과 정확성, 가치에 대한 평가적 이해를 뜻한다. 마지막으로, 감상은 문학적 텍스트에 대한 정서적이고 정의적인 민감성과 반응을 형성하는 독서 기능을 의미한다.

바렛(1976) 이외에도 축어적 혹은 사실적 이해, 추론적 이해, 비판적 이해, 창의적 이해 등으로 독해 기능을 분류하는 논의들이 있었다. 케네디(Kennedy, 1981)도 독해 기능을 사실적 이해, 추론적 이해, 비판적 이해의 차원으로 분류하였고, 각 기능들에 대한 설명은 다음과 같다. 사실적 이해는 필자가 무엇을 말하는가에 대한 답을 찾는 것으로 흔히 특정 사실의 확인, 직접 제시된 사건

[표 3-2] 바렛(1976)의 독서 능력 위계화

독서 기능	설명
단어 재인	문자 기호를 발화된 단어로 번역할 수 있는 것
기호 혹은 상징과 의미의 연계	새로운 단어를 학습하고, 다양한 맥락 속에서 단어를 인식하는 것
축어적 이해	중심 생각, 논증을 뒷받침하는 세부 사실들을 파악하는 것
해석	독자가 자신이 과거에 읽은 내용이나 삶의 경험과 독자 자신을 연결 지어 텍스트의 아이디어를 조합하고, 추론하고, 결론을 도출하는 것
비판적 읽기	읽은 내용에 대해 분석, 종합, 평가하는 능력 및 자신의 판단을 형성하는 것
창의적 읽기	필자가 제시한 내용에 대해 더 새롭고 효과적이며 대안적인 아이디어나 해결책을 떠올리는 것

[표 3-3] 바렛(1976)의 독해 기능 분류

단계	설명	하위 기능
단계1 **축어적 이해** (literal comprehension)	텍스트의 정보와 아이디어를 재인하고 회상하는 것	1. 세부 내용의 재인 및 회상 2. 중심 생각의 재인 및 회상 3. 줄거리 재인 및 회상 4. 비교의 재인 및 회상 5. 인과 관계의 재인 및 회상 6. 인물 특성에 따른 재인 및 회상
단계2 **재구조화** (reorganization)	텍스트의 정보와 아이디어를 구조화하는 것	1. 유목화 2. 개요 파악 3. 요약 4. 종합
단계3 **추론적 이해** (inferential comprehension)	지적 가설 설정을 위한 토대로 텍스트의 정보와 아이디어를 활용하는 것	1. 뒷받침하는 세부 내용 추론 2. 중심 생각 추론 3. 연결 관계 추론 4. 비교 추론 5. 인과 관계 추론 6. 인물 특성 추론 7. 결과 예측 8. 함축적 언어 해석
단계4 **평가** (evaluation)	평가적인 판단에 근거한 반응을 형성하는 것	1. 현실과 환상의 판단 2. 사실과 의견의 판단 3. 적절성과 타당성 판단 4. 적합성의 판단 5. 가치, 바람직함, 수용가능성의 판단
단계5 **감상** (appreciation)	문학적 기교, 형식, 문체, 주제에 대한 지적·정의적 반응을 포함하며, 텍스트에 대한 정서적 민감성과 흥미 등을 반영한 것	1. 주제 및 플롯에 대한 정서적 반응 2. 인물과 사건에 대한 동화 3. 작가의 언어 사용에 대한 반응 4. 심상

의 확인, 제시된 사실에 근거한 질문의 답 포착, 정보의 범주화나 세부 사항의 요약 등을 포함한 독해 기능이다. 추론적 이해는 필자가 말하는 의미를 파악하는 것과 밀접한 관련을 맺고 있는 기능으로 암시적인 의미를 찾기, 결과를 예측하기, 일반화하기, 궁극적인 결론을 도출하기, 비교나 인과 관계를 추론하기 등이 이에 속한다. 비판적 이해는 정보의 정확성, 타당성, 가치에 대한 판단이나 평가 등을 수행하는 기능이다.

루빈과 오피츠(Rubin & Opitz, 2007)는 스미스(Smith, 1969)의 모형을 참조하여 (1)사실적 이해, (2)해석, (3)비판적 이해, (4)창의적 이해 등으로 독해 기능을 분류하였다. 이들의 분류 근거는 독자의 사고와 반응 수준에 따른 것이며, 이들은 독해의 각 기능들이 단계적으로 발달하여 낮은 단계의 독해 기능으로부터 높은 단계의 독해 기능으로 나아간다고 보았다. 각 독해 기능에 대한 이들의 설명은 다음과 같다. 사실적 이해는 글의 명시적 정보에 대해 기억하고 회상하는 것이다. 해석하기에는 비명시적으로 제시된 정보를 파악하기, 문장 및 문단 간 정보 추론하기, 결과 예측 및 일반화하기 등이 포함된다. 비판적 이해는 사실성, 가치, 정확성에 대한 개인적 판단과 평가에 관한 것으로, 사실과 의견, 허구와 현실 간의 차이를 구분하는 것 등이 포함된다. 창의적 이해는 발산적 사고와 관련된 것으로, 필자가 제시한 대안보다 더 새롭고 창의적인 대안을 떠올리기 등이 이에 속한다.

독해 기능에 대한 용어의 차이가 부분적으로 존재하지만 일반적으로 명시적 정보에 대한 내용 파악, 비명시적 정보에 대한 추론 및 정보의 재구조화, 평가적 준거에 의한 비판적 이해, 발산적 사고에 기반한 창의적 이해에 대한 독해 기능의 분류는 유사하다. 그러나 독해 기능에서 창의적 이해나 감상적 이해와 관련한 포함의 문제나 분류상의 혼란이 존재한다. 창의적 이해와 감상적 이해의 문제는 바렛(1976)의 독서 능력 위계화의 단계에서 비롯된 것으로 보인다. 그러나 이러한 독해 기능 역시도 축어적 독해, 추론적 독해, 평가적 독해, 감상적 독해의 4수준의 독해 기능으로 분류할 수 있다. 축어적 독해는 아이디어, 정보 사건과 같이 텍스트에 명시적으로 기술된 정보를 재인하거나 회상하는 것이다. 추론적 독해는 아이디어, 정보, 사건 등 명시적으로 진술되지 않은 것의 관계를 파악하거나 예측하는 것이다. 평가적 독해는 비판적 이해로도 불리며, 독자의 내·외적 준거에 의해 정확성, 타당성, 적절성, 가치 등을 판단하거나 사실과 의견, 허구와 현실을 구분하는 것이다. 마지막으로 감상적 독해는 창의적 독해로도 범주화되는데, 인물이나 사건에 대한 동일시를 통해 새로운 사고나 통찰력을 획득하거나 정서적 반응을 촉진하기 위해 필자가 제시한 언어의 사용, 문체, 형식, 문학적 기법 등에 대해 인식하는 것을 의미한다.

그러나 전통적인 독해의 하위 기능 분류는 수동적이고 정적이며 위계적으로 작용하는 특징이 강하다. 이러한 독해 기능에 대한 위계적 관점은 독서의 실제성을 반영하는 데는 한계를 보인다. 최근 독서 과정에 대한 접근은 독해의 다양한 기능들이 단계적이 아니라 동시적으로 상호 작용하는 양상으로 실현된다는 사실을 반영한다. 어윈(Irwin, 1986)은 이러한 접근을 반영하여 독해를 1)미시 과정, 2)통합 과정, 3)거시 과정, 4)정교화 과정, 5)초인지 과정 등 5개의 과정으로 나누고 이에 따른 독해 기능을 제시하였다. 미시 과정은 글을 읽을 때 처음에 개별적인 정보 단위로부터 의미를 유도하여 그 가운데 어떤 내용을 기억할 것인지를 결정하는 과정으로, 어구를 나누고 정보의 일부를 선택하여 회상하는 기능이 포함된다. 미시 과정은 단어 인식이나 문장 단위까지를 독해 기능에 포함하고 있는 것이다.

실제 문장 단위 이상에서 독해 기능은 통합 과정으로 실현된다. 통합 과정은 글을 읽을 때 절과 문장 사이의 관계를 이해하고 추론하는 과정으로 대용어와 접속어의 이해, 상황 추론 기능이 이에 포함된다. 거시 과정은 텍스트의 전반적인 이해와 텍스트의 응집성과 통일성, 일관성을 해결하는 과정으로 개개의 정보 단위를 종합하여 조직하고 요약문이나 중심 내용을 찾는 기능 등이 이에 속한다.

다음으로, 정교화 과정은 우리가 글을 읽을 때 필자에 의해 의도되거나 축어적 해석과 관련한 추론만을 하기보다 예측하기, 상상하기, 정보와 유사한 자신의 경험 관련짓기 등 필자가 의도치 않은 내용에 대해서도 추론하는 과정을 의미한다.

마지막으로, 초인지(또는 상위인지) 과정은 이해나 장기 회상 조절을 위해 자신의 독서 전략을 선정, 평가, 통제하는 것으로 독해를 관리하고 독자가 텍스트 상황에 적응하여 독서 방법을 선정하는 것과 관련된 독해 기능이다. 이 독해 기능은 전통적인 독해 기능의 분류에서는 다루어지지 않았지만 독해 과정을 점검하고 조절하여 결과적으로 독해의 성취를 결정하는 주요한 인지 기능으로 최근 중요하게 다루어지는 추세이다.

독서 기능의 이러한 분류는 현행 국가 수준의 교육과정에도 명시적으로 제시되어 있다. 독서교육을 통해 학습해야 할 주요한 독서 기능으로 1)낱말 및 문장의 이해, 2)내용 확인, 3)추론, 4)평가와 감상, 5)읽기 과정의 점검과 조정을 제시하고 있으며, 이는 앞서 살펴본 해독과 독해 기능을 모두 포괄한 개념이라 볼 수 있다. 또한 이러한 분류는 전통적인 하위 기능의 단계별 분류이기보다 각 기능의 상호 작용성과 실제성을 반영한 독서 기능 차원의 제시라는 측면에서 현재적 관점의 독서 기능관이 반영되었음을 알 수 있다.

(2) 독서 전략의 개념과 유형

"실제 독서 맥락과 분리된 독서 기능의 반복 훈련이 아이들의 독서 능력을 향상시킬 수 있는가?" 1970년대에 미국에서는 독서교육에 관한 기능 중심적 접근에 대한 불만이 고조되었다. 존슨과 피어슨(Johnson & Pearson, 1975)이나 굿맨(Goodman, 1977)은 이러한 문제제기의 근거로 독서 기능 관리 시스템에 관한 한계나 기능적 독자 양성에 집중한 독서교육에 대한 문제들을 제시했다. 구성주의 교육학의 출현은 기존의 행동주의 교육학에 기반한 기능 중심 독서

교육에 대한 회의를 불러왔고, 총체적 언어(whole language) 교육이나 문학 기반의 독서(literature-based reading) 교육과 같은 분절적 독서 기능 교육에 상반되는 독서교육 방안들이 널리 보급되기 시작하였다.

총체적 언어 교육에 따르면, 글을 읽는 능력은 구어 능력의 발달과 같이 자연스럽게 이루어지는 것이다. 스미스와 굿맨(Smith & Goodman, 1971)의 심리언어학적 접근 방식으로도 소개된 바가 있는 총체적 언어 기반의 독서교육 방법은 행동주의 관점의 해독 기능 중심 독서지도를 정면으로 반박하고 있다. 총체적 언어 기반의 독서교육 방법은 독서 기능을 분리하여 단계별로 지도한 뒤에 온전한 글을 읽도록 하는 방식을 비판하고, 풍부한 글을 읽는 경험 속에서 독서 기능을 학습하는 방식에 더 가치를 부여한다. 예를 들면, 이 관점은 해독 기능을 분리하여 학습하지 않고 책을 읽는 가운데 문자와 소리의 관계를 익혀 해독 기능을 발전시켜 가는 방식을 선호하는 것이다.

이와 더불어 균형적 문식성 교육(balanced literacy instruction)의 대중화로 인해 기능 중심 독서지도는 또 한 번의 거센 비판에 직면하게 되었다. 균형적 문식성 교육에 기반을 둔 독서지도에서는 독서의 본질은 글에 대한 이해에 있으며 독자의 의미 구성이 중요함을 강조한다. 이 독서지도 방법은 철자법에 대한 습득이나 음소적 이해도 중요하지만, 본질적으로는 글의 전체적 이해와 글에 대한 의미 구성을 위해 이러한 기능들이 활용되어야 한다는 입장을 취한다.

기능 중심 독서지도를 극복하기 위한 방안: 전략 중심 독서지도

기능 중심의 독서교육적 접근들이 심각한 비판에 직면하게 되는 가운데 1990년대에 독서 수업이 이루어지는 교실에서는 독서 전략이 일상적인 수업 내용으로 등장하게 되었다. 독서 전략이라는 용어가 사용되기 시작한 시기는 1970년대로, 전통적인 기능 중심의 독서교육을 탈피하기 위해 정신적 처리 과정을 설명하는 과정에서 출현하게 되었다. 이후 독서 전략에 대한 교육적 효과가 패리

스와 립슨과 윅슨(Paris, Lipson & Wixson, 1983)이나 피어슨과 필딩(Pearson & Fielding, 1991) 등의 연구들을 통해 소개되면서 독서교육의 중심에 자리 잡기에 이르렀다.

독서 전략은 '독자의 의식적 통제 아래 존재하는 능력들을 조합하는 것이자, 특정한 독서 목적을 달성하기 위해 의도적으로 선택된 일련의 행동들'로 정의할 수 있다. 글을 읽으며 내용을 이해하기 위해 독자가 자발적이고 의식적으로 수행하는 독서 행위를 독서 전략이라 하는데, 독서 전략과 독서 기능 사이에는 뚜렷한 차이가 존재한다. 독서 기능과 독서 전략을 구분하는 것에 대한 논란이 존재하지만, 우크하르트와 위어(Urquhadrt & Weir, 1998)는 독서 전략에 대한 특징을 통해 다음과 같이 독서 전략과 독서 기능을 구분하고자 하였다.

- 독서 전략은 독자 중심적 행위이다.
- 독서 전략은 독서 기능과 달리 독자의 의식적인 결정 행위이다.
- 독서 전략은 독서 기능과 달리 독서 문제에 대한 독자의 반응 결과이다.

이에 따르면 독서 기능은 자동화되어 무의식적으로 발현되는 능력인데, 반면에 독서 전략은 독서 문제를 해결하기 위해 의식적으로 실행되는 활동이다. 독서 전략은 특정한 독서 문제를 해결하기 위해 선택된 최선의 방안이며, 독자의 문제 해결적 행위의 결과 혹은 목표 지향적 행위의 산물이다. 이는 독서 전략이 독자 중심의 활동을 통해 도출되는 반응적 산물임을 설명하고 있다.

"다음 문단을 읽고 이해한 내용에 대해 말해 보세요."라는 질문을 아이에게 던졌다고 가정해 보자. 아이는 그 문단의 내용을 이해하기 위해 아주 천천히 읽어 내려가고, 문장의 끝머리마다 자신이 이 문장의 내용을 잘 이해했는지를 스스로 점검하는 질문을 할 것이다. 이는 아이가 독서 전략을 수행하고 있으며 정교하고 의식적이며 초인지 혹은 상위인지적인 독서 행위를 수행하고 있음을 보여 준다. 독서 전략은 내용에 대한 이해가 부족할 때나 그 뜻이

[표 3-4] 독서 과정에 따른 독서 전략 유형별 질문 예시

읽기 단계	독서 전략 질문	점검하기	
		예	아니오
읽기 전에	독서 목적을 구체화하나요?		
	글을 읽고 할 일을 계획하나요?		
	텍스트를 미리 보나요?		
	텍스트의 내용을 미리 예측하나요?		
읽기 중에	예측한 내용을 점검하며 읽나요?		
	텍스트에 대해 질문을 생성하며 읽나요?		
	질문에 대한 답을 찾으며 읽나요?		
	배경지식과 텍스트를 연결하며 읽나요?		
	텍스트의 정보를 요약하며 읽나요?		
	텍스트를 추론하며 읽나요?		
	텍스트의 부분을 서로 연결하며 읽나요?		
	모르는 단어의 의미를 문맥을 통해 추측하나요?		
	담화 표지를 사용하여 글의 관계를 파악하나요?		
	어려운 부분이 어디인지 파악하였나요?		
	잘못 이해한 부분을 조정하였나요?		
	필자나 글에 대해 평가하며 읽나요?		
읽기 후에	독서 목표에 얼마나 잘 충족했는지 판단하나요?		
	텍스트로부터 알게 된 내용을 다시 살피나요?		

모호하다는 느낌이 들 때 촉진되며, 독서의 이해도를 높이기 위한 독자들의 의식적 문제 해결의 행위로 설명된다. 전략적 독자는 독서의 목적과 독서 이해 정도를 점검하기 위한 자기 질문을 던지고, 이를 통해 독서 방법을 수정하거나 독서 속도를 조절할 것이다.

독자의 목표 지향성과 인식, 그리고 정교한 조절은 독자의 독서 전략을 더

욱 구체화할 수 있게 해 준다. 목표를 위한 점검과 조절들은 독서 목적을 위한 특정한 독서 방법이나 경로를 선택하도록 한다. 독서 목표에 대한 지향은 독자들이 목표 성취를 위해 사용한 독서의 처리 과정들, 목표를 위한 수단, 의도적인 독서 경로들을 선택하도록 하는 데 도움을 준다. 또한 이러한 인식은 때때로 독서 목표의 달성에 방해가 되는 요소들을 제거하거나 극복하도록 하는 데 도움을 줄 수 있다. 결국 전략적인 독자란 독서 목표를 정확히 설정하고 이에 알맞게 수단이나 방법들의 효과성을 점검하고 조절하는 독자라 할 수 있다.

(3) 독서 기능과 독서 전략의 비교

"요약하기 기능을 학습해 보자."와 "요약하기 전략을 학습해 보자." 사이에는 어떠한 차이가 있을까? 혹은 "해독 기능을 익힌 다음에 독해 전략을 학습해 보자."는 어떤 의미일까? 독서교육을 수행하는 교사나 연구자 혹은 정책 입안자들에게 독서 기능이나 독서 전략은 유사하거나 동일한 의미로 받아들여져 왔다. 혹은 이 두 관계는 선후의 발달적 관계에 놓여 있는 것으로 설명되어 왔다. 미국의 경우에 지난 50년간 교사와 학생들을 대상으로 한 전 학년의 독서 교육과정에서 '기능'이라는 용어를 지속적으로 사용해 온 반면에, 전략이라는 용어는 정보 처리에 관한 인지적 측면에 한하여 1970년대에 비로소 널리 사용하기 시작했다. 우리나라의 읽기 및 독서 교육과정에서도 독서 기능과 독서 전략이라는 용어를 구분하여 사용하기보다 유사한 의미로 때로는 혼용하여 사용해 왔다. 그러나 독서 연구나 독서교육의 차원에서나 독서 검사나 평가 도구의 개발과 시행의 차원에서 독서 기능과 독서 전략의 개념을 명료화하고 이 둘의 관계를 구분할 필요가 있다.

『문식성 사전The Literacy Dictionary』(Harris & Hodges, 1995)에서 독서 기능과 독서 전략은 다음과 같이 설명된다.

기능은 글씨 쓰기, 골프, 도예와 같이 지각적 운동 기능의 결과인 복합적이고 정교하게 잘 조화된 운동 기능으로서 자주 언급된다. 동시에 기능은 주로 독해나 사고를 포함하는 지능적 행동의 일부로 자주 언급된다(p. 235).

독서 전략은 교육에서 학습자가 학습 수행을 향상하도록 하기 위해 의식적으로 적용되고 점검된 체계적인 계획이다(p. 244).

전략은 정보 처리 이론이나 자기 조절 이론에 근간을 둔다. 실제로 전략은 정보 처리 모형이 심리학 분야에서 출현하기 시작하면서 등장한 개념이다. 앳킨슨과 쉬프린(Atkinson & Shiffrin, 1968)의 연구에서 정보를 보존하고자 단기 기억에서 장기 기억으로 정보를 이동하기 위해 '시연 전략'이 사용됨을 설명하면서 전략에 관한 용어들이 쓰이기 시작했다.

기능은 어떤 행위의 능숙함과 관련하여 설명될 수 있다. 심리학에서 기능이라는 용어는 20세기에 이르러 행동 학습 이론에서 주로 사용되어 왔는데, 일반적으로 기능들은 연습을 통한 학습이라는 행동적 설명과 깊은 관련을 맺고 있다. 기능은 자동적이고 비의식적인 일상적인 행위나 습관, 운동 기능들로 그 예를 살펴볼 수 있다.

독서 기능과 독서 전략의 명확한 구분은 '의식적 노력'이나 '의도성', '자동성'의 관계를 통해 가능하다. 독자가 현재 하고 있는 독서가 자동적인 수행 과정 속에 있는지 의식적인 조절의 과정 속에 있는지에 따라 독서 기능과 독서 전략의 사용 여부를 구분할 수 있다. 독서 기능은 독자의 의식적인 의사 결정 과정을 수반하지 않으므로 전략에 비교하여 훨씬 빠르게 그리고 자동적으로 처리된다. 그러나 독서 전략은 글을 읽는 목적에 대한 독자의 조정, 독서 문제의 해결이나 독서 목적 달성을 위한 의도적 활동에 의해 나타난다. 전략적 독자는 따라서 글을 읽을 때 목적 지향적이고, 문제 해결을 위해 방법을 의

[표 3-5] 독서 전략과 독서 기능 간의 비교

독서 전략	독서 기능
비자동적임(deliberate)	자동적임
의식적임(Conscious)	비의식적임(Unconscious)
노력을 기함	노력을 기하지 않음(Effortless)
목표/문제 지향적임	목표/문제 지향적이지 않음

도적·의식적으로 다변화할 수 있을 뿐 아니라, 독서의 상황에 따라 유연하게 적응하는 특징을 보인다.

독서 기능과 독서 전략: 자동성과 의도성, 목표 지향성에 근거한 차이

실제로 독서 기능과 독서 전략은 구분하기가 쉽지 않다. 마치 동전의 양면과도 같아서 '중심 생각 찾기'는 독서의 기능 범주와 전략 범주에 모두 속할 수 있다. 또한 단어를 해독하고 유창하게 글을 읽고 글 속의 중심 생각을 찾는 독자들은 독서 기능과 독서 전략을 개별적으로 사용할 수 있고 혹은 동시적으로 사용할 수 있다. 이는 마치 독서 기능과 독서 전략의 구분이 무의미하거나 혹은 이 두 개념이 동일하다는 것을 설명하는 것 같지만 사실이 아니다. 이 둘의 관계를 구분하기 위해서는 읽기 유창성의 예를 들 수 있다. 즉 읽기 유창성을 위해 독자들이 의도적으로 노력하는지 혹은 자동적으로 처리하는지를 살펴보면 이들의 구분이 가능해진다. 비의도성과 자동성이 전제된 경우라면 읽기 유창성은 독서 기능으로 작동하는 것이고, 의도성과 비자동성이 전제되는 경우라면 이는 독서 전략으로 작동하는 것이다.

그러나 독서 기능과 독서 전략의 구분이 모호해지는 근본적인 이유는 독서 전략이 독서 기능으로 전환될 수 있는 가능성 때문이다. 입문기 독자들은 글자의 시각적 패턴과 음소 간의 조응을 강화해 간다. 단어의 뜻과 소리, 모양 간의 관계를 명시적으로 파악하여 해독 기능을 갖춘 독자들은 빠르고 정

확하게 소리 내어 읽을 수 있는 읽기 유창성을 획득하게 된다. 그런 다음에 이를 위해 학생들은 글을 읽고 나서 글의 중심 내용을 찾고, 훑어보고 다시 읽기를 반복하면서 중심 내용을 찾는 것에 대해 별도의 노력이나 주의 집중을 하지 않고 자동적으로 수행하게 된다. 학습을 통해 의식적인 독서 전략은 유창한 독서 기능으로 전환될 수 있다. 몇 달 동안 훈련을 거듭할 경우에, 독자들은 이전보다 주의 집중을 하지 않아도 더욱 빠르고 효율적으로 전략을 수행할 수 있게 된다. 별다른 노력을 기울이지 않고 자동적으로 전략을 수행하는 시점으로부터 독서 전략은 독서 기능으로 전환될 수 있는 것이다.

3. 독서 발달 단계에 대한 이해

(1) 독서 발달 단계에 대한 여러 논의들

독서 발달의 단계(stage)는 특정한 발달의 시점이나 국면을 기준으로 하여 각 단계에 속하는 독자들의 특징을 인지적 성숙과 육체적 성장, 정의적 특성이나 환경적 요인들과 관련지어 설명해 준다. 독서 발달의 각 단계별 정보는 독자의 독서 행위를 진단하고 해석할 수 있는 준거를 제공한다. 그러므로 독서 부진이나 난독증과 같은 독서 장애가 있는 독자들을 판별하고자 한다면, 가장 먼저 동일한 발달 수준에 속한 아동들의 발달 단계의 특징에 견주어 보는 것으로부터 출발해야 할 것이다. 이처럼 독서 발달 단계는 독자를 평가하거나 판별하는 기준이 된다.

독자의 독서 발달에 주목한 국내외의 연구자들은 그레이(Gray, 1925, 1937), 게이츠(Gates, 1947), 오도넬과 우드(O'Donnell & Wood, 1992), 촬(Chall, 1983), 천경록(1999), 최숙기(2011) 등이 대표적이다. 독서 발달 단계에 대한 논의를 다룬 연구들은 많지만 대부분은 오도넬과 우드(1992)나 촬(1983)의 독서 발달 단계를 기반으로 삼는다. 특히 촬(1983)은 '읽기 준비', '초기 해독', '해독 유창', '새로운 학습을 위한 독서', '다양한 독서 관점 수립', '의미 구성과 재구성'의 6단계 독서 발달 단계를 제시하여 1920년대부터 이어져 온 독서 발달 단계에 대한 여러 연구들을 총괄하였다.

[표 3-6] 독서 발달 단계에 관한 연구들

연구자	독서 발달 단계별 구분
O'Donnell & Wood (1992)	1. 유아 읽기기(출생-유치원) 2. 초기 읽기기(1~2학년) 3. 전이 읽기기(2~3학년) 4. 자립 읽기기(4~6학년) 5. 고급 읽기기(7학년 이상)
Chall (1983, 1996)	1. 단계0: 읽기 전 가정된 읽기 단계(0~6세) 2. 단계1: 초기 읽기 해독기[1학년~2학년 초(6~7세)] 3. 단계2: 해독 유창성[2~3학년(7~8세)] 4. 단계3A: 새로운 지식 학습을 위한 읽기[4~6학년(9~11세)] 5. 단계3B: 새로운 학습을 위한 읽기[7~9학년(12~14세)] 6. 단계4: 다양한 관점[고등학교10~12학년(15~17세)] 7. 단계5: 구성과 재구성[대학생 이후(18세 이상)]

(2) 독서 발달의 단계별 특성

독서 발달 단계를 분류한 여러 선행 연구들에 따르면, 독서 발달 단계의 분류 시기나 발달 단계별 특성은 부분적인 차이를 보인다. 그러나 이들 단계는 '독서 준비기', '독서 입문기', '독서 유창성기', '독서 자립기', '독서 정교화기'의 5단계로 범주화할 수 있다. 독자가 본격적으로 독서를 학습하기 이전에 어머니의 무릎에 앉아 옛이야기를 들으며 다양한 구어 정보를 습득하는 시기부터 자신의 삶의 문제나 사회 문제를 해결하기 위해 글을 읽는 시기에 이르는 전 생애적 독서 발달의 단계를 고려하여 인간의 독서 발달 단계와 그에 따른 특성을 제시하면 다음과 같다.

독서 준비기: 예비 독서가가 되는 시기

1단계는 '독서 준비기'로 독자가 독서에 처음으로 입문하는 시기이다. 이 시기에 독자는 글을 읽을 수 없지만 독서 준비도(reading readiness)를 갖추는 시기라 할 수 있다. 독서 준비도란, 글을 읽을 수 있는 기본적인 지적·신체적·물리적·심리적 상태를 갖추는 것을 의미한다. 독서 준비도는 글을 읽을 수 있게 되는 시점에 독자가 읽기와 관련하여 갖추어야 하는 여러 기능이나 요건 등을 포함한다. 예컨대, 글을 왼쪽에서 오른쪽의 순서로 읽는 것을 알기, 종이를 넘기는 방법을 알고 적용하기, 청각적이거나 시각적 식별이 가능하기, 눈동자를 글에 따라 읽을 수 있게 움직이기 등이 이에 속한다. 독서 준비도를 갖추기 위해서는 지능 연령이 일정 수준에 도달해야 하며, 시각, 청각, 발성에 장애가 없어야 한다. 또한 글자를 읽는 것에 대한 아동의 흥미, 언어를 이해하는 데 필요한 생활 경험, 안정된 정서, 독서를 중요시하고 권장하는 주변 환경이 갖추어져야 한다.

이 시기는 독서 발달 단계상으로는 매우 중요하다. 이 시기에 독서 준비도가 갖추어지지 않으면 후속적인 독서 발달로 나아가지 못한다. 특히 이 시기에 독자의 시각과 청각 기관 발달은 매우 중요하다. 독자는 읽기를 위해 글자를 신호로 입력할 수 있는 시각의 발달과 독서 습득을 위해 요구되는 음성 입력이나 구어 습득을 위한 청각의 발달이 필수적이다. 이러한 청각과 시각 기관의 결핍은 난독증을 유발할 수 있다. 이 외에도 책을 손에 쥐고 책장을 넘길 수 있고 독서 자세를 잘 유지할 수 있도록 하는 운동 감각 기관과 관련한 신체적 성숙도 매우 중요하다.

또한 독자의 인지적 성숙 역시 독서 준비기에서는 중요하다. 아동들이 글자 규칙을 올바로 깨치기 위해 눈으로 인식되는 문자들의 외형적 특질을 추출하고, 형태 변별을 해야 하며 변별된 문자들을 조합하여 하나의 단어로 인식할 수 있어야 한다. 또한 아동들이 글을 읽고 이해하기 위해서는 문자와 소리의 각 대응 관계를 올바로 인식하고 단어의 의미 정보를 올바로 추출할 수 있어야 한다. 아동들은 음성 언어나 문자 언어의 자극이 충분한 가정이나 그 외의 문식성 환경에서 노출되어 음운 인식이나 글자나 소리의 대응 관계를 어렴풋이 이해하고 있어야 한다. 아동의 심리적 성숙도 이 시기에 중요한 역할을 수행한다. 가령, 글자나 글을 읽고 싶다는 욕구, 읽기의 과정이나 실천에 참여하고자 하는 독자로서의 욕구도 예비 독서가로 나아가는 동력이 될 수 있다. 독서 준비기에 해당하는 1단계의 경우 출생 시기부터 유치원을 거쳐 초등학교에 입학하는 시기까지로 설정할 수 있다. 독서 준비기는 해독 교육이 본격적으로 실시되기 이전의 발달 단계이며 아동의 언어 인지, 심리적 발달 수준과 독서 환경의 차이에 따라 발달 단계상에 있어 개인차가 나타날 수 있다.

독서 입문기: 해독이 가능한 시기

독서에 본격적으로 참여하는 시기인 2단계는 '독서 입문기'이다. 이 시기의 독자들은 글자 깨치기를 숙달하여 스스로 글을 해독할 수 있다. 오도넬과 우드(1992)나 촬(1983, 1996) 등의 독서 발달 연구자들은 이 시기를 대개 초등학교 1학년으로 설정한다. 이때에는 가정과 학교 문식성 환경이 상호 작용하면서 학생들의 독서 능력이 발달하기 시작한다.

촬(1983, 1996)은 이 시기의 아동들은 글자와 소리, 문어와 구어의 관계를 잘 알고, 고(高) 빈출 단어를 통한 규칙 알기, 소리 – 글자 대응이 규칙적인 단어가 많은 글을 읽는 특징을 보이며, 음운 및 철자 규칙 현상에 대한 인식과 통찰 등을 통해 친숙하지 않은 단어도 발음하고 읽을 수 있다고 설명하였다. 오도넬과 우드(1992)는 이 시기의 아동들은 글자와 소리의 관계를 인식하고, 단어나 문장과 의미의 관계를 인식하며 해독이 어느 정도 성숙한 양상을 보인다고 하였다. 이를 통해, 이 시기의 아동들은 해독에 능숙해지고 타인의 도움 없이 본격적으로 글을 읽을 수 있으며 독서를 본격적으로 학습하기 시작한다. 이에 독서 입문기의 독자들에게서 한글의 글자 규칙을 알고 글자와 글자를 표상하는 소리 간의 관계를 깨치며 글자나 어느 정도의 글 단위를 읽을 수 있는 모습을 발견할 수 있다. 이 단계에서는 철자 소리의 규칙 관계를 일반적으로 이해하고 해독 기능의 발달로 인해 독서를 위한 기본 능력을 갖추게 된다.

독서 유창성기: 해독이 자동화되고 독해로 나아가는 시기

해독 기능의 숙달이 확립된 시기인 3단계는 '독서 유창성기'에 해당한다. 이 시기는 학생들이 문자와 소리 간의 대응 관계를 학습하여 문자를 습득하였던 2단계를 넘어서 습득한 문자 규칙을 더욱 강하게 내면화하고 자동화하여 읽기 유창성(reading fluency)을 확립하는 시기라 할 수 있다. 독서 유창성은 학생들에게 문자 언어를 자주 제시하고 반복하여 읽도록 함으로써 발달시킬 수 있다. 따라서 읽기 유창성을 기르기 위해서는 학생들에게 많은 양의 독서 자료를 제공해 주어야 한다. 이 시기에 발달한 독서 유창성은 독서 과정에서 독자의 해독에 관한 인지 처리를 더욱 효율적으로 진행하도록 돕기 때문에 후속적인 독서 발달에 유의미한 영향을 미친다.

오도넬과 우드(1992)나 촐(1983, 1996)은 이 시기를 초등학교 2학년에서 3학년까지 이르는 시기로 보았으며, 이 시기의 아동들이 상당한 정도의 어휘 지식을 갖추고 글을 읽는 속도도 빠르며 읽기 유창성에 집중하는 특징을 보인다고 설명하였다. 특히, 촐(1983, 1996)은 이 시기에 독자가 해독의 자동성을 확립하여 글의 의미 처리에 더욱 집중하며 학습을 위한 독서로 나아간다고 설명하였다.

이 발달 단계에서는 독해를 활성화하는 묵독(黙讀)으로의 전환이 주요한 사건으로 등장한다. 음독은 문자를 습득한 초기 아동들로부터 나타나는 독서 행위로 소리 내어 읽기를 뜻한다. 음독은 묵독에 앞서 나타나며, 묵독은 읽기 유창성의 수준이 어느 정도 성숙된 독자에게서만 나타난다. 더욱 많은 단계를 거쳐야 하는 불편함과 비효율성에도 불구하고 처음 문자를 습득한 아동들은 음독을 할 수밖에 없다. 아동들은 구어를 통한 의사소통을 반복하여 왔고, 처음으로 문어 세계에 입문한 아동들에게 문어를 통한 의사소통이 매우 낯설고

어려운 행위이기 때문이다. 이 시기의 아동들에게 익숙하지 않은 문어적 정보의 처리를 위해서는 먼저 익숙하고 구어적인 청각적 정보로 전환할 필요가 있다. 소리로 의미가 보다 쉽게 이해되는 구조에 익숙한 아동들이 문어적 의사소통에 익숙해지기 전까지는 음독을 수행할 수밖에 없는 것이다.

음독과 묵독이 혼재된 상황에서 음독을 통해 아동들이 문자와 소리 간의 대응을 보다 굳건히 하도록 반복 훈련을 한 이후에는 점차 문어적 의사소통이 내적으로 자동화된다. 그리고 이 과정을 거치면 점차 묵독이 가능해진다. 이는 소리 내어 발음하고 이를 청각적 정보로 전환하여 이해하던 방식이, 점차 시각적 정보만으로 의미화를 하는 방식으로 아동들의 독서 방법이 변화하였음을 보여 준다. 음독보다 묵독이 점차 활발해짐에 따라 음독 과정에서 비효율적으로 할당되던 인지적 노력은 점차 독서를 통한 글의 의미 이해에 집중되기 시작하고 그 결과 아동들은 더욱 높은 수준의 독해로 나아가는 기반을 마련해 갈 수 있다.

독서 자립기: 자기주도적이고 능숙한 독해가 가능한 시기

본격적 묵독이 가능한 시기인 4단계는 '독서 자립기'에 해당된다. 이 시기의 독자들은 묵독에 기반하여 보다 다양하고 높은 수준의 독해로 나아간다. 대부분 초등학교 중학년 이후가 이 단계에 해당하며, 다양한 유형의 글을 폭넓게 읽을 뿐만 아니라 학습을 목적으로 한 독서가 본격화되는 시기이다. 따라서 이 발달 단계의 독자들은 독서를 통해 새로운 사실을 획득하고 정보를 처리할 수 있는 독서에 참여하게 된다.

학습을 목적으로 하는 내용교과 독서(content area reading)가 중요하게 부각되어 이 시기의 독자는 대부분 학교의 교과 학습과 연계되어 독서 활동에 참여하게 된다. 이 시기는 앞서 읽기 유창성이나 해독과 같이 독서 능력에 관련한 기능을 훈련하기보다도 새롭고 다양한 범주의 독서 제재의 정보를 어떻게 처리할 것인지에 더 중점을 둔다. 또한 이 시기의 독자들은 묵독에 자연스럽게

참여한다.

오도넬과 우드(1992)는 이 발달 단계를 '자립 독서기(indepedent reading stage)'로 명명하면서, 이 시기의 독자들은 많은 독서 경험을 통해 길고 다양한 글을 읽을 수 있게 되고, 음독 속도보다 묵독 속도가 더 빠르며, 정보 획득 혹은 감상을 위한 독서에 더 많이 참여한다고 설명하였다. 천경록(1998)도 이 발달 시기를 '기초 독해기'로 명명하면서 묵독의 비중이 강화되고, 기초 독해가 가능해지며, 의미 중심의 읽기가 발생하는 시기라고 보았다. 결국 해독에서 독해로의 전이가 일반적으로 전개되고 글을 중심으로 한 이해가 확립되는 시기라 할 수 있다.

챌(1983, 1996)도 이 단계를 새로운 지식 학습을 위한 시기로서 학습을 위한 독서가 전개되는 시기로 설명하였다. 또한 이 시기의 독자들은 독서를 통해 새로운 지식과 경험, 사고를 배우며 독서를 통해 어휘와 배경지식이 급격히 발달해 가는 특징을 보인다고 하였다. 독서 자립기의 독자들은 교과서나 잡지, 백과사전 등 매우 다양한 유형의 읽기 자료를 다루게 될 뿐 아니라 역사, 지리, 과학 등을 포함한 다양한 주제로 독서를 하게 된다.

독서 정교화기: 다양한 관점의 형성과 의미 구성이 이루어지는 시기

의미 구성과 다양한 관점의 독해가 가능한 5단계는 '독서 정교화기'이다. 이 시기의 독자들은 사실적·추론적·비판적·창의적 이해 등 다양한 수준의 독해가 가능해진다. 단일한 관점에 입각한 읽기를 넘어서, 독자가 자신의 스키마와 경험 지식 등을 텍스트와 연결 지으며 다양한 의미를 구성해 낸다. 글로부터 전달되는 필자의 의미를 구성하고, 새로운 의미를 구성해 내기도 한다. 또한 사회적 대화를 통해 여러 독자들과 각자의 의미를 공유하고 공유한 의미를 적극적으로 수용하거나 혹은 자신의 의미를 정교화하기도 한다. 또한 독자는 자기 조절적으로 독서 기능이나 전략들을 운용하여 능숙하게 독서를 이끌고 간다.

오도넬과 우드(1992)는 이 단계를 '고급 독서기 단계(Refinement Reading Stage)'로 명명하였다. 이 시기의 독자는 기능적 문식성을 숙달하고 신문, 소설 등을 포함한 여러 독서 자료를 능숙하게 읽을 수 있을 뿐 아니라, 다른 독자와의 상호 작용을 원만히 수행하며 저자와 장르에 대해 매우 높은 관심을 보인다. 촬(1983, 1996)은 이 단계를 중학교 시기로 설정하고 단계3B로 명명하고, 이를 다시 4단계인 다양한 관점[고등학교 10~12학년(15~17세)], 5단계인 구성과 재구성[대학생 이후(18세 이상)]으로 세분화하였다. 해독 기능과 독해 기능이 어느 정도 숙달된 이후에 더욱 심화된 독서 발달의 단계로 나아가는 분기점으로 이 시기를 꼽는다. 이들은 공통적으로 중학교 시기로부터 이 시기를 구분하는데, 최종적인 독서 발달로 나아가는 중요한 시기로 인식하고 있다.

[표 3-7] 중학교 시기 독자들의 읽기 발달 단계별 특징

연구자	시기	특징
O'Donnell & Wood (1992)	5단계 고급 읽기 (중학교 이상)	1. 기능적 문식성 획득 2. 다양한 자료(신문, 잡지, 소설, 기타 참고 자료)를 능숙하게 읽음 3. 읽기 관심 영역의 확대(다양한 장르, 저자에 관심) 4. 전략적 독서를 수행하여 텍스트 유형 및 내용별 독서지도 방법 변별 5. 보다 전략적으로 능숙한 독자가 되기 위한 노력 필요
Chall (1983, 1996)	단계3B 새로운 학습을 위한 읽기 (중학교 7~9학년)	1. 하향식과 상향식 모형 2. 의미(해독), 묵독 3. 새로운 아이디어나 개념, 지식 획득을 위한 읽기 수행, 새로운 느낌이나 태도 경험을 목적으로 한 읽기 4. 대개 하나의 관점을 바탕으로 하여 읽기
천경록 (1999)	고급 독해기 (중학교 7~8학년)	1. 추론적 읽기 2. 글 구조 파악 3. 작가의 관점 파악 및 비판 4. 상호 작용 모형
	읽기 전략기 (중학교 9~ 고등학교 10학년)	1. 상위인지 2. 읽기 전략 구사 3. 독자와 작가의 사회적 작용임을 이해 4. 상호 작용 모형

(최숙기, 2011: 94-95)

우리나라 중학생의 독서 발달 단계를 조사한 최숙기(2011)에 따르면, 이 시기 독자들의 독서 능력은 초등학교 6학년과 유사한 수준을 보이며 중학교

2학년과 3학년과의 발달 수준은 유사한 특징을 보인다. 독서 발달의 능력 수준에 따른 구분은 실제로 학교급이나 학년 수준으로 나타나기보다는 경계 범위 내에서 학년 밴드를 이루며 완만히 발달하는 특징을 보였다. 또한 중학교 2학년 시기부터 사실적 이해나 추론적 이해의 수준이 심화되었고, 좀더 고차원적 독해 수준인 비판적 이해의 경우에는 중학교 시기에 급격히 발달되지 않았다. 이는 독서 발달에 있어 학년이나 연령별로 사실적 이해, 추론적 이해, 비판적 이해가 위계적으로 발달하기보다 발달 단계 내에서 연속적이고 지속적으로 발달함을 의미한다.

또한 이 시기의 우리나라 중학생 독자들은 어휘가 지속적으로 향상되며 단어 재인과 의미 대응의 정확도도 점차 높아졌다. 독서 전략에 대한 상위인지 수행은 중학교 3학년 시기에 비로소 반등하는 것으로 나타났는데, 이는 독서 전략에 대한 인식과 적용 능력이 중학교 3학년 시기에 향상됨을 보여 준다. 반면에 글이나 책을 읽고 싶은 태도나 동기는 중학교 시기에 지속적으로 감소하였다. 독서의 환경적 요인의 발달에서도 중학생들은 자신이 처한 물리적 독서 환경이나 정의적 독서 환경에 대해 모두 부정적으로 인식하는 것으로 나타났으며, 독서 능력에도 실제 독서 환경은 직접적인 영향력을 미치지 않는 것으로 나타났다. 또한 독서 능력이나 독서 동기, 독서 태도의 발달에 있어서도 중학교 시기에 여학생이 남학생에 비해 우세한 양상을 보여 독서에서의 성별 차이가 뚜렷하였다.

중학생 이상의 독서 발달에 대한 논의는 촬(1996)이나 천경록(1999)의 연구도 주목할 필요가 있다. 촬(1996)의 4단계는 읽기의 복합적 관점에 대한 전개를 통해 다양한 생각이나 관점들에 대한 패턴을 인지하거나 이전에 학습한 지식을 통한 구성의 단계로, 5단계는 글의 내용이나 타자의 이해를 통해 스스로 의미를 구성하는 과정이자 자신이 읽은 내용에 대한 분석·종합·평가를 수행하는 과정, 사전 지식을 활용하여 의미를 구성하고 재구성하는 단계로 독서 발달의 단계를 설명하고 있다. 이 이후의 단계에 대하여 천경록(1999)은 능숙

[표 3-8] 우리나라 중학생의 독서 발달상의 특징

구분	중학생 읽기 발달의 주요 특징
읽기 발달의 단계적 구분	– 중학교 1학년의 읽기 발달의 수준은 초등학교 6학년과 유사함. – 중학교 2학년과 중학교 3학년의 읽기 발달 수준은 유사함. – 이 두 집단을 각각 발달 유사 집단으로 설정할 필요가 있음. – 전체적으로 중학교 시기 읽기 발달에서 여학생이 남학생보다 더욱 높은 수준을 보임.
읽기 이해와 관련한 발달적 특성	– 중학교 2학년부터 읽기 이해 가운데 사실적 이해와 추론적 이해에서 뚜렷한 발달이 나타남. – 초등학교 6학년과 중학교 1학년 간의 사실적 이해와 추론적 이해의 발달에는 유의한 차이가 나타나지 않음. – 비판적 이해의 발달은 중학생 시기에 유의하게 발생하지 않았음. – 사실적 이해, 추론적 이해, 비판적 이해는 각각 분절적으로 발생하는 것이 아니라, 발달의 전 단계에 걸쳐 연속적으로 나타남. 단, 각 읽기 발달의 단계에서 학습하거나 수행하는 읽기 제재나 활동의 수준이 보다 심화되고 정교화 되는 것으로 보임. 단, 비판적 이해의 경우는 제외.
읽기 인지적 요인과 관련한 발달적 특성	– 중학생들의 어휘 인식의 발달은 전 학년에 걸쳐 지속적으로 향상되는 양상을 보임. – 단어 재인이 더욱 빨라지고, 의미 대응도 더욱 정확해짐. – 여학생이 남학생에 비해 어휘 인식 수준이 더 높게 향상되는 특징을 보임. – 읽기 전략에 대한 상위인지 수준은 중학교 2학년까지 지속적으로 감소하다가 중학교 3학년에서 반등함. 그러나 전체적으로 발달 단계로 비교하였을 때 중학생들의 읽기 전략에 대한 상위인지 활동은 매우 소극적인 수준임.
읽기 정의적 요인과 관련한 발달적 특성	– 읽기의 동기와 태도는 중학교 시기에 지속적으로 감소하는 양상을 보임. – 읽기 동기나 읽기 태도는 여학생이 남학생에 비해 더 높은 수준을 보이나 감소 양상은 동일하게 나타남. – 중학생의 읽기 동기나 태도의 발달은 거의 유사한 양상을 보임.
읽기 환경적 요인과 관련한 발달적 특성	– 중학생들은 자신이 처한 읽기 환경에 대해 부정적으로 인식하고 있음. – 중학생의 읽기 환경은 물리적인 읽기 환경과 정의적인 읽기 환경 모두에서 부정적인 것으로 보고되었음. – 읽기 환경적 요인들은 중학생의 읽기 능력에 직접적인 영향력을 미치지 않는 것으로 나타남.

(최숙기, 2011: 212-213)

한 독서(proficient reading) 단계로 설명하고 독자가 교양, 학문이나 직업의 필요에 따라 전문적인 상황에서 필요한 책과 글을 스스로 선택하여 자발적으로 글을 읽을 수 있는 단계이자 독립된 독자로서 책을 읽는 단계로 보았다.

독서 발달의 단계에 있어 많은 연구자들이 중학교 이후의 독서 발달 단계를 지나치게 일반화하여 진술하고 있다(Gray, 1925, 1937; Gates, 1947 Russell, 1949, 1961; O'Donnell & Wood, 1992). 이는 이 시기에 이루어지는 독서 발달이 이전 발달 단계의 시기에 비해 더욱 명시적으로 드러나지 않기 때문이거나

발달 단계를 측정하고 평가할 수 있는 상황적 요건이 마련되지 않기 때문인 것으로 보인다. 이러한 이유로 중학교 이후 독자의 독서 발달 단계에 대한 선행 연구들의 논의는 다소 추상적이거나 충분히 구체화되지 못하였다. 그러나 직업 문식성이나 성인 문맹의 문제, 평생교육의 확산, 다문화 사회로의 변화를 전반적으로 고려할 때 성인 독서 발달 단계와 특성에 대한 관심도 기울여야 할 필요가 있다.

3장 독서 능력과 독서 발달

1. 독서 능력에 대한 이해

- 독서 능력은 인간의 선천적 능력이 아니라 학습과 반복적인 훈련을 통해서만 습득할 수 있는 후천적 능력이다.

- 독서 기능의 자동화는 독자가 특별히 인지적 노력을 기울이지 않아도 자연스럽게 독서를 수행할 수 있도록 이끌며 독서를 성공적으로 이끄는 전제에 해당한다.

- 독서 능력은 해독 능력과 독해 능력이라는 두 능력의 통합을 통해 설명할 수 있으며, 독서 능력에 대한 올바른 이해는 독서교사가 독서 능력을 위계화하거나 독서 기능 체계를 세분화하여 독서교육의 내용과 평가의 요소를 설정하는 데 필수적이다.

2. 독서 기능과 독서 전략의 관계

- 해독 기능은 글자를 소리로 변화하여 읽을 수 있는 능력을 의미하며, 해독 기능에는 음운 인식, 단어 재인, 읽기 유창성이 포함된다.

- 독해 기능은 독자가 자신의 배경지식과 경험을 바탕으로 글과 상호 작용하는 가운데 의미를 구성할 수 있는 능력을 의미하며, 다양한 범주와 용어로 구분할 수 있지만 일반적으로 내용 파악, 비명시적 정보에 대한 추론, 비판적 이해, 창의적 이해나 감상적 이해 등을 포함한다.

- 독서 전략은 특정한 독서 목적을 달성하기 위해 의도적으로 선택된 일련의 행동들이자 독자가 글을 읽고 내용을 이해하기 위해 수행하는 자발적이고 의식적인 행동이다.

- 독서 기능과 독서 전략의 구분은 독자의 의식적 노력이나 의도성, 자동성 여부에 따라 구분할 수 있으며, 특정한 독서 전략이 자동적으로 수행될 경우에 독서 기능으로 전환될 수 있다.

3. 독서 발달 단계에 대한 이해

- 독서 발달의 단계는 특정한 독서 발달의 국면을 독자의 인지적 성숙과 육체적 성장, 독자의 정의적 특성이나 환경적 요인들에 관한 정보를 통해 제시하는 것이다.

- 촬(Chall, 1983, 1996)의 독서 발달 단계에 대한 연구가 독서 발달에 있어 일반적이며, 여러 독서 발달에 관한 연구들을 종합할 때 독서 발달은 '독서 준비기', '독서 입문기', '독서 유창성기', '독서 자립기', '독서 정교화기'의 5단계로 범주화할 수 있다.

- 중학생 이후 시기의 독서 발달에 대한 연구는 매우 추상적이거나 지나치게 일반화된 경향이 있으나 직업 문식성, 성인 문맹, 평생교육의 확산과 다문화 사회로의 변화를 고려할 때 성인 독서 발달에 대한 관심도 기울일 필요가 있다.

학습활동

1. 아래 용어의 개념을 간단히 설명하시오.

   • 독서 능력   • 해독   • 독해

   • 자동화   • 음운 인식   • 단어 재인

   • 독서 유창성   • 장기 기억   • 단기 기억

2. 다음 진술을 참(T)과 거짓(F)으로 구분하고, 거짓은 바르게 수정하시오.

   (1) 독서 능력은 구어 능력과 달리 선천적인 능력이 아니므로 훈련과 노력이
       필요하다.
   (2) 독서 기능은 의식적이고 의도적이며 목적 지향적인 특징을 보인다.
   (3) 현대의 독서관에 따르면, 독서는 독자가 필자의 메시지를 자신의 머릿속
       에 정확히 옮기는 과정이다.

3. 독서 기능 중심 독서지도와 독서 전략 중심 독서지도의 개념과 방법을 비교
   하시오.

4. 이 장의 본문에 제시된 [표 3-4]는 프레슬리(Pressley, 1998)가 설명한 능숙
   한 독자가 공통적으로 사용하는 독서 전략 요소를 반영한 질문 형식의 점검
   표이다. 이를 활용하여 자신의 독서 전략 사용 양상에 대해 점검해 보시오.
   그리고 이에 대해 동료들과 효과적인 독서 방법에 대해 논의하시오.

5. 다음에 제시된 읽기 유창성 검사인 오류 분석(WCPM)의 절차를 확인하여 실제 다양한 독서 발달 수준에 있는 학생들을 대상으로 검사를 실시하여 보고 읽기 유창성에 대한 수준을 측정해 보시오. 또한 측정 결과를 바탕으로 하여 읽기 유창성과 독서 발달의 관계에 대해서 논의해 보시오.

절차	예시
해당 학년 수준의 교과서나 읽기 교재에서 3편의 간단한 글을 골라라. 그런 다음 학생들에게 1분 동안 소리 내어 정확하게 읽고 난 뒤 학생들이 각 글에서 읽은 어절의 총 수를 계산하라.	1분당 읽은 어절 글1: 90 글2: 95 글3: 97
1분 동안 읽은 평균 어절 수를 계산하라.	평균 (90+95+97)/3=94
학생들이 틀리게 읽은 어절 오류 수를 계산하라.	1분당 틀리게 읽은 오류 어절 글1: 10 글2: 6 글3: 7
학생들이 틀리게 읽은 평균 어절 오류 수를 계산하라.	평균 (10+6+7)/3=7.6
1분 동안 읽은 평균 어절에서 틀리게 읽은 평균 어절 오류 수를 빼면, 1분당 정확한 평균 어절 수가 산출된다(WCPM).	정확한 평균 어절 수 94-7.6=86.3 WCPM
WCPM은 읽기의 정확성을 평가하는 비율로 계산할 수 있는데, 여기에 1분 동안 읽은 평균 어절 수를 나눈 후에 100을 곱하면 정확성의 비율이 산출된다.	읽기 정확성 비율 86.3/94×100=91.8%

6. 다음은 읽기 지도 접근 방법의 대표적인 두 유형을 역사적 변천을 고려하여 대비해 놓은 것이다. 각 항목의 내용 중 옳은 것을 고르고 독서 기능과 독서 전략의 특성을 고려하여 옳은 이유를 말하시오(2012년도 중등학교 교사 임용 고사 문항 활용).

항목 \ 유형	기능 중심 읽기 지도	전략 중심 읽기 지도
① 관련 모형	• 상호 작용식 모형	• 상향식 모형
② 기능이나 전략의 예	• 질문 만들기, 예측하기, 정교화하기, 글 구조 활용하기	• 바렛의 축어적 재인 및 회상, 재조직, 추론, 평가, 감상
③ 주요 독해 지도 방법	• 분절적 지도	• 통합적 지도
④ 작용 및 특성	• 읽기 과제와 독해 기능, 읽기 수업 모형과 상위인지 학습의 긴밀한 연계	• 위계화된 하위 전략의 독립적, 자동적 처리 과정
⑤ 관점	• 구성주의적 관점	• 행동주의적 관점

참고문헌

김동일(2001). 학습장애아동의 발달과 교육: 읽기발달과 읽기장애를 중심으로. 발달장애
연구 5(2), 1-15.

엄훈(2011). 초등학교 저학년 읽기 발달 양상 연구. 한국초등국어교육 46, 191-217.

윤혜경(1997). 아동의 한글 읽기 발달에 관한 연구. 부산대학교 박사학위논문.

이성영(2008). 읽기 발달 단계에 대한 연구: 몇 가지 논점을 중심으로. 국어교육 127, 51-
80.

천경록(1999). 읽기의 개념과 읽기 능력의 발달 단계. 청람어문교육 3, 263-282.

최숙기(2010). 중학생의 읽기 발달 양상에 관한 연구. 한국교원대학교 박사학위논문.

최숙기(2011). 중학생의 읽기 발달을 위한 읽기교육 방법론. 역락.

홍성인 · 전세일 · 배소영 · 이익환(2002). 한국 아동의 음운 인식 발달. *Communication
Sciences and Disorders*, 7(1), 49-64.

Afflerbach, P., Pearson, P., & Paris S. G.(2008). Clarifying differences between
reading skills and reading strategies. *The Reading Teachr*, 61(5), 364-373.

Alderson, J. C.(1990a). Testing reading comprehension skills(Part One). *Reading
in a Foreign Language*, 6(2), 425-438.

Alderson, J. C.(1990b). Testing reading comprehension skills(Part Two). *Reading
in a Foreign Language*, 7(1), 465-503.

Alderson, J. C.(2000). *Assessing reading*. Cambridge: Cambridge University Press.

Alexander, P., Graham, S., & Harris, K.(1998). A perspective on strategy research:
Progress and products. *Educational Psychology Review*, 10, 129-154.

Alexander, P. A., & Jetton, T. L.(2000). Learning from text: A multidimensional and
developmental perspective. In M. L. Kamil, P. B. Mosenthal, P. D. Pearson,
& R. Barr(Eds.), *Handbook of reading research*(Vol. 3, pp. 285-310).
Mahwah, NJ: Erlbaum.

Atkinson, R. C., & Shiffrin, R. M.(1968). Human memory: A proposed system and
its control processes. In K. Spence & J. Spence(Eds.), *The psychology of
learning and motivation: Advances in research and theory*(Vol. 2, pp.
89-195). New York: Academic.

Barrett, T. C.(1976). Taxonomy of reading comprehension. In R. Smith & T. C.

Barrett(Eds.), *Teaching reading in the middle class*(pp. 51-58). MA: Addison-Wesley.

Chall, J. S.(1996). *Stages of reading development*(2nd ed.). New York, N.Y.: Harcourt Brace.

Davis, F. B.(1944). Fundamental factors of comprehension of reading. *Psychometrika*, 9, 185-197.

Flavell, J. H., & Wellman, H. M.(1977). Metamemory. In R.V. Kail & J.W. Hagen (Eds.), *Perspectives on the development of memory and cognition*. Hillsdale, NJ: Erlbaum.

Gates, A. I.(1937). The Necessary Mental Age for Beginning Reading. *Elementary School Journal*, 37, pp.497-508.

Goodman, K.(1982). Acquiring literacy is natural: Who skilled Cock Robin? In F. Gollasch(Ed.), *Language & literacy: The selected writings of Kenneth S. Goodman*(Vol. 2, pp. 243-249). London: Routledge. (Original work published 1977.)

Gray, W. S.(1925, 1937). 24th Yearbook of the NSSE, Part1-Report of the National Committee on reading. Blooming, ILL: Public School Publishing Co.

Irwin, J. W.(2007). *Teaching reading comprehension processes*(3rd ed.). Boston, MA: Pearson. [천경록·이경화·서혁 역(2012). 독서교육론: 독해 과정의 이해와 지도. 박이정.]

Johnson, D. D., & Pearson, P. D.(1975). Skills management systems: A critique. *The Reading Teacher*, 28, 757-764.

Liberman, I. Y., Shankweiler, D. Fischer, F. W., & Carter, B. J.(1974). Explicit syllable and phoneme segmentation in the young child. *Journal of Experimental Child Psychology*, 18, 201-212.

Lunzer, E., Waite, M., & Dolan, T.(1979). Comprehension and comprehension tests. In E. Lunzer & K. Garner(Eds.), *The effective use of reading*. London: Heinemann Educational Books.

O'Donnell, M., & Wood, M.(1992). *Becoming a reader: A developmental approach to reading instruction*. Boston, MA: Allyn and Bacon.

Oller, J. W.(1979). *Language tests at school: A pragmatic approach*. London: Longman.

Paris, S. G., Lipson, M. Y., & Wixson K. K.(1983). Becoming a strategic reader. *Contemporary Educational Psychology*, 8, 293-316.

Pearson, P. D., & Fielding, L.(1991). Comprehension instruction. In R. Barr, M. L. Kamil, P. Mosenthal, & P. D. Pearson(Eds.), *Handbook of reading research*(Vol. 2, pp. 815-860). White Plains, NY: Longman.

Pennell, M. E., & Cusack, A. M.(1929). *The children's own readers, books four, five, and six[Teachers' manual]*. Boston: Ginn & Company.

Pressley, M.(1998). *Reading instruction that works: The case for balanced teaching*. New York: Guilford.

Pressley, M.(2000). What should comprehension instruction be the instruction of? In M. L. Kamil, P. Mosenthal, R. Barr, & P. D. Pearson(Eds.), *Handbook of reading research*(Vol. 3, pp. 545-562). Mahwah, NJ: Erlbaum.

Proctor, R. W., & Dutta, A.(1995). *Skill acquisition and human performance*. Thousand Oaks, CA: Sage.

Robeck, M. C., & Wallace, R. R.(1990). *The psychology of reading: An interdisciplinary approach*. Hillsdale, N.J: L. Erlbaum Associates.

Rozin, P., & Gleitman, L. R.(1977). The structure and acquisition of reading 2: The reading process and the acquisition of the alphabetic principle. In A. S. Reber & D. L. Scarborough(Eds.), *Toward a psychology of reading*. New York: Wiley.

Rubin, D., & Opitz, M.(2007). *Diagnosis and improvement in reading instruction*. Boson, MA: Allyn & Bacon.

Smith, F., & Goodman, K. S.(1971). On the psycholinguistic method of teaching reading. *Elementary School Journal*, 71, 177-181.

Urquhart, S., & Weir, C.(1998). *Reading in a second language: Process, product and practice*(1st ed.). London and New York: Longman.

Whipple, G.(Ed.)(1925). *The twenty-fourth yearbook of the National Society for the Study of Education: Report of the National Committee on Reading*. Bloomington, IL: Public School Publishing Company.

Williams, E., & Moran, C.(1989). Reading in a foreign language at intermediate and advanced levels with particular reference to English. *Language Teaching*, 22(4), 217-228.

4장

독서 과정과 독서 모형

1. 의미를 구성해 가는 독서 과정
2. 독서 과정을 구체화한 독서 모형

Reading starts with an inquiry by the reader.
— Kenneth Goodman, 1998

1. 의미를 구성해 가는 독서 과정

(1) 독서를 보는 관점의 변화

문자의 연쇄로 이루어진 글을 읽고 그 글의 의미를 이해하는 독서는 매우 복합적인 정신 작용으로 구성되어 있다. 독서는 문자를 해독하고, 그 문자가 표상하는 음성을 떠올린 후, 그 음성에 대응하는 의미를 찾아내어 떠올린 다음, 그 의미를 기존에 알고 있던 지식과 통합하여 새로운 의미를 구성해 내는 지적 활동이다. 부모나 교사의 지속적인 권고에도 불구하고 많은 학생들이 책을 읽는 것을 회피하는 이유는 이처럼 복합적인 지적 활동을 스스로 수행하면서 글을 읽어야 하기 때문이다. 정신 작용이 복합적인 만큼 독서는 힘들고 어려울 수밖에 없고, 그래서 일부 학생들은 독서라고 하는 도전적인 과업을 가능하면 하지 않으려고 한다.

지금은 독서가 복합적인 정신 작용으로 구성되었다고 믿고 있지만, 애초부터 이렇게 인식했던 것은 아니다. 글 읽는 행위를 현상적으로 관찰해 보면, 글을 읽는 것은 곧 종이 위에 나열되어 있는 문자를 해독해 가는 활동이다. 어느 누가 글을 읽더라도 눈으로 문자를 보고 그 문자를 해독하여 의미를 파악해 가는 활동을 거치지 않을 수 없다. 그래서 독서를 연구했던 초기에는 이러한 현상적 관찰에 따라 문자 해독을 독서로 규정했었다. 이러한 정의에 가장 크게 영향을 미친 것은 행동주의 심리학이었다. 행동주의 심리학의 관점에 따르면 독서는 곧 문자라고 하는 기호의 해독 작업으로, 문자를 해독하여 음성을 표상한 후 그 음성에 연결된 의미를 추적하면 독해가 이루어진다고 보았다. 독서에 대한 이러한 정의는 행동주의 심리학이 발달했던 1920년대에 자리를 잡았으며, 인지심리학적 관점이 떠오르기 전까지 독서 연구 및 독서교육 연구에 절대적인 영향을 미쳤다.

더 알아보기

속독 훈련

독서교육에 대한 행동주의적 관점은 현대에도 남아 있다. 버스나 지하철 광고로 접할 수 있는 속독 훈련(speed reading program)이 그러한 예이다. 속독 훈련은 눈동자를 빠르게 움직이도록 연습함으로써 글의 내용을 빨리 파악하도록 돕는 독서교육의 한 방법이다. 속독 훈련은 눈동자를 빠르게 움직이도록 하여 해독을 빠르게 하면 글의 내용도 빨리 파악할 수 있다고 믿는다는 점에서 행동주의적 관점을 반영하고 있다.

독서에 대한 행동주의 심리학적 관점

20세기 초반의 심리학은 행동주의적 경향이 주류를 이루고 있었는데, 행동주의 심리학에서는 인간이 가지고 있는 '마음의 주관적 내부 상태'를 연구 대상에서 배제해야 한다고 주장했다.[1] 마음의 주관적 내부 상태란 지각, 기억, 정

---

1   여기에서 말하는 '마음의 주관적인 내부 상태'는 '의식의 내용'으로도 불린다. 심리학의 주요 연구 대상인 '의

서와 같은 심리학적 개념을 뜻한다(Ledoux, 최준식 역, 2006: 35-36). 행동주의 심리학에서는 이전 세대의 심리학자들이 주요 주제로 다루어 왔던 마음의 주관적 내부 상태를 더는 다루어서는 안 되며, 객관적으로 관찰 가능한 인간의 행동만을 연구 대상으로 삼아야 한다고 강조했다. 따라서 사리분별의 원천을 이룸으로써 인간을 인간답게 만드는, 사고 또는 판단의 바탕을 이루는 '의식'은 객관적인 관찰이 불가능하므로 과학적인 심리 연구의 대상이 될 수 없다고 보았다. 이러한 주장은 매우 급진적일 뿐만 아니라 파격적인 것이었음에도 불구하고 당시에는 심리학의 과학화를 원했던 많은 연구자들에 의해 지지를 받았다.

많은 연구자들이 이를 지지했던 데에는 다음과 같은 배경이 자리 잡고 있다. 20세기 초반, 심리학자들은 심리학이 믿을 수 없는 '사이비 학문'으로 치부되는 상황을 타개하기 위해 노력을 기울였는데, 이들은 심리학을 과학적 학문으로 세우려면 연구의 과학화가 절대적으로 필요하다고 보았다. 당시 심리학자들은 연구 대상을 객관적으로 관찰 가능한 것으로 한정하는 방법으로 이 문제를 해결하고자 했다.

행동주의 심리학이 전제하고 있는 자극 수용과 행동 반응의 관계를 그림으로 표현하면 [그림 4-1]과 같다(Ledoux, 최준식 역, 2006: 37). [그림 4-1]에서 '감각 입력'은 '자극'에, '행동 반응'은 '반응'에 해당한다. 행동주의 심리학에서는 자극과 반응 사이에서 일어나는 '일'은 모두가 '블랙박스'에 감추어져 있다고 보았다. 앞에서 언급했던 마음의 주관적인 내부 상태도 모두 이 블랙박스에 담겨 있다는 셈이다. 말뜻에서도 알 수 있는 것처럼 블랙박스는 관찰이 불가능하므로(눈으로 볼 수 없으니 '블랙박스'라고 명명한 것임.) 연구 대상이 될 수 없고 관찰 가능한 '감각 입력'과 '행동 반응'만 연구 대상이 될 수 있다.

식'은 '마음'으로도 지칭되기도 하는데, 분트(W. Wunt)나 티치너(E. B. Titchener)와 같은 심리학자들은 '내성법'을 통해 이러한 의식의 내용을 분석하고자 했다(이정모, 2009: 70-74).

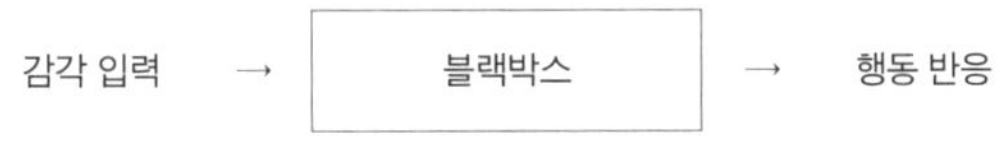

감각 입력 → 블랙박스 → 행동 반응

[그림 4-1] 행동주의 심리학의 감각-반응 모형

객관적으로 관찰 가능한 행동만을 연구 대상으로 해야 한다는 행동주의 심리학의 관점에서 보면 독서는 눈으로 문자를 해독하는 행위만 연구 대상으로 다룰 수 있다. 독서가 머릿속의 정신 작용을 통해 이루어진다는 것을 수용한다고 해도 마음의 주관적 내부 상태를 배제했던 행동주의 심리학의 관점에서는 이를 연구 대상으로 다룰 수 없기 때문이다. 머릿속에서 이루어지는 정신 작용은 객관적으로 관찰이 불가능하며, 오로지 글에 나열되어 있는 문자를 해독하는 것만을 연구 대상으로 삼을 수밖에 없다. 그러므로 행동주의 심리학에서 독서를 문자 해독으로 간주하는 것은 매우 자연스럽다고 할 수 있다.

독서에 대한 인지심리학적 관점

이후 독서에 대한 관점은 인간이 정보를 어떻게 선택(주의, attention)하고 확인(재인, recognition)하는지, 그리고 그 정보를 어떻게 저장(기억, memory)하며 어떤 구조로 유지하는지(지식 표상, knowledge representation)에 관심을 둔 인지심리학이 발전하면서 변화하기 시작했다. 인지심리학이 성립되는 데에는 기능주의(functionalism)가 영향을 미쳤는데, 이 기능주의에서는 지적 작용의 수행은 그것을 수행하는 주체나 도구가 서로 다르다고 해도 기본적으로 머릿속에서 정보를 처리하는 과정이 동일하다고 가정한다(Ledoux, 최준식 역, 2006; 이정모, 2009: 227-229). 가령 인간과 컴퓨터가 한 수학 문제에 대해 동일한 값을 계산해 냈다면, 이 둘은 동일한 기능을 수행하는 정보의 처리 과정을 거쳤다고 본다는 것이다. 이러한 논리적인 가정을 바탕으로 하여 행동주의 심리학에서 배제되었던 블랙박스는 다시 심리학의 주요 연구 대상으로 떠올랐다(Anderson, 이영애 역, 2000: 27).

인지심리학이 가정하고 있는 정보 처리 모형은 [그림 4-2]와 같다(Ledoux, 최준식 역, 2006: 37).[2] 이 모형은 행동주의 심리학이 배제했던 블랙박스가 세밀한 구조로 이루어진 장치로 묘사되어 있다. 행동주의 심리학에 대비되는 인지심리학의 특징은 바로 블랙박스를 세밀하게 파악하는 데 많은 노력을 기울인다는 점이다.

[그림 4-2] 인지심리학의 정보 처리 모형

인간이 정보를 수용하여 어떻게 처리하는가에 관심을 두고 있는 인지심리학에서 독서에 관심을 기울였던 이유는 글을 읽는 행위가 바로 인간이 정보를 수용하는 가장 안정적이고 보편적인 방법이었기 때문이다. 인간이 정보를 수용하기 위해서는 [그림 4-2]에서 표시한 것처럼 '감각', 즉 오감(伍感)을 사용해야 한다(Stillings et al., 1995). "물건이 떨어져서 위험하다."는 외적 정보는 떨어지는 물체를 눈으로 확인하거나 물체가 떨어지는 소리를 듣고 파악해야 한다. 이를 파악한 후에는 위험에 관한 정보를 머릿속에서 처리하여 곧바로 그 상황을 피하기 위한 행동을 취하게 된다.

그런데 인지심리학자들이 관심을 두었던 인간의 정보 처리는 '언어'로 입력하고 출력하는 것이 가장 적확하고 체계적이다. 언어를 활용해야만 정보 처리가 어떻게 이루어졌는지를 효과적으로 추론할 수 있기 때문이다. 사실 읽어

2 　르두(Ledoux, 최준식 역, 2006: 37)에서는 2장에서 '인지심리학'으로 사용하는 용어를 '인지과학'으로 표현하였다. 이정모(2009:41)에 따르면 '인지과학'은 곧 '인지심리학'와 동의어이므로, 이 장에서는 '행동주의 심리학'에 대응하는 용어로서 '인지심리학'을 사용하였다.

보라고 하는 것만큼 효과적인 정보 수용의 방법은 없다. 독서처럼 글쓰기도 정보 처리의 결과를 정확하게 파악할 수 있는 효과적인 방법이다. 연구 참여자에게 글을 써 보라고 하면 정보 처리가 어떻게 이루어졌는지 쉽게 알 수 있다. 이와 같은 이유에서 인지심리학에서는 작문 연구도 폭넓게 수행해 왔다.

인지심리학의 관점에 따라 1980년 이후로는 독서를 머릿속에서 이루어지는, 인지적 처리에 따라 의미를 구성하는 과정으로 정의하게 되었다. [그림 4-2]의 모형에서도 지적한 것처럼, 독서의 결과인 '이해'는 '처리1, 처리2, 처리3, …'과 같은 과정에 따라 이루어지며, 이 처리 과정, 다시 말해서 독자가 글을 읽고 정보를 수용하여 의미를 구성하는 과정에는 독자가 이미 가지고 있는 정보가 적극적으로 개입한다. 그러므로 정보를 처리한 후에 얻는 의미는 이미 저장되어 있던 정보와는 다른 '새로운' 의미라고 할 수 있으며, 이 점에 주목하여 독서를 의미 재구성의 과정으로 정의하기도 한다. 독서를 의미 구성의 과정으로 부르든 의미 재구성의 과정으로 부르든 의미 처리가 이루어지는 '과정'에 주목하고 있다는 점에서는 동일하다.

(2) 독서의 본질과 과정으로서의 독서

행동주의 심리학의 관점으로부터 인지심리학의 관점으로의 변화는 독서에 대한 정의를 크게 바꾸어 놓았다. 글이라는 자극에 대한 반응으로 이해되었던 독서가 의미를 구성하는 과정으로 새롭게 정의되었기 때문이다. 행동주의 심리학에 따른 관점은 글을 중심으로 하여 독서를 이해하는 접근법이라면, 인지심리학에 따른 관점은 독자를 중심으로 하여 독서를 이해하는 접근법이라고 할 수 있다. 독서의 중심이 '글'로부터 '독자'로 변화된 것은 실로 매우 큰 변화여서 독서 패러다임의 변화로까지 지칭하기도 한다(이 책의 1, 2장 참조).

독서의 본질: 의미 구성의 과정

인지심리학의 관점이 수립된 이후로 독서의 본질은 의미 구성의 과정이라는 독서의 정의에서 찾을 수 있다. 인지심리학의 관점에 따라 수립한 독서의 정의가 독서가 가지고 있는 본원적인 특성을 반영한 것이기 때문이다. '본질'은 '현상' 너머에 존재하는 본원적 특성이므로 행동주의 심리학의 관점으로는 설명하기 어렵다. 앞에서 살펴본 것처럼, 행동주의 심리학에서는 눈동자를 움직여 문자를 판독하는 현상에만 초점을 맞추고 있으므로 근원적인 특성이 별도로 존재한다고 보지 않는다. 이 관점에서는 눈으로 관찰 가능한 현상(독서 행동)이 존재할 뿐 그 너머에 존재하는 별도의 특성을 인정하지 않기 때문이다. 예를 들어 보자. 펜스를 향해 날아가는 4번 타자가 친 야구공도 땅에 떨어지고, 한더위를 식혀 주는 소나기의 빗방울도 땅에 떨어지며, 가을의 전령사인 밤나무의 알찬 알밤도 땅에 떨어진다. 어떤 물체이든 땅으로 떨어지는데, 그 이유는 이러한 낙하 현상 너머에 본질로서 '중력'이 작동하고 있기 때문이다. 본질(중력)은 각각의 모든 현상(낙하 현상)에 영향을 미친다.

그렇다면 눈동자를 움직여 문자를 판독하는 현상 너머에는 무엇이 있을까? 그 본질은 무엇일까? 인지심리학이 설명하는 것처럼, 바로 의미를 (새롭게) 구성하는 정신 작용이 존재한다. 모든 물체가 떨어지는 것처럼, 글을 읽고 이해를 추구하는 독서에는 모두 정보 처리 과정으로서의 의미 구성 과정이 존재한다. 눈으로 글자를 따라가며 묵독하며 읽든, 소리를 내며 읽든, 그것이 독서라면 의미 구성의 과정은 반드시 존재한다. 이 의미 구성의 과정을 수행함으로써 독자는 독서의 결과로서 의미를 얻게 된다. 그러므로 독서의 본질은 의미 구성의 과정이라는 점에 있다고 할 수 있다.

과정으로서의 독서: 전략과 초인지

독서의 본질이 의미를 구성하는 과정이라는 점에 있다는 점을 수용한다면, 독서가 '과정'으로 이루어져 있다는 점에 주목할 필요가 있다. 독서의 '결과'로 얻게 되는 의미는 정보 처리의 과정을 거쳐 이루어진다. 정보 처리의 과정이 존재하지 않으면 의미 구성도 이루어지지 않는다. 그러므로 정보 처리의 과정은 곧 의미를 구성해 가는 과정이라고 할 수 있다. 정보 처리 과정이라는 말과 의미 구성 과정이라는 말이 각각 쓰이고 있지만, 이 둘은 사실 차이가 없다. 처리해야 할 대상을 정보로 보는가 아니면 의미로 보는가에 따라 사용하는 용어가 차이가 있을 따름이다.

그런데 정보를 효과적으로 처리하기 위해서는 각각의 처리 단계마다 적절한 전략을 동원해야 한다. 글을 읽고 글로부터 정보를 수용하여 효과적으로 처리하려면 독자는 머릿속에서 진행되는 각각의 처리 단계마다 독서 전략을 활용해야 한다. 가령 중심 내용을 파악해야 한다면, 핵심어를 찾는 처리 단계를 거쳐야 하며, 이 단계를 올바로 처리하려면 핵심 단어를 확인하는 전략을 적용해야 한다. 능숙한 독자는 각 단계마다 동원할 수 있는 전략의 레퍼토리를 풍부하게 갖추고 있으며, 각 단계의 목표(문제 해결)에 적합한 전략을 적절하게 활용함으로써 글의 의미를 효과적으로 구성해 낸다. 반면 미숙한 독자는 글의 의미를 효과적으로 구성하지 못하는데, 그 이유는 각각의 단계마다 요구되는 전략을 적용할 수 없기 때문이다. 각 단계의 목표 달성에 필요한 전략을 숙달하지 못함으로써 전략을 적용할 수 없고, 그 결과 의미를 구성하는 데 실패하고 만다. 이처럼 의미 구성 과정은 구분 가능한 각각의 단계로 진행되며, 각각의 단계는 목표 달성에 필요한 전략으로 채워져 있다.

그런데 각 단계의 목표를 달성하는 데 쓰이는 전략만 중요한 것은 아니다. 각각의 처리 단계가 올바로 수행되었는지를 점검하고 조정하는 또 다른 전략도 필요하다. 처리 단계가 올바로 수행되었다면 그것은 그 단계에서 적용한 전략이 효과적이었기 때문이다. 그러나 수행이 효과적이지 못할 때에는 적용한 전략을 적절한 것으로 조정해 주어야 한다(Hacker, 1998). 어떤 전략을 활용해서 핵심 단어를 찾고자 했지만 올바로 찾아내지 못했다면 그 전략을 다른 전략으로 바꾸어 적용해 보아야 한다. 이처럼 각각의 처리 단계에 적용된 전략을 점검하고 조정하는 정신적 기제를 초인지(metacognition, 상위인지)라고 부른다. 1장에서 설명한 것처럼, 초인지는 의미 구성 과정에 적용된 독서 전략을 점검하고 조정하는, 상위 차원의 전략이라고 할 수 있다.

글을 읽고 의미를 구성하는 과정은 독자의 머릿속에서 이루어지는 비가시적인 인지 작용이다. 인지심리학자들은 정보를 처리해 가는 과정을 [그림 4-2]처럼 그렸지만, 실제적으로 어떻게 정보를 처리하여 의미를 구성하는지는 명확하게 알지 못한다. MRI와 같은 첨단 장비로 머리를 촬영한다고 해서 정보를 처리해 가는 과정이 드러나는 것도 아니다. 독자가 독서 후에 보이는 반응이나 행동을 통해서 마음에서 이루어지는 과정을 추론할 수 있을 따름이다. 행동주의 심리학자들이 비판했던 것처럼, 의미 구성의 과정은 객관적인 관찰이 불가능한 대상이기 때문이다. 수많은 인지심리학자들이나 독서 연구자들이 정보를 처리하고 의미를 구성해 가는 인지 작용을 명료하게 밝히기 위해 노력해 왔지만 완벽한 도달점에 이르지 못한 것은 바로 이러한 이유 때문이다. 의미를 구축해 가는 독서 과정을 완벽하게 설명하는 것이 심리학자들의 꿈이라고 말하는 것을 보면 독서 과정을 완벽하게 규명하고 설명한다는 것은 불가능한 일일지도 모른다.

(3) 스키마와 초인지

인지심리학의 정보 처리 모형을 묘사한 [그림 4-2]로 다시 돌아가 보자. [그림 4-2]에서 '저장된 정보'는 독자가 이미 갖추고 있는 사전 지식(prior knowledge)을 일컫는다. 이 지식은 정보 처리 과정에서 여러 단계와 상호 작용하면서 영향을 미친다. 사전 지식이 영향을 미치면서 처리 과정을 거친 정보는 이전과는 다른 정보로 재탄생한다. 이렇게 독자의 정보 처리 과정에 개입하는 사전 지식을 스키마(schema)라고 부른다. 스키마는 인지심리학에서 관심을 두고 있는 지식 표상과 조직을 설명할 때 핵심적인 개념으로 쓰인다.

스키마의 특징: 의미 재구성의 원천

1장에서 설명한 것처럼, 스키마는 독자의 머릿속에 구조화된 지식의 총체를 말한다. 인간은 생활하면서 매우 다양한 사건이나 일, 대상, 사회적 상황 등을 경험하는데, 이를 일반화하여 머릿속에 표상한 것이 바로 스키마이다. 경험이 다양하면 다양할수록 그에 상응하는 다양한 스키마가 존재한다. 그러므로 경험의 폭이 클수록 스키마가 풍부하며 우수하다고 할 수 있다. 학습도 경험의 폭을 확장하는 방법이므로 학습을 많이 할수록 스키마가 커진다고 볼 수 있다. 학습에 열심히 참여한 학생이 공부를 잘하게 되는 것은 학습을 통해 확장된 스키마가 다음에 이루어지는 학습을 촉진하기 때문이다. 인생의 경험이 풍부한 어른은 경험이 적은 청소년보다 스키마가 양적으로나 질적으로 더 우수하다.

인간의 머릿속에 들어 있는 지식은 아무렇게나 방치되듯 저장되어 있는 것이 아니다. 도서관에서 분류표에 따라 도서를 체계적으로 배열하는 것처럼 지식도 일정한 기준에 따라 분류되어 있으며, 그 체계에 따라 저장되어 있다. 어떤 자극적인 단어 하나가 입력되었을 때 그와 관련된 다양한 층위의 일반적인 지식을 되살려 낼 수 있는 것은 지식이 체계적으로 저장되어 있기 때문이다. 이러한 이유에서 스키마는 구조화되어 있다고 말한다.

인간이 생활하면서 경험한 사건이나 일, 사회적 상황 등을 일반화하여 표상한 것이 스키마라고 했지만, 그것이 어떻게 부호화하면서 기억에 저장되는지, 저장된 스키마의 구조는 어떠한지, 저장된 스키마는 어떻게 활성화되어 정보 처리 과정에 영향을 미치는지를 설명하는 가정이나 모형은 매우 다양하다. 스키마의 구조, 저장 원리, 작동 방식 등에 대한 여러 가지 가정이나 모형을 통칭하여 스키마 이론이라고 부른다. 그러므로 스키마 이론이라는 말은 스키마에 대한 가정이나 모형을 종합적으로 일컫는 용어라고 할 수 있다. 스키마 이론으로 묶을 수 있는 가정이나 모형이 다양한 만큼 학자들마다 스키마의 특성을 서로 다르게 설명하곤 한다. 그러나 인지심리학자들이 관심을 두어 온

정보의 선택, 확인, 기억과 같은 정보 처리에 스키마가 깊숙이 개입한다는 점에 대해서는 모두가 동의하고 있다.

스키마의 기능: 추론과 이해의 촉진

스키마는 정보의 선택, 확인, 저장에 모두 영향을 미치지만, 글의 이해와 관련지어 볼 때 스키마가 가지고 있는 가장 중요한 기능은 추론을 가능하게 한다는 점이다. 추론이란 정보와 정보를 연결 짓는 지적 작용을 말하는데, 이것이 바로 글의 이해와 직접적으로 관련되어 있기 때문이다. 글을 읽고 이해한다는 것은 곧 글이 제공하는 정보를 기존에 알고 있던 정보와 연결하여 새로운 의미를 구축하는 것을 말하므로 독해의 과정은 추론의 과정과 다르지 않다. 그런데 바로 이 추론이 스키마의 영향 아래에서 이루어지는 것이다.

글을 쓰는 필자는 이러저러한 이유로 모든 정보를 글에 제시하지 않는다. 글을 쓰는 목적을 고려하여 정보를 상세하게 설명하기도 하지만 감추거나 생략하기도 한다. 그래서 글에는 필연적으로 정보의 '균열'이 존재한다. 능숙한 독자는 이러한 균열을 매끄럽게 채워 가면서 글을 읽는다. 독자가 균열을 매끄럽게 채우는 활동이 바로 추론인데, 균열을 채우기 위해 동원하는 정보의 원천이 바로 스키마이다. 그러므로 스키마는 추론의 토대를 제공한다고 할 수 있다.

글의 이해가 정보를 채워 가는 추론으로 이루어진다는 사실은 허드슨과 슬랙맨(Hudson & Slackman, 1990)에서 확인할 수 있다. 이 실험에 참여한 어린 학생들은 연구자들이 제시한 이야기에는 없었던 정보를 채워 넣으며 이해하는 모습을 보였다. 가령, "철수는 부모님과 함께 패스트푸드 가게에 갔어. 가게에서 햄버거도 먹고 아이스크림도 먹었어."라는 이야기를 들려준 후 "철수는 왜 줄을 서서 기다렸니?" 하고 물었을 때 어린 학생들은 이야기에 포함되지 않았던 내용을 채워 넣으며 답을 했던 것이다(최경숙, 2007: 133-134). 이것이 가능했던 이유는 학생들이 이미 가지고 있던 스키마를 동원했기 때문이다.

스키마는 추론의 토대를 제공함으로써 글의 이해 수준에도 영향을 미친다.

글을 읽는 독자는 스키마가 풍부하면 이해 수준이 깊고 그렇지 않으면 이해의 수준이 낮다. 스키마가 이해 수준에 영향을 미친다는 사실은 1장에서도 인용한 바 있는 브랜스포드와 존슨(Bransford & Johnson, 1973)의 회상 실험에서도 확인할 수 있다. 이 실험에 따르면 글을 읽기 전에 스피커를 풍선에 달아올리는 그림을 미리 본 집단이 총 14개의 아이디어 중에서 평균 8.0개를 회상한 반면, 그림을 보지 못했거나 글을 읽은 후에 본 집단은 평균 3.6개를 회상했다. 이 실험은 글과 관련된 그림을 미리 보여 줌으로써 독자가 글의 맥락(context)이라는 스키마를 형성하면 글을 훨씬 더 잘 이해하고 기억한다는 것을 보여 준다. 그 이유는 스키마가 독자의 추론을 촉진함으로써 글의 내용을 더 정확하면서도 더 효과적으로 이해하도록 만들어 주기 때문이다.

스키마가 추론의 토대를 제공함으로써 이해 수준에 영향을 미친다는 점은 많은 연구 결과가 뒷받침한다(Minsky, 1975; Rumelhart, 1977, 1984, Anderson, 1994). 이를 통해 보건대, 스키마는 독자의 독해를 결정하는 열쇠에 비유할 수 있다. 그러나 스키마 이론으로 독서 현상 모두를 설명할 수 있는 것은 아니다. 예를 들어 동일한 경험을 제공한 후 그 경험과 관련된 화제의 글을 읽게 했을 때 독자마다 회상한 정보의 양이나 질이 다를 수 있다. 러멜하트(Rumelhart, 1984)에 따르면 스키마가 부족한 경우에도 내용을 정확하게 이해할 수 없지만, 스키마를 가지고는 있으면서 활성화하지 못하면 내용 이해에 실패한다. 그러므로 스키마만큼 중요한 것이 바로 이를 적절하게 적용할 수 있도록 만들어 주는 지적 작용, 즉 전략이다.

초인지: 독서 과정의 점검과 조정

그런데 스키마와 정보 처리의 각 단계가 전략을 바탕으로 하여 긴밀하게 상호 작용을 이루어가는 독서 과정을 점검하고 조정하는 인지 기제도 매우 중요하다. 앞에서도 설명한 것처럼, 유능한 독자는 전략의 레퍼토리도 풍부하지만 선택한 전략의 효과를 평가함으로써 독서 과정을 점검하고 조정하는 초인지도 갖추고 있다. 점검과 조정 기능을 수행하는 초인지가 중요한 이유는 독서가 과정으로 이루어져 있기 때문이다. 독서가 각각 독립된 하나의 단계로만 이루어진 지적 작업이라면 점검하고 조정하는 일이 필요하지 않을 것이다. 정보 처리의 과정을 단계별로 밟아가야 하므로 초인지의 중요성이 크다고 할 수 있다.

스키마 이론이 다양한 것처럼, 초인지의 구조나 작동 방식을 다루는 모형이나 가정도 다양하다. 초인지 이론이란 초인지의 구조나 작동 방식 등에 대한 여러 가지 가정이나 모형을 통칭하여 부른 것이다. 초인지 이론도 연구자들의 견해에 따라 다양하게 펼쳐지지만, 초인지가 독서 과정을 점검하고 조정하는 기제라는 점, 이러한 기제로 인해 글의 이해라는 목표를 향해 독서 과정이 진행되어 간다는 점, 독서 과정이 단선적으로 이루어지는 것이 아니라 복합적으로 이루어진다는 점에서는 공통점을 보인다.

초인지가 지닌 이러한 특징은 학교 독서교육에 중요한 함의를 제공한다. 학교 독서교육에서는 학생들이 독서 과정을 스스로 점검하고 조절하는 능력을 길러 자기 주도적 독자로 성장하도록 노력을 기울이고 있다. 국가 수준의 국어과 교육과정에서도 초인지와 관련된 사항을 주요 학습 내용으로 제시함으로써 초인지가 독서교육의 주요 내용 중의 하나임을 명시하고 있다. 이렇게 볼 때, 학생들이 초인지 능력을 소유한 독자로 성장하도록 교육하는 것은 곧 독서교육의 궁극적인 목표 중의 하나라고 할 수 있다.

2. 독서 과정을 구체화한 독서 모형

(1) 독서 모형의 개념과 유형

인지심리학에서 과정을 중심으로 하여 독서를 설명하면서 독서 모형에 대한 관심이 크게 증가하였다. 특히 인지심리학이 크게 발전하던 1970~80년대는 독서 과정에 대한 관심이 폭발적으로 일어났던 때이다. 인터넷 검색을 해 보더라도 이는 쉽게 알 수 있다. 1970~80년대에 발간된 각종 연구물에서 '독서 모형'이라는 용어가 매우 빈번하게 사용되었음을 발견할 수 있다. 이때를 독서 모형의 전성기라고 불러도 손색이 없을 듯하다.

독서 모형: 독서 과정을 명시적으로 표현한 그림
1970년대 이후 독서 연구 및 독서지도의 주요 관심사로 떠오른 독서 모형은 무엇이라고 정의할 수 있을까? '모형'은 일반적으로 어떤 일의 절차나 단계, 흐름을 가시적으로 파악할 수 있도록 고안한 그림이나 도식을 말한다. 토론 모형은 토론이 이루어지는 절차나 단계, 흐름을 가시적으로 표현한 것이고,

글쓰기 모형은 머릿속에서 글의 내용 구성이 이루어지는 절차나 단계, 흐름을 구체적으로 표현한 것이다. 인간이 정보를 수용하여 어떻게 처리하는지를 연구해 온 인지심리학자들은 정보 처리 과정을 단층적인 과정이 아니라 수많은 하위 단계가 기능적으로 체계화된 과정(모듈로 묶인 과정)으로 보았다(Stillings, 1995: 15-17). 이러한 과정을 구체적으로 표현하기 위해 건축물처럼 구조화하여 표현하였는데 이것이 바로 '모형'이다. 그러므로 '독서 모형'은 독자의 머릿속에서 이루어지는 의미 구성의 과정을 명시적으로 드러내기 위해 작성한 그림이나 도식을 뜻한다.

독서 모형은 독서가 이루어지는 과정을 도식으로 표현한 만큼 독서의 과정을 이해하는 데 도움을 준다. 길 안내를 할 때 말로 설명하는 것보다 그림으로 안내하는 것이, 수출량의 추이 변화를 숫자로 나열하는 것보다는 그래프로 제시하는 것이 이해를 돕는 것처럼, 독서가 이루어지는 과정을 모형으로 표현하면 좀 더 쉽게 이해할 수 있다. 인지심리학자들은 정보 처리 과정이 복합적일수록 그것을 명시적으로 반영할 수 있는 모형을 수립하기 위해 애썼는데, 독서 모형도 그중의 하나라고 할 수 있다.

독서 모형의 여러 가지 유형들

독서 모형은 기준을 어떻게 정하는가에 따라 유형을 여러 가지로 구분할 수 있다. 지금까지 국어교육학 개론서에서는 통상 의미 구성의 방향을 기준으로 하여 상향식, 하향식, 상호 작용식 모형으로 구분해서 설명해 왔다. 이 세 가지 모형은 모두 의미 구성의 과정을 이론적 토대로 삼고 있다는 점을 강조하여 '독서 과정 모형'으로 부르기도 한다. '독서 모형'이라는 용어에 '과정'이라는 용어를 추가한 것이다.

그러나 이 장에서는 독서 과정 모형 외에도 독서를 사회·문화적 관점에서 바라보는 '사회·문화 모형'까지 다루고자 한다. 사회·문화적 관점에서는 독자를 둘러싸고 있는 사회·문화적인 요소들이 개입함으로써 글의 이해에 영향을 미친다고 본다. 그러므로 국어교육학 개론서에서 독서 모형으로 다루어 왔던 상향식, 하향식 등의 모형은 '인지 과정 모형'으로 묶어 '사회·문화 모형'과 대별하고자 한다. 이 장에서는 독서 모형을 인지 과정 모형, 사회·문화 모형으로 분류하였으므로 다른 국어교육학 개론서에서 설명해 온 독서 모형의 범위보다 더 넓다고 할 수 있다.

독자

글

[그림 4-3] 의미 구성 방향에 따른 독서 모형의 유형

앞에서도 지적한 것처럼, 독서 모형은 독서가 이루어지는 심리적 과정을 구체적으로 설명하기 위해 고안된 것이다. 독서 모형은 독서가 어떻게 이루어지는지, 독서에 어떠한 요인이 어떻게 영향을 미치는지, 독서가 어떠한 단계를 따라 진행되어 가는지를 구체적으로 표현하고 있으므로, 독서 모형에는 이를 지지하는 이론적 관점이 반영되어 있다. 가령, 독서 태도 모형은 독서가 인

지 요인의 작용만으로 이루어지는 것이 아니라, 태도와 같은 정의 요인이 함께 작동하는 것이라는 이론적 관점을 반영하고 있다. 인지 과정 모형은 인지 과정 모형대로, 사회·문화 모형에는 사회·문화 모형대로 독서를 바라보는 이론적 관점이 투영되어 있다.

독서 모형과 독서 이론

독서 모형은 독서 이론과 톱니바퀴처럼 맞물려 있다. 비유컨대, 독서 모형은 독서 이론의 거울이라고 말할 수 있다. 독서 모형의 변화는 곧 독서 이론의 변화를 뜻하며, 독서 이론의 발전은 독서 모형의 발전으로 나타난다. 독서 현상을 좀 더 합리적으로 설명할 수 있게 되는 것이 독서 이론의 발전이라고 본다면, 시간의 흐름에 따라, 독서 연구가 축적되면서 독서 모형도 점점 독서 현상을 좀 더 체계적으로 설명할 수 있는 쪽으로 변모해 왔다. 그러므로 독서 모형을 살펴보는 것은 독서 이론을 효과적으로 이해할 수 있는 좋은 방법이기도 하다.

독서 모형이 가지고 있는 장점은 비가시적이면서도 복합적으로 전개되는 독서 과정을 명시적으로 파악할 수 있도록 돕는다는 점이다. 문자 판독으로부터 의미 구성에 이르는 과정, 의미 구성에 영향을 미치는 여러 요인의 조합 및 상호 관계를 절차적 도식으로 그려 냄으로써 독서 과정을 명료하게 이해할 수 있게 해 준다. 그러나 비가시적이고 복합적인 독서 과정을 명시적인 그림으로 그려 냄으로써 역설적으로 독서 과정을 지나치게 단순화한다는 단점이 있다. 독서 모형에 포함되지 않는 요인은, 비록 그것이 주요 요인일지라도 독서 과정에서 배제되는 문제도 안고 있다.

독서 모형은 일정 부분 가설적인 성격을 지니고 있다는 점에 유의할 필요가 있다. 다시 말하면, 독서 모형은 독서가 '꼭 이러한 과정으로 이루어진다'가 아니라 '이렇게 이루어진다고 볼 수 있다'고 설명하는 것으로 수용할 필요가 있다. 모든 학문 분야의 연구자들이 그러한 것처럼, 독서 과정을 연구하는 독서 연구자들은 독서 과정의 완벽한 설명을 꿈꾼다. 독서 과정의 완벽한 설명은 곧 독서 모형을 더 이상 수정할 것이 없는 최종판으로 그려 낸다는 뜻이다. 그러므로 독서 과정을 완벽하게 밝힐 수 없다면 독서 모형도 완전하게 수립할 수 없다. 현재 우리가 가지고 있는 독서 모형은 언제나 수정이 가능한 가설적인 모형이라고 할 수 있다.

(2) 인지 과정 모형

① 상향식 모형

상향식 모형은 의미 구성이 작은 언어 단위로부터 점차 큰 언어 단위로 올라가면서 이루어진다는 뜻을 담고 있다. 상향식 모형에서는 독자가 글의 문자를 인지하는 순간부터 글의 의미를 구성할 때까지의 과정을 언어 단위를 기준으로 하여 단선적으로 설명하는 특징이 있다. 상향식 모형에서도 독서 과정을 여러 가지의 하위 단계가 연쇄적으로 이어진 과정으로 다루지만, 독자의 의미 구성을 언어 단위에 따라 이루어지는 과정으로 설명하고자 한다는 점에서 단선적인 특징을 보인다. 이 모형에 따르면, 독자가 독서의 결과로 얻게 되는 의미는 문자 해독으로부터 이루어지는 단선적인 인지 활동의 결과라고 할 수 있다. 그러므로 상향식 모형은 언어 단위를 토대로 한 의미 구성을 강조하므로 언어 단위가 어떻게 확대되어 간다고 보는지를 이해할 필요가 있다.

상향식 모형에서 보는 이해 과정
상향식 모형에서는 독서 과정이 가장 작은 언어 단위로부터 시작되며, 독서가 진행됨에 따라 점점 더 큰 언어 단위로 확대되어 간다고 본다. 이 모형에서는 가장 작은 언어 단위에서 시작한 독서가 큰 언어 단위에 도달하면 글의 전체적인 의미가 구성된다고 가정하고 있다. 예를 들어 보자. '강이 있는 우리 마을'라는 문장이 있을 때, 가장 먼저 'ㄱ, ㅏ, ㅇ'이라는 자모를 확인한 후, 이 자모의 결합인 'ㄱ+ㅏ+ㅇ'를 확인하고, 그다음 '강'이라는 문자와 그 의미를 연결하는 과정을 거친다. 이렇게 낱말 수준의 읽기가 끝나면 '강+이'라는 구로 확대되고, '강이 있는'이라는 절로 확대되어 궁극적으로는 문장 전체의 의미를 파악하게 된다고 본다. 그러므로 독서의 의미 구성은 자모 단위로부터 문장 단위로 확대되면서 이루어진다. 상향식 모형에서는 의미 구성이 가장 작은 언어 단위로부터 점차 큰 언어 단위로 확대되어 간다고 보고 있으므로 글의 의미를 파악하고자 할 때 독자가 문자를 정확하게 해독하는 것이 매우 중요하다.

상향식 모형에서는 의미 구성이 문자 해독에서부터 시작된다고 보고 있으므로 이해 과정의 쌍을 이루는 듣기 과정과 읽기 과정은 차이가 없는 것으로 다룬다. 다른 점이 있다면 듣기에는 없는, 문자를 음운론적으로 표상하는 단계가 독서에 더 추가되어 있다는 것이다. 문자를 판독하여 음성을 떠올리면, 이후의 이해 과정은 듣기와 동일하게 전개되는 것으로 간주한다. 상향식에서 독서는 문자 판독을 중시하는 것처럼, 듣기에서는 청각적 식별을 중시한다. 문자의 정확한 판독이 독서에서 의미 구성의 첫 출발이라면, 정확한 청각적 식별은 듣기에서 의미 구성의 첫출발에 해당한다.

상향식 모형에서는 문자 판독이 의미 형성의 원천을 이룬다고 보고 있으므로 의미 구성에 따르는 독자의 역할이 수동적이다. 문자 판독에는 음운론적, 형태론적 규칙이 적용되므로 이러한 규칙만 터득하고 있다면 문자 판독을 통해 자동적으로 의미를 구성해 낼 수 있다고 보기 때문이다. 독자가 어떠한 능동적인 역할을 수행함으로써 의미를 구성하는 것이 아니라 문자의 정확한 판독 여부에 달려 있으므로, 독자가 글을 읽고도 의미 획득에 실패하면 그 원인은 문자 판독의 실패에 있다. 문자를 정확하게 판독하지 못하면 그 문자가 담고 있는 음성을 되살려 낼 수 없고, 결과적으로 그 의미를 인출해 낼 수 없다. 이런 이유에서 상향식 모형은 독자 역할보다는 글을 더 중시하는 모형이라고 할 수 있다.

문자 판독을 정확하게 하는지, 그래서 글의 의미를 정확하게 파악할 수 있는지의 여부는 해당 문자를 눈으로 보고 그 소릿값을 말해 보게 하는 방법을 통해 쉽게 알 수 있다. 문자 판독이 정확하면 음성으로 실현하는 소릿값이 정확하고 문자 판독이 부정확하면 그 소릿값이 정확하지 않게 된다. 그래서 상향식 모형을 기반으로 하여 독서지도를 할 때에는 일반적으로 문자를 판독하여 정확하게 음성으로 실현하는 방법을 중시한다.

고프 모형

지금까지 설명한 상향식 모형에는 고프(Gough, 1972)의 모형, 라베르지와 사무엘스(LaBerge & Samuels, 1974) 모형 등이 있는데, 주로 고프 모형을 상향식의 대표적인 모형으로 설명한다. 더 후대에 제안되었음에도 불구하고 라베르지와 사무엘스(1974) 모형이 훨씬 더 복잡하여 설명하고 이해하는 데 어려움이 따르기 때문이다. 고프 모형은 [그림 4-4]와 같다.

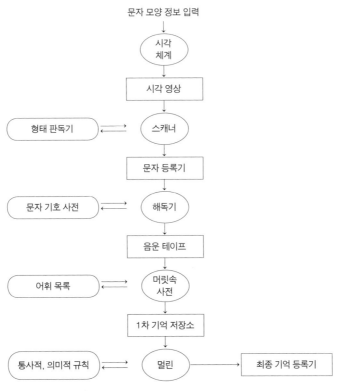

[**그림 4-4**] 고프(Gough, 1972)의 모형

고프 모형은 정보 처리 과정 전체를 하나의 도식으로 담고자 하였다는 점에서 특징이 있다. 이 모형은 독서가 이루어지는 일 초(first second) 동안 발생할 수 있는 가능한 모든 심리적 사건들을 완전하게 설명하기 위해 제안되었다(최숙기, 2011). 이 모형은 [그림 4-4]와 같이 정보 처리 과정을 도식으로 표현함으로써 정보의 흐름이 어떻게 이루어지는지, 그리고 그것이 어떻게 의미 구성으로 이어지는지를 구체화했다.

이 모형에 따르면, 문자 형태의 시각적 정보(graphemic information)가 시각 체계에 입력되면 이는 시각적 영상으로 변환된다. 이렇게 변환된 정보가 스캐너(시각 영상 수용 장치)에 도달하면 문자 형태 재인 장치와의 교류를 통해 문자 인식이 이루어지고, 판별된 문자들은 문자 등록기를 거쳐 해독기에 도달하면 문자 기호 사전과의 교류를 통해 해독되어 음운 테이프에서 음성으로 실현된다. 실현된 음성에 따라 머릿속에 저장해 둔 의미 사전과 어휘 목록을 조회하여 얻은 의미를 1차 기억 저장소에 저장한다. 1차 기억 저장소는 문자 또는 단어 수준의 의미를 문장으로 조직하기 위해 머무르는 공간이며, 여기서는 음성이나 문법, 의미와 관련한 모든 정보의 저장이 가능하다. 1차 기억 저장소를 거친 정보는 '멀린(merlin)'이라고 명명된 마법 장치로 보내진다. 멀린은 언어의 심층 구조를 결정하는 통사적 지식이나 의미적 지식을 적용하는 역할을 한다. 이러한 과정을 거쳐 의미를 구성하는 데 성공하면 그 다음으로는 최종 기억 등록 장치로 이동한다(Gough, 1972; Rumelhart, 2006; 노명완, 1990; 최숙기, 2011). 글과 관련하여 이루어지는 모든 입력이 이 최종 기억 등록기에 나타나면 그 글에 대한 독서가 이루어졌다고 말할 수 있다.

고프 모형은 문자 수준의 정보가 시각을 통해 입력된 후 해독과 의미 구성으로 이어지는 인지 과정을 명시적으로 보여 준다는 데 의의가 있다. 상향식 모형을 대표하는 모형답게 고프 모형은 문자 모양에 관한 정보, 판독, 음성 실현, 의미 파악으로 이어지는 순차적인 단계를 잘 보여 준다.

상향식 모형에 대한 비판

독서 과정에 대한 상향식 모형은 20세기 초반에서부터 1960년대 중반까지 독서 연구 및 독서지도 연구에서 절대적인 권위를 누렸다. 그러나 상향식 모형이 설명하지 못하는 독서의 다양한 현상들이 발견되면서 이 모형에 대한 비판이 끊임없이 제기되었다. 상향식 모형에 대한 비판의 주요 내용은 다음과 같이 정리할 수 있다(노명완, 1990).

첫째, 동일한 문자로 이루어진 무의미 단어와 의미 단어를 제시했을 때 의미 단어가 더 빨리 인식되는 경향이 있는데, 상향식 모형으로는 이러한 경향을 설명할 수 없다. 가령, 독자에게 '태극기'와 '기극태'를 제시하면 전자의 단어를 더 빨리 인지한다. 문자 판독이 핵심이고 이것이 의미 구성의 결정체라면 이러한 현상을 설명하기가 매우 어렵다. 의미 단어를 더 빨리 인지하는 것은 독자가 이미 가지고 있는 머릿속 정보를 활용하기 때문이다. 무의미 단어는 문자를 판독하더라도 의미를 읽어 내기 어렵다.

둘째, 무의미 단어라는 점에서는 동일하더라도 그 단어의 구성이 음운 체계와 부합하는가의 여부에 따라 인식 정도가 달라지는데, 상향식 모형으로는 이러한 현상을 설명할 수 없다. 예를 들어, 무의미 단어이지만 독자들은 '핣다'를' '랳다'보다 인식을 빨리한다. 그 이유는 단어 인식에 음운 규칙에 대한 지식이 작용하기 때문이다. 독자의 지식이 작용하는 현상이므로 그것을 배제하는 상향식 모형에서는 이를 설명하기 어렵다.

셋째, 단어 지각 과정에서 문장의 통사 구조의 효과나 의미의 효과가 나타나는데, 이러한 현상도 상향식 모형에서는 설명하기 어렵다. 가령, '침실-이불, 점심-반찬'의 대응이 '침실-반찬, 이불-점심'의 대응보다 인식이 더 빠르다. 짝을 이룬 두 단어가 의미적으로 인접성을 보이기 때문인데, 상향식 모형에서는 이러한 요소를 고려하지 않으므로 이와 같은 인식 속도의 차이를 설명하지 못하는 것이다.

넷째, 중의적 해석이 가능한 문장이 문맥에 의해 의미가 하나로 결정되는 현상을 상향식 모형으로는 설명하기 어렵다. 중의적 해석이 가능한 "이것은 아버지의 사진이다."라는 문장을 예로 들어 보자. 이 문장은 '아버지 소유의 사진, 아버지를 찍은 사진, 아버지께서 찍으신 사진'이라는 의미로 해석될 수 있지만, "이 멋진 풍경을 담은 사진은 누가 찍은 거야?"라는 질문이 문맥으로 주어지면 그 의미는 하나로 고정된다. 상향식 모형에서는 문자 판독만을 중시하고 문맥의 정보는 고려하지 않으므로 동일하게 판독되는 문자가 여러 가지 의미를 지니는 것도 설명하기 어렵고, 문맥적 정보에 의해 하나의 의미로 고정되는 것도 설명하기 어렵다.

한편, 최근에는 눈동자 추적 연구를 통해서도 상향식 모형의 타당성을 의심할 만한 결과가 발견되고 있다. 문자 판독이 의미 구성의 원천에 해당한다면 독자는 글을 읽을 때 모든 단어에 눈동자를 고정해야 하는데, 실제로는 그렇게 읽지 않는다(Paulson & Freedman, 2003). 문법 기능을 담당하는 단어는 눈동자를 멈추지 않은 채 건너뛰기도 하고, 의미를 담고 있는 단어에는 눈동자를 멈추되 중요도가 클수록 오래 멈추기도 한다. 글을 읽는 눈동자가 얼음 위를 미끄러지듯 각각의 단어를 훑어가는 것도 아니다. 뜀틀을 뛰어넘듯 문자와 단어를 건너뛰며 읽는다. 독자들은 글을 읽을 때 모든 문자와 단어에 눈동자를 고정하는 것이 아니라 글에 등장하는 단어 중 단지 50~75퍼센트에만 시선을 고정한다(Just & Carpenter, 1980; Paulson & Freedman, 2003; 이춘길, 2004). 문자 해독을 통해 의미를 구성해 간다는 상향식 모형은 이러한 현상과 배치된다.

이와 같은 비판을 통해 볼 때 상향식 모형은 그 타당성이 충분하지 못하다고 할 수 있다. 다시 말하면, 독서는 글을 작은 단위에서부터 차례대로 해독하여 점차 큰 단위로 구성해 가는 단계적인 행위가 아니라고 할 수 있다. 단어 하나를 판독한다고 해도 의미를 파악하려면 정서법에 대한 지식, 단어 의미에 대한 지식, 조어법에 대한 지식, 문장 구조에 대한 지식, 맥락에 대한 지식 등 매우 다양한 유형의 지식이 작동하므로 의미 구성을 상향식 모형처럼 간단하게 설명하기 어렵다. 상향식 모형이 안고 있는 이러한 문제와 한계는 필연적으로 독서 과정을 새롭게 설명해야 한다는 요구로 이어진다.

② 하향식 모형

독서 과정 모형에서 상향식 모형 다음으로 제안된 모형은 하향식 모형이다. 하향식 모형은 상향식 모형이 가지고 있는 단점이나 한계, 예를 들면 독서를 문자 해독의 과정으로 이해한 점, 독자의 능동성을 제한하여 독서 과정을 설명한 점 등을 보완하기 위해 제안되었다. 글의 정보를 수용하여 처리할 때 독자의 스키마, 가정이나 예측과 같은 상위 차원의 자원이 글 이해에 영향을 미친다는 점을 고려하여 하향식이라고 부른다.

하향식 모형에서 보는 이해 과정

하향식 모형은 의미 구성이 글이 아니라 독자의 적극적인 가정이나 추측에서 이루어지며, 글의 의미 해석도 독자의 가정이나 추측에서 비롯된다고 보았다. 그러므로 하향식 모형에 따르면 능동적이지 않은 독자는 의미를 올바로 형성할 수 없다. 문자를 해독하면 의미가 자동적으로 구성된다고 본 상향식 모형과는 상반된다. 의미 구성 그 자체만이 아니라, 구성된 의미의 수준이나 범위도 독자가 얼마나 능동적으로 가정하고 추측했는가에 따라 달라진다. 독자가 적극적으로 추론할수록 독자는 글을 더 폭넓게, 더 깊이 있게 이해할 수 있다. 이러한 이유에서 하향식 모형은 독자 중심의 모형이라고 지칭하기도 한다.

하향식 모형에서는 독자의 능동적인 역할로서 글에 대한 가정이나 추측을 강조하였는데, 이는 독자가 가지고 있던 지식의 영향을 받는다. 독자가 글의 내용과 관련된 배경지식을 충분히 갖추고 있으면 가정이나 추측이 원활하게 이루어지고, 그렇지 않으면 가정이나 추측이 잘 이루어지지 않는다. 가정이나 추측이 잘 이루어지지 않으면 당연히 의미 구성을 충실하게 수행할 수 없다. 예를 들어, 농구를 즐겨할 뿐만 아니라 농구의 특징, 경기 규칙, 특징이나 역사 등에 대해 잘 알고 있는 학생은 농구와 관련된 신문기사나 칼럼, 설명문 등을 읽을 때 잘 이해한다. 이때의 이해가 글에 대한 가정이나 추론의 결과라고 한다면, 이 학생이 가지고 있는 농구에 관한 지식은 가정이나 추론을 바탕으로 하는 의미 구성 과정에 긍정적인 영향을 미쳤다고 할 수 있다. 인지심리학자나 독서 연구자들은 독자가 가지고 있는 배경지식, 즉 글의 이해에 영향을 미치는 구조화된 배경지식을 스키마라고 지칭했다.

의미 구성이 독자의 적극적인 가정이나 추측의 결과로 주어지며, 그 과정에서 독자가 가지고 있는 스키마가 영향을 미친다면, 독서를 잘하기 위해서는 글의 형식이나 구조, 내용에 대한 지식을 충분하게 갖추어야 하고, 능동적으로 독해하는 태도가 중요하다. 글의 구조나 내용에 대한 스키마를 풍부하게 갖고 있는 독자는 의미를 구성하는 데 필요한 가정이나 추측을 정확하면서도 충분하게 할 수 있다. 그러나 스키마가 부족한 독자는 가정이나 추측의 양도 부족하고 정확성도 떨어진다. 또한 스키마가 부족한 독자는 글의 모든 정보를 다 읽어야 할 뿐만 아니라, 어떤 경우에는 일일이 읽어도 의미 파악에 실패하기도 한다.

이러한 이유에서 하향식 모형에 바탕을 둔 독서지도에서는 학생들이 가정이나 추론에 적극적으로 참여할 수 있도록 전략을 강조하며, 스키마를 활성화하거나 형성할 수 있도록 안내한다. 가령 하향식 모형에서 중시하는 질문 전략은 글의 의미를 미리 가정해 보고 추측해 보는 데 유용하다. 그래서 학생들에게 질문의 다양한 유형과 방법을 지도한다. 하향식 모형에서는 의미의 원천을 글이 아닌 독자의 지적 배경으로 보고 있으므로 독자를 능동적인 의미 구성의 주체로 인정한다고 할 수 있다.

굿맨 모형

독서 과정 모형 중 하향식 모형을 대표하는 예로는 케니스 굿맨(Kenneth S. Goodman, 1970) 모형을 꼽을 수 있다. 이 모형은 [그림 4-5]와 같이 그릴 수 있다. 이 모형은 굿맨(1967) 모형을 수정한 것인데, 굿맨(1970) 모형에서는 굿맨(1967) 모형과 달리 하향식 모형에서 중시하는 독자의 '사전 예측(Prior

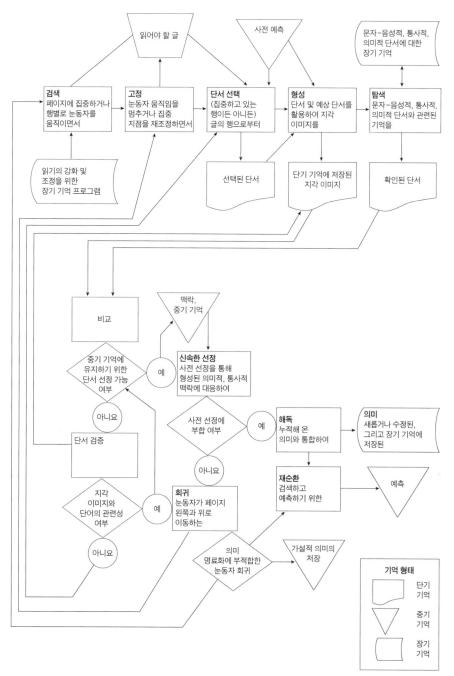

읽어야 할 글 / 사전 예측 / 문자-음성적, 통사적, 의미적 단서에 대한 장기 기억

검색
페이지에 집중하거나 행별로 눈동자를 움직이면서

고정
눈동자 움직임을 멈추거나 집중 지점을 재조정하면서

단서 선택
(집중하고 있는 행이든 아니든) 글의 행으로부터

형성
단서 및 예상 단서를 활용하여 지각 이미지를

탐색
문자-음성적, 통사적, 의미적 단서와 관련된 기억을

읽기의 강화 및 조정을 위한 장기 기억 프로그램

선택된 단서

단기 기억에 저장된 지각 이미지

확인된 단서

비교

맥락, 중기 기억

신속한 선정
사전 선정을 통해 형성된 의미적, 통사적 맥락에 대응하여

중기 기억에 유지하기 위한 단서 선정 가능 여부

예

아니요

단서 검증

사전 선정에 부합 여부

예

해독
누적해 온 의미와 통합하여

의미
새롭거나 수정된, 그리고 장기 기억에 저장된

아니요

지각 이미지와 단어의 관련성 여부

예

회귀
눈동자가 페이지 왼쪽과 위로 이동하는

재순환
검색하고 예측하기 위한

예측

아니요

의미 명료화에 부적합한 눈동자 회귀

가설적 의미의 저장

기억 형태

단기 기억

중기 기억

장기 기억

[그림 4-5] 굿맨(Goodman, 1970)의 모형

Predictions)'이 명확하게 드러나 있어 이 장에서는 [그림 4-5]를 제시하였다.

굿맨(1970) 모형은 1960년대 변형 생성 문법 이론을 바탕으로 하여 제안되었다. 변형 생성 문법에서는 의미는 문자(글)가 아니라 필자나 독자의 마음에서 생성되며, 의미가 생성되는 과정은 언어 용법에 대한 언어 지식의 지배를 받는다고 보았는데, 굿맨(1970) 모형은 이러한 관점을 수용하여 의미 구성에 기여하는 독자의 능동적 역할을 강조하여 독서 과정을 설명하고자 한 것이다(노명완, 1990).

[그림 4-5]에서 보는 것과 같이 굿맨(1970) 모형에서는 독자의 적극적인 활동이 개입하면서 독서가 이루어진다. 사전 예측, 단서 선택을 위한 탐색, 적절한 단서의 선택 등이 바로 독자가 적극적으로 수행하는 활동의 예라고 할 수 있다. 이 모형에서는 독서 과정이 검색(scan), 고정(fix), 단서 선택(select cues), 형성(form), 탐색(search)으로 전개되어 갈 때 독자의 사전 예측(prior predictions)이 가장 먼저 개입한다는 점에 주목할 필요가 있다. 바로 이것이 독자의 적극적인 가정 및 추측으로부터 의미 구성이 이루어진다는 하향식 모형의 특징을 명료하게 보여 주는 요소이기 때문이다. 독자의 사전 예측은 글에서 단서를 선택하는 단계뿐만 아니라, 단서를 이용하여 지각 이미지를 형성하는 단계에 직접적으로 영향을 미침으로써 궁극적으로 구성되는 의미에도 영향을 미친다.

굿맨(1970) 모형에서 사전 예측이 독자의 능동성을 보여 주는 요소라고 설명했지만, 사실은 굿맨(1970) 모형에 등장하는 모든 단계 및 모든 요소가 독자의 능동적 수행이 없으면 작동하지 않는다는 점에서 보면 모형 전체가 독자의 능동성을 전제로 삼고 있다고 해도 과언이 아니다. 가령, 독서 과정이 이루어질 때 거치는 검색, 고정, 단서 선택, 형성, 탐색도 독자가 수행해야 하는 인지적 요소이며, 선택한 단서가 적절한지에 대한 점검, 적절하지 않을 때 이루어지는 눈동자 회귀, 이에 따라 다시 전개되는 검색, 고정 등도 모두 독자가 수행해야 하는 인지적 요소이다. 독자가 능동적으로 수행하지 않는다면 이러한 요소들은 올바로 작동하지 않는다.

굿맨(1970) 모형에 따르면 독자는 독서 과정을 수행한 후에 세 가지의 형태의 결과를 얻는다. 의미(meaning), 예측(prediction), 부분적인 의미(partial meaning)가 그것이다. 장기 기억에 저장되는 의미(meaning)는 새로울 수도 있고 기존의 것이 수정되었을 수도 있다. 그러므로 장기 기억에 저장되는 의미(meaning)도 예측(prediction), 부분적인 의미(partial meaning)처럼 확정적이거나 고정적인 이해의 결과라고 말하기 어렵다. 그 이유는 독서 과정이 확정적이고 고정적인 '글'이 아니라 유동적이고 가설적인 독자의 '예측' 위에서 이루어지기 때문이다. 이처럼 굿맨(1970) 모형에서는 독자의 적극적인 가정이나 추측을 이해의 핵심으로 강조하고 있는데, 굿맨(1967) 모형에서는 독서를 '언어심리학적 추측 게임(psycholinguistic guessing game)'으로 부르기도 한다.

하향식 모형에 대한 비판

1960년대와 1970년대 중반 사이에 관심을 모았던 하향식 모형은 기존의 상향식 모형이 안고 있는 여러 가지 문제나 한계를 보완하는 관점을 제공하였다는 점에서 큰 의의가 있다. 모형의 변화는 곧 독서 이론의 발전에 대응하기 때문이다. 하향식 모형이 이끈 변화 중에서 가장 중요한 것은 독자의 역할을 강조함으로써 독자를 의미 구성의 주체로 확립했다는 점이다. 하향식 모형에 이르러 필자가 숨겨 놓은 의미를 해독해 내는 역할을 한다고 보았던 독자가 글의 정보를 수용하여 새로운 의미로 생성해 내는 능동적인 주체로 다시 태어나게 되었다고 할 수 있다. 그래서 상향식 모형과는 달리 하향식 모형은 당시 독서 연구자들로부터 큰 환영을 받았다. 그럼에도 불구하고 하향식 모형도 다음과 같은 비판이 뒤따랐다.

첫째, 하향식 모형은 독서가 이루어지는 과정의 많은 세부적인 사항을 구체적으로 설명하지 못한다. 상향식 모형에서는 의미가 확대되어 가는 과정을 정밀하게 추적하기 위해 노력했지만, 그 결과 모형이 매우 복잡해졌다. 그러나 하향식 모형에서는 상위 차원의 정보가 하위 차원의 정보 처리에 영향을 미친다고만 설명할 뿐 그 영향이 어떠한 작용으로 수행되는지는 구체적으로 설명하지 못하고 있다. 독서 과정을 밀리 초(ms, 1/1000초) 단위로까지 분석하면서 세밀하게 밝히려고 했던 관점에서 보면 하향식 모형의 설명은 지나치게 추상적이라고 할 수 있다. 하향식 모형은 이와 관련하여 여러 가지 비판을 받았다. 예를 들어, 학생들이 글을 읽을 때 보이는 눈동자 움직임을 분석한 연구에 따르면 문자를 눈으로 확인하면서 문자(글)를 읽는 것이지 독자의 가정이나 추론이 눈동자 움직임을 제어해 가는 것은 아니다. 이는 독서를 배우는 어린 학생이든 독서 경험이 많은 대학생이든 동일하다(Just & Carpenter, 1980; Joseph, Nation, & Liversedge, 2013).

둘째, 하향식 모형, 예를 들어 굿맨(1970)의 모형에 따르면 독서가 이루어지는 과정에 독자의 사전 예측이 가장 먼저 개입하지만, 실제적으로 이러한 사전 예측이 어떻게 이루어지는지는 명확하게 알 수 없다. 독자의 능동적 활동이 전제되는 다른 과정, 예를 들면 단서의 선택, 선택한 단서의 비교 등에서도 독자의 능동적 활동이 어떻게 이루어지는지는 명료하게 설명하지 못한다.

셋째, 하향식 모형은 능숙한 독자를 전제로 하고 있으므로 능숙하지 못한 독자의 독서 과정을 설명하는 데 한계가 있다. 하향식 모형에서는 독자의 적극적인 가정과 추론에 의해 의미 구성이 이루어진다고 했으므로 적극적인 가정과 추론을 수행할 수 없는 미숙한 독자의 독서 과정에 대해서 설명하는 것은 불가능하다. 미숙한 독자가 글을 떠듬떠듬 읽는다 할지라도 독서를 수행하는 것은 틀림없는 사실이므로 이에 대한 설명을 제공할 수 있어야 하지만 하향식 모형은 이것이 쉽지 않다.

넷째, 하향식 모형이 강조하는 독자의 능동적 행동이 하향식 모형 주의자들의 기대와는 달리 실제로는 비효율적이다. 능숙한 독자라 하더라도 이해하기 어려운 글일 때에는 적극적으로 가정하거나 추측하기 어렵다. 내용 파악이 어려워 글을 정밀하게 따라가야 하는 상황이라면, 글의 내용을 미리 가정하거나 추측하기가 불가능하다. 독자가 이해할 수 있는 수준의 글이라 하더라도 적극적인 가정이나 예측을 하지 않은 채 독서를 수행할 수도 있다. 글 내용을 예측하고 가정하려면 시간이 더 많이 소요될 뿐만 아니라, 더 많은 노력을 기울여야 하므로 내용을 정밀하게 파악하는 것이 비효율적일 수도 있기 때문이다.

한편, 글 유형에 따라 독자의 가정이나 추측이 비효율적일 때가 많다는 점도 이 모형이 안고 있는 단점이라고 할 수 있다. 가령, 복잡한 기계 장치의 사용법을 안내하는 글, 세밀한 규정이 나열되어 있는 법령집이나 안내문, 어려운 한자어가 많이 포함되어 있는 고어체의 글 등이 그 예이다. 이러한 유형의 글은 독자가 가정하거나 추측하며 의미를 구성하는 것이 정확하지 않을 때도 있다. 그러므로 모든 독서가 하향식 모형에 따라 이루어진다고 보기 어렵다.

하향식 모형이 이러한 문제나 비판을 안고 있는 데에는 모형을 수립할 때 어린 학생, 그러나 글을 능숙하게 읽는 학생을 대상으로 한 연구 결과를 토대로 삼았기 때문이다. 특히 굿맨(1970)이 제안하고 발전시켜 온 하향식 모형은 초등학생의 오독 분석(reading miscue analysis)을 바탕으로 삼았다. 성인이 아니라 어린 학생이라는 점, 어린 학생이지만 능숙한 독자였다는 점에서 모형의 구체성이 떨어지는 문제, 독서 활동 전반을 포괄하지 못하는 문제를 떠안게 된 것이다. 그럼에도 불구하고 해독을 독서 과정의 전부로 생각했던 관점을 극복할 수 있는 토대를 제공했다는 점, 독자의 능동적 활동을 강조함으로써 독서 연구 및 독서교육 연구의 폭을 확대했다는 점, 독서교육의 실천 방향을 독자 중심으로 새롭게 정립했다는 점에서 하향식 모형은 큰 의의를 지닌다.

③ 상호 작용 모형

상향식 모형과 하향식 모형을 비판할 때에도 언급되었지만 독서 과정을 어느 하나의 모형으로 설명하는 것은 타당하지 않다. 글도 다양한 유형이나 수준으로 변화할 수 있는 변인이고, 독자도 다양한 수준의 독서 경험, 다양한 폭의 스키마로 변화할 수 있는 변인이라는 점을 고려하면 어느 하나만으로 복합적인 독서 과정을 체계적으로 설명한다는 것은 매우 어렵다. 독서는 스키마 없이 문자 판독만으로 이루어지는 것도 아니고, 독자의 가정이나 추측만으로 글의 의미를 파악할 수 있는 것도 아니다. 그러므로 필연적으로 글과 독자가 함께 작동하는 새로운 모형을 마련해 볼 수밖에 없는데, 이러한 배경에서 등장한 것이 상호 작용 모형이다.

상호 작용 모형에서는 독서를 글과 독자가 서로 영향을 주고받는 상호 작용의 행위로 간주한다. 독자의 의미 구성 과정은 글이 개입하면서 정교해지고, 글의 의미는 독자의 적극적인 가정과 추론이 개입하면서 활성화된다. 이 모형에서는 정보 처리의 방향, 즉 의미 구성의 방향이 상향식으로도 일어나며 '동시에' 하향식으로도 일어난다고 본다. 그러므로 상호 작용 모형은 독자의 역할과 글의 역할을 모두 인정하는 독서 모형이라고 할 수 있다.

러멜하트 모형

상호 작용 모형에도 여러 가지가 있지만 일반적으로 러멜하트(Rumelhart, 1977)의 모형을 대표적인 예로 꼽는다. 러멜하트(1977) 모형은 상호 작용 모형으로서 상향적인 의미 파악과 하향적인 의미 구성을 모두 수용하고자 한 대안적인 모형이라고 할 수 있다. 이 모형은 [그림 4-6]과 같이 나타낼 수 있다.

[그림 4-6]에 따르면 병렬적이지만 독립적으로 작동하는 다양한 지식을 통해 의미 구성이 이루어진다. 이때 말하는 지식이란 문자 형태, 철자, 어휘, 문장 구성 방법, 의미 수준과 같은 여러 단계의 언어 요소에 관한 배경지식을 뜻한다. [그림 4-6]의 모형에서 형태 종합 장치를 둘러싸고 있는 통사 지식, 의미 지식, 철자 지식, 어휘 지식 등이 지식 자원에 속한다.

이 모형에 따르면 독서는 문자소 정보(graphemic input)를 수용함으로써 시작된다. 문자소 정보는 시각 정보 저장소로 이동하여 저장되는데, 이때 특성 추출 장치가 영향을 미친다. 한편 이 특성 추출 장치는 형태 종합 장치(Pattern Synthesizer)의 처리 과정에도 동시에 영향을 미친다. 형태 종합 장치는 이 모형의 핵심적인 기능을 하는데, 통사 지식, 의미 지식, 철자 지식, 어휘 지식이 함께

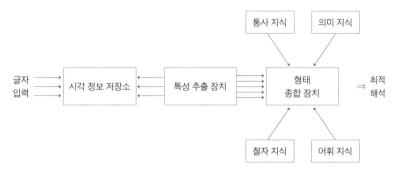

[그림 4-6] 러멜하트(Rumelhart, 1990) 모형

작동하는 공동 활동의 장이기도 한다. 형태 종합 장치에서 처리 과정을 거침으로써 가장 적절한 수준의 의미 해석을 얻게 된다. [그림 4-6]에서 보는 것처럼, 특성 추출 장치는 시각 정보 저장소에도 영향을 미치고, 동시에 형태 종합 장치에도 영향을 미치는데, 이 부분에서 상호 작용 모형의 특성이 잘 드러난다.

상호 작용 모형에 대한 비판

독서의 상호 작용 모형은 의미 구성에 상위 차원의 정보 처리와 하위 차원의 정보 처리가 동시에 일어난다고 가정함으로써 독서를 더 타당하게 설명할 수 있는 길을 열어 주었다. 그럼에도 불구하고 상호 작용 모형은 다음과 같은 점에서 한계를 안고 있다(노명완, 1990).

첫째, 상호 작용 모형은 상향식 모형과 하향식 모형의 특성을 모두 담고 있는데, 이러한 두 모형을 단순히 절충한 모형인지, 이 두 모형을 통합한 새로운 모형인지가 명료하지 않다. 전자라면 독서 과정의 어느 부분까지가 상향식이고 하향식인지를 설명할 수 있어야 하지만, 현재로서는 그렇지 못하다. 후자라면 상향식 모형과 하향식 모형의 특성을 넘어서야 하지만 상호 작용 모형은 그렇지 못하다. 이 두 모형의 그림자가 짙게 남아 있다.

둘째, 상호 작용 모형에서는 상향식의 특성과 하향식의 특성이 동시에 작동하면서 독서가 이루어진다고 보고 있는데, 이러한 특성으로 인해 독서가 올바로 이루어지지 않았을 때 그 원인이 어디에 있는지를 특정하기가 어렵다. 상향식 모형의 특성과 하향식 모형의 특성이 독서 과정에 동시에 작동하므로 어느 한 방향으로의 처리가 일어나지 않으면 독서가 실패할 가능성이 있다. 그러나 그것이 어떠한 것이 원인이 된 것인지는 알기가 어렵다. 각 모형의 특성이 순차적으로 작동한다면 원인을 진단하기가 용이하지만, 동시에 작동하면서 독서가 이루어지므로 어떤 것이 주요 원인이 되었는지를 진단하기 어렵다.

셋째, 상호 작용 모형에서는 통사 지식, 의미 지식과 같은 지식 자원을 가지고 있으면서도 적절하게 인출하지 못하는 독자의 상황을 설명하지 못한다. 독자들이 일상적으로 경험하는 현상 중의 하나는 글을 읽을 때 처음에는 의미 파악을 잘 못하다가 시간이 지난 후에야 이해하는 것이다. 이 모형에 따르면 처음 글을 읽고 최적의 해석을 이끌어내는 데 실패한 이유는 통사 지식, 의미 지식과 같은 지식 자원을 올바로 인출하지 못했기 때문인데, 독자가 왜 인출하지 못했는지, 왜 이러한 현상을 일상적으로 흔히 경험하는지를 설명하지 못한다.

넷째, 1장에서도 지적했던 것처럼 글을 이해하는 데에는 초인지가 중요한 역할을 하는데 상호 작용 모형은 이에 대한 단서를 제공해 주지 않는다. [그림 4-6]에서도 확인할 수 있는 것처럼, 러멜하트(1977) 모형에서도 독서 과정을 평가하고 조정하는 초인지는 표시되어 있지 않다. 쉬프린과 앳킨슨(Shiffrin & Atkinson, 1969)의 모형처럼 정보 처리의 초창기 논의에서조차 '통제 과정'이라는 장치를 통해 정보 처리 과정을 평가하고 조정하는 초인지를 설명해 왔는데, 동시적 작용을 강조하는 상호 작용 모형에서는 이러한 장치가 마련되어 있지 않다. 오히려 상호 작용 모형은 지식 자원이 특별히 더 강조되는 경향을 보이고 있다. 그럼에도 불구하고 상호 작용 모형은 독서 과정의 복합적 성격을 가장 타당하게 설명하고 있다는 점에서 의의가 있다. 독서가 글에 의해서만 좌우되는 것도 아니고 독자에 의해서만 좌우되는 것도 아니므로 이를 동시에 설명하는 상호 작용 모형은 타당성이 가장 크다고 할 수 있다.

(3) 사회·문화 모형

한편, 정보 처리에만 집중하여 독서 과정을 인지 과정으로만 설명하려는 인지 심리학적 관점을 넘어서려는 노력도 나타났다. 독서 과정에 작동하는 정서 요인의 중요성을 강조한 독서 태도 모형이 그러한 예이다. 그밖에 독서에 영향을 미치는 사회·문화적 요소에 주목한 연구도 나타났다. 이는 독자가 글의 의미를 구성할 때 전략이나 스키마와 같은 인지 요인만 영향을 미치는 것이 아니라, 독서와 관련된 사회·문화 요소도 영향을 미친다고 본 것이다.

독서에 영향을 미치는 사회·문화 요소는 독자 개인 차원, 지역이나 국가, 민족과 같은 사회 차원, 학교나 직장, 학회와 같은 기관 차원으로 구분할 수 있는데, 이들이 가지고 있는 관점, 가치나 신념, 역사, 언어, 의사소통의 방식 등이 사회·문화 요소에 속한다. 언제, 어디에서, 어떤 이유로, 어떠한 매체를 기반으로 독서를 하는가와 같은 독서 맥락도 독서에 영향을 미치는 사회·문화 요소로 꼽을 수 있다(Rogoff, 1995; Spivey, 1997; 박영목, 2002).

동일한 글을 읽더라도 개인마다 글의 의미 구성(또는 의미 해석)이 다른 이유는 독서 맥락과 같은 사회·문화 요소가 독서에 영향을 미치기 때문이다. 춘향전, 심청전과 같은 고전이 조선시대와 현대 사회에서 다른 의미로 읽히고 미국 사회와 한국 사회에서 서로 다른 의미로 읽히는 이유도 두 사회의 가치나 신념이 차이가 있기 때문이다. 이처럼 사회·문화 요소를 바탕으로 하여 독서를 설명하려는 모형이 사회·문화 모형이다.

루델과 언라우 모형

독서를 사회·문화적 관점으로 설명하는 모형은 루델과 언라우(Ruddel & Unrau, 1994)에서 찾을 수 있다. 루델과 언라우(1994) 모형은 [그림 4-7]에 제시하였는데, [그림 4-7]에서 보는 것과 같이 의미 구성이 교실에서 교사와 상호 작용하며 이루어지는 과정으로 설명하고 있다. 교실이라는 환경과 교사라는 상호 작용의 주체를 설정하였다는 점에서 독서 과정을 분리하여 독립적으로 다루어 온 인지적 관점의 독서 모형과는 차이가 있다. 루델과 언라우(1994) 모형은 교실과 교사를 포함하여 설명함으로써 사회·문화적 환경을 강조한 특징을 잘 보여 준다.

루델과 언라우(1994)의 모형은 이전의 독서 모형에서 배제했던 독서의 정의 요인과 환경 요인을 모형의 주요 요인으로 포함하였다는 점에 주목할 필요가 있다. 독서 모형이 정의 요인과 환경 요인을 포함하면서 변모해 온 모습을 잘 보여 주기 때문이다. 상향식 모형, 하향식 모형, 상호 작용 모형은 글과 독자 요인을 중심으로 하여 의미 구성의 기제를 설명하였을 뿐 독자의 의미 구성에 영향을 미치는 사회·문화적 환경은 요인으로 다루지 않았다. 독자의 능동적 활동을 견인하는 정의 요인, 예를 들면 독서 동기나 독서 태도와 같은 요인도 이전의 독서 과정 모형에서는 다루지 않았다.

그러나 루델과 언라우(1994) 모형에서는 독자 요인에 인지적 조건에 대응하여 정의적 조건을 설정하였으며, 상호 작용의 다른 주체로서 교사, 의미 구성의 영향 요소로서 글과 교실의 맥락을 설정하였다. 이 모형에서는 독자가 수행하는 의미 구성은 이러한 요인들이 상호 복합적으로 작용함으로써 달성할 수 있다고 보았다. 이 점에서 루델과 언라우(1994) 모형은 이전의 인지적 독서 과정 모형과 대조적이다.

[그림 4-7]에 따르면, 앞에서도 언급한 것처럼 독자 요인에는 이전의 모형과는 달리 인지적 조건 외에 정의적 조건이 포함되어 있다. 인지적 조건에는 명제적·절차적·조건적 지식이 포함되고, 언어 지식 및 단어 분석, 글의 정보 처리 전략과 초인지가 포함되며, 교실과 사회적 상호 작용에 대한 지식도 포함된다. 그리고 정의적 조건에는 독자의 독서 동기, 독서 및 내용에 대한 태도, 독자 입장, 사회·문화적 가치와 신념 등이 포함된다. 인지적 조건에서는 교실과 사회적 상호 작용에 대한 지식을 포함하고, 정의적 조건에서는 사회·문화적 가치와 신념을 포함함으로써 루델과 언라우(1994) 모형에서는 독자를 둘러싸고 있는 각종 사회·문화적 요인이 의미 구성에 영향을 미친다는 점을 잘 보여 준다.

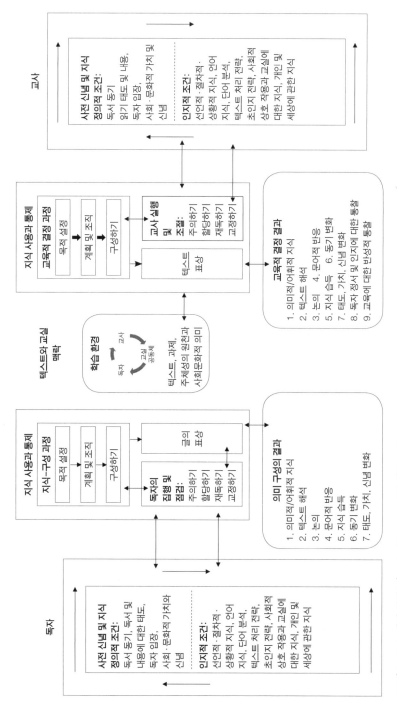

독자

사전 신념 및 지식

정의적 조건:
독서 동기, 독서 및 내용에 대한 태도, 독자 입장, 사회·문화적 가치와 신념

인지적 조건:
선언적·절차적 지식, 언어 지식, 단어 분석, 텍스트 처리 전략, 초인지 전략, 사회적 상호 작용과 교실에 대한 지식, 개인 및 세상에 관한 지식

지식 사용과 통제

지식-구성 과정
목적 설정 → 계획 및 조직 → 구성하기

독자의 실행 및 점검:
조절: 주의하기, 할당하기, 재독하기, 교정하기

글의 표상

의미 구성의 결과
1. 의미적/어휘적 해석
2. 텍스트 해석
3. 논의
4. 문어적 반응
5. 지식 습득
6. 동기 변화
7. 태도, 가치, 신념 변화

텍스트와 교실 맥락

학습 환경
독자
교사
교실 공동체

텍스트, 과제, 주제성의 원천과 사회문화적 의미

지식 사용과 통제

교육적 결정 과정
목적 설정 → 계획 및 조직 → 구성하기

교사 실행 및 조절: 주의하기, 할당하기, 재독하기, 교정하기

텍스트 표상

교육적 결정 결과
1. 의미적/어휘적 해석
2. 텍스트 해석
3. 논의 4. 문어적 반응
5. 지식 습득 6. 동기 변화
7. 태도, 가치, 신념 변화
8. 독자 정서 및 인지에 대한 통찰
9. 교육에 대한 반성적 통찰

교사

사전 신념 및 지식

정의적 조건:
독서 동기
읽기 태도 및 내용,
독자 입장,
사회·문화적 가치 및
신념

인지적 조건:
선언적·절차적
상황적 지식, 언어
지식, 단어 분석,
텍스트 처리 전략,
초인지 전략, 사회적
상호 작용과 교실에
대한 지식, 개인 및
세상에 관한 지식

[그림 4-7] 루델과 언라우(Ruddell & Unrau, 1994)의 모형

[그림 4-7]에서 표현한 루델과 언라우(1994) 모형에서는 독자의 의미 구성은 독자의 지식 사용과 통제 장치에서 이루어진다. 이 장치에서는 지식 구성 과정, 독자의 집행 및 점검, 글의 표상의 상호 작용이 이루어지는데, 이것이 의미 구성을 실현해 내는 원천으로 작동한다. 그런데 이 의미 구성의 과정에는 두 개의 요인이 개입한다. 하나는 인지적 조건과 정의적 조건을 담은 독자이고, 다른 하나는 글과 교실의 맥락을 구성하는 학습 환경이다. 글과 교실 맥락으로서의 학습 환경, 독자의 인지적 조건 및 정의적 조건에 담긴 사회·문화적 요소는 독자의 '지식 사용과 통제 장치'에 영향을 미침으로써 독자의 의미 구성에 개입하는 것이다. 이처럼 루델과 언라우(1994) 모형은 독서 과정에 영향을 미치는 사회·문화적 요소를 효과적으로 설명하는 모형이라고 할 수 있다.

사회·문화 모형에 대한 비판

사회·문화 모형은 의미를 구성하는 독서가 진공 상태에서 이루어지는 것이 아니라 독자를 둘러싼 사회·문화적 요소의 영향을 받으면서 이루어진다는 점을 명시적으로 설명함으로써 독서를 좀 더 타당하고 정밀하게 설명할 수 있는 기반을 제공하였다는 점에서 의의가 있다. 이 모형 덕분에 글의 의미가 사회·문화적 맥락에 따라 다르게 구성되는 현상을 효과적으로 설명할 수 있다. 그러나 사회·문화적 모형은 다음과 같은 한계도 안고 있다.

첫째, 이 모형은 독서가 사회·문화적 요소로부터 영향을 받는다고 설명하고 있지만, 사회·문화적 요소가 무엇이고 그 영향은 어떻게 나타나는지를 구체적으로 설명하지 못한다. 이는 사회·문화적 요소가 추상적이고 포괄적이라는 데에서 비롯된 한계라고 할 수 있다.

둘째, 이 모형의 논리처럼 글의 의미 구성이 사회·문화 요소의 영향을 받는다고 할 때, 사회·문화 요소가 서로 차이가 있음에도 불구하고 글의 의미를 동일하게 이해하는 현상을 사회·문화 모형으로는 설명하기 어렵다. 반대로 사회·문화 요소를 공유하고 있음에도 불구하고 글의 의미를 전혀 다르게 이해하는 현상도 설명하기 어렵다. 독서에 미치는 사회·문화적 요소의 영향이 절대적이라면 사회·문화 요소에 따라 의미 구성의 결과를 예측할 수 있어야 하지만 실제로는 그렇지 못하다.

셋째, 사회·문화 모형에서는 독자가 수행하는 의미 구성에 사회·문화적 요소가 영향을 미친다고 설명하지만, 이러한 요소를 반영하여 의미 구성을 이루어 가는 주체는 결국 독자이므로 독자의 능동적인 활동을 배제하기 어렵다는 문제가 있다. 의미 구성에 영향을 미치는 사회·문화적 요소가 있다고 할 때, 사회·문화적 요소의 존재를 인식하는 것도 독자이고, 그것을 반영하여 의미 구성을 이루어 내는 것도 독자이며, 사회·문화적 요소의 영향 정도를 조정하는 것도 독자이다. 독자가 능동적으로 활동하지 않으면 사회·문화적 요소는 고립된 요소로 남게 된다. 사회·문화적 요소는 독자가 그것을 의미 구성에 반영할 때 존재의 의의가 살아난다고 할 수 있으므로 결국은 독자의 능동적인 역할을 바탕으로 하여 사회·문화적 요소의 기여를 설명할 수 있다. 이는 사회·문화 모형의 타당성을 의심할 수 있는 근거로 작용한다.

그러나 독서의 사회·문화 모형은 독서 과정을 설명하는 요인을 확대함으로써 독서가 이루어지는 현상을 더 폭넓은 시각으로 볼 수 있게 하는 데 크게 기여하였다. 사회·문화 모형은 독서가 내밀한 공간에서 묵독하는 형태로 이루어진다고 하더라도 독서는 독자를 둘러싼 사회·문화적 요소와의 상호 작용을 바탕으로 한다는 점을 보여 주었다. 이는 지극히 개인적인 활동인 것처럼 보이는 독서가 사실은 개인 활동이 아니라 다른 독자들과의 상호 작용을 포함한 사회 활동의 한 형태라는 사실을 일깨워 주었다. 사회·문화 모형의 설명을 통해서 우리는 독서가 개인의 행위를 넘어서는 사회·문화적 행위라는 점, 그래서 글(책)을 읽는 것은 개인 차원의 활동에서 그치는 것이 아니라, 사회·문화적 소통에 참여하는 행위라는 점을 이해할 수 있게 되었다.

4장 독서 과정과 독서 모형

1. 의미를 구성해 가는 독서 과정

- 행동주의 심리학에서는 '마음의 내부 상태'를 배제함으로써 독서가 머릿속의 인지 작용(정신 작용)으로 이루어진다는 관점을 배척하였으며, 이에 따라 독서를 문자 해독으로 간주하였다.

- 인지심리학에서는 사고구술과 같은 방법으로 '마음의 내부 상태'를 조사하는 데 관심을 둠으로써 독서가 인지 작용으로 구성된다는 관점을 수립하였다.

- 인지심리학에서는 독서를 머릿속에 저장해 둔 정보(스키마)와 글의 정보를 통합하여 의미를 새롭게 구성하는 인지 과정으로 정의하였으며, 이러한 관점은 현대의 독서 이론으로 이어지고 있다.

- 독자가 의미를 새롭게 구성하는 과정을 능숙하게 처리하려면 각각의 처리 단계에 적합한 독서 전략과, 처리 과정과 결과를 점검하고 조정하는 초인지(상위인지)를 동원해야 한다.

- 스키마는 독자가 가지고 있는 구조화된 지식의 총체를 뜻하며, 독자의 추론을 촉진하여 글의 내용을 좀 더 효과적으로 이해하도록 돕는다.

2. 독서 과정을 구체화한 독서 모형

- 독서 모형은 의미 구성의 과정을 명시적으로 표현하기 위해 고안한 구조적인 그림이나 도식을 뜻하며, 독서 모형에는 독서를 바라보는 이론적 관점이 투영되어 있다.

- 독서 모형에는 의미 구성의 방향을 중심으로 한 독서 과정 모형과, 독서의 환경을 중심으로 한 독서의 사회·문화 모형으로 구분할 수 있다.

- 독서 과정 모형은 의미 구성의 방향에 따라 상향식 모형, 하향식 모형, 상호 작용 모형으로 구분할 수 있다.
  - 상향식 모형은 고프(Gough, 1972)의 모형이 대표적이며, 의미 구성이 낮은 언어 단위로부터 높은 언어 단위로 진행된다는 관점을 지지한다.
  - 하향식 모형은 굿맨(Goodman, 1970)의 모형이 대표적이며, 독자의 스키마나 추론이 글의 이해에 영향을 미친다는 관점을 지지한다.
  - 상호 작용 모형은 러멜하트(Rumelhart, 1997)의 모형이 대표적이며, 상향적인 의미 파악과 하향적인 의미 구성을 모두 인정하고 지지한다.

- 독서의 사회·문화 모형은 루델과 언라우(Ruddel & Unrau, 1994)의 모형이 대표적이며, 독서에 영향을 미치는 사회·문화 요소를 강조함으로써 독서를 개인 활동이 아니라 사회 활동의 한 형태로 인식하는 데 기여하였다.

학습활동

1. 아래 용어의 개념을 간단히 설명하시오.

  - 속독
  - 추론
  - 독해의 수준

  - 기능주의
  - 독서 모형
  - 사회·문화 요소

  - 표상
  - 초인지

2. 다음 진술을 참(T)과 거짓(F)으로 구분하고, 거짓은 바르게 수정하시오.

  (1) 행동주의 심리학에서는 사고구술과 같은 내성법을 사용하여 의미 구성 과정을 연구했다.
  (2) 인지심리학에서는 독서 과정을 '블랙박스'를 없앨 때 더 효과적으로 설명될 수 있다고 믿었다.
  (3) 의미는 글에 있으며 문자를 해독하면 의미는 자동적으로 획득된다고 보는 모형은 상향식 모형이다.
  (4) 상호 작용 모형에 따르면 의미를 구성할 때 독자의 가정이나 추측이 먼저 적용된 후 순차적으로 문자 해독에 의한 대조가 이루어진다.
  (5) 사회·문화 모형은 독서를 개인의 행위가 아니라 사회적인 행위로 보는 인식의 전환에 기여했다.

3. 본문의 [그림 4-2]를 활용하여 '의미 구성 과정'이라는 독서의 본질을 설명해 보시오.

4. 독서 과정에 대한 '상향식 모형'과 '하향식 모형'의 설명을 바탕으로 하여 각각의 모형에 부합하는 독서교육의 방법은 어떠한 것이 있을지 설명해 보시오.

5. 중학교 및 고등학교에서 받은 자신의 독서교육이 어떠했는지 떠올려 보고 사회·문화 모형에 따라 설명해 보시오.

6. 독자로서 자신의 독서 과정을 떠올려 보고 어떻게 점검하고 조정하는지 정리해 보시오. 그리고 정리한 결과를 동료와 공유해 보고 어떠한 특징이나 차이가 발견되는지 토의해 보시오.

7. 아래 [그림 4-8]은 박영민(2012: 181)에 수록된 고등학생의 눈동자 움직임 분석 결과를 보인 것이다. 이러한 연구 결과는 어떤 유형의 독서 과정 모형을 지지하거나 비판하는지 토의해 보시오.

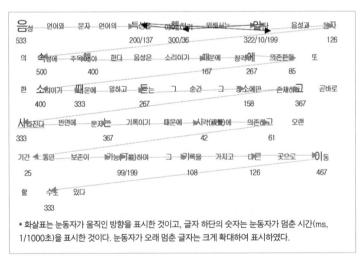

[**그림 4-8**] 고등학생의 눈동자 움직임 분석 결과

참고문헌

노명완(1989). 국어교육론(재판). 한샘.

노명완(1990). 읽기의 개념과 읽기 지도의 문제점. 교육한글 3. 5-44.

노명완 외(2012). 국어교육학개론(4판). 삼지원.

노명완·박영목·권경안(1988). 국어과교육론. 갑을출판사.

노명완·이차숙(2002). 문식성 연구. 박이정.

박영목(1996). 독서 이해론: 독서교육의 기저 이론. 법인문화사.

박영목(2002). 독서교육 연구에 있어서의 사회·문화적 접근. 독서연구 7. 1-18.

박영목(2011). 국어과 교수 학습 방법 연구. 박이정.

박영민(2005). 사회구성주의 학습이론과 독서의 본질. 독서연구 14. 229-248.

박영민(2012). 눈동자 움직임 분석을 통한 중학생, 고등학생 및 대학생의 읽기 특성 비교.
학습자중심교과교육연구 12(2), 166-189.

이경화(2010). 읽기교육의 원리와 방법. 박이정.

이순영(2010). 디지털 시대의 청소년 독자와 비판적 읽기. 독서 연구 24. 87-110.

이순영(2011). 읽기 연구의 최근 동향과 과제-국내외 2005년부터 2010년까지의 연구를
중심으로. 한국어문교육 10. 311-340.

이정모(2009). 인지과학: 학문 간 융합의 원리와 응용. 성균관대학교 출판부.

이정모 외(2009). 인지심리학(3판). 학지사.

이춘길(2004). 한글을 읽는 시선의 움직임. 서울대학교 출판부.

정혜승(2008). 문식성 개념 변화와 교육과정적 함의. 문식성 교육 연구. 한국문화사.

조병영(2007). 인터넷 환경에서의 초인지적 독서 전략-사고 구술 연구로부터의 증거들.
국어교육 124. 281-316.

최경숙(2007). 아동의 기억 발달. 교문사.

최숙기(2011). 중학생의 읽기 발달을 위한 읽기교육 방법론. 역락.

최숙기(2013). 복합 양식 텍스트에 대한 독자의 읽기 행동 분석에 기반한 디지털 시대의
읽기교육 방안 탐색. 독서 연구 29. 225-264.

한국심리학회(2000). 교육심리학용어사전. 학지사.

한국어문교육연구소·국어과교수학습연구소(2006). 독서교육사전. 교학사.

한철우 외(2001). 과정 중심 독서지도. 교학사.

Anderson, R. C.(1994). Role of reader's schema in comprehension, learning, and memory. In R. B. Ruddell, M. R. Ruddell, & H. Singer(Eds.), *Theoretical Models and Process of Reading*. IL: IRA.

Anderson, J. R.(1995). *Cognitive Psychology and Its Implications*(4th ed.). W. H. Freeman & Company. [이영애 역(2000). 인지심리학과 그 응용(제4판). 이화여자대학교 출판부.]

Bransford, J. D., & Johnson, M. K.(1973). Considerations of some problems of comprehension. In W. G., Chase(Ed.), *Visual Information Processing*. FL: Academic Press.

Bruning, R. H., Schraw, G. J., & Norby, M. M.(2011). *Cognitive Psychology and Instruction*(5th ed.). MA: Pearson Education.

Dube, E. F.(1982). Literacy, cultural familiarity, and "intelligence" as determinants of story recall. In U. Neisser(Ed.), *Memory Observed: Remembering in Nature Context*. CA: Freeman.

Gernsbacher, M. A.(1997). Two decades of structure building. *Discourse Processes, 23*, 265-304.

Goodman, K. S.(1970). Behind the eye: What happens in reading. In A. D. Flurkey & J. Xu(2003 Eds.), *On the Revolution of Reading: The Selected Writings of Kenneth S. Goodman*. NH: Heinemana.

Goodman, K. S.(1967). A psycholinguistic guessing game. *Journal of the Reading Specialist, 6*(4), 33-43.

Goodman, Y., & Watson, D.(1998). A sociopsycholinguistic model of the reading process and reading strategy instruction. In C. Weaver(Ed.), *Practicing What We Know*. IL: NCTE.

Gough, P. B.(1972). One second of reading. In J. A. Kavanagh & I. G. Mattingly (Eds.), *Language by Ear and by Eye*, Cambridge. MA: MIT.

Hacker, D. J.(1998). Self-regulated comprehension during normal reading. In D. J. Hacker, J. Dunlosky, & A. C. Graesser(Eds.), *Metacognition in Educational Theory and Practice*. NJ: Lawrence Erlbaum Associated, Inc., Publishers.

Hudson, J. A., & Nelson, K.(1983). Effects of script structure on children's story recall. *Developmental Psychology, 19*, 625-635.

Hudson, J. A., & Slackman, E. A.(1990). Children's use of scripts in inferential text processing. *Discourse Processes*, 13, 375-385.

Irwin, J. W.(2007). *Teaching reading comprehension processes*(3rd ed.). Boston, MA: Pearson. [천경록·이경화·서혁 역(2012). 독서교육론 : 독해 과정의 이해와 지도. 박이정.]

Joseph, H. S. S. L., Nation, K., & Liversedge, S. P.(2013). Using eye movements to investigate word frequency effects in children's sentence reading. *School Psychology Review*, 42(2), 207-222.

Just, M. A., & Carpenter, P. A.(1980). A theory of reading: From eye fixation to comprehension. *Psychological Review*, 87(4), 329-354.

LaBerge, D., & Samuels, S. J.(1974). Toward a theory of automatic information processing in reading. *Cognitive Psychology*, 6, 293-323.

Mandler, J. M., Scribner, S., Cole, M., & DeForest, M.(1980). Cross-cultural invariance in story recall. *Child Development*, 51, 19-26.

Minsky, M.(1975). A framework for representing knowledge. In P. H. Winston (Ed.), *The Psychology of Computer Vision*. NY: Mcgraw-Hill.

Paulson, E. J., & Freeman, A. E.(2003). *Insight from the Eyes: The Science of Effective Reading Instruction*. NH: Heineman.

Rayner, K., & Reichle, E. D.(2010). Model of the reading process. *Wiley Interdiscip Rev Cogn Sci*, 1(6), 787-799.

Rogoff, B.(1995). Observing sociocultural activity on three planes: Participatory appropriation, guided participation, and apprenticeship. In J. V. Wertsch, P. Del Rio, & A. Alvarez(Eds.), *Sociocultural Studies of Mind*. MA: Cambridge University Press

Ruddell, R. B., & Unrau, N. J.(1994). Reading as a meaning-construction precess: The reader, the text, and the teacher. In R. B. Ruddell, M. R. Ruddell, & H. Singer(Eds.), *Theoretical Models and Processes of Reading*(4th ed.). IL: IRA.

Rumelhart, D.(1977). Toward an interactive model of reading. In S. Dornic(Ed.), *Attention and Performance VI*. Hilsdale, NJ: Erlbaum.

Rumelhart, D.(1984), Understanding understanding. In J. Flood(Ed.), *Understanding Comprehension*. IL: IRA.

Schmidt, C. R., & Paris, S. G.(1983). Children's use of successive clues to generate and monitor inferences. *Child Development*, 54, 742-759.

Schwantes, F. M., Boesl, S. L., & Ritz, E. G.(1980). Children's use of context in word recognition: A psycholinguistic guessing game. *Child Development*, 51, 730-736.

Shiffrin, R. M., & Atkinson, R. C. A.(1969). Storage and retrieval processes in long-term memory. *Psychological Review*, 76(2), 179-193.

Spivey, N. N.(1997). *Constructivist Metaphor: Reading, Writing, and the Making of Meaning*. CA: Academic Press.

Stillings, N. A., Weisler, S. E., Chase, C. H., Feinstein, M. H., Garfield, J. L., & Rissland, E. L.(1995). *Cognitive Science*. MA: MIT.

Weaver, C.(2009). *Reading Process: Brief Edition of Reading Process and Practice*(3rd ed.). NH: Heinemann.

5장

독서와 텍스트

1. 텍스트의 개념
2. 텍스트의 유형
3. 텍스트의 구조
4. 텍스트의 난도

Words differently arranged have a different meaning,
and meanings differently arranged have different effects.
— Blaise Pascal, 1670

山
절망의산,
대가리를밀어버
린, 민둥산, 벌거숭이산,
분노의산, 사랑의산, 침묵의
산, 함성의산, 증인의산, 죽음의산,
부활의산, 영생하는산, 생의산, 회생의
산, 숨가쁜산, 치밀어오르는산, 갈망하는
산, 꿈꾸는산, 꿈의산, 그러나 현실의산, 피의산,
피투성이산, 종교적인산, 아아너무나너무나 폭발적인
산, 힘든산, 힘센산, 일어나는산, 눈뜬산, 눈뜨는산, 새벽
의산, 희망의산, 모두모두절정을이루는평등의산, 평등한산, 대
지의산, 우리를감싸주는, 격하게, 넉넉하게, 우리를감싸주는어머니

– 황지우, 「무등(無等)」

1. 텍스트의 개념

독서란 기본적으로 글을 매개로 이루어지는 필자와 독자의 상호 작용이다. 이는 대화와 함께 넓은 의미에서 언어를 매개로 한 의사소통이지만, 말이 아닌 글을 매개로 한다는 점에서 차이가 있다. 그런 점에서 글은 읽기 행위의 핵심 요소라고 할 수 있다. 글이란 무엇일까? 왜 독자들은 같은 글을 읽고 나서도 서로 다른 생각을 하게 되는 것일까? 바로 이러한 독서 행위를 설명하기 위해 글에 대한 다양한 학문적인 논의를 종합해 보고자 한다. 일상생활에서는 '글'이라는 말을 많이 쓰지만 학술적으로는 '텍스트(text)'라는 용어가 널리 쓰이고 있다. (그러나 최근 텍스트는 단지 글, 즉 문자 언어로 구성된 것만을 의미하지 않는다. 소리와 문자, 영상 등으로 이루어진 복합양식 텍스트에 대한 설명은 이 장의 2절이나 이 책의 1장·8장을 참조할 수 있다.)

텍스트라는 용어는 라틴어 동사인 'texere'에서 온 것으로, 어원적 측면에서 본다면 '어떤 요소들이 서로 엮어져 있음'을 뜻한다. 마치 씨실과 날실을 교차해 가며 옷감이 만들어지는 것처럼 글은 문자, 단어, 문장, 문단이 모여 한 편의 짜임을 갖추고 있는 것이다. 일상적으로 '글'이 '문자로 기록된 것'을 통칭하는 포괄적인 용어라면, '텍스트'는 '언어로 짜여 있는 속성'에 주목한 용어라고 할 수 있다. 이때 텍스트가 짜여 있다는 것은 언어 형식의 면에서 문자, 단어, 문장, 문단이 모여서 한 편의 글을 이루고 있다는 점과 의미면에서 관련된 내용들이 서로 연계되어 있다는 점 모두를 아우른다.

텍스트를 정의하는 논의는 크게 텍스트의 형태와 구조적인 면에 주목하는 입장이 있고, 텍스트를 하나의 의미 단위로 보고 의사소통에 있어서 텍스트의 역할과 기능에 주목하는 입장이 있다. 텍스트를 형태와 구조적인 면에서 바라보는 입장에서는 텍스트가 기존의 문장 단위의 통사적 층위에서 나아가 문장과 문장의 연결로 이루어져 있음에 주목한다. 그러나 문장이 단지 둘 이

더 알아보기

통일성(coherence)과 응집성(cohesion)

coherence와 cohesion은 국내에서 학자마다 번역을 달리한다. coherence를 '결속성', '응집성' 등으로 번역하고, cohesion을 '결속장치', '응결성' 등으로 번역하는 경우가 있으나, 이 책에서는 국어과 교육과정에서 제시한 '통일성'과 '응집성'이라는 용어를 선택하여 사용하였다. 참고로 한국 텍스트언어학회에서는 coherence와 cohesion을 각각 '응집성', '응결성'이라고 부른다. 이러한 번역 용어의 차이 때문에 보통 ( ) 안에 원어를 밝히는 것이 일반적이다.

텍스트 언어학 분야에서 제시하는 7가지 텍스트성(textuality. 텍스트가 갖추어야 할 특성)은 다음과 같다. ①coherence(응집성), ②cohesion(응결성), ③intentionality(의도성), ④acceptability(용인성), ⑤informativity(정보성), ⑥situationality(상황성), ⑦intertextuality(상호텍스트성). ①과 ②는 텍스트 내적인 특성에 초점을 두고 있으며, ③과 ④는 텍스트 사용자 중심으로 텍스트를 바라보고 있으며, ⑤, ⑥, ⑦은 텍스트를 둘러싼 맥락과 관련이 깊다. 또한 학자마다 coherence와 cohesion을 다르게 정의내리기도 하는데, Michael Stubb(1983)에서는 cohesion을 외형적 결속장치(surface cohesion)로, coherence를 내면적 결속장치(underlying coherence)로 나누었다. Halliday & Hasan(1976)은 coherence와 cohesion을 구별하지 않고 cohesion만으로 의미의 관계를 설명하였다.

상 모여 있다고 모두 텍스트가 되는 것은 아니다. 문장과 문장 사이의 의미 관계가 긴밀하지 않을 수 있기 때문이다. 텍스트의 형태와 구조의 끈끈한 연결은 형태나 통사적 연결 그 자체에 있기보다는 그것들 사이의 의미적인 관계에 있다. 텍스트의 표면에 드러나는 통사적 연결을 가리켜 **응집성**(cohesion)이라고 하는데, 이는 단어들의 연쇄 속에서 서로 연관되는 문법적·형태적 장치라고 할 수 있다. 한편, 텍스트의 내용이나 단어의 의미 관계에서 발생하는 관련성은 **통일성**(coherence)이라고 한다. 통일성은 앞서 설명한 응집성(cohesion)에 의해 전달되고 해석되는 의미론적 일관성을 말한다. 보그랑드와 드레슬러(Beaugrande & Dressler, 1981)에서는 통일성(coherence)과 응집성(cohesion)을 텍스트를 구성하는 7가지 요소 중 가장 중요한 요소로 꼽았다. 하지만 하나의 문장 안에서도 의미의 연결이 일어날 수 있고, 의미적으로 매우 긴밀하게 놓여 있지만 텍스트로 보기 어려운 경우가 존재한다.

한편, 텍스트를 의사소통에 주목하는 입장에서는 텍스트를 통해 어떠한 의사소통 행위가 발생하는지에 관심이 있다. 이들에게 텍스트란 의사소통 발화로 사용되는 언어의 단위이다(Halliday & Hasan, 1976). 이는 특정한 상황

[그림 5-1] 교통 안내 표지판과 노면 표지

안에서 텍스트가 기능하는 방식을 고려하고 있다. 이렇게 보면 분량에 상관없이 의사소통적 기능을 수행하면 하나의 텍스트로 성립하는 것이라고 할 수 있다. 이와 같이 화용적·의사소통적 측면이 보다 강하게 부각됨에 따라 텍스트는 단순히 언어의 구조적 측면만이 아닌 인간의 언어 사용 활동 전반과 관련된 개념으로 발전하게 되었다. 속담이나 광고 카피의 경우 하나의 문장이지만 그 자체로 완결된 의미를 지닐 수 있으며 특정한 의사소통의 기능을 수행하고 있으므로 텍스트로 볼 수 있는 것이다.

[그림 5-1]은 일상생활에서 흔히 볼 수 있는 교통 안내 표시이다. "정지"라고 적혀 있는 안내판은 불과 한 단어로 표현되었지만 차량 운전자들이 잠시 길을 멈추고 주위를 살필 수 있도록 알려 주는 기능을 수행한다. "학교 앞 천천히"라는 표시 역시 세 단어에 불과하지만 주위에 학교가 있어서 어린 학생들과 마주칠 수 있다는 메시지를 전달하고 있다. 이는 모두 소통의 기능을 수행하는 텍스트라고 할 수 있다. 이처럼 텍스트의 개념은 텍스트를 이루는 언어의 구조와 기능 측면에서 설명될 수 있다. 요컨대 텍스트란 어떤 맥락 내에서 응집성과 통일성을 지니고 있으며, 의사소통적 기능을 수행하는 의미의 완결체라고 할 수 있다.

텍스트 읽기에 대한 관점은 글 중심의 독서관에서 독자 중심의 독서관으로 변화해 왔다(1장 참조). 또한 이러한 글 중심의 독서관과 독자 중심의 독서관은 텍스트의 작은 단위에서부터 의미를 구성해 가는 상향식 읽기 모형과 독자의 배경지식에 의한 의미 구성인 하향식 읽기 모형으로 설명된 바 있다(4장 참조). 이상의 흐름을 보면, 독서 행위에서 텍스트와 독자는 서로 상반되는 축을 형성하며 반대되는 것이라고 생각하기 쉽다. 그러나 텍스트의 개념은 오히려 독자와의 관계 속에서 설명될 때 더욱 풍성한 의의를 지니게 된다. 독자는 자신의 경험과 배경지식을 활용하여 텍스트의 의미를 다양하게 해석한다. 이는 텍스트를 고정된 실체가 아닌 언제든지 변화 가능한 열린 텍스트로 접근할 수 있게 해 준다. 그러므로 우리는 독자의 자유로운 해석의 대상으로 텍스트를 바라보면서 독서에 대한 열린 태도를 가질 필요가 있다. 텍스트는 그 자체로서 완벽한 의미를 확보하고 있는 대상이 아니라, 독자가 적극적으로 추리하고 상상하며 비판하고 감상하는 가운데 완성되고 구체화되는 대상이다.

2. 텍스트의 유형

(1) 텍스트 유형의 개념

우리는 살아가면서 수많은 텍스트를 접하게 된다. 텍스트에 관심을 갖게 된 언어학자들은 인간이 일상생활에서 접할 수 있는 수많은 텍스트를 체계화하고자 하는 노력을 해 왔고, 이것은 텍스트 유형 연구라는 특정 분야로 구체화되었다. 다양하고 복잡한 것들이 규칙 없이 혼란스럽게 섞여 있을 때 나름의 기준을 가지고 정리하려는 인간의 습성처럼 언어학자들도 텍스트 유형에 대한 연구를 시작한 것이다.

텍스트 유형이란, 일상생활에서 다루어지는 모든 텍스트를 일정한 기준에 따라 위계화한 것을 의미한다. 즉, 각 기준에 의해 분류된 텍스트들은 독자적 기능 혹은 구조적 특징을 지닌 하나의 텍스트 유형에 속하게 되는 것이다. 이 때 텍스트 유형은 유사한 여러 개의 개별 텍스트가 속할 수 있는 나름의 고유한 특성을 가지며 각 텍스트 유형에 속하는 개별 텍스트는 특정 텍스트 유형의 종류가 된다. 이를테면 학교 교육과정에서 다루어지는 고유한 특성을 지닌

'교과'라는 유형이 국어, 도덕, 수학, 영어, 사회, 과학이라는 구체적인 종류로 구분되는 것과 같이 텍스트도 동일한 과정으로 체계화되는 것이다.

그러나 일상생활에 존재하는 텍스트의 특징과 층위가 매우 다양한 만큼 텍스트 유형의 분류 기준 또한 각 학자마다 서로 다른 양상을 보인다. 텍스트 언어학에서 다루는 대표적 텍스트 유형 분류는 야니치(Janich, 1972)의 언어의 내재적 특징에 근거한 구조 중심적 분류, 롤프(Rolf, 1993)에 의한 의사소통적 관점의 화용 중심적 분류, 브링커(Brinker, 1985)의 텍스트 기능을 중심으로 한 통합적 분류로 나눌 수 있다. 이 중에서 브링커(Brinker, 1985)는 텍스트의 기능을 제보, 호소, 책무, 접촉, 선언으로 분류하고 각각에 해당하는 구체적인 텍스트의 종류를 밝힌 바 있다.

[표 5-1] 텍스트 기능 구분의 예

텍스트 기능	제보 기능	호소 기능	책무 기능	접촉 기능	선언 기능
텍스트 종류	설명문, 보고문 등	논설문, 광고문 등	계약서, 합의서 등	축하문, 편지글 등	임명장, 증명서 등

(Brinker, 1985)

한편, 국내 연구 중 이도영(1998)에서는 텍스트의 기능과 언어의 기능을 함께 고려하여 텍스트 유형을 제보적, 설득적, 표현적, 미적, 친교적 텍스트로 구분하고 이에 따른 개별 텍스트를 소개하였다.

그렇다면 실제 언어를 매개로 하는 우리 국어교육에서는 이처럼 다양하게 분류될 수 있는 텍스트 유형에 대해 어떠한 기준을 적용하고 있는 것일까? 국어과 교육과정에서는 제1차 교육과정 시기부터 지속적으로 텍스트 유형에 관심을 가졌으나 초기에는 체계적인 틀로 접근하지 못하고 그 기준 또한 명확하지 않았기에 다소 혼란스러운 모습을 보였다. 그러나 제6차 교육과정에 이르러 '목적(기능)'이라는 일정한 기준을 세워 이에 따른 텍스트 유형 분류를 시도하였으며, 이는 2015 개정 교육과정까지 지속적으로 이어지고 있다.

[표 5-2] 텍스트 유형 구분의 예

언어의 기능	지시적, 메타언어적, 욕구적, 감정표시적, 시적, 친교적				
텍스트 기능 및 유형	제보적 텍스트	설득적 텍스트	표현적 텍스트	미적 텍스트	친교적 텍스트
개별 텍스트	설명문, 뉴스, 보고문 등	논설문, 광고, 토의, 토론 등	일기, 기도 등	시, 소설, 유머, 드라마 등	안부 편지, 애도문 등

(이도영, 1998: 117)

(2) 텍스트의 유형

텍스트의 유형은, 앞서 언급한 바와 같이 학자마다 견해와 기준이 다르고 적용되는 영역 또한 다양하기에 모든 분야에 통용되는 일관적인 구분을 하기는 쉽지 않다. 실제로 텍스트 종류는 수백에서 수천 여 종에 달할 정도로 다양하며, 독일의 한 학자는 독일어 텍스트 유형이 5,000여 가지에 이른다고 보고한 바 있다. 국어과 교육과정에서 제시하는 텍스트 유형 또한 체계적이고 공통된 기준이 아닌 편의상의 접근 방법이며, 텍스트 언어학에서 다루는 텍스트의 유형 연구와는 다른 독자적 형식을 취한다. 비록 학문적 배경과 체계적 틀이 다를지라도 독서교육에서 텍스트 유형은 국어교육의 틀 속에서 나름의 기준으로 세워질 필요가 있다.

구어 텍스트와 문어 텍스트

일반적이고 가장 전통적으로 텍스트를 분류하는 방법은 구어 텍스트(spoken text)와 문어 텍스트(written text)로 나누는 방법이다. 이는 음성 언어와 문자 언어의 구분에 따른 텍스트 표현 양식을 반영한다. 학자에 따라 문어로 된 것만을 텍스트로 인정하기도 한다. 그러나 실제 대화, 토론, 회의 같은 구어로 이루어진 언어 활동 또한 얼마든지 녹취를 통해 기록될 수 있으며, 음성기호 체계에 기반을 둔 구어 텍스트의 독자적인 특성이 보고되면서 구어 텍스트 역시 텍스트의 유형으로 인정받고 있다.

문어 텍스트는 구어 텍스트에 비해 훨씬 더 일정한 형식과 구조를 갖추고 있으며 문법적으로도 비교적 정확하고 내용 전개도 논리적이다. 문어 텍스트는 텍스트가 보존된다는 점에서 시공간적 제약이 없고, 독자의 추론, 상상 등 고등 사고를 촉진시킨다. 그러한 점에서 국어교육에서는 설명문, 논설문, 기사문, 시, 소설 등 다양한 문어 텍스트를 교과서 제재로 실어 교육하고 있다.

구어 텍스트는 음성 언어로 이루어진 텍스트로, 언어적 표현 뿐만 아니라 몸짓, 표정과 같은 비언어적 표현, 어조, 고저 등의 준언어적 표현이 동반된다. 그러므로 구어 텍스트를 이해하기 위해서는 발화의 상황 맥락에 주의해야 한다.

그런데 구어 텍스트와 문어 텍스트의 구분은 지속적인 논란의 대상이 되어 왔다. 눈에 보이는 기호라는 체계를 기준으로 분류된 구어와 문어의 경계가 명확하지 않아서 이 두 대상의 공통분모도 꽤 존재하기 때문이다. 만약, 사랑하는 사람에게 대화체로 애정을 듬뿍 담아 쓴 편지를 구어로 볼 것인가? 아니면 문어로 볼 것인가? 기록된 것은 문어이나 원본은 구어의 형식을 가지고 있기에 이를 이분법적으로 정확하게 나눈다는 것은 한계가 있다. 특히 최근 음성과 문자가 복합적으로 구현되는 전자 매체의 발달을 고려한다면 구어 텍스트와 문어 텍스트의 경계에 대한 재고가 필요하며 이에 따른 독서교육의 변화가 요구된다.

정보 텍스트와 문학 텍스트

또 다른 유형 분류로 설명적/비설명적 텍스트, 문학적/비문학적 텍스트 구분이 있다. 이 책에서는 편의상 정보 텍스트와 문학 텍스트로 구분하기로 한다. 이때, 정보 텍스트는 문학작품을 중심으로 하는 문학 텍스트 이외의 모든 텍스트를 가리키는 포괄적 용어로 사용한다.

정보 텍스트(informational text)는 사실을 바탕으로 설명적이고 논리적 성향을 지닌다는 점에서 문학 텍스트와 크게 구분된다. 이때 정보 텍스트는 단순히 정보에 국한된 글의 차원이 아닌 문학적 성격을 지니지 않은 텍스트를 총칭하는 개념이다. 그러므로 정보 텍스트에는 사실적 정보를 독자에게 전달하는 텍스트를 포함해 문제 해결과 비판적 사고를 바탕으로 독자를 설득하는 텍스트, 성찰이나 사회적 관계를 바탕으로 서술된 텍스트 등이 모두 포함된다. 이러한 정보 텍스트는 현재 국어과 교육과정에 정보를 전달하는 글, 설득하는 글, 친교 및 정서표현의 글로 분류되어 나타나 있다.

[표 5-3] 정보 텍스트

텍스트 유형	정보를 전달하는 글	설득하는 글	친교 및 정서표현의 글
텍스트 종류	설명문, 안내문, 기사문, 보고문 등	논설문, 사설, 논평, 호소문 등	감상문, 소개글, 일기, 기행문 등

* '친교 및 정서 표현의 글'은 그 특성상 문학 텍스트와도 밀접한 관련을 갖는다.

독자에게 어떤 지식이나 정보를 알려 주는 데 목적을 둔 '정보를 전달하는 글'은 정보의 정확성과 객관성을 바탕으로 한다. 정보를 전달하는 글과 관련된 대표적 예는 필자가 알고 있는 객관적인 정보를 독자에게 사실적으로 전달하는 설명문을 들 수 있으며, 이 밖에도 안내문, 기사문, 보고문, 해설서 등을 제시할 수 있다.

다음으로, 독자를 설득하는 데에 목적을 두는 '설득하는 글'은 필자의 주장을 밝히고 이해시켜 그 글을 읽는 독자가 필자의 주장에 동의하도록 하는 데 관심을 갖는다. 필자의 주장과 그 주장을 뒷받침하기 위한 근거를 핵심으로 전개되는 이 유형에 속하는 대표적인 텍스트는 논설문이며, 이와 비슷한 성향을 지닌 사설, 논평, 호소문, 건의문, 판결문 또한 이에 해당하는 텍스트 종류이다.

친교 및 정서표현의 글은 필자가 글을 읽는 독자와 교류를 하거나 자신의 감정을 표현하는 데 주된 목적을 두고 서술한 글로서 편지글, 소개글, 일기, 기행문, 자서전 등이 포함된다. 국어과 교육과정에서는 꽤 오랜 기간 동안 필자가 글을 통해 독자와 사회적 관계를 형성하고자 하는 친교의 글과 필자가 자신의 감정이나 생각을 진솔하게 표현하는 정서표현의 글로 분리하여 텍스트의 유형을 제시하였다. 그러나 최근 교육과정에서 이 두 영역의 중첩된 지점을 인정하면서 둘의 구분을 명확하게 하는 것이 어렵다고 판단하여 독자적 텍스트 유형으로 분류하고 있지 않다.

문학 텍스트(literary text)는 인간의 삶의 총체적인 영역을 다룬 글로서 독자에게 정신적 즐거움을 주는 동시에 인생에 대한 진정한 의미를 경험하게 하여 오랫동안 독서교육의 주요한 대상이 되어 왔다.

국어과 교육과정에서는 이러한 문학 텍스트를 '갈래(혹은 장르)'라는 용어를 사용하여 크게 서정 갈래(장르), 서사 갈래, 극 갈래, 교술 갈래의 4가지 유형으로 분류하고 있다.

[표 5-4] 문학 텍스트

텍스트 유형	서정	서사	극	교술
텍스트 종류	시, 민요, 향가, 고려속요, 시조 등	소설, 서사시, 설화, 서사 민요 등	희곡, 시나리오, 탈춤, 신파극 등	수필, 경기체가, 악장, 가사 등

서정 갈래(장르)는 개인의 정서를 주관적으로 노래한 것으로, 텍스트의 기반을 인간의 정서에 둔다는 점이 큰 특징이다. 서정 갈래의 대표적인 텍스트 종류인 시는 운율과 상징, 비유 등을 통해 정서와 생각을 압축적인 언어로 표현하여 이를 함축적으로 제시한다. 각 작품이 가진 특징에 따라 보다 세분화하면 현대시, 민요, 시조, 고려속요, 향가, 한시 등으로 나눌 수 있다.

서사 갈래는 사건이 큰 핵심이며, 인물 및 배경 등을 통해 이야기를 전개해 나가는 유형이다. 사건이 서술자에 의해 드러나기 때문에 서술자와 서술 방식이 텍스트의 내용만큼 중요하고, 이야기 형식인 서술을 특징으로 하여 서정 갈래에 비해 일반적으로 길이가 길다. 작가의 상상력이 창조해 낸 허구의 세계를 인물이나 사건의 전개를 통해 현실에 있음직한 이야기로 꾸며 낸 소설이 이 갈래에 포함된다. 소설 외에도 서사시, 서사 민요, 서사 무가, 판소리 사설 등도 서사 갈래에 속한다.

극 갈래는 무대라는 특별한 공간에서 사건을 전개하는 이야기로서 무대에서 상연되거나 영화 등으로 상영될 수 있는 인간의 행동을 그 기본으로 다룬다. 서술자에 의한 묘사나 해설이 아닌 대사를 통해 인물이나 상황을 전개하여 문학적 텍스트 중 상대적으로 많은 제약을 지닌다. 또한, 이와 함께 극적 관습을 따르고 극적 효과를 목표로 한 경우가 많다. 극 갈래에는 연극, 희곡, 시나리오, 탈춤, 꼭두각시놀음, 신파극, 창극, 레제드라마 등이 해당되며, 이 중 읽히는 것을 목적으로 쓴 희곡인 레제드라마(lese drama)는 극적 관습을 따르는 무대적 연출보다는 문학성에 비중을 두기도 한다.

교술 갈래는 객관적으로 존재하는 사실에 대해 서술하여 이를 독자에게 전달하는 텍스트의 유형이다. 교술 갈래의 두드러진 특징은 작품의 외적 존재인 작가의 직접적 개입이라고 할 수 있다. 교술 갈래는 사실을 전달하는 것에 그치지 않고 작가가 자신의 주관적 생각에 대해 타인의 공감을 얻고자 하는

더 알아보기

텍스트에 대한 융통성 있는 접근이 필요하다.

① 국어과 교육과정의 '친교 및 정서표현의 글'은 문학 텍스트와도 깊은 관련이 있다. 일기, 편지글, 기행문과 같은 글뿐만 아니라 문학 텍스트도 친교와 정서를 표현하는 글이 될 수 있기 때문이다. 친교 및 정서표현의 글은 '글의 목적'을 기준으로 한 분류로서 정보 텍스트와 문학 텍스트는 서로 겹치는 부분이 있다. 이와 같이 정보 텍스트와 문학 텍스트의 구분은 편의상의 분류일 뿐, 이를 정확하게 양분하여 유형화하는 것은 한계가 있다.

② 국어과 교육과정의 선택과정 〈화법과 작문〉에서는 공통과정과 달리 '친교 및 정서표현의 글' 유형을 자기소개서, 면접 등의 상황을 고려한 실제적 활동이 될 수 있도록 '자기표현과 사회적 상호 작용의 글'이라는 고등 단계의 표현으로 바꿔 제시하고 있다.

과정도 포함하고 있어 문학적 텍스트의 유형으로 자리한다. 작가가 직접 경험한 것을 통해 깨달음을 전달하고자 하는 수필이 교술 갈래의 대표적인 종류이며, 이 외에도 가사, 창가, 가전체, 서간, 일기 등이 해당된다.

인쇄 텍스트와 복합양식 텍스트

현대 사회의 특징이 디지털이라는 한 단어로 정의되면서 매체는 급변하였고, 이러한 사회적 변화는 인간의 문식 실천에도 큰 변화를 가져왔다. 매체에 기준을 두고 텍스트를 분류하는 방법은 비교적 최근의 논의이다. 그러나 국어교육과정에서는 이러한 최근 경향을 받아 기존에 인쇄 텍스트에 집중했던 성향을 벗어나 인쇄 텍스트와 함께 독서의 대상에 다양한 매체와 관련한 텍스트를 포함시키고 있다. 매체를 기준으로 분류된 텍스트 유형은 독서교육에 있어 지속적으로 관심을 가져야 할 중요한 분야라 할 수 있다.

앞서 1장에서 다루었듯이, 독서의 역사에 따르면 독서는 문자 언어와 책의 탄생으로 시작되었고 책 또한 인쇄술의 발달에 힘을 얻고 유통되어 인쇄 텍스트(printed text)로 자리 잡게 되었다. '독서(讀書)'의 사전적 의미 자체가 책을 읽는다는 것이니 독서에서 인쇄 텍스트가 매우 중요한 위치를 차지하는 것은 강조할 필요조차 없는 당연한 사실이다. 인쇄 텍스트는 인쇄술의 영향을 받아 종이나 천 따위에 잉크 등의 재료를 사용하여 작성한 텍스트로 책, 잡지, 신문 등이 이에 해당되며, 8세기 중국에서 발명되었다고 하는 목판 인쇄술을 시작으로 현재까지 인류에게 다양한 지식을 전수하고 재창조할 수 있게 해 주었다.

복합양식 텍스트(multimodal text)는 디지털 매체가 발달하게 되면서 생겨난 텍스트의 개념으로 최근 커다란 관심을 받고 있다. 복합양식 텍스트란 말 그대로 문자, 소리, 시각 이미지, 동영상 등 다양한 매체 양식의 혼합으로 이루어진 텍스트를 가리킨다. 어린아이의 그림일기, 조선시대 〈삼강행실도〉 역시 그림과 문자 텍스트가 어우러진 복합 양식 텍스트이다. 하지만 복합양식 텍스트는 디지털 문식 환경으로 변화하면서 글과 그림 외에도 소리, 동영상 등 훨씬 다양한 양식을 포괄하게 되면서 소통의 폭이 넓어지게 되었다. 복합양식 텍스트는 이제 인쇄물에 국한되지 않고 전자책, 웹 사이트, 플래시 등 다양한 매체에 기반하여 소통된다.

복합양식 텍스트 중에서도 인터넷을 기반으로 한 하이퍼 텍스트(hyper text)는 텍스트의 새로운 유형으로 주목할 만하다. 하이퍼 텍스트는 인터넷의 하이퍼링크 기능을 이용하여 다른 문서나 멀티미디어 장치를 함께 호출하여 살펴볼 수 있게 하거나, 이를 다른 웹페이지에 공유할 수 있도록 하는 텍스트 유형이다. 이는 텍스트 생산과 수용이 쌍방향적으로 활발히 일어나게 함으로써 기존의 필자와 독자, 독자와 독자 간의 관계에 대한 인식의 변화를 이끌고

〈그림일기〉 어린 아이가 사탕 바구니 선물을 받고 깜짝 놀라는 표정과 텍스트가 잘 어울리는 복합양식 텍스트인 그림일기 사례.

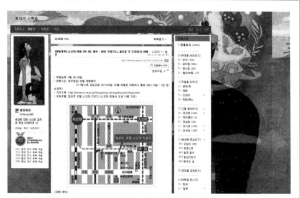

〈블로그〉 외국 도시 여행 소감과 정보를 지도와 텍스트를 통해 효과적으로 제시하고 있는 인터넷 블로그 사례.

〈삼강행실도〉 모범적인 효행 사례를 소개하는 그림과 글이 잘 어우러진 조선시대 삼강행실도의 한 장면.

[그림 5-2] 복합양식 텍스트의 예

있다. 그러므로 독서교육에서는 하이퍼 텍스트의 특성과 이를 통한 소통의 양상에 좀 더 관심을 가지고 다루어야 할 것이다.

이와 같은 매체별 텍스트 분류는 우리에게 새로운 유형의 텍스트에 대한 인식을 가져다줄 뿐 아니라 텍스트에 대한 새로운 시사점을 제공해 준다. 무엇보다 매체 환경의 변화와 더불어 새로운 텍스트 유형이 생겨남에 따라 독서교육에서 다루는 텍스트가 다양해지게 되었다.

실제로 독서교육에서는 이러한 텍스트의 변화를 반영하여 '디지털 문식성', '온라인 문식성', '다중 문식성', '미디어 문식성' 등의 새로운 개념을 이끌어내고 있으며, 이와 관련된 문식성을 기를 수 있도록 노력하고 있다.

3. 텍스트의 구조

텍스트 구조의 개념

독자는 책을 읽어 나가면서 단어의 축어적인 의미만이 아니라 문장과 문장 사이의 공백을 채워 가는 적극적인 추론의 과정을 거친다. 이때 글 전체의 의미를 파악하기 위해서는 글의 짜임새까지 살피면서 의미를 구성해 나가는 것이 필요하다. 텍스트는 단어와 단어의 나열, 문장과 문장의 연결로 이루어진 선형적인(linear) 연속체이지만, 내적으로는 균형 있고 완결된 골격을 갖춘 의미의 구조물이기 때문이다.

문장과 문장은 단순히 나열되는 것이 아니다. 중심 문장과 세부 문장 혹은 원인과 결과 등 다양한 관계로 연결되어 있다. 텍스트의 언어 의미는 어휘가 갖고 있는 개념, 문장에서 추출되는 명제를 골자로 하여 위계적인 관계망으로 구성되어 있다. 텍스트 구조란 주요 개념들을 효과적으로 전달하기 위해 정보를 조직하고 전개하는 방식을 말한다. 텍스트의 의미는 바로 텍스트의 구조를 바탕으로 구성되어 있다. 그런 점에서 텍스트 구조는 텍스트 의미 구조라고 얘기할 수 있다. 다음 예를 살펴보자(김봉순, 2002 참조).

〈가〉

육식동물과 초식동물의 식습관은 퍽 다르다. (A) 육식동물이 주로 고기를 통해 영양을 섭취하는 반면, (B) 초식동물은 대개 풀을 통해 영양을 섭취한다. 그리고 (A′) 육식동물은 고기를 섭취하기에 적합한 날카로운 이빨을 갖고 있으며, (B′) 초식동물은 풀을 섭취하기에 적합한 소화기관을 갖고 있다.

〈나〉

육식동물과 초식동물의 식습관은 퍽 다르다. (A) 육식동물이 주로 고기를 통해 영양을 섭취하는 경향이 있고, (A′) (육식동물은) 고기를 섭취하기에 적합한 날카로운 이빨을 갖고 있다. 반면, (B) 초식동물은 대개 풀을 통해 영양을 섭취하며, (B′) (초식동물은) 풀을 섭취하기에 적합한 소화기관을 갖고 있다.

〈가〉와 〈나〉는 모두 동물의 섭식 유형에 대한 것으로 육식동물의 섭식에 대한 특징을 나타내는 명제 A와 A′, 초식동물의 섭식에 대한 특징을 나타내는 명제 B와 B′로 이루어져 있다. 그러나 명제와 명제를 결합하여 의미를 전개해

나가는 방식에는 차이가 있다. 〈가〉의 경우 동물의 섭식 차이의 유형에 따라 A와 B를 결합하고, A′와 B′를 결합한다. 〈나〉의 경우 육식동물의 섭식과 초식동물의 섭식을 기준으로 육식동물의 섭식인 A와 A′를 결합하고, 초식동물의 섭식 특징인 B와 B′를 결합하고 있다.

이와 같은 텍스트 구조는 개념이나 명제 간의 관계를 형성하고 의미를 응집시켜 독자로 하여금 하나의 텍스트로 인식되게 만든다. 텍스트의 구조를 형성하는 통일성은 명제와 명제 간의 부분적 통일성(local coherence)뿐만 아니라 글 전체를 아우르는 전체적 통일성(global coherence)을 살펴볼 수 있어야 한다. 텍스트 구조는 담화 공동체의 관습에 따라 텍스트 유형이나 장르에 따라 다르게 나타날 수 있으며, 때로는 담화 공동체의 관습에서 벗어난 개성적인 구조를 통해 창의적으로 구성되기도 한다. 사려 깊은 독자는 읽기 과정에서 주요 내용을 파악하기 위하여 글의 구조에 관한 지식을 적극적으로 활용하며 의미를 구성해 간다.

텍스트 구조의 위계

텍스트 구조는 크게 **미시 구조**(micro-structure), **거시 구조**(macro-structure), **상위 구조**(super-structure, 또는 초 구조)로 나뉠 수 있다(van Dijk, 1972, 1977, 1978). 미시 구조는 문장 내(또는 명제 내), 문장의 연속(문장의 연결)의 연결 관계를 의미하며, 거시 구조는 텍스트의 더욱 큰 단위(문단)에서 성립하는 연관성과 논리적 전개를 보여 준다.

거시 구조는 텍스트의 총괄적인 의미를 보여 주며, 거시 구조를 통해서 텍스트의 주제를 밝힐 수 있다. 즉, 길고 복잡한 텍스트라 할지라도 '무엇에 대하여 이야기하는지' 한마디로 주제를 요약해 낼 수 있는 것은 바로 거시 구조에 대한 파악을 통해 이루어질 수 있다.

상위 구조는 특정한 텍스트에 대한 것이 아니라 거시 구조 분석을 통해서 드러나는 일반적이고 추상적인 텍스트 구조에 대한 도식이다. 설명문의 의

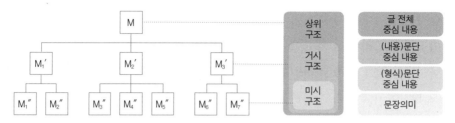

[그림 5-3] 텍스트 구조의 위계

미 구조와 소설의 의미 구조의 차이가 두드러지는 것은 문장 혹은 문단을 넘어 전체 텍스트의 추상적인 도식인 상위 구조에서 차이가 나기 때문이다. 상위 구조는 그 위상이 불분명하다고 비판받기도 하지만(Brinker, 1992) 그 유용성과 가능성으로 여전히 주목 받고 있다.

이러한 텍스트의 구조는 담화 표지어(dicourse marker)를 통해 잘 드러난다. 담화 표지어란 화제에 새로운 내용을 첨가하지 않으면서도 담화에서 특정한 부분을 강조하거나 명제들 사이의 관계를 명백히 알려 주는 표현들을 말한다(Mayer, 1975). 예를 들면, '왜냐하면'이나 '그 원인은'과 같은 표지어는 해당 텍스트가 원인과 결과의 구조라는 것을 알려 줌으로써 독자가 원인과 결과의 구조로 의미를 구성할 수 있도록 돕는다. 주로 설명문의 상위 구조를 드러내 주는 데에 많이 쓰인다. 만약 이러한 담화 표지어가 없다면 독자는 명제와 명제 사이의 관계를 추론하여 그 의미 관계를 파악해야 한다.

설명문의 구조

설명문(expository text)[1]의 상위 구조는 학자에 따라 분류 방법이나 특징이 서로 다르다. 킨취(Kintsch, 1974), 마이어(Meyer, 1975)의 경우 기술 구조, 집합 구조, 인과 구조, 반응 구조(문제-해결, 질문-대답), 비교·대조 구조의 다섯 가

---

1   설명이란 정의, 비교, 인과적 분석과 같은 방법을 통해서 하나의 주제에 대해 논리적으로 접근하는 정보적이고 설득력 있는 담화를 총칭하는 일반적인 개념이다.

지로 분류하였다. 한편 카렐(Carrell, 1984)은 앞서 다섯 가지에서 기술 구조와 집합 구조를 합하여 '수집 구조'로 명명한 바 있다. 설명적 담화의 구성 유형은 다양하지만 화제 A와 B의 관계에 따라 수집 구조, 인과 구조, 문제·해결 구조, 비교·대조 구조 네 가지로 나누어 볼 수 있다.

① 수집 구조

수집 구조는 정보들 사이에 선행되는 내용 요소와 후행되는 내용 요소가 독립적으로 전개되는 방식이다. 이 유형은 의미를 묶어 주는 공통 개념을 중심으로 이에 관한 개념이나 생각을 나열하는 것이다. 이러한 수집 구조는 의미 관계가 상호 독립적으로 연결되다 보니 개념 간의 의미적 연결 관계를 나타내는 구성력이 약해지기 쉽다. 수집 구조를 나타내는 담화 표지어로는 '첫째', '둘째', '셋째' 등이 있다.

② 인과 구조

인과 구조는 정보들 사이에 원인이 되는 선행 요소와 결과가 되는 후행 요소가 상호 관련지어 전개되는 방식이다. 원인과 결과라는 논리성을 바탕으로 시간적으로는 선후 관계에 놓여 있다. 인과 구조를 나타내는 담화 표지어로는 '왜냐하면', '따라서', '그러므로', '원인은 ~이다.' 등이 있다.

③ 문제·해결 구조

문제·해결 구조는 정보들 사이에 문제를 나타내는 선행 요소와 해결을 나타내는 후행 요소가 관련지어 전개되는 방식이다. 문제 제기와 대답, 혹은 문제 진술과 해결책 제시의 방식을 취한다. 가령 "환경오염의 가장 큰 원인은 무분별한 개발이라고 할 수 있다. 이를 해결하기 위해서는 무분별한 개발이 아닌 지속 가능한 개발로 전향하여야 한다."는 환경오염의 원인이 무분별한 개발이라는 것을 문제로 지적하고, 그 해결책으로 지속 가능한 개발을 제시하고 있다. 문제·해결 구조를 나타내는 담화 표지어로는 '문제는 ~이다.', '해결책은 ~이다.' 등이 있다.

④ 비교·대조 구조
비교·대조 구조는 정보들 간의 유사점과 차이점을 바탕으로 선행 요소와 후행 요소를 구성한다. 둘 이상의 화제를 각각의 특성별로 비교·대조할 수 있고, 화제별로 여러 사항을 종합하여 비교·대조할 수도 있다. 비교·대조를 나타내는 담화 표지어로는 '이와 달리', '반면에', '한편' 등이 있다.

　　설명문 구조 유형 중에서 인과 구조, 문제·해결 구조, 비교·대조 구조는 반드시 의미 관계가 쌍을 이루는 특징이 있다. 또한 수집 구조에 비해 대체로 문장의 연속성이 강한 특징이 있다. 문장의 연속성이 강한 텍스트 구조는 비조직적일지라도 대체로 이해가 쉽다(Thorndyke, 1977). 텍스트 의미 구성을 위한 설명적 구조를 파악하는 전략으로는 텍스트 구조에 관한 스키마를 활용하기, 도해 조직자를 활용하기, 담화 표지어를 활용하기 등이 있다.

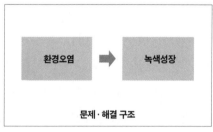

[그림 5-4] 설명문의 구조 유형과 도해 조직자

도해 조직자(Graphic Organizer)

도해 조직자란 텍스트와 그림을 결합시켜 정보를 구조화하여 제시하는 시각적인 체계로, 글의 주요 단어나 내용을 선, 화살표, 공간배열, 순서도 등을 사용하여 나타낸 위계적인 도식이다. 텍스트는 선형적인 텍스트이지만 내적인 의미 구조를 갖추고 있으므로 이에 따라 정보를 구조화하여 시각화하였을 때, 글의 구조적 특징과 내용이 더욱 명확해진다. 도해 조직자는 독자가 텍스트의 내용을 효과적으로 이해·기억·회상하는 데 도움을 주는 장치이다.

이야기 텍스트 구조

이야기(story) 텍스트는 설명문과 구조를 달리한다. 혹시 주변에서 멜로 드라마의 첫 회를 시청한 다음 전체 줄거리를 예상하여 맞추는 사람을 본 적 있는가? 이는 그 사람이 어떠한 예지력이 있기 때문이 아니라, 많은 남녀의 사랑 이야기들이 공통적으로 어떠한 사건의 틀에 대한 배경지식을 가지고 있기 때문이다. 이와 같이 어떤 이야기 텍스트가 가지고 있는 일정한 구조나 틀을 '이야기 텍스트 구조' 또는 '이야기 문법(story grammar)'이라고 한다. 다양한 이야기들을 분석해 보면 일정한 문법 규칙과 같이 기본적인 구조를 가지고 있다

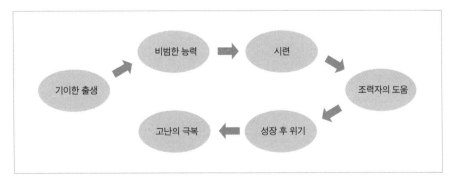

[그림 5-5] 영웅 일대기 구조와 도해 조직자

는 것을 가리키는 말이다.

　러멜하트(Rumelhart, 1975), 프로프(Propp, 1928), 콜비(Colby, 1973) 등이 이야기 텍스트의 문법 구조를 제시하였다. 이야기 문법은 이야기의 각 범주들과 그들의 관계를 나타내고, 다시 쓰기 법칙을 통하여 명제 사이의 관계를 구체화하는 이야기의 내적 구조를 말한다. 즉 이야기는 일련의 구성 요소로 이루어진 구조를 갖는데, 이 구조는 다시 쓰기 법칙에 의해 드러날 수 있다고 보았다(Mandler, 1984). 그 가운데에서도 러멜하트(1975)의 이야기 문법에 의하면, 이야기는 기본적으로 어떤 특정 배경 또는 상황에서 일어나는 일화로 구성된다. 그리고 일화는 사건과 이 사건에 대한 반작용으로 구성되며, 사건은 더 작은 일화나 행동 등으로 세분화되어 이어진다.

　이야기 텍스트의 구조는 이야기의 소재나 주제에 따라서 유사한 구조를 띠게 된다. 가령, 앞에서 예시로든 〈아기장수 우투리〉와 같은 영웅의 일대기를 다루는 이야기는 대체로 '주인공의 기이한 출생 – 비범한 능력 – 시련을 당함 – 조력자의 도움 – 성장 후 위기 – 고난의 극복'이라는 사건의 전개를 보인다. 남녀 간 사랑 이야기의 경우 '만남 – 사랑 – 이별 – 재회'라는 일련의 구조를 따른다. 이러한 최소 이야기 구조는 이야기 텍스트를 읽을 때에 독자를 몰입시키고 감화시키는 극적 장치가 된다.

4. 텍스트의 난도

(1) 텍스트 난도 이해의 필요성

교수·학습을 계획하고 실행하면서 학습자들이 읽기에 어렵지 않고 교수·학습의 목표를 달성하기에 적절한 텍스트를 선정하는 것은 매우 중요한 문제이다. 이때 텍스트 난도를 판단하여 독자 혹은 학습자의 수준에 맞춘다면, 교수 학습의 효과를 높일 수 있을 것이다.

텍스트 난도(degree of text difficulties)란 텍스트 이해의 어려움 정도를 뜻한다. 읽기 쉬움의 정도를 뜻하는 비슷한 용어로 기존 논의에서는 이독성(易讀性, readability)이라는 용어가 가장 보편적으로 사용되었다. 이는 글자와 편집상 읽기에 편안한 정도를 의미하는 가독성(可讀性, legibility)과 구별된다.

텍스트 난도에 대한 연구는 텍스트의 수준을 판단하기 위한 이독성 공식 개발을 통해 활발히 이루어졌다. 이독성 공식이란 텍스트의 난도를 수치화하여 통계적 분석을 통해 해당 텍스트를 읽기에 적절한 학년이나 연령을 제시해주는 공식이다. 국외에서 가장 널리 알려지고 또한 활용되고 있는 이독성 공식으로는 Flesch 공식과 Dale-Chall의 공식, Flesch-Kincaid 등을 들 수 있다. 이들은 대부분 어휘와 문장을 기준으로 이독성을 측정하고 있다. 단순히 양적으로 계산하기 때문에 진정한 의미의 이독성을 나타낼 수 없다는 지적과 비판을 받기도 한다. 그러나 현실적으로 출판·교육 분야에서는 이에 대한 요구가 크다. 그 결과

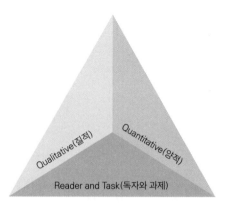

[그림 5-6] CCSS의 텍스트 복잡도의 표준 모형

미국의 렉사일(Lexile)사의 렉사일 지수를 통해 독자의 읽기 능력을 진단한 후 그에 맞는 도서를 안내하는 등 작업을 진행해 왔다.

한편, 최근에는 텍스트 난도 대신 텍스트 복잡도(text complexity)라는 용어가 널리 사용되고 있다. 텍스트 복잡도는 2010년 미국에서 발표된 공통 핵심 교육과정(Common Core State Standards: CCSS)에서 제안된 용어로 텍스트의 양적 영역(단어 길이, 단어 빈도, 문장 길이 등), 질적 영역(의미 수준, 텍스트 목적, 구조, 배경지식), 독자 및 과제(독자의 동기, 경험, 과제 매력도) 등 텍스트와 관련된 여러 요인을 두루 고려할 것을 제안하고 있다. 텍스트 복잡도는 수량화

더 알아보기

이독성(readability)

이독성은 글의 읽기 쉬움 정도를 말한다. 가독성이라 부르는 경우도 있으나, 이는 legibility로서 글자 폰트나 편집 체제에 따른 읽기 편한 정도를 가리키는 말로 구별해서 사용하기도 한다. 그밖에 이독성과 관련되는 용어로는 독이성, 가독도, 이독도 등이 있다. 최근에는 텍스트 복잡도(text compleity)로 복합적인 요인의 작용을 강조하고 있다.

가능한 몇몇 텍스트 요소로 텍스트 난도를 평가하던 기존 이독성 논의에서 벗어나, 텍스트에 대한 질적 접근을 강조하고 독자와 과제 요인 등 텍스트 외적 요인에 대한 총체적 고려를 강조한다는 점에서 주목할 만하다.

이처럼 텍스트 난도나 복잡도를 정확히 판단하는 것은 문식성 진단, 교재 개발, 독서교육 등의 측면에서 현실적인 필요성이 크기 때문에 여전히 상당한 관심 속에 연구가 진행되고 있다. 교육적 국면에서 텍스트 복잡도와 관련된 연구는 학습자의 발달 단계에 따라 수준에 맞는 텍스트를 제공하게 함으로써, 독서교육뿐 아니라 교육 전반의 수준별 교수학습을 가능하게 하는 중요한 요소로 작용한다.

(2) 텍스트 난도 판단의 주요 요소

한 편의 글에 대해서 연령이나 배경이 다른 독자들에게 어려움의 정도를 물었을 때 그 반응은 매우 다양할 수 있다. 어떤 글에 대해서는 대부분의 사람들이 입을 모아 쉽다 혹은 어렵다고 말하지만, 어떤 글에 대해서는 일부 사람들은 쉽다고 하지만 일부 사람들은 어렵다고 반응한다. 요컨대 '글 자체'가 어렵거나 쉬운 것일 수 있고, '독자에 따라서' 어렵거나 쉬울 수 있는 것이다. 왜 그러한 차이가 생길까. 그것은 어려움의 정도를 결정할 때 '어려움의 대상'과 '어려움을 느끼는 주체'를 함께 고려해야 하기 때문이다. 많은 학자들은 텍스트의 난도를 설명하기 위해 여러 가지 측면을 고려해 왔다.

텍스트적 측면

텍스트 난도 연구는 전통적으로 수량화 가능한 텍스트의 속성 혹은 요소들을 중심으로 이독성 공식을 구안하여 텍스트의 난도를 양적으로 판단하는 경향을 보였다. 이들 논의에서는 어려운 텍스트일수록 저빈도 단어의 출현이 많고 문장이 길고 복잡하다는 것을 전제로, 단어의 빈도나 길이, 문장의 길이와 복잡성 등을 통해 텍스트 난도를 평가한다.

이러한 텍스트적 접근은 텍스트의 내재적 특성에 근거한 난도로, 이는 다시 텍스트의 언어적인 특성에서 기인한 것과 내용적 특성에 의한 것으로 나눌 수 있다. 텍스트의 언어적 특질은 어휘, 문장, 글 전체에 이르기까지 텍스트가 형식적으로 갖추고 있는 특성이다. 즉, 텍스트에 사용된 어휘의 어려움 정도, 문장의 구조가 복잡한 정도, 글 전체의 구조가 복잡한 정도가 그에 해당된다. 또한 글 전체의 편집 상태, 삽화의 유무 등도 영향을 미칠 수 있다. 한편으로 텍스트의 내용적 특성은 텍스트에서 다루고 있는 소재나 주제의 친숙도이다. 문장이 간결하다고 하더라도 텍스트에서 다루는 내용이 친숙하지 않을 경우 읽기 어려운 경우가 있는데, 이는 텍스트의 소재나 주제가 어렵기 때문이다.

독자적 측면

1980년대 이후로 단어나 문장 등 텍스트의 일부 요소를 중심으로 전체 텍스트의 난도를 판단하는 것이 정확성 및 타당성 측면에서 문제가 있음을 지적하는 논의가 많았다. 아울러 텍스트 양적 요소를 중심으로 한 이독성 공식을 대체 및 보완할 수 있는 방법에 대한 요구가 본격화되었는데, 이 과정에서 주목하게 된 것이 독자이다. 독자는 텍스트 이해 및 의미 구성 과정의 주체로, 텍스트 난도를 실질적으로 체감하고 그 적절성 여부와 정도를 판단할 수 있기 때문에 난도의 기준을 독자에게 두는 것이다.

독자 중심 접근에서 텍스트를 어렵게 하는 요인으로는 독자의 인지적·정의적 특성을 들 수 있다. 즉, 독자의 지적 능력, 어휘력, 배경지식의 정도, 독서 능력(읽기 능력) 등에 따라 같은 텍스트라고 하더라도 어려움의 정도가 다르게 느껴질 수 있다는 것이다. 또한 인지 능력이 비슷한 독자라고 하더라도 텍스트의 장르, 소재에 대한 개인의 흥미, 독서 동기, 그리고 독서 효능감 등에 따라서 텍스트의 어려움이 달라질 수 있다. 같은 텍스트라도 자신이 선택해서 자발적으로 읽는 경우와 주어진 텍스트를 억지로 읽는 경우는 그 체감 난도가 다를 수 있는 것이다.

상황적 측면

독자의 인지적·정의적 특성과는 별개로 독자가 처한 상황에 따라 텍스트의 어려움이 달라질 수 있다. 동일한 글을 읽을 때에도 독서 목적이나 환경에 따라서 달라질 수 있는 것이다. 즉, 논문을 쓰기 위해 글을 읽을 때와 여가를 즐기기 위해서 글을 읽을 때에는 하나의 텍스트라고 하더라도 어려움이 다를 수 있다. 또한 글을 혼자서 읽을 때와 함께 읽을 때 체감하는 난도도 다를 수 있다.

가령, 「어린 왕자」를 개인적으로 감상하는 경우와 비평적 관점에서 분석하는 경우 각각의 목적과 과제는 큰 차이를 보인다. 이는 독자의 독서 목적이나 과제에 따라 동일한 텍스트를 저학년이나 고학년, 심지어는 전문적 교재에서도 다룰 수 있음을 의미한다. 독서 활동에 요구되는 지식은 큰 차이가 나기 때문이다. 이러한 맥락에서 독서교육의 교재 개발 등 체계적인 독서교육의 기반을 마련하기 위한 독자와 과제 요소에 의한 객관적인 분석이 종합적으로 고려되어야 한다.

[표 5-5] 텍스트 난도 판단의 요소

텍스트적 접근	• 언어적(형식적) 특성
	  – 어휘: 난도, 빈도
	  – 문장: 길이, 구조, 문체(서술 방식)
	  – 글 전체: 담화 관습, 구조, 편집, 삽화
	• 내용적 특성
	  – 장르
	  – 주제

독자적 측면	• 인지적 특성
	  – 지적 능력, 어휘력, 배경지식, 읽기 능력
	• 정의적 특성
	  – 흥미, 동기, 읽기 효능감

상황적 측면	• 독서 목적(과제) • 독서 환경

(3) 텍스트 난도 측정 방법

텍스트적 측면과 독자적 측면은 텍스트 난도 판단의 준거로서 함께 고려되어야 한다. 텍스트 난도를 판단하기 위해서는 앞서 기술한 텍스트적 측면과 독자적 측면을 측정하고 독자적 측면을 평정하기 위한 도구를 개발하여야 한다. 지금까지 텍스트 난도 연구에서는 텍스트적 측면을 판단하는 데에는 양적 측정의 방식이 선행되었고, 최근 독자적 측면을 판단하기 위한 질적 평정 방식이 논의되었다.

양적 측정 방법

텍스트 난도에 대한 양적 측정은 주로 텍스트적 측면에 근거하여 진행되었다. 즉, 어휘 난도, 문장의 길이, 문장의 복잡도 등을 수치화하여 어려움의 정도를 양적으로 측정하는 것이다. 그 대표적인 사례가 진 촬(Jeanne S. Chall)과 동료들의 이독성 공식 연구이다. 이후 많은 연구자들이 이독성 점수를 활용하여 텍스트의 수준을 측정하고 위계화하였다. 최근에는 영어 텍스트를 입력하기만 하면 다양한 이독성 공식을 활용하여 텍스트의 난도를 자동 측정하여 해당 텍스트를 읽기에 적절한 학년 수준을 제시해 주고 있다.[2]

〈이독성 공식의 예 1〉

1. Flesch Reading Ease Formula (1948)

   학년 수준(Y) = 0.39*(단어수/문장수) + 11.8*(음절수/단어수) - 15.59

2. 해리스와 제이콥슨(1982)의 이독성 공식

   추정 원점수 = 0.245*(어려운 단어의 백분율) + 0.160*(평균 문장길이) + 0.642

국내에서도 한국어 텍스트의 수준을 판단하기 위한 이독성 공식 개발이 진행되어 왔으나 아직까지 자동화 단계에 이르지는 못하고 있다. 서혁 외(2013)에서는 등급별 어휘 목록을 세분화하고, 문장 복잡도 측정의 방법을 새롭게 하여 텍스트 복잡도 공식을 제시한 바 있다. 이 텍스트 복잡도 공식은 초등 텍스트에 대한 학년 수준을 75.2%, 중등 텍스트에 대한 학년 수준을 65.6% 설명하는 것으로 나타났다. 텍스트 복잡도 공식은 비록 초등과 중등의 텍스트 복잡도 공식을 별도로 제시해야 한다는 번거로움이 있기는 하나, 어휘 분류의 정밀성과 함께 문장 복잡도 정도를 추가하여 초등과 중등의 텍스트 복잡도 측정 방식이 다를 수 있음을 보여 준다.

〈이독성 공식의 예 2〉

1. 윤창욱(2006) 이독성 공식

    학년 수준=0.186×(어려운 낱말 수)-0.509×(문장 수)+8.697

2. 서혁 외(2013) 텍스트 복잡도 공식

    • 초등 텍스트 학년 수준

    =-0.391×(문장 수)+0.032×(A등급 이외의 단어 수)+0.016×(문장 수×A등급 이외의 단어 수)+7.438

    • 중등 텍스트 학년 수준

    =-0.060×(A등급 단어 수)+0.145×(C등급 이외 단어 수)+0.110×(문장 복잡도)+0.024×(문장 복잡도×C등급 이외 단어 수)+9.075

---

2 영어 텍스트의 이독성을 자동적으로 측정해 주는 예는 다음 사이트에서 확인할 수 있다. www.readabilityformula.com 이 사이트에서는 영어 텍스트를 입력하면 다양한 이독성 공식를 이용하여 텍스트의 난이도를 제시해 주고 있다. 김성룡(2013)에서는 해당 사이트에서 구운몽을 영문 번역한 것을 입력하여 텍스트의 곤란도를 확인한 바 있다.

이러한 양적 측정 방식은 텍스트에 대한 객관적 지표를 제시해 준다는 점에서 의의가 있으나, 객관적 지표일 뿐 실제 학생들에게 적절하지 않다는 비판도 있다. 텍스트적 측면만으로 텍스트의 난도를 포괄할 수 없을 뿐만 아니라, 그러한 텍스트적 측면도 어휘 빈도와 문장의 길이만으로 정확히 측정해낼 수 없다는 것이다. 그러나 이독성이나 텍스트 복잡도에 대한 연구는 장기적으로 독서교육의 과학적이고 체계적인 기반을 마련하기 위해서 포기할 수 없는 영역이다.

질적 평정 방법

텍스트 난도에 대한 양적 측정의 한계를 극복하고자 질적인 평정 방식에 대한 논의도 활발히 진행되었다. 질적 평정은 교사나 전문가의 경험과 직관에 기반하는 것으로 양적 측정 방식에서 다루지 못했던 독자적 측면을 포괄할 수 있다는 점에서 의의가 있다. 양적 측정인 이독성 공식처럼 도구가 체계적으로 설정된 것은 아니지만, 앞서 설명한 텍스트 난도의 요인과 준거에 대한 종합적인 접근을 시도하고 있다.

정혜승(2010)은 텍스트 난도 평가에 있어서 양적 측정을 보완할 수 있는 방법으로 교사의 경험과 전문성에 의한 질적 평정 방법을 제안하였다. 기존의 이독성 공식에 의한 텍스트의 난도 측정이 정확하지 않을 뿐만 아니라 학생의 수준을 고려하기 위해서는 텍스트를 둘러싼 다양한 요소에 대해 교사의 판단이 필요하기 때문이라고 보았다. 이에 대한 발전적 연구로 최숙기(2012)에서는 미국의 각 주의 공통핵심교육과정인 CCSS(2010)에서 제안하고 있는 텍스트 복잡도 모형에 근거하여 1)글의 의도, 2)글의 구조, 3)언어의 관습성과 명료성, 4)지식 요구의 4개의 질적 요인에 대한 평정을 시행하였다. 이는 양적 측정 결과에 더하여 교사나 교과 전문가가 글의 정성 평가를 실시하여 세밀하게 적정 학년 수준을 조정하는 기능을 담당한다고 볼 수 있다.

그러나 이러한 질적 평정은 평정자의 전문성에 크게 의존하고 있어 평정자 간 신뢰도에 유의할 필요가 있다. 그러므로 질적 평정을 좀 더 보완하기 위해서는 해당 학년 수준을 대표하는 '학년 수준 샘플 글'이 구축되어야 하며, 이 샘플 글은 질적 요인별 수준에 대한 정보와 양적 측정 결과에 대한 점수, 학생들의 흥미나 동기 등의 정의적 영역과 관련한 총체적인 정보를 담고 있어야 한다.

지금까지 읽기 행위에 있어서 필자와 독자를 매개해 주고, 의미 구성과 생산의 장(場)을 만들어 주는 텍스트의 개념과 구조, 유형에 대해 살펴보았다. 텍스트란 응집성과 완결성을 지니고 있으며, 의사소통적 기능을 수행하는 의미의 완결체이다. 우리가 접하는 다양한 텍스트는 다양한 담화 양식에 따라 유형화될 수 있으며, 미시 구조, 거시 구조, 상위 구조로 이루어지는 내적인 위계 관계를 이루며 조직되어 있다. 독서교육을 설계함에 있어서 텍스트 난도를 판단하여 학습자에게 적절한 텍스트를 제공할 필요가 있다.

5장 독서와 텍스트

1. 텍스트의 개념

- 텍스트란 어떤 맥락 내에서 응집성과 통일성을 지니고 있으며, 의사소통적 기능을 수행하는 의미의 완결체이다.
- 텍스트에 대한 정의는 텍스트의 형태와 구조적인 면에 주목하는 입장과 텍스트를 하나의 의미 단위로 보고 의사소통에 있어서 텍스트의 역할과 기능에 주목하는 입장이 있다.

2. 텍스트의 유형

- 텍스트 유형은 텍스트를 특정 기준에 따라 분류하고 위계화한 것이다. 국어교육에서 다루는 텍스트의 유형으로는 구어 텍스트(spoken text)와 문어 텍스트(written text), 정보 텍스트(informational text)와 문학 텍스트(literary text), 인쇄 텍스트(printed text)와 복합양식 텍스트(multimodal text) 및 하이퍼 텍스트(hyper text) 등이 있다.

3. 텍스트의 구조

- 텍스트 구조란 주요 개념들을 효과적으로 전달하기 위해 정보를 조직하고 전개하는 방식 체계를 말한다.
- 텍스트의 의미는 텍스트의 구조를 바탕으로 구성되며 텍스트 구조는 크게 미시 구조, 거시 구조, 상위 구조로 나뉜다.

4. 텍스트의 난도

- 텍스트 난도란 텍스트 이해에 있어서의 어려움의 정도를 뜻한다. 읽기 쉬움의 정도를 뜻하는 이독성(readability)이라는 용어가 가장 보편적으로 사용 되었으며, 이독성을 측정하는 다양한 공식이 개발되어 문식성 진단, 교재 개발, 독서교육 등의 측면에서 활용되어 왔다.
- 텍스트 난도의 요소는 텍스트적 측면(어휘, 문장 길이, 구조, 주제, 장르), 독자적 측면(지적 능력, 배경지식 유무, 흥미, 동기) 상황적 측면(읽기 과제, 읽기 환경)에 따라 다양하게 나타난다.

알아두어야 할 것들

텍스트, 텍스트 유형, 구어 텍스트(spoken text), 문어 텍스트(written text), 정보 텍스트(informational text), 문학 텍스트(literary text), 인쇄 텍스트(printed text), 복합양식 텍스트(multimodal text), 하이퍼 텍스트(hyper text), 텍스트 구조, 미시 구조, 거시 구조, 상위 구조, 텍스트 난도, 이독성, 텍스트 중심 접근, 독자 중심 접근, 상황 중심 접근

학습활동

1. 아래 용어의 개념을 간단히 설명하시오.

- 텍스트
- 담화 표지어
- 텍스트 유형
- 문어 텍스트
- 정보 텍스트
- 복합양식 텍스트
- 이독성(readability)
- 가독성(legibility)

2. 다음 진술을 참(T)과 거짓(F)으로 구분하고, 거짓은 바르게 수정하시오.

(1) 텍스트는 한 문단 이상으로 이루어진 글을 의미한다.

(2) 텍스트 유형은 기존 독서교육에서 체계적으로 적용하고 있는 대상이다.

(3) 국어과 교육과정의 텍스트 유형은 텍스트 언어학의 텍스트 유형과 동일한 체계이다.

(4) 현재 국어과 교육과정에서는 친교 및 정서표현의 글을 하나의 유형으로 다루고 있다.

(5) 설명문과 이야기 텍스트의 의미 구조는 큰 차이가 없다.

(6) 텍스트 난도를 양적으로 측정할 때에는 어휘, 문장의 길이를 중요하게 여긴다.

3. 아래 시가 갖는 텍스트의 형식적·내용적 특성에 대해 설명하시오.

山

절망의산,

대가리를밀어버

린, 민둥산, 벌거숭이산,

분노의산, 사랑의산, 침묵의

산, 함성의산, 증인의산, 죽음의산,

부활의산, 영생하는산, 생의산, 회생의

산, 숨가쁜산, 치밀어오르는산, 갈망하는

산, 꿈꾸는산, 꿈의산, 그러나 현실의산, 피의산,

피투성이산, 종교적인산, 아아너무나너무나 폭발적인

산, 힘든산, 힘센산, 일어나는산, 눈뜬산, 눈뜨는산, 새벽

의산, 희망의산, 모두모두절정을이루는평등의산, 평등한산, 대

지의산, 우리를감싸주는, 격하게, 넉넉하게, 우리를감싸주는어머니

– 황지우, 「무등(無等)」

4. 다음은 생텍쥐페리의 「어린왕자」의 일부이다. 다음을 읽고 물음에 답하시오.

여섯 살 적에 나는 '체험한 이야기'라는 제목의, 원시림에 관한 책에서 기막힌 그림 하나를 본 적이 있다. 맹수를 집어삼키고 있는 보아 구렁이 그림이었다. 위의 그림은 그것을 옮겨 그린 것이다. 그 책에는 이렇게 씌어 있었다. '보아 구렁이는 먹이를 씹지 않고 통째로 집어삼킨다. 그리고는 꼼짝도 하지 못하고 여섯 달 동안 잠을 자면서 그것을 소화시킨다.' 나는 그래서 밀림 속에서의 모험에 대해 한참 생각해 보고 난 끝에 색연필을 가지고 내 나름대로 내 생애 첫 번째 그림을 그려보았다. 나의 그림 제1호였다. 그것은 이런 그림이었다.

나는 그 걸작품을 어른들에게 보여 주면서 내 그림이 무섭지 않느냐고 물었다. 그들은 "모자가 뭐가 무섭다는거니?" 하고 대답했다. 내 그림은 모자를 그린 게 아니었다. 그것은 코끼리를 소화시키고 있는 보아구렁이였다. 그래서 나는 어른들이 알아볼 수 있도록 보아 구렁이의 속을 그렸다. 어른들은 언제나 설명을 해 주어야만 한다. 나의 그림 제2호는 이러했다.

어른들은 속이 보이거나 보이지 않거나 하는 보아 구렁이의 그림들은 집어치우고 차라리 지리, 역사, 계산 그리고 문법 쪽에 관심을 가져 보는 게 좋을 것이라고 충고해 주었다. 그래서 나는 여섯 살 적에 화가라는 멋진 직업을 포기해 버렸다. 내 그림 제1호와 제2호가 성공을 거두지 못한 데 낙심해 버렸던 것이다. 어른들은 언제나 스스로는 아무 것도 이해하지 못한다. 자주자주 설명을 해주어야 하니 맥 빠지는 노릇이 아닐 수 없다. 그래서 다른 직업을 선택하지 않을 수 없게 된 나는 비행기 조종하는 법을 배웠다. 세계의 여기저기 거의 안 가 본 데 없이 나는 날아다녔다. 그러니 지리는 정말로 많은 도움을 준 셈이었다. 한번 슬쩍 보고도 중국과 애리조나를 나는 구별할 수 있었던 것이다. 그것은 밤에 길을 잃었을 때 아주 유용한 일이다. 나는 그리하여 일생 동안 수없이 많은 점잖은 사람들과 수많은 접촉을 가져 왔다. 어른들 틈에서 많이 살아온 것이다. 나는 가까이서 그들을 볼 수 있었다. 그렇다고 해서 그들에 대한 내 생각이 나아진 건 없었다. 조금 총명해 보이는 사람을 만날 때면 나는 늘 간직해 오고 있던 예의 나의 그림 제1호를 가지고 그 사람을 시험해 보고는 했다. 그 사람이 정말로 뭘 이해할 줄 아는 사람인가 알고 싶었던 것이다. 그러나 으레 그 사람은 "모자군." 하고 대답하는 것이었다. 그러면 나는 보아 구렁이도 원시림도 별들도 그에게 이야기하지 않았다. 그가 이해할 수 있는 이야기를 했다. 브리지니 골프니 정치니 넥타이니 하는 것들에 대해 이야기하는 것이다. 그러면 그 어른은 매우 착실한 청년을 알게 된 것을 몹시 기뻐했다.

(1) 어휘와 문장의 측면에서 볼 때 위 텍스트의 난도는 어느 정도인지 판단해 보자.

(2) 위 텍스트를 교과서에 싣는다면, 적절한 학년을 제시하고 그렇게 생각한 이유를 쓰시오.

참고문헌

권순희(2003). 하이퍼텍스트를 통한 읽기교육 개념의 재설정. 국어교육학연구 16, 39-65.

김봉순(2002). 국어교육과 텍스트구조. 서울대학교출판부

김성룡(2013). 고전 문학 작품 위계의 필요성과 가능성. 국어교육학연구 47, 5-41.

김주환·장은섭(2014). 정보 텍스트와 서사 텍스트에 대한 고등학생들의 반응 분석. 새 국어교육 101, 113-139.

박영순(2004). 한국어 담화·텍스트론. 한국문화사.

서울대학교 국어교육연구소(1999). 국어교육학 사전. 대교출판.

서혁·이소라·류수경·오은하·윤희성·변경가·편지윤(2013). 읽기(독서) 교육체계화를 위한 텍스트 복잡도(Degree of Text Complexity) 상세화 연구(2). 국어교육학 연구 47, 253-290.

신재한(2005). 글의 목적에 따른 수준별 읽기전략 수업 설계. 한국초등국어교육, 91-116.

윤창욱(2006). 비문학 지문 이독성 공식 개발에 관한 연구. 한국교원대학교 석사학위논문.

이경화(2007). 읽기교육의 원리와 방법. 박이정.

이도영(2007). 국어과 교육과정에 나타난 텍스트 유형에 대한 비판적 검토. 텍스트언어 학 22, 249-276.

이순영(2011). 텍스트 난도와 텍스트 선정에 관한 독자 요인: 초중고등학교 독자들의 반응을 중심을 한 시론. 독서 연구 26, 61-96.

이은희(2000). 텍스트언어학과 국어교육. 서울대학교출판부

정혜승(2010). 글 난도 평가를 위한 질적 방법 연구. 국어교육 131.

최미숙 외(2014). 국어교육의 이해. 사회평론아카데미.

최숙기(2011). 미국 공통 중핵 교육과정(CCSS)의 읽기 텍스트 위계화 방안에 관한 연 구. 교육과정평가연구 14-2, 1-29.

최숙기(2012ㄱ). 텍스트 복잡도 기반의 읽기교육용 제재의 정합성 평가. 국어교육 139, 451-490.

최숙기(2012ㄴ). 텍스트 위계화를 위한 텍스트 질적 평가 방안 연구. 국어교육학연구 43, 487-522.

최숙기(2013). 복합 양식 텍스트에 대한 독자의 읽기 행동 분석에 기반한 디지털 시대 의 읽기교육 방안 탐색. 독서연구 29, 225-264.

한국텍스트언어학회(2004). 텍스트언어학의 이해. 박이정.

Beaugrande, R., & Dressler, W.(1981). *Introduction to Text Linguistics*. London: Longman.

Brinker. K.(1985). *Linguistisch Textanalyse*(Eine Einführung in Grundabegriffe und Metjoden). Berlin: Erich Schmidt Verlag. [이성만 역(2004). 텍스트 언어학의 이해. 역락.]

CCSS(2010). *Common Core State Standards for English Language Arts & Literacy in History/Social Studies, Science, and Technical Subjects*. Washington, DC: CCSSO & NGA.

Dale, E., & Chall, J. S.(1995). *Manual for Use of the New Dale-Chall Readability Formula*. Brookline Books.

Flesch, R.(1948). A New Readability Yardstick. *Journal of Applied Psychology*, 32(2), 111-113.

Graesser, A. C., McNamara, D. S., & Louwerse, M. M.(2011). Method of automated text analysis. In M. L. Kamil, P. D. Pearson, E. B. Moje, & P. P. Afflerbach(Eds.), *Handbook of reading research*(Vol. IV, 34-53). New York: Routledge.

Halliday, M. A. K., & Hasan, R.(1976). *Cohesion in English*. London: Longman.

Halliday, M. A. K., & Hasan, R.(1985). *Language, Context, and Text: Aspect of Lan-guage in a Social- Semiotic Perspective*. Oxford Universtiy Press.

Kintsch. W., & Vipond, D.(1977). 5Reading Comprehension and Readability in educational practice. Paper presented at the conference on memory, university of Uppsala.

Norman, D. A., & Rumelhart, D. E.(1975). *Explorations in Cognition*. Freeman.

Propp, V.(1928). *Morphology of the Folktale*. Leningrad. [이건주 역(2009). 민담 형태론. 지만지.]

van Dijk, T. A.(1972). *Some Aspect of Text Grammars*. Hague: Moulton.

van Dijk, T. A.(1977). *Text and Context*. London: Longman.

2부

독서의 교육과정과 교수학습

6장 독서 교육과정에 대한 이해 / 7장 독서 교과서의 이해 / 8장 독서 교수학습 I: 텍스트와 매체 / 9장 독서 교수학습 II: 독서지도 방안 / 10장 독서평가의 방법과 실제

2부는 이 책의 독자가 독서교육의 전문가로서 자신의 독서교육을 계획하고 또 실행할 수 있도록 기획되었다. 독서교육은 1)교육 '목표'를 설정한 후, 2)이를 실현하기 위해 교육 '내용'을 추출하고, 3)구체적인 교육 방법과 자료를 선택하여 '실행(교수학습)'한 후, 4)최종적으로 그 성과를 '평가'하는 일련의 과정으로 구성된다. 2부는 이 흐름에 따라 유·초·중등의 독자를 위한 교육과정의 내용을 정리한 후, 독서교육의 내용이 자료로 구현되어 있는 교과서를 검토한다. 이어 특정한 목적에 따라 다양한 텍스트와 매체를 활용하여 독서를 지도하는 효과적인 방법들을 살펴본다. 10장에서는 독서교육의 최종 단계인 평가의 목적, 유형, 실제를 사례와 함께 제시하여 2부의 내용을 정리할 수 있게 하였다. 교육은 특정한 환경 속에서 상이한 요구와 특성을 가진 다양한 학습자를 대상으로 실현되기 때문에, 교사 스스로 자신의 지도 방법을 점검하고 꾸준히 보완해 나가야 한다.

6장
독서 교육과정에 대한 이해

1. 독서 교육과정의 역사적 변천
2. 2015 개정 교육과정의 독서교육 내용

To prepare him for the future life means
to give him command of himself.
— John Dewey, 1897

1. 독서 교육과정의 역사적 변천

교육과정이란 영어의 커리큘럼(curriculum)의 번역어이다. 커리큘럼은 원래 라틴어인 '쿠레레(currere)'에서 유래한 것으로 '경마장에서 말이 뛰는 길(course of race)'을 의미한다. 경마장에서 말이 뛰는 길은 정해져 있으며, 다른 길로 뛰는 것은 허용되지 않는다. 따라서 교육과정은 공부하는 학생들이 '마땅히 따라가야 할 길 또는 코스'를 의미한다.

학교에서 가르쳐야 할 교육 내용들을 체계적으로 조직한 것을 학교 교육과정이라고 한다. 우리나라의 경우에는 교육과정이라고 하면 주로 학교 교육과정을 의미한다. 교육과정은 크게 세 가지 차원으로 구분할 수 있는데, 문서로 계획된 교육과정과 학교에서 실제로 실천된 교육과정, 그리고 교육의 결과로 나타나는 성과나 산출로서의 교육과정이 그것이다. 그러나 좁은 의미로 보면 교육과정은 학교에서 무엇을 어떻게 가르쳐야 할 것인지를 정리해 놓은 문서로서의 교육과정만을 의미한다.

근대적 의미의 학교가 설립되어 독서교육이 실시된 것은 1894년 갑오경장 이후이다. 그러나 개화기 이후 우리나라는 일제식민지로 전락하였기 때문에 체계적인 교육을 실시하기 어려웠다. 학교체제가 정비되어 체계적인 교육이 시작된 것은 제1차 교육과정이 실시된 1955년 이후라고 할 수 있다. 그러나 국가 수준의 교육과정이 마련되어 체계적인 학교교육이 실시되기 이전에도 독서교육은 이루어졌다.

독서교육의 역사에서 오랜 시간을 차지한 것은 한자 학습과 유교경전 교육이었다. 한자 학습과 유교경전 교육은 고대국가의 형성기부터 조선시대까지 2,000여 년간 이어져 왔다. 한글이 창제된 것은 15세기이며, 학교에서 한글을 가르치기 시작한 것은 19세기부터이다. 한글 보급과 그에 따른 학교교육 혹은 독서교육의 역사는 길게 잡아도 100여년 안팎인 셈이다. 따라서 국어과 교육이나 독서교육에서 한문교육의 시기는 매우 중요한 시기라고 하지 않을 수 없다. 여기서는 한문교육기를 포함하여 독서교육의 역사를 다음과 같이 구분하여 기술하고자 한다.

[표 6-1] 독서교육의 역사적 변천 과정

시대 구분	특징	목표	내용 영역
1. 한문교육기 (~1895)	한자 습득과 유교경전 학습	한자 습득과 인격 수양	강독, 제술, 습자
2. 개화기와 일제강점기 (1895~1945)	국어 보급과 민족의식 고취	문자 습득과 계몽의식 고취	독본, 작문, 습자
3. 미군정기- 제3차교육과정 (1945~1981)	국가 형성과 국민 양성을 위한 가치 교육	기초 기능 습득과 국민정신 교육	듣기, 말하기, 읽기, 쓰기
4. 제4차 교육과정 (1981~1987)	국어와 관련된 학문적 지식 교육	언어 기능과 문법, 문학의 지식 습득	표현·이해, 언어, 문학
5. 제5-7차 교육과정 (1987~2007)	언어 사용 능력 신장과 언어 활동 경험 강조	국어 사용 능력 향상	듣기, 말하기, 읽기, 쓰기, 언어[1], 문학
6. 2007 개정 교육과정 이후(2007~)	텍스트의 수용과 생산 능력 강조	국어 사용 능력 향상	듣기, 말하기[2], 읽기, 쓰기, 문법, 문학

1 제5, 6차는 '언어', 제7차는 '국어지식', 2007 개정부터는 '문법'으로 용어가 바뀌었다. 이러한 변화는 문법 영역의 정체성 변화를 반영한 것이다.
2 2009 개정 교육과정시기부터 '듣기', '말하기'가 '듣기·말하기'로 통합되었다.

(1) 한문교육기(~1895)

독서교육은 문자를 사용하면서부터 시작되었다고 할 수 있다. 우리나라에서는 삼국시대 이전인 고조선 때부터 문자가 사용되었다는 기록이 전해지고 있지만, 실증적인 자료가 부족하여 자세히 알 수 없다. 우리나라에서 독서 활동에 대한 실증적 기록을 확인할 수 있는 시기는 삼국시대부터이다. 고구려는 삼국 중 가장 먼저 고대국가의 체계를 갖추었으며 국초부터 문자를 사용하기 시작했고, 소수림왕 2년(372)에는 태학을 세워 유교경전을 가르쳤다. 따라서 이때부터 우리나라에서 문자에 대한 지도와 독서교육이 본격적으로 이루어졌다고 할 수 있다.

고구려에는 태학과 경당이라는 두 종류의 교육기관이 있었다. 태학은 우리나라 최초로 국가에 의하여 설립된 관학(官學)이며, 최초의 고등교육기관이다. 경당은 지방 촌락에 있었던 사학(私學)으로 독서와 활쏘기를 교육 내용으로 하여 문무를 겸비한 인재를 양성하였다. 당시 태학과 경당에서는 오경(五經: 詩傳, 書傳, 周易, 禮記, 春秋)과 삼사(三史: 史記, 漢書, 後漢書) 등을 가르쳤을 것으로 추측하고 있다.

백제도 서기 285년에 박사 왕인이 일본에 논어와 천자문을 전했다는 기록이 있기 때문에 한자와 유교경전을 가르치는 교육기관이 있었을 것으로 추측된다. 고대국가 형성이 상대적으로 늦은 신라는 삼국통일 이후인 신문왕 2년(682년)에 국학을 설립하였다. 국학의 교육 내용은 유학의 경전이 중심이 되었는데, 논어와 효경이 필수과목이었다. 원성왕 4년(788)에는 일종의 과거법인 독서삼품과를 정하여 인재 등용의 방법으로 삼았다. 독서삼품은 국학에서 수학한 학생들의 성적을 셋으로 구분한 데서 온 명칭이다. 상(上)은 춘추좌씨전, 예기, 문선, 논어, 효경을 읽은 자, 중(中)은 곡례(曲禮)와 논어, 효경을 읽은 자, 하(下)는 곡례와 효경을 읽은 자로 했다.

고려의 학교교육은 관리의 양성 기능을 담당하였다. 유학 교육기관으로서는 수도에 국자감과 동서학당[東西學堂, 오부학당(五部學堂)이라고도 한다], 그리고 사학십이도(私學十二徒)가 있었고, 지방에는 향교와 서당이 있었다. 국자 감과 동서학당, 향교는 관학에 해당하고 사학십이도나 서당은 사학에 해당한 다. 국자감은 고려의 최고 교육기관이었다. 국자감의 조직과 편제는 유학계 교 육에 해당하는 삼학(三學)과 기술계 교육에 해당하는 삼학(三學)으로 구성되어 있었다. 유학계 삼학에는 필수과목인 효경과 논어를 비롯하여 주역(周易), 상 서(尙書), 모시(毛詩), 예기(禮記), 주례(周禮), 의례(儀禮), 춘추좌씨전(春秋左氏傳), 공양전(公羊傳), 곡량전(穀梁傳) 등이 교육과정으로 편성되어 있었다.

조선은 유학을 국가의 지도 이념으로 삼았기 때문에 유학을 보급하기 위 한 학교교육을 강화하였다. 학교제도는 국가의 주도하에 관학으로 중앙에 성 균관, 사학(四學), 그리고 지방의 행정단위에 향교를 설립하고, 개인들에 의해 설립되는 사학으로 서원, 서당 등이 있었다. 이러한 교육기관은 유학에 공헌이 큰 성현을 제사하고 국가의 인재를 양성하는 두 가지 역할을 하였다. 성균관 의 교육 내용은 사서(大學, 論語, 孟子, 中庸)와 오경(禮記, 春秋, 詩傳, 書傳, 周易)과 같은 유교경전과 제술(製述)이 기본 교과목이었다.

서당은 민간이 설립한 것으로 초등교육기관이라고 할 수 있다. 서당의 교 육 내용은 주로 강독(講讀), 제술(製述), 습자(習字)로 이루어졌다. 강독은 『천자 문』에서 시작하여 『동몽선습』, 『소학』으로 나아가고, 그다음으로 통감, 사서삼 경, 사기, 당송문, 당률로 나아갔다. 서당의 규모나 훈장의 학식 수준에 따라 춘추, 예기, 근사록 등을 읽히기도 하였다.

이렇게 보면 근대 이전의 교육은 주로 한자 학습과 유교경전 교육이 중심 을 이루었다는 것을 알 수 있다. 학교의 설립 이유가 국가를 운영하기 위한 관 료 양성에 그 목적이 있었으며, 유학의 경전들은 당시의 국가 운영에 필요한 핵심적인 가치를 담고 있었다. 조선은 유학을 신봉하는 사대부들에 의해서 건 국되었기 때문에 유교를 국교로 정해 체계적으로 교육하고자 하였다. 그러나 오랜 세월 강고하게 유지되어 온 유교 중심의 세계관과 교육체계는 서양문물 이 유입되면서 서서히 무너지기 시작하였다.

(2) 개화기와 일제강점기(1895~1945)

1876년 일본과의 병자수호조약 체결 이후 우리나라는 급속히 서구문물을 받아들이기 시작했다. 서양의 근대적인 제도와 문물을 받아들여 국가를 개혁하고자 한 선각자들에 의해 근대적인 학교의 설립이 활발하게 이루어졌다. 함경남도 원산의 지방민에 의해 만들어진 원산학사는 최초의 근대학교였으며, 그 이후 부산의 개성학교, 서울의 정선여학교, 흥화학교 등 많은 학교들이 설립되었다. 또 한편으로는 기독교 선교사들에 의해 학교 설립이 활발하게 이루어졌는데, 배재학당, 이화학당, 경신학교, 정신학교 등이 그것이다. 원산학교의 교과목은 산수, 격치, 기계, 농업, 양잠, 채광, 국어(일어), 법률, 민국, 공법, 지리 등이었고, 배재학당의 교육 내용은 영어, 성경, 한문, 천문, 수학, 역사 등이었다.

정부에서도 새로운 인재 양성의 필요성을 느껴 1886년 육영공원이라는 영어학교를 설립하기도 하였다. 그러나 이 시기의 교육은 여전히 학당이나 향교, 서당과 같은 전통적인 교육기관을 통한 유교경전 교육이 중심을 이루고 있었다. 이러한 전통적인 교육체제를 종식시키고 근대교육의 학제와 근대교육의 사상을 정립한 계기가 갑오경장(1894)이었다. 갑오개혁을 통해서 국가의 교육을 관장하는 학무아문이 설치되었고, 1895년 2월에는 교육조서가 발표되었다. 고종 황제는 '교육조서'를 통해 국민 교육의 필요성을 역설하고 기존의 유교경전 중심의 학습에서 벗어나 실용적인 교육, 덕, 체, 지를 기르는 교육방침을 제시하였다. 또한 1895년 3월에는 학부관제가 공포되었고, 7월에는 소학교령을 공포하여 근대적인 교육기관인 소학교가 개설되었다. 이 소학교령에 따라 '수신, 독서, 작문, 습자, 산술, 체조'라는 6개 교과가 만들어졌으며, 『국민소학독본』이라는 최초의 공식적인 국어 교과서가 간행되었다.

개화기의 국어교육 혹은 독서교육의 목표는 국어 능력을 신장하는 데 있었던 것이 아니라 서구 문물에 대한 폭넓은 지식을

고종 황제 교육조서
(사진: 한국학중앙연구원)

일반 대중에게 널리 알리는 데 있었다. 물론 이를 달성하기 위해 국문을 읽고 쓸 수 있는 기초적인 문식성을 개발하는 것도 개화기 국어교육의 중요한 목적이었다. 하지만 이 시기의 독본 교과서는 국한문혼용인 경우가 많았는데, 지난 2천년 동안 한자와 유교경전에 대한 교육이 주를 이루고 있었던 것에 비교하면 국한혼용체의 독본 교과서의 등장은 그 내용과 형식에서 획기적인 변화라고 할 수 있다.

그러나 을사조약(1905)으로 일제의 통감부가 들어서고 1906년 '보통학교령'이 공포되면서 독서, 작문, 습자를 '국어'로 합치고, 일본어를 국어와 같은 비중으로 다루었다. 그러다가 1911년 '조선교육령'이 공포되면서 모든 교과서는 일본어로 기술되었고, 교수 용어도 일본어를 써야만 했다. 일본어가 '국어' 과목이 되었으며, 우리말은 '조선어' 또는 '조선어 및 한문'이라는 이름의 외국어 과목으로 전락하였다. 제1차 조선교육령 시기(1911~1922)의 보통학교 교과목은 수신, 국어(일어), 조선어 및 한문, 산술, 이과, 창가, 도화, 체조 등이었다. 이 시기는 비록 일본어에 비해 절반도 안 되는 시수였지만 조선어가 정규교과에 포함되었다. 하지만 1938년 제3차 조선교육령 시기부터는 조선어를 정규교과에서 배제하여 수의과목으로 전락하여 사실상 폐과가 되고 말았다.

정부의 학교정책이 일본인에 의해서 조종되고 친일사상을 위한 교육으로 전락하면서 민족주의자들에 의해 민간학교들이 새로 생기게 되었다. 민족주의자들이 세운 학교는 자연히 민족의식 고취를 교육의 가장 중요한 목적으로 설정하였기 때문에 국문교육을 강조하였다. 이에 정부는 1908년 사립학교령을 공포하여 모든 사립학교는 인가를 받도록 하였다. 1910년에 이르러 인가된 사립학교 수는 2천여 개에 달했으며, 인가를 받지 못한 학교의 수는 더 많았다. 그러나 이러한 민간학교들은 재정적 기반이 약하여 오래 유지되지 못한 경우가 많았다.

(3) 미군정기-제3차 교육과정 시기(1945~1981)

이 시기는 해방 이후부터 제3차 교육과정기까지이다. 일제로부터 해방과 6·25

전쟁, 그리고 4·19 혁명과 5·16쿠데타로 이어진 역사적 격변 속에서 교육은 국가의 정체성을 확립하기 위한 수단으로 인식되었다. 일제강점기에는 문자 습득이 민족적 자긍심을 높이는 데 있었지만, 이 시기에는 한글 보급이 상당한 수준으로 확대되면서 국가 발전의 동력으로서 국민적 정신을 기르는 데 교육의 목표를 두었다.

미군정청에서 만든 교수요목에서는 중학교 1학년 읽기 목표를 "국어의 익힘, 풀기, 감상, 비평, 받아쓰기 등을 시켜 국가의식을 높이고, 도의와 식견을 밝히고, 실천 근로 문예 등을 즐기고, 심신을 건전케 하여, 큼직한 국민의 자질을 기름"이라고 제시하였다. 읽기에 대한 기초적 기능을 향상시키면서 국가의식과 국민의 자질을 기르는 데 독서교육의 목표가 있었다는 것을 알 수 있다.

제1차 교육과정은 한국전쟁이 끝난 다음다음 해인, 1955년 8월에 제정 공포되었다. 제1차 교육과정의 중학교 읽기교육의 목표는 "빨리 그리고 정확하게 묵독할 수 있다.", "똑똑하고 정확한 발음으로 낭독할 수 있다.", "문의를 정확하게 파악한다.", "효과적인 문장 표현에 주의하여 읽는다.", "글을 비판적으로 읽는다."로 제시하였다. 그리고 읽기를 주로 하는 기술로 '신문·잡지 읽기, 게시, 공고 및 규약문 읽기, 양서를 선택하여 읽기, 각종 사전·참고서 사용하기, 도서관 이용하기' 등을 제시하였다. 이 시기의 독서교육은 기초적인 읽기 기능과 독서 활동을 습관화하는 데 초점이 있었다.

제2차 교육과정은 1963년 2월에 공포되었다. 이 시기는 5·16 쿠데타 이후 등장한 제3공화국에서 개정 공포한 교육과정이다. 이 시기의 국어과 교육과정은 제1차 교육과정의 내용과 틀을 그대로 수용하면서 목표와 내용을 부분적으로 수정하였다. 중학교 읽기의 목표는 "1. 글을 읽는 목적에 맞도록 바르게 읽을 수 있다.", "2. 문학작품을 바르게 읽을 수 있다.", "3. 문장을 빨리 읽고, 많은 글을 읽을 수 있다."로 제시하였다. 이에 따른 중학교 1학년의 읽기 목표를 보면 [표 6-2]와 같다.

[표 6-2] 제2차 교육과정 중학교 1학년 읽기 목표

---

1. 빨리, 그리고 정확하게 묵독할 줄 알도록 한다.
2. 현 문학의 종류를 알고 운문의 리듬을 알도록 한다.
3. 문의를 정확하게 파악할 줄 알도록 한다.
4. 국어사전의 사용에 익숙할 수 있도록 한다.
5. 학급문고를 이용하고 도서의 분류를 할 수 있도록 한다.
6. 일기, 전기, 기록 등을 바르게 읽고, 내용을 분명히 평가할 수 있도록 한다.
7. 이야기나 소설의 단락을 알고, 줄거리를 바르게 잡을 수 있도록 한다.
8. 신문이나 잡지에 대하여 흥미를 가지며, 여가를 즐겨 독서하도록 한다.
9. 흥미를 느끼며 희곡, 시나리오, 감상문, 기행문을 읽도록 한다.
10. 독서할 때는 의식적으로 양서를 선택하도록 한다.
11. 널리 서적을 구하여 읽고, 읽은 감명을 살리기에 힘쓰도록 한다.

　　제3차 교육과정은 1972년 12월 이른바 유신헌법을 통해 제4공화국이 등장하고 나서 이듬해 1973년 8월에 공포되었다. 제3차 국어과 교육과정은 1, 2차와 동일하게 일상생활의 언어 사용 능력과 함께 건실한 국민 교육을 강조하였다. 특히 제4공화국 헌법이 강조하는 '건실한 국민'을 양성하기 위하여 교육과정에 '제재 선정의 기준'을 별도로 제시하였다. '제재 선정의 기준'에는 "새마을 운동의 전개, 유신 과업의 수행 등 국가 발전을 위한 사업에 적극적으로 참여하려는 태도를 기름에 도움이 되는 것"과 같이 당시 군사 정권의 논리를 그대로 반영하고 있는 부분도 있었다. 이는 읽기 제재를 통해서 국가의식을 심어 주려고 했다는 점에서 독서교육이 계몽적인 가치 교육에 주력했음을 보여 준다.

　　제3차 국어과 교육과정에서는 교육 내용을 지도 사항과 주요 형식으로 구분해서 제시했다. 지도 사항에서는 학습목표를 제시하였고, 주요 형식에서는 다루어야 할 담화 유형을 제시하였다. 제1, 2차 교육과정과 비교할 때 학습량이 대폭 늘어났다는 것을 알 수 있다. 지도 사항에서는 제1, 2차에서 다루었던 일상적인 언어 활동 내용뿐만 아니라 수사학적 지식이 대폭 반영되었으며, 주요 형식에서도 다양한 미시 장르들이 제시되었다. 다양한 지식이 교육 내용으로 반영된 것은 학문 중심 교육과정의 영향으로 국어와 관련된 학문적 지식

우리나라에서 학문 중심 교육과정의 도입은 제3차 교육과정 시기부터 이루어졌다. 제3차 교육과정에서 수학·과학 중심으로 도입되었고, 국어과는 제4차 교육과정기에 본격적으로 도입된다. 그러나 3차 시기부터 학문적 지식이 국어과 교육과정에 반영되기 시작했다.

[표 6-3] 제3차 교육과정 중학교 1학년 읽기 목표

(가) 지도 사항	(나) 주요 형식
1. 흥미를 가지고 의욕적으로 읽기	1. 일기
2. 독서 습관을 길러서 여가를 선용하기	2. 편지
3. 양서를 선택해서 성실한 태도로 읽기	3. 광고문(광고문, 선전문, 표어 등)
4. 비판적으로 읽기	4. 법규
5. 사전 활용하기	5. 보도문
6. 도서관 이용하기	6. 잠언(격언, 금언, 속담, 고사 등)
7. 어휘 늘리기	7. 기록(회의록, 관찰 기록 등)
8. 대문의 요지, 대문 상호 간의 관계, 대문과 글 전체와의 관계 알기	8. 보고서
	9. 생활문
9. 문장의 접속·지시 관계 알기	10. 감상문
10. 어법에 유의하면서 읽기	11. 설명문
11. 어귀의 문맥상의 의미 알기	12. 논설문
12. 글의 형식 알기	13. 전기
13. 글의 짜임과 줄거리 알기	14. 기행문
14. 글의 리듬과 호흡 알기	15. 실화
15. 글의 소재·주제 및 글을 쓴 의도나 목적 알기	16. 설화
16. 감동을 체험하고 감명 살리기	17. 시
17. 효과적인 표현 익히기	18. 시조
18. 글의 내용을 마무리하면서 읽기	19. 수필
19. 의견이나 주장의 가부·적부 판별하기	20. 소설
20. 독서 범위 넓히기	21. 극(라디오 방송극 극본, 텔레비전 및 영화 시나리오, 희곡 등)
21. 빠르고 정확하게 묵독하기	
22. 글의 형식이나 내용에 맞게 낭독하기	

이 강화된 탓이라고 할 수 있다.

　　교수요목기에서 제3차 교육과정기에 이르는 이 시기의 읽기·독서교육에서 주목할 점은 첫째, 일상의 언어 활동을 강조했다는 점이다. 이 시기의 교육과정에서 일상의 언어 경험을 강조한 것은 미국의 경험 중심 교육과정의 영향으로 보는 견해가 일반적이다. 제1, 2차 교육과정 시기는 미국의 경험 중심 교육과정의 영향 아래 있었기 때문에 일상의 언어 활동 경험을 강조했으나 제3차 교육과정 이후 우리나라는 학문 중심 교육과정의 영향 아래 편입되기 시작하여 독서교육에서도 수사학적 지식이 강조되기 시작하였다.

둘째, 이 시기 읽기교육에서는 기초적인 문식성 교육과 함께 '건실한 국민' 양성이라고 하는 가치관 교육이 강조되었다. 분단 이후 이승만 정권이나 박정희 정권 모두 국가의 정체성을 확립하기 위해 교육을 활용하였으며, 국어 교과는 국민을 통합하고 국민 의식을 함양하는 중요한 교과로 인식되었다. 국어 교과를 통한 가치관 교육은 주로 제재를 통해서 이루어지기 때문에 제3차 교육과정에서는 제재 선정의 기준을 별도로 제시하였다. 이 시기의 교과서에 실린 문학작품이나 설명문, 논설문은 대체로 '국민적 사상 감정을 도야'하기 위한 것으로 선정되었다.

셋째, 이 시기에는 문학이 읽기에 통합되어 있었다. 이 시기의 국어과 교육과정에서는 내용 영역을 말하기, 듣기, 읽기, 쓰기 네 영역으로 구분하였다. 문학은 네 영역의 교육 내용과 통합되어 있었기 때문에 읽기와 문학이 분리되지 않았다. 제3차 교육과정의 주요 형식을 보면 정보 텍스트와 문학 텍스트가 통합되어 있으며, 지도 사항은 모든 장르에 공통되는 학습 내용임을 알 수 있다.

(4) 제4차 교육과정(1981~1987)

제4차 교육과정은 제5공화국 출범 이후 1981년 12월에 고시되었다. 국어과 교육과정에서는 제4차 교육과정이 획기적인 전환점이라고 할 수 있다. 지금까지의 국어 교과는 언어 기능의 신장과 함께 건실한 국민 양성이라는 가치관 교육을 담당하는 교과로 인식되어 왔는데, 제4차 교육과정에 이르러서는 이러한 가치관 교육의 굴레를 벗어 버리고 명실상부하게 국어 교과의 정체성을 확립할 수 있게 되었기 때문이다. 제4차 교육과정에서는 국어 교과를 국어 교과와 관련된 학문 즉, 수사학, 국어학, 국문학을 가르치는 교과로 규정하였다. 그리고 종래에 말하기, 듣기, 읽기, 쓰기로 구분했던 국어 교과의 세부 영역을 '표현·이해', '언어', '문학' 셋으로 구분했다.

제4차 교육과정에서는 말하기, 듣기, 읽기, 쓰기 교육 내용을 '표현·이해' 영역으로 통합하였다. 따라서 독서교육의 내용은 '표현·이해' 영역의 '읽기' 항목에 반영되어 있다. 제4차 교육과정에서는 학년 목표도 영역별로 기술되어 있는데, 읽기 영역의 경우 '읽는 목적에 따라 효과적인 방법으로 읽으며, 필요에 맞는 책을 선택하게 한다.'라고 규정되어 있다. 그리고 교육 내용으로는 [표 6-4]에서와 같이 10개의 항목을 제시하였다.

제4차 교육과정의 읽기교육의 내용은 읽기 기능 중심으로 체계화되었다. 이전 교육과정에서 반영되었던 '사전 활용하기', '도서관 이용하기' 등과 같은 활동들은 삭제되고 '흥미를 가지고 의욕적으로 읽기', '독서 습관을 길러서 여가를 선용하기', '양서를 선택해서 성실한 태도로 읽기' 등과 같은 정의적인 요소도 삭제되었다. 문학 영역이 독립되었기 때문에 문학과 관련된 교육 내용 또한 읽기 영역에서 삭제되었다.

제4차 교육과정의 가장 특징적인 부분은 문법과 문학을 교육목표와 내용의 전면에 내세웠다는 점이다. 이는 문법과 문학이 종래의 언어 기능 영역을 통합한 만큼의 비중을 차지한다는 것을 의미한다. 한철우(2004)는 제3차 교육과정까지 읽기와 쓰기 속에 포함되어 오던 언어와 문학을 독립시킨 이유에 대해서 "제3차 교육과정기까지 언어와 문학의 교육이 소홀히 다루어졌기 때문이라기보다는 교육과정의 내용과는 달리 오히려 학교 현장에서 비중 있게 다루어 오던 것을 교육

[표 6-4] 제4차 교육과정 중학교 1학년 읽기 내용

1. 글의 줄거리, 요지, 주제 및 소재를 파악하며 읽는다.
2. 글의 짜임, 부분과 부분, 부분과 전체와의 관계를 파악하며 읽는다.
3. 여러 가지 표현법의 효과를 이해하며 읽는다.
4. 결론의 근거가 타당한지 판단하며 읽는다.
5. 생략된 사실, 사건, 의견을 추리하며 읽는다.
6. 글의 내용이나 형식에 따라 바르게 읽고, 읽은 글을 간추린다.
7. 글의 종류와 그 특징을 이해한다.
8. 바르게 낭독하고 빠르게 읽는다.
9. 목적에 따라 필요한 책을 찾아 읽는다.
10. 여러 가지 참고 자료를 활용한다.

과정에 반영하였다고 보는 것이 맞다. 이렇게 교육과정에 명시함으로써 교사마다 다르게 가르치던 것을 보다 체계적으로 학습되도록 한 것이다."라고 하였다. 제4차 교육과정에서 국어교육의 내용을 '표현·이해', '언어', '문학'으로 설정한 것은 문학·문법교육이 강조되어 온 국어교육의 현실을 반영한 것으로 보았다.

(5) 제5~7차 교육과정(1987~2007)

제5차 국어과 교육과정에서는 국어과의 목표를 언어 사용 기능 신장에 두었다. 국어 교과의 성격을 도구 교과로 규정하고 지식 중심의 교육에서 벗어나 학생 중심, 활동 중심의 교육을 표방하였다. 언어 사용의 실제성을 강조하여 국어 교과의 하위 영역을 '말하기', '듣기', '읽기', '쓰기', '언어', '문학' 등 여섯 영역으로 편성하였다. 제4차 교육과정에서 '표현·이해'로 묶여 있었던 말하기, 듣기, 읽기, 쓰기를 독립 영역으로 발전시켜 6영역 체제로 전환했다. 중학교 1학년 읽기 영역의 목표를 '여러 종류의 글을 바르게 이해하며 즐겨 읽게 한다.'라고 규정하여 정의적 요소를 반영하였다. 중학교 1학년의 읽기 영역 교육 내용은 [표 6-5]와 같다.

[표 6-5] 제5차 교육과정 중학교 1학년 읽기 내용

1. 여러 종류의 글을 읽고, 각 글의 줄거리, 주제, 소재를 찾기
2. 주제나 소재가 같은 여러 종류의 글을 읽고, 그 차이를 이야기하기
3. 한 편의 글에서 감동적인 부분을 찾아보고, 그 느낀 점을 말하기
4. 글의 유형이나 읽는 목적에 따라 방법을 달리하여 읽기
5. 글을 읽고 줄거리, 주제, 소재의 관계를 이야기하기
6. 내용이나 사건의 제시 순서에 유의하여 읽고, 그 줄거리를 말하기
7. 여러 종류의 글을 읽고, 그 내용을 몇 개의 부분으로 나누면서 글의 전개 방식을 파악하기
8. 글에 나오는 모르는 단어의 뜻을 사전에서 찾아 확인하고, 글의 내용을 바르게 이해하기
9. 글에서 가리키는 말과 잇는 말을 찾고, 그 의미를 파악하기
10. 사실을 표현한 부분과 의견이나 느낌을 표현한 부분을 찾고, 의견이나 느낌이 사실에서 어떻게 도출되었는지 이야기하기
11. 글에서 인물, 사건, 장면, 사물 등을 설명하거나 묘사한 부분을 찾고, 그 적절성에 대하여 말하기

제5차 교육과정의 교육 내용은 읽기 기능을 강조했다는 점에서는 제4차 교육과정과 비슷하지만 '~읽고, ~이야기하기' 등과 같이 활동 중심으로 기술했다는 점에서 차이가 있다. 이는 제5차 교육과정이 언어 활동의 실제성을 강조했기 때문이라고 할 수 있다. 또한 이전 시기와 다른 점은 '느낀 점을 말하기' 등과 같이 읽기의 정의적 측면을 반영하였다는 점과 '글에서 감동적인 부분', '글에서~묘사한 부분' 등과 같이 문학적인 글에 대한 읽기 활동도 반영했다는 점이다. 제4차 교육과정에서는 읽기 영역의 내용이 비문학 장르 중심으로 편성되어 있었으나, 제5차 교육과정에서는 문학 장르를 포함한 보편적인 읽기 기능을 교육 내용으로 다루었다.

제6차 교육과정은 1992년에 개정 고시되었으나 국어과의 경우 제5차 교육과정의 내용과 크게 다르지 않다. 이전 시기와 달라진 것은 국어과 전체 목표만 제시하고 학년별 목표를 제시하지 않았다는 점이다. 대신에 내용 체계를 제시하여 각 영역별로 교육 내용의 체계화를 추구했다. 읽기 영역의 교육 내용 또한 '읽기의 본질', '읽기의 원리', '읽기의 실제'로 구분하여 제시했다. 중학교 1학년의 읽기교육 내용을 보면 [표 6-6]과 같다.

제6차 교육과정의 교육 내용에서는 이른바 '본질'에 해당하는 내용과 함께 '실제'에서 태도에 대한 교육 내용을 본격적으로 반영했다. 그러나 언어 기능을 강조하면서 이를 활동중심으로 기술하였다는 점에서는 5차 교육과정 시기와 큰 차이가 없다. 특히 내용 체계표의 실제에서는 담화 유형을 제시하였지만 실제 교육 내용 기술에서는 담화 유형을 크게 고려하지 않았다.

[표 6-6] 제6차 교육과정 읽기 영역 내용 체계

영역	내용		
읽기	1. 읽기의 본질 　1) 읽기의 특성 　2) 정확한 읽기의 방법 　3) 읽기의 여러 가지 상황	2. 읽기의 원리 　1) 단어 이해의 여러 가지 원리 　2) 내용 이해의 여러 가지 원리 　3) 평가 및 감상의 여러 가지 원리	3. 읽기의 실제 　1) 정보를 전달하는 글 읽기 　2) 설득하는 글 읽기 　3) 친교 및 정서표현의 글 읽기 　4) 정확한 읽기의 태도 및 습관

[표 6-7] 제6차 교육과정 중학교 1학년 읽기 내용

읽기의 본질	글의 내용을 이해하기 위하여 한 일을 말하여 보고, 읽기의 과정에 대하여 안다.
읽기의 원리와 실제	1. 글에 나오는 단어의 뜻을 국어사전에서 찾아보고, 사전적 의미와 문맥적 의미를 비교한다. 2. 글에서 각 문장이 전달하고자 하는 내용을 말하여 보고, 문장과 문장 사이의 연결 관계를 파악한다. 3. 글에서 지시어를 찾아보고, 지시하는 내용을 파악한다. 4. 여러 종류의 글을 읽어 보고, 각 글의 소재와 주제를 파악하여 말한다. 5. 여러 종류의 글을 읽어 보고, 각 글의 줄거리나 주요 내용을 간추려 말한다. 6. 글에서 사실을 표현한 부분, 의견이나 느낌을 표현한 부분을 찾아보고, 의견이나 느낌이 사실과 어떻게 관련되어 있는지 말한다. 7. 글의 내용을 파악하고, 장면이나 분위기 등에 맞게 효과적으로 낭독한다. 8. 글에서 인물, 사건, 장면, 사물 등을 설명하거나 묘사한 부분을 찾아보고, 그 적절성에 대하여 말한다. 9. 글을 읽어 보고, 인물들의 말이나 행동을 비교하여 말한다. 10. 국어사전이나 백과사전 등을 활용하여 글의 내용을 정확하게 이해하는 태도를 가진다.

제7차 교육과정은 1997년 12월에 고시되었다. 7차 교육과정은 여러 가지 면에서 이전 시기 교육과정과 다르다. 첫째, 국민 공통 교육과정 개념을 반영하였다. 초등학교에서부터 고등학교 1학년까지 10학년을 국민 공통 교육과정으로 설정하고 기본교과목을 학습하도록 하였다. 그리고 고등학교 2, 3학년을 선택 교육과정으로 분류하여 학생들이 과목을 선택하도록 했다. 둘째, 수준별 교육과정을 도입하였다. 학습자의 수준에 맞는 교육을 강조하여 영어, 수학뿐만 아니라 국어도 수준별 교육을 실시하도록 하였다. 이에 따라 국어과 교육과정에서도 기본과 심화로 나누어 수준별 학습활동의 예를 제시하였다. 셋째, 학습자의 부담을 줄이기 위해서 학습량을 대폭 축소하였다.

이러한 총론 차원의 변화는 국어과 교육과정과 읽기교육에도 큰 영향을 미쳤다. 먼저 제6차 교육과정 시기부터 반영되기 시작했던 내용 체계가 수정되었다. 제6차 교육과정에서는 본질, 원리, 실제로 내용 체계를 정리하였는데, 7차에서는 교육 내용을 본질, 원리, 태도로 구분하고 실제에서 통합되는 방향으로 내용 체계를 정리하였다. 제6차 교육과정에서 태도 요소와 실제의 내용이 혼재되었던 것을 체계화시킨 것이라고 할 수 있다.

제7차 교육과정의 읽기교육의 내용을 보면 이전 시기에 비해 교육 내용이 대폭 축소되었음을 알 수 있다. 이전 시기에는 10가지가 넘는 항목이 제시되었는데, 7차에서는 5가지 정도로 축소되었고 각 내용별로 기본과 심화 수준의 학습활동을 제시하고 있다. 제7차 교육과정의 수준별 교육은 실행 과정에서 많은 논란이 있어서 이후 교육과정에서 지속되지 못하였다. 또한 제7차 교육과정의 읽기교육 내용은 읽기 과정에 따른 전략들을 중심으로 교육 내용이 선정되었다. 이러한 과정 중심의 접근은 지나치게 읽기 과정을 분절화시킨다는 점에서 비판의 대상이 되기도 하였다.

제5차 교육과정에서부터 제7차 교육과정에 이르는 시기에 나타난 읽기 교육과정의 특징은 읽기 기능을 강조하였다는 점이다. 5차, 6차 교육과정에서는 읽기 기능을 활동중심으로 기술하였지만 7차 교육과정에서는 과정중심으로 기술하여 체계화했다는 점에서 차이가 있다. 그러나 읽기에서 가르쳐야 할 세부적인 기능을 숙달시키려고 했다는 점에서는 연속성을 갖고 있다. 또한 이 시기는 국어교육학이 학문적 기틀을 형성하기 시작했던 시기이며 읽기 독서 교육에서 인지심리학의 영향이 강했던 시기라고 할 수 있다. 제7차교육과정에서 도입한 과정중심의 읽기 전략은 읽기교육에서 인지적 접근이 반영된 결과라고 할 수 있다.

[표 6-8] 제7차 교육과정 읽기 영역 내용 체계

영역	내용		
읽기	• 읽기의 본질 　– 필요성 　– 목적 　– 개념 　– 방법 　– 상황 　– 특성	• 읽기의 원리 　– 낱말 이해 　– 내용 확인 　– 추론 　– 평가와 감상	• 읽기의 태도 　– 동기 　– 흥미 　– 습관 　– 가치
	• 읽기의 실제 　– 정보를 전달하는 글 읽기　　　– 설득하는 글 읽기 　– 정서표현의 글 읽기　　　　　– 친교의 글 읽기		

[표 6-9] 제7차 교육과정 중학교 1학년 읽기 내용

내 용	수준별 학습활동의 예
(1) 읽기와 쓰기의 공통점과 차이점을 안다.	**【기본】** • 글을 읽을 때와 쓸 때의 공통점과 차이점을 말한다. **【심화】** • 읽기와 쓰기의 공통점과 차이점을 설명하는 글을 쓴다.
(2) 내용을 메모하며 글을 읽는다.	**【기본】** • 필요하거나 중요한 내용을 메모하며 글을 읽는다. **【심화】** • 글의 내용에 대한 자신의 생각을 메모하며 글을 읽는다.
(3) 글쓴이의 의도나 목적을 파악하며 글을 읽는다.	**【기본】** • 배경지식을 활용하여 겉으로 드러난 의도와 속에 숨겨진 의도를 구별하며 글을 읽는다. **【심화】** • 글쓴이의 의도나 목적이 글의 주제와 어떻게 관련되는지 토의한다.
(4) 내용의 통일성을 평가하며 글을 읽는다.	**【기본】** • 읽은 글의 개요를 만들고, 주제에서 벗어난 내용이 있는지 평가한다. **【심화】** • 글의 통일성을 판단하는 기준을 알아본다.
(5) 글의 내용에 대한 생각이나 느낌을 글로 쓰는 태도를 지닌다.	**【기본】** • 글의 내용에 대한 생각이나 느낌을 책의 여백에 쓰며 글을 읽는다. **【심화】** • 글의 내용에 대하 생각이나 느낌을 기록하는 자신만의 효과적인 방법을 개발한다.

(6) 2007 개정 교육과정 이후(2007~)

2007 개정 교육과정은 노무현 정부 말기인 2007년 2월에 개정 고시된 교육과정이다. 2007 개정 교육과정은 이전과 달리 교육과정을 주기적으로 전면 개정하던 방식에서 수시 개정 체제로 전환하였다. 그러나 2007 개정 교육과정은 부분 개정이 아니라 전면 개정 방식으로 이루어졌다. 국어과 교육과정은 2007 개정에서 이전 시기와는 다른 변화를 보여 주었다. 이전 시기가 읽기 기능의 습득

을 강조하였다고 한다면 2007 개정 교육과정에서는 텍스트의 수용과 생산을 강조하였다.

2007 개정 교육과정의 내용 체계를 보면 7차 교육과정과는 전혀 다른 모습을 보여 준다. 이전 시기에서는 '읽기의 실제'라는 항목이 내용 체계표에만 반영되었을 뿐 실제 교육 내용으로 반영되지는 않았다. 교육 내용은 주로 본질, 원리, 태도 중심으로 기술되었고 실제에서의 통합은 교과서 개발자나 교사들에게 맡겨졌던 것이다. 그런데 이 체계표에서는 실제가 위에 있으면서 이 실제를 중심으로 지식, 기능, 맥락이 통합되도록 했다.

중학교 1학년 읽기교육의 내용을 보면 '글의 수준과 범위'를 먼저 제시하고 '성취기준'과 '내용 요소의 예'를 제시했다. 성취기준의 내용도 텍스트를 중심으로 지식·기능·맥락을 통합하여 기술하였다. 이러한 텍스트 중심의 교육 내용 제시 방식은 이전 시기의 교육 내용이 단편적인 읽기 기능 학습에 치중했다는 비판을 반영한 것이라고 할 수 있다. 2007 개정 교육과정에서는 텍스

[표6-10] 2007 개정 교육과정 읽기 영역 내용 체계

읽기의 실제		
– 정보를 전달하는 글 읽기 – 설득하는 글 읽기		
– 사회적 상호 작용의 글 읽기 – 정서 표현의 글 읽기		
지식	기능	맥락
• 소통의 본질	• 내용 확인	• 상황 맥락
• 글의 특성	• 추론	• 사회 · 문화적 맥락
• 매체 특성	• 평가와 감상	

[표6-11] 2007 개정 교육과정 읽기 영역의 교육 내용

글의 수준과 범위
– 읽기의 개념, 특성, 원리, 방법 등을 설명한 글
– 독자의 관점, 입장, 지식 등에 따라 다르게 이해될 수 있는 글
– 문제 해결 방안이나 요구 사항을 담아 건의하는 글
– 가치 있고 감동적인 경험을 기록한 글
– 인물의 가치관이나 사고방식이 잘 드러난 영화

성취기준	내용 요소의 예
(1) 읽기의 개념, 특성, 원리, 방법을 안다.	• 읽기의 개념과 특성 이해하기 • 읽기의 원리 파악하기 • 맥락을 고려하면서 글을 읽는 방법 파악하기 • 글의 특성에 맞는 읽기 방법을 활용하여 글 읽는 태도 기르기
(2) 독자의 관점, 입장, 지식 등에 따라 글의 내용이 다르게 이해될 수 있음을 안다.	• 글의 다양한 이해 가능성 이해하기 • 글을 다르게 이해하게 되는 원인 파악하기 • 자신의 이해와 다른 사람의 이해 비교하기 • 다른 사람이 이해한 바를 존중하는 태도 기르기
(3) 건의하는 글을 읽고 주장의 합리성과 수용 가능성을 평가한다.	• 건의하는 글의 목적과 특성 이해하기 • 문제 상황과 요구 사항 파악하기 • 주장의 합리성과 수용 가능성 판단하기 • 합리적인 문제 해결 방안을 찾는 태도 기르기
(4) 특별한 경험을 기록한 글을 읽고 글쓴이의 경험에 비추어 자신의 삶을 성찰한다.	• 독서를 통한 간접 경험의 특성 이해하기 • 가치 있고 감동적인 경험에 공감하기 • 경험을 기록한 글을 읽고 자신의 삶을 성찰하기 • 글쓴이가 속해 있는 공동체와 자신이 속해 있는 공동체의 가치관과 윤리 비교하기
(5) 영화에 등장하는 인물의 가치관이나 사고방식을 비판적으로 이해한다.	• 영화의 매체 특성 이해하기 • 영화의 서사 구조 파악하기 • 주요 인물의 성격 및 인물 형상화 방식 파악하기 • 영화에 나타난 인물의 가치관이나 사고방식에 대해 토론하기

트를 전면에 내세움으로써 단편적인 지식 기능 학습에서 벗어나 텍스트에 대한 통합적인 이해를 가능하도록 했다.

2007 개정 교육과정이 고시되고 교과서가 개발되는 와중에 이명박 정부가 들어서면서 또 다시 교육과정을 개편하게 되는데, 이것이 바로 2009 개정 교육과정이다. 2009 개정 교육과정은 세 차례나 개정되는데, 먼저 2009년도에 총론과 선택 교육과정이 개정되었고, 2011년에 다시 국민 공통 교육과정과 선택 교육과정이 전면 개정되었다. 그리고 2012년에 인성 교육의 내용을 반영하여 다시 개정된다. 이러한 교육과정의 잦은 개정은 교과서의 잦은 개발로 이어져 상당한 혼란을 초래하기도 하였다.

2009 개정 교육과정의 국어과 교육과정 내용은 2007 개정 교육과정과 크게 다르지 않다. 교육과정 개발 기간이 6개월밖에 주어지지 않은 탓에 전면적

[표 6-12] 2009 개정 교육과정 읽기 영역 내용 체계

읽기의 실제

• 다양한 목적의 글 읽기
   – 정보를 전달하는 글
   – 설득하는 글
   – 친교 및 정서 표현의 글
• 읽기와 매체

지식	기능	태도
• 읽기의 본질과 특성 • 글의 유형 • 읽기와 맥락	• 낱말 및 문장의 이해 • 내용 확인 • 추론 • 평가와 감상 • 읽기 과정의 점검과 조정	• 가치와 중요성 • 동기와 흥미 • 읽기의 생활화

인 개정이 쉽지 않았기 때문이다. 주요 개정 내용을 보면 첫째, 내용 체계를 부분적으로 수정했다. 실제의 내용에서 담화 유형을 기존의 네 가지 유형에서 '사회적 상호 작용'을 삭제하고 '친교 및 정서표현의 글'으로 수정했다. 그리고 2007 개정 교육과정에서 제시되었던 맥락을 삭제하고 태도를 반영했다. 둘째, 학년군제를 실시하였다. 2009 개정 교육과정에서는 학년군별로 교육 내용을 제시하도록 했기 때문에 국어과의 교육 내용도 초등 1~2학년, 초등 3~4학년, 초등 5~6학년, 중학교 1~3학년을 묶어서 편성하였다. 학년군으로 교육 내용을 제시하면서 학습량도 감축되었다. 셋째, 선택 과목의 체계를 개편하였다. 교육부에서는 영역별로 편성되었던 선택 과목의 수가 지나치게 많고 실제 학교에서 채택되지 않는 과목이 많다는 지적에 따라 고등학교 선택 과목을 통합하여 세 과목으로 축소하였다. 그리하여 탄생한 과목이 '문학', '화법과 작문', '독서와 문법' 과목이다. 독서와 문법을 통합한 것에 대해서 많은 논란이 있었지만 2009 개정 교육과정에서는 이러한 체제로 교과서가 개발되었다.

2. 2015 개정 교육과정의 독서교육 내용

우리나라의 학교 교육과정은 크게 세 가지로 구분된다. 유치원 과정에 해당하는 '누리과정'과 초등학교와 중학교에 해당하는 '국민 공통 교육과정', 그리고 고등학교 과정에 해당하는 '선택 교육과정'이 그것이다. 이 세 가지 교육과정은 대통령령에 따라 고시되는 국가 수준의 교육과정이다. 우리나라의 학교교육은 이 국가 수준 교육과정의 영향을 강하게 받고 있다. 국가 수준의 교육과정에 따라 교과서가 편찬되고 이 교과서에 따라 학교수업이 이루어지기 때문이다.

따라서 학교에서의 독서교육 또한 국가 수준 교육과정의 영향 아래 놓여 있다고 할 수 있다. 우리나라에서의 독서 교육과정은 고등학교에서만 별도의 과목으로 존재할 뿐, 그 이하 학년에서는 국어 교과의 한 영역으로 반영되어 있다. 즉, 누리과정에서는 의사소통 활동의 '읽기' 영역으로, 공통 교육과정에서는 국어 교과의 '읽기' 영역으로 반영되어 있고, 선택 중심 교육과정에서는 '독서' 과목으로 반영되어 있다.

[표 6-13] 국어과 교육과정의 구조

학교급	학년	과목									
고등학교	12(3)										
고등학교	11(2)										
고등학교	10(1)										
중학교	9(3)										
중학교	8(2)										
중학교	7(1)										
초등학교	6										
초등학교	5										
초등학교	4										
초등학교	3										
초등학교	2										
초등학교	1										
3~5세											
과목(영역)		의사소통	국어		화법과 작문	언어와 매체	독서	문학	실용 국어	심화 국어	고전 읽기
과정		누리 과정	공통 교육과정		공통 선택	일반 선택			진로 선택		
					선택 중심 교육과정						

(1) 누리과정

누리과정은 2011년에 처음 고시된 국가 수준의 교육과정으로, 그동안 별도로 관리되어 오던 표준보육과정과 유치원 교육과정을 통합한 것이다. 그동안 3~4세 아동은 보육의 대상으로 보건복지부에서 관리하였고, 5세 아동은 교육의 대상으로 교육부에서 관리하였다. 그러나 누리과정이 고시됨으로써 3~5세 아동이 표준화된 교육과정의 적용을 받게 되었다.

누리과정은 만 3~5세 아동의 발달 특성을 고려하여 연령별로 구성하였다. 누리과정은 신체운동·건강, 의사소통, 사회관계, 예술경험, 자연탐구의 5개 영역을 중심으로 교육 내용을 구성하였는데, 의사소통 영역은 듣기, 말하기, 읽기, 쓰기 등 네 영역으로 구성되어 있다. 의사소통 영역의 내용 체계를 보면 [표 6-14]와 같다.

[표 6-14] 2015 개정, 5세 누리과정 의사소통 영역의 내용 체계

내용 범주	내용
듣기	낱말과 문장 듣고 이해하기
	이야기 듣고 이해하기
	동요, 동시, 동화 듣고 이해하기
	바른 태도로 듣기
말하기	낱말과 문장으로 말하기
	느낌, 생각, 경험 말하기
	상황에 맞게 바른 태도로 말하기
읽기	읽기에 흥미 가지기
	책 읽기에 관심 가지기
쓰기	쓰기에 관심 가지지
	쓰기 도구 사용하기

의사소통 영역의 내용 체계에서 두드러진 점은 국민 공통 교육과정과 달리 누리과정에서는 문법, 문학 영역을 별도로 설정하지 않았다는 점이다. 일상생활의 언어 활동 영역 중심으로 영역을 설정하였으며, 읽기/쓰기보다는 듣기/말하기의 비중이 크다. 이는 3~5세 아동들의 언어 발달상으로 보면 듣기/말하기는 능숙하지만 읽기/쓰기는 아직 입문기 단계이기 때문이라고 할 수 있다. 또한 듣기 활동의 많은 부분이 '이야기'나 '동요, 동시, 동화'와 같이 문학 텍스트 중심으로 선정되어 있고, 정보 텍스트는 전혀 반영되어 있지 않다. 텍스트에 대한 균형적인 발달을 위해 언어학습의 초기부터 다양한 정보 텍스트에 노출시키는 것이 필요하다는 점에서 보면 개선이 필요한 부분이다.

누리과정의 읽기교육 내용은 '읽기에 흥미 가지기', '책 읽기에 관심 가지기' 두 영역으로 기술되어 있다. '읽기에 흥미 가지기'의 읽기 자료는 글자와 글인 반면에 '책 읽기에 관심 가지기'의 읽기 자료는 책으로 한정되어 있다. 읽기와 책을 구분해서 세부 영역을 구분한 것이 타당한 것인지에 대한 논의가

[표 6-15] 2015 개정, 3~5세 누리과정의 읽기교육 내용

연령	내용 영역	
	읽기에 흥미 가지기	**책 읽기에 관심 가지기**
3세	– 주변에서 친숙한 글자를 찾아본다. – 읽어 주는 글의 내용에 관심을 가진다.	– 책에 흥미를 가진다. – 책의 그림을 단서로 내용을 추측해 본다.
4세	– 주변에서 친숙한 글자를 찾아본다. – 읽어 주는 글의 내용에 관심을 가진다.	– 책 보는 것을 즐기고 소중하게 다룬다. – 책의 그림을 단서로 내용을 이해한다. – 궁금한 것을 책에서 찾아본다.
5세	– 주변에서 친숙한 글자를 찾아 읽어 본다. – 읽어 주는 글의 내용에 관심을 가지고 읽어 본다.	– 책 보는 것을 즐기고 소중하게 다룬다. – 책의 그림을 단서로 내용을 이해한다. – 궁금한 것을 책에서 찾아본다.

필요하다. 무엇보다도 발생적 문식성 단계에서 문식성의 범위를 글자, 글, 책으로 한정한 것은 읽기의 개념을 지나치게 편협하게 이해한 것이 아닌가 하는 비판이 가능하다. 특히 그림을 책의 내용을 이해하는 단서로 사용하도록 한 것은 매체 문식성이 강조되고 있는 최근의 문식성 교육의 흐름에도 부합하지 않는다. 또한 누리과정과 초등 교육과정의 연계성에 있어서도 미흡한 점이 많다는 논의가 있기 때문에 앞으로 지속적인 연구가 필요할 것으로 보인다.

(2) 2015 공통 교육과정의 '읽기'

우리나라의 교육과정 편성에서 공통 교육과정과 선택 교육과정의 개념이 등장한 것은 제7차 교육과정 시기부터이다. 제7차 교육과정에서는 교육 내용과 방법을 학생들의 진로와 적성에 맞게 다양화하기 위하여 초등학교 1학년부터 고등학교 1학년까지 10학년을 국민 공통 기본교육과정으로, 고2, 3학년인 11, 12학년은 선택 중심 교육과정으로 운영하였다. 2007 개정 교육과정 시기까지 이러한 체제가 유지되다가 2009 개정 교육과정에 이르러 초등학교와 중학교 과정인 9학년까지를 공통 교육과정으로, 고등학교 과정인 10~12학년을 선택 교육과정으로 개정하였다.

특히 2009 개정 교육과정에서는 집중이수제를 실시하기 위하여 공통 교육과정을 초등학교 1~2학년군, 초등학교 3~4학년군, 초등학교 5~6학년군, 중학교 1~3학년군으로 구분하였다. 2015 개정 교육과정에서는 초등학교 1학년부터 고등학교 1학년까지를 공통 교육과정으로, 고등학교 2~3학년까지를 선택 중심 교육과정으로 편성하고, 학년군제는 변형 유지하는 방향으로 개정이 이루어졌다. 그리하여 2015 개정 교육과정에서는 초등학교 1~2학년, 초등학교 3~4학년, 초등학교 5~6학년, 중학교 1~3학년, 고등학교 1학년으로 구분하여 교육 내용을 제시하였다.

공통 교육과정의 국어과 교육 내용은 '듣기·말하기', '읽기', '쓰기', '문법', '문학' 등 5개 영역별로 편성하였다. 교육 내용의 기술 방식을 보면 영역별로 내용 체계표를 제시한 다음 학년(군)별로 성취기준이 제시되어 있다. 2015 개정 교육과정에서는 학년(군)별로 성취기준을 기술한 다음에 '(가) 학습 요소' '(나) 성취기준 해설', '(다) 교수·학습 방법 및 유의 사항', '(라) 평가 방법 및 유의 사항'을 제시하고 있다. 2009 개정 교육과정에서는 성취기준에 대한 해설은 각 항목마다 제시되어 있었고 교수·학습 방법과 평가와 관련한 사항은 뒷부분에 별도로 제시되었다.

읽기 영역의 목표

공통 교육과정에서는 국어 교과의 목표를 제시하고 있기 때문에 독서교육의 목표가 별도로 제시되어 있지는 않다. 따라서 국어 교과의 목표를 통해서 공통 교육과정의 독서교육의 목표를 추론할 수밖에 없다. 2015 개정 교육과정에서 제시하고 있는 국어 교과의 목표는 다음과 같다.

> 국어로 이루어지는 이해·표현 활동 및 문법과 문학의 본질을 이해하고,
> 의사소통이 이루어지는 맥락의 다양한 요소를 고려하여 품위 있고 개성
> 있는 국어를 사용하며, 국어문화를 향유하면서 국어의 발전과 국어문화

창조에 이바지하는 능력과 태도를 기른다.

　가. 다양한 유형의 담화, 글, 작품을 정확하고 비판적으로 이해하고 효과적
　　　이고 창의적으로 표현하며 소통하는 데 필요한 기능을 익힌다.
　나. 듣기·말하기, 읽기, 쓰기 활동 및 문법 탐구와 문학 향유에 도움이 되는
　　　기본 지식을 갖춘다.
　다. 국어의 가치와 국어 능력의 중요성을 인식하고 주체적으로 국어생활을
　　　하는 태도를 기른다.

　　교육과정의 목표 진술을 통해서 보면 독서교육의 목표는 첫째, 다양한 유형의 글을 정확하고 비판적으로 이해하며, 둘째, 독서 활동에 관한 기본적 지식을 익히는 데 있다고 할 수 있다. 독서 활동에 대한 기본적인 지식이 궁극적으로 정확하고 비판적인 수용 능력을 기르는 데 그 목적이 있다고 본다면 공통 교육과정에서 설정하고 있는 독서교육의 궁극적인 목표는 '다양한 유형의 글을 정확하고 비판적으로 읽을 수 있는 능력'을 기르는 데 있다고 할 수 있다.

읽기 영역의 내용 체계

2015 개정 교육과정에서는 제6차 교육과정 시기부터 유지되어 온 내용 체계표를 대대적으로 바꾸었다. 영역별로 '핵심 개념', '일반화된 지식', '학년(군)별 내용 요소', '기능'으로 나누어 교육 내용을 제시하였다. '학년(군)별 내용 요소'를 제시하여 교육 내용의 전체적인 모습을 알 수 있도록 했다는 것이 두드러진다. 그러나 '기능'으로 제시된 것이 '학년(군)별 내용 요소'와 어떤 관련이 있는지가 분명하지 않다.

　　읽기 영역의 경우 교육 내용을 '읽기의 본질', '목적에 따른 글의 유형', '읽기의 구성 요소', '읽기의 태도' 등으로 세분화했다. 2009 개정 교육과정에서는 텍스트 유형을 '지식', '기능', '태도'와 분리해서 별도로 제시하였지만, 2015 개정 교육과정에서는 내용 체계표 안에 텍스트 관련 항목을 반영하여 통합적으로 기술하였다.

[표 6-16] 2015 개정 교육과정 읽기 영역 내용 체계

핵심 개념	일반화된 지식	학년(군)별 내용 요소					기능
		초등학교			중학교 1~3학년	고등학교 1학년	
		1~2학년	3~4학년	5~6학년			
▸읽기의 본질	읽기는 읽기 과정에서의 문제를 해결하며 의미를 구성하고 사회적으로 소통하는 행위이다.			•의미 구성 과정	•문제 해결 과정	•사회적 상호 작용	•맥락 이해하기 •몰입하기 •내용 확인하기 •추론하기 •비판하기 •성찰·공감하기 •통합·적용하기 •독서 경험 공유하기 •점검·조정하기
▸목적에 따른 글의 유형 •정보 전달 •설득 •친교·정서 표현 ▸읽기와 매체	의사소통의 목적, 매체 등에 따라 다양한 글 유형이 있으며, 유형에 따라 읽기의 방법이 다르다.	•글자, 낱말, 문장, 짧은 글	•정보 전달, 설득, 친교 및 정서 표현, •친숙한 글, 글과 매체	•정보 전달, 설득, 친교 및 정서 표현, •사회·문화적 화제, 글과 매체	•정보 전달, 설득, 친교 및 정서 표현, •사회·문화적 화제, •한 편의 글과 매체	•인문·예술, 사회·문화, 과학·기술 분야의 다양한 화제, •한 편의 글과 매체	
▸읽기의 구성 요소 •독자·글·맥락 ▸읽기의 과정 ▸읽기의 방법 •사실적 이해 •추론적 이해 •비판적 이해 •창의적 이해 •읽기 과정의 점검	독자는 배경지식을 활용하며 읽기 목적과 상황, 글 유형에 따라 적절한 읽기 방법을 활용하여 능동적으로 글을 읽는다.	•소리 내어 읽기 •띄어 읽기 •내용 확인 •인물의 처지·마음 짐작하기	•중심 생각 파악 •내용 간추리기 •추론하며 읽기 •사실과 의견의 구별	•내용 요약[글의 구조] •주장이나 주제 파악 •내용의 타당성 평가 •표현의 적절성 평가 •매체 읽기 방법의 적용	•내용 예측 •내용 요약[읽기 목적, 글의 특성] •설명 방법 파악 •논증 방법 파악 •관점과 형식의 비교 평가 •매체의 표현 방법·의도 평가 •참고 자료 활용 •한 편의 글 읽기 •읽기 과정의 점검과 조정	•관점과 표현 방법의 평가 •비판적·문제 해결적 읽기 •읽기 과정의 조정	
▸읽기의 태도 •읽기 흥미 •읽기의 생활화	읽기의 가치를 인식하고 자발적 읽기를 생활화할 때 읽기를 효과적으로 수행할 수 있다.	•읽기에 대한 흥미	•경험과 느낌 나누기	•읽기 습관 점검하기	•읽기 생활화하기	•자발적 읽기	

읽기 영역의 성취기준

읽기 영역은 초등학교 1~2학년, 3~4학년, 5~6학년, 중학교 1~3학년, 고등학교 1학년 등 학년(군)별로 성취기준을 제시하고 '학습 요소', '성취기준 해설', '교수·학습 방법 및 유의 사항'을 덧붙였다. 그리고 각 학년(군)의 말미에 '국어 자료의 예'를 첨부하였다. 모든 성취기준의 내용은 학습자의 요구와 수준에 따라 통합적 관점에서 학년(군) 간 위계성을 고려하여 창의적으로 해석, 재구성하여 활용할 수 있다.

① 초등학교 1~2학년

초등학교 1~2학년 읽기 영역 성취기준은 한글을 깨치고 읽는 활동을 통해 글의 내용을 이해할 수 있는 기초적인 읽기 능력을 갖추는 데 중점을 두어 설정하였다. 글자라는 약속된 기호가 있음을 알고 스스로 글자를 읽으려는 태도를 길러 읽기에 흥미를 가지도록 하는 데 주안점을 둔다.

[2국02-01] 글자, 낱말, 문장을 소리 내어 읽는다.
[2국02-02] 문장과 글을 알맞게 띄어 읽는다.
[2국02-03] 글을 읽고 주요 내용을 확인한다.
[2국02-04] 글을 읽고 인물의 처지와 마음을 짐작한다.
[2국02-05] 읽기에 흥미를 가지고 즐겨 읽는 태도를 지닌다.

② 초등학교 3~4학년

초등학교 3~4학년 읽기 영역 성취기준은 다양한 글의 내용을 파악하고 글에 담긴 의미를 추론하는 등 읽기의 기초적 기능을 이해하고 활용하는 데 중점을 두어 설정하였다. 글에 대한 경험과 느낌을 다른 사람과 나누는 활동을 통해 적극적으로 의미를 구성하는 독자를 기르는 데 주안점을 둔다.

> [4국02-01] 문단과 글의 중심 생각을 파악한다.
>
> [4국02-02] 글의 유형을 고려하여 대강의 내용을 간추린다.
>
> [4국02-03] 글에서 낱말의 의미나 생략된 내용을 짐작한다.
>
> [4국02-04] 글을 읽고 사실과 의견을 구별한다.
>
> [4국02-05] 읽기 경험과 느낌을 다른 사람과 나누는 태도를 지닌다.

③ 초등학교 5~6학년

초등학교 5~6학년 읽기 영역 성취기준은 읽기의 목적과 읽기 습관을 점검하여 읽는 능동적인 독자를 기르는 데 중점을 두어 설정하였다. 읽기 목적에 따라 알맞은 방법을 선택하고 지식과 경험 등을 활용하여 능동적으로 의미를 구성하며 글을 비판적으로 이해하는 능력을 기르는 데 주안점을 둔다.

> [6국02-01] 읽기는 배경지식을 활용하여 의미를 구성하는 과정임을 이해하고 글을 읽는다.
>
> [6국02-02] 글의 구조를 고려하여 글 전체의 내용을 요약한다.
>
> [6국02-03] 글을 읽고 글쓴이가 말하고자 하는 주장이나 주제를 파악한다.
>
> [6국02-04] 글을 읽고 내용의 타당성과 표현의 적절성을 판단한다.
>
> [6국02-05] 매체에 따른 다양한 읽기 방법을 이해하고 적절하게 적용하며 읽는다.
>
> [6국02-06] 자신의 읽기 습관을 점검하며 스스로 글을 찾아 읽는 태도를 지닌다.

④ 중학교 1~3학년

중학교 1~3학년 읽기 영역 성취기준은 한 편의 완결된 글을 읽어 내는 독서 경험을 바탕으로 하여 읽기의 가치와 즐거움을 아는 능동적인 독자를 기르는 데 중점을 두어 설정하였다. 문제 해결적 사고 과정으로서 읽기의 특성을 이해하고, 독서 목적에 따라 적절한 읽기 방법을 적용하여 다양한 유형의 자료를 비판적으로 읽으며 적극적으로 의미를 구성하는 데 주안점을 둔다.

[9국02-01] 읽기는 글에 나타난 정보와 독자의 배경지식을 활용하여 문제를 해결하는 과정임을 이해하고 글을 읽는다.

[9국02-02] 독자의 배경지식, 읽기 맥락 등을 활용하여 글의 내용을 예측한다.

[9국02-03] 읽기 목적이나 글의 특성을 고려하여 글 내용을 요약한다.

[9국02-04] 글에 사용된 다양한 설명 방법을 파악하며 읽는다.

[9국02-05] 글에 사용된 다양한 논증 방법을 파악하며 읽는다.

[9국02-06] 동일한 화제를 다룬 여러 글을 읽으며 관점과 형식의 차이를 파악한다.

[9국02-07] 매체에 드러난 다양한 표현 방법과 의도를 평가하며 읽는다.

[9국02-08] 도서관이나 인터넷에서 관련 자료를 찾아 참고하면서 한 편의 글을 읽는다.

[9국02-09] 자신의 읽기 과정을 점검하고 효과적으로 조정하며 읽는다.

[9국02-10] 읽기의 가치와 중요성을 깨닫고 읽기를 생활화하는 태도를 지닌다.

⑤ 고등학교 1학년

고등학교 1학년 읽기 영역 성취기준은 학습자가 자신의 관심사와 관련된 다양한 글이나 매체를 자발적으로 찾아 폭넓게 읽으면서 평생 독자로 성장하도록 하는 데 중점을 두어 설정하였다. 사회적 상호 작용 행위로서의 읽기의 특성을 이해하고, 비판적이고 창의적인 사고를 바탕으로 하여 자신의 읽기 과정을 점검하고 조정하며 읽는 능력을 기르는 데 주안점을 둔다.

[10국02-01] 읽기는 읽기를 통해 서로 영향을 주고받으며 소통하는 사회적 상호 작용임을 이해하고 글을 읽는다.

[10국02-02] 매체에 드러난 필자의 관점이나 표현 방법의 적절성을 평가하며 읽는다.

[10국02-03] 삶의 문제에 대한 해결 방안이나 필자의 생각에 대한 대안을 찾으며 읽는다.

[10국02-04] 읽기 목적을 고려하여 자신의 읽기 방법을 점검하고 조정하며 읽는다.

[10국02-05] 자신의 진로나 관심사와 관련된 글을 자발적으로 찾아 읽는 태도를 지닌다.

초등학교 1학년부터 고등학교 1학년까지의 과정은 공통 교육과정으로 편성되어 있기 때문에 학교급이 달라도 교육 내용은 서로 연계성을 갖도록 선정, 조직되어야 한다. 읽기 교육과정에서도 학년(군) 간의 교육 내용이 서로 연계성을 갖도록 구성하려고 노력했음을 확인할 수 있다. 즉, 초등학교 저학년의 경우에는 기초적인 읽기 능력을 기르는 데 초점을 두고, 고학년으로 가면서 추론적·비판적 읽기 능력을 신장시킬 수 있도록 구성하였다. 중학교에서는 독서 목적에 따라 적절한 읽기 방법을 적용하여 의미를 구성하는 능동적인 독자 양성에 목표를 두었고, 고등학교에서는 자신의 진로나 관심사와 관련된 글을 자발적으로 찾아 읽는 평생 독자 양성에 목표를 두고 있다.

읽기 영역의 내용 체계표에서는 글의 유형이 중요한 항목으로 반영되어 있었으나 학년(군)별 성취기준에서는 텍스트 유형과 관련된 학습 내용이 명시적으로 반영되지는 않았다. 대신에 이전 교육과정처럼 학년(군)별로 '국어 자료의 예'를 제시하여 활용할 수 있는 자료의 유형을 제시하였다. 또한 읽기 내용 체계표의 '기능'이라고 하여 제시한 교육 내용이 성취기준에 어떻게 반영되었는지도 확인하기 어렵다.

(3) 2015 선택 중심 교육과정-일반 선택- '독서'

목표
다양한 분야의 독서 경험을 통하여 일상생활과 학습 상황에서 필요한 비판적이고 창의적인 독서 능력을 기르고 독서 태도를 함양하며 독서 문화의 발전에 기여한다.

가. 독서 활동의 본질과 원리를 체계적으로 이해한다.
나. 다양한 주제, 유형, 분야의 글을 적절한 방법으로 읽는 능력을 기른다.
다. 목적에 따라 가치 있는 글을 스스로 찾아 즐겨 읽는 태도를 기른다.

내용 체계

영역	핵심 내용	일반화된 지식	내용 요소	기능
독서의 본질	• 글과 독서의 가치 • 상호 텍스트성	• 바람직한 독서는 자신에게 필요하고 좋은 글을 스스로 찾아 읽는 것이다.	• 글·책의 선택 • 주제 통합적 독서	• 글·책 선택하기 • 맥락 고려하기 • 몰입하기 • 보조·참고 자료 활용하기 • 내용 확인하기 • 추론·상상하기 • 비판하기 • 감상·성찰하기 • 대안 탐색하기 • 적용·발전시키기 • 공유·소통하기 • 점검·조정하기
독서의 방법	• 사실적 이해 • 추론적 이해 • 비판적 이해 • 감상적 이해 • 창의적 이해	• 능숙한 독자는 글에 따라 사실적·추론적·비판적·감상적·창의적 읽기 등 적절한 방법으로 읽는다.	• 사실적 읽기 • 추론적 읽기 • 비판적 읽기 • 감상적 읽기 • 창의적 읽기	
독서의 분야	• 교양 독서 • 매체 읽기	• 독자는 다양한 분야에서 다양한 주제의 글을 읽으며 교양을 쌓는다. • 독자는 다양한 맥락에서 생산되고 다양한 방식으로 유통되는 글을 읽으며 삶의 다양성을 이해한다.	• 인문·예술 분야의 글 읽기 • 사회·문화 분야의 글 읽기 • 과학·기술 분야의 글 읽기 • 시대의 특성을 고려한 글 읽기 • 지역의 특성을 고려한 글 읽기 • 매체의 특성을 고려한 글 읽기	
독서의 태도	• 독서 계획 • 독서 활동	• 독서는 스스로 독서 계획을 세우고 다양한 독서 활동을 하며 바람직한 독서 문화 형성에 참여할 때 효과적으로 수행된다.	• 자발적 독서 계획과 실천 • 독서 문화에의 참여	

성취기준

① 독서의 본질

'독서의 본질' 성취기준은 좋은 글을 선택하는 능력과 다양한 글을 주제 통합적으로 읽는 능력에 중점을 두어 설정하였다. 학습자가 독서 목적이나 글의 가치 등을 고려하여 다양한 자료를 선택하고 비판적, 통합적으로 독서하는 능력을 기르는 데 주안점을 둔다.

[12독서01-01] 독서의 목적이나 글의 가치 등을 고려하여 좋은 글을 선택하여 읽는다.
[12독서01-02] 동일한 화제의 글이라도 서로 다른 관점과 형식으로 표현됨을 이해하고 다양한 글을 주제 통합적으로 읽는다.

② 독서의 방법

'독서의 방법' 성취기준은 글을 읽으면서 내용을 파악하고 추론하고 비판하고 창의적인 대안을 떠올리는 능력에 중점을 두어 설정하였다. 글의 중심 내용을 파악하고 겉으로 드러나지 않은 내용을 추론하는 수준에서 나아가 필자의 가치관이나 글의 배경이 되는 사회·문화적 이념을 비판하고 필자의 관점에 대한 대안이나 문제 해결 방안을 떠올리고 논리적으로 재구성하는 데 주안점을 둔다.

[12독서02-01] 글에 드러난 정보를 바탕으로 중심 내용, 주제, 글의 구조와 전개 방식 등 사실적 내용을 파악하며 읽는다.

[12독서02-02] 글에 드러나지 않은 정보를 예측하여 필자의 의도나 글의 목적, 숨겨진 주제, 생략된 내용을 추론하며 읽는다.

[12독서02-03] 글에 드러난 관점이나 내용, 글에 쓰인 표현 방법, 필자의 숨겨진 의도나 사회·문화적 이념을 비판하며 읽는다.

[12독서02-04] 글에서 공감하거나 감동적인 부분을 찾고 이를 바탕으로 글이 주는 즐거움과 깨달음을 수용하며 감상적으로 읽는다.

[12독서02-05] 글에서 자신과 사회의 문제를 해결하는 방법이나 필자의 생각에 대한 대안을 찾으며 창의적으로 읽는다.

③ 독서의 분야

'독서의 분야' 성취기준은 다양한 분야의 책과 시대·지역·매체의 특성이 반영된 글을 읽으면서 폭넓은 독서 경험을 쌓도록 하는 데 중점을 두어 설정하였다. 독서 자료 및 매체의 유형과 특성을 이해하고 다양한 분야의 글을 읽으면서 각각의 글에 담긴 지식과 정보를 비판적으로 이해하고, 글쓰기의 관습이나 독서 문화에 시대 및 지역의 사회·문화적 특성이 반영되어 있음을 이해하는 데 주안점을 둔다.

[12독서03-01] 인문·예술 분야의 글을 읽으며 제재에 담긴 인문학적 세계관, 예술
과 삶의 문제를 대하는 인간의 태도, 인간에 대한 성찰 등을 비판적
으로 이해한다.
[12독서03-02] 사회·문화 분야의 글을 읽으며 제재에 담긴 사회적 요구와 신념, 사
회적 현상의 특성, 역사적 인물과 사건의 사회·문화적 맥락 등을 비
판적으로 이해한다.
[12독서03-03] 과학·기술 분야의 글을 읽으며 제재에 담긴 지식과 정보의 객관성,
논거의 입증 과정과 타당성, 과학적 원리의 응용과 한계 등을 비판적
으로 이해한다.
[12독서03-04] 시대의 사회·문화적 특성이 글쓰기의 관습이나 독서 문화에 반영되
어 있음을 이해하고 다양한 시대에서 생산된 가치 있는 글을 읽는다.
[12독서03-05] 지역의 사회·문화적 특성이 다양한 형식과 내용으로 글에 반영되어
있음을 이해하고 다양한 지역에서 생산된 가치 있는 글을 읽는다.
[12독서03-06] 매체의 유형과 특성을 고려하여 글의 수용과 생산 과정을 이해하고
다양한 매체 자료를 주체적이고 비판적으로 읽는다.

④ 독서의 태도

'독서의 태도' 성취기준은 학습자가 다양한 독서 활동에 적극적으로 참여하여
글 속의 삶의 방식과 세계관을 폭넓게 이해하고, 생각과 간접 경험의 폭을 넓
히며, 글과 소통하는 삶을 살도록 하는 데 중점을 두어 설정하였다.

[12독서04-01] 장기적인 독서 계획을 세워 자발적으로 독서를 실천함으로써 건전한
독서 문화를 형성한다.
[12독서04-02] 의미 있는 독서 활동에 참여함으로써 타인과 교류하고 다양한 삶의
방식과 세계관을 이해하는 태도를 지닌다.

고등학교 선택 과목으로서의 독서는 "초·중·고 공통 '국어'의 읽기 영역
을 심화·확장한 과목"이라는 성격을 갖는다. 독서 과목의 목표는 "다양한 분야

의 독서 경험을 통하여 일상생활과 학습 상황에서 필요한 비판적이고 창의적인 독서 능력을 기르고 독서 태도를 함양하며 독서 문화의 발전에 기여한다." 라고 하여 '비판적이고 창의적인 독서 능력'을 기르는 데 초점을 두고 있다. 그런데 독서 분야에서는 '교양 독서'를 강조하여 인문·예술 분야, 사회·문화 분야, 과학·기술 분야의 글 읽기를 강조하고 있다.

'비판적이고 창의적인 독서'와 '교양 독서' 간에는 상당한 차이가 있을 수 있다. '비판적이고 창의적인 독서'에서는 능동적이고 주체적인 독자를 상정하지만, '교양 독서'에서는 다양한 분야의 지식을 수용하는 독자를 상정하고 있기 때문이다. 다양한 학문 분야의 텍스트를 통해서 독서 방법에서 제시하고 있는 사실적, 추론적, 비판적, 감상적, 창의적 읽기 능력 등을 기르기는 쉽지 않을 것으로 보인다. 독서 과목의 텍스트 유형이 공통 교육과정과 달리 학문 영역 중심으로 선정된 것은 수능시험과의 연계를 고려한 것이라고 할 수 있다. 그런데 수능시험과의 연계를 강화한 결과 고등학교 독서 과목은 '국어'의 읽기 영역을 심화·확장한 과목이라는 성격이 약화되었다고 볼 수 있다.

6장 독서 교육과정에 대한 이해

1. 독서 교육과정의 역사적 변천

- 한문교육기(~1895)
  - 목표: 한자 습득과 인격 수양
  - 사서오경, 역사서 등 유교경전 교육이 중심이 됨. 성현의 지혜를 수용하는 것을 중시함.

- 개화기와 일제강점기(1895~1945)
  - 목표: 문자 습득과 함께 계몽의식 고취 혹은 황국신민 교육
  - 독본형 교재를 통해서 서구 문물과 민족의식 고취를 강조하였음.

- 미군정기~제3차교육과정(1945~1981)
  - 목표: 기초 기능 습득과 함께 국민정신 교육
  - 한글 미해득자를 줄이기 위한 문자 보급과 건실한 국민 양성을 위한 국가주의 이념 교육이 강조됨.

- 제4차 교육과정(1981~1987)
  - 목표: 언어 기능과 문법, 문학의 지식 습득
  - 국어 교과를 국어와 관련된 학문적 지식을 배우는 교과로 규정.
  - 읽기 기능 습득을 중심으로 교육 내용이 구성됨.

- 제5~7차 교육과정(1987~2007)
  - 목표: 국어 사용 능력 향상
  - 독자의 사고과정 중심으로 교육 내용이 편성됨.

- 2007교육과정 이후(2007~)
  - 목표: 국어 사용 능력 향상
  - 텍스트의 수용과 생산을 강조하여 장르 중심으로 교육 내용이 구성됨.

2. 2015 개정 교육과정의 독서교육 내용

- 유치원(3~5세): 누리과정
  - 글자에 친숙해지기, 책 읽기에 관심 가지기 등으로 구성됨.
  - 정해진 교재 없이 다양한 자료와 교구를 활용함.

- 초등학교(1~2, 3~4, 5~6학년), 중학교(1~3학년), 고등학교(1학년): 공통 교육과정
  - 본질, 텍스트, 활동, 태도로 하위 영역을 구분하여 학년(군)별로 교육 내용을 제시하였음.
  - 글의 유형은 정보 전달, 설득, 친교·정서 표현으로 구분하였음.

- 고등학교(2~3학년): 선택 중심 교육과정
  - 독서의 본질, 독서의 분야, 독서의 방법, 독서의 태도로 구분하여 교육 내용을 제시함.
  - 독서의 분야를 인문·예술, 사회·문화, 과학·기술 분야로 구분하여 수능시험의 대비 성격이 강함.

학습활동

1. 제4차 교육과정과 제7차 교육과정, 그리고 2007 개정 교육과정의 읽기 영역 교육 내용을 비교해서 분석해 보고, 어떤 차이가 있는지 토론해 보자.

2. 누리과정, 초등학교, 중학교, 고등학교 단계의 읽기교육의 목표와 내용을 분석해 보고, 학생들의 읽기 능력 발달 단계에 따라 교육의 중점을 어디에 둬야 할지 논의해 보자.

3. 다음은 2007 개정 교육과정 '독서' 과목의 '글의 유형'과 관련된 내용이다.
2015 개정 교육과정의 '독서' 분야와 어떻게 다른지 이야기해 보자.

---

(3) 글의 유형

　(가) 목적: 정보 전달, 설득, 사회적 상호 작용, 정서표현

　　① 글을 쓴 목적에 따라 글의 특성이 달라짐을 이해한다.

　　② 독자가 글을 읽는 목적과 필자가 글을 쓴 목적을 종합적으로 고려하여 읽을 글을 선택한다.

　(나) 제재: 인문, 사회, 과학, 예술

　　① 글의 제재에 따라 서로 다른 배경지식을 동원하고 읽는 방법도 달리 하여야 함을 이해한다.

　　② 폭 넓고 깊이 있는 사고를 할 수 있도록 다양한 분야의 글을 섭렵한다.

　(다) 시대: 고대, 중세, 근대

　　① 시대에 따라 글쓰기의 관습이나 독서 문화가 달랐음을 이해한다.

　　② 선인들의 지혜를 배우고 현대인과 현대 문화에 대한 성찰이 이루어질 수 있도록 시대별로 의미 있는 글을 다양하게 선택하여 읽는다.

　(라) 지역: 국내외

　　① 지역별 문화의 특성이 다양한 형식과 내용으로 글에 반영되어 있음을 이해한다.

　　② 문화적 특성을 존중하고 인간에 대한 이해의 폭을 넓힐 수 있도록 여러 지역의 글을 두루 읽는다.

---

4. 다음은 2015 개정 교육과정의 중학교 1~3학년 문학 영역의 성취기준이다. 문학 영역의 성취기준과 읽기 영역의 성취기준을 비교해 보고, 읽기 능력에서 어떤 차이가 있는지 논의해 보자. 그리고 읽기와 문학 영역을 통합한 교육과정을 기획해 보자.

[성취기준]

[9국05-01] 문학은 심미적 체험을 바탕으로 한 다양한 소통 활동임을 알고 문학 활동을 한다.

[9국05-02] 비유와 상징의 표현 효과를 바탕으로 작품을 수용하고 생산한다.

[9국05-03] 갈등의 진행과 해결 과정에 유의하며 작품을 감상한다.

[9국05-04] 작품에서 보는 이나 말하는 이의 관점에 주목하여 작품을 수용한다.

[9국05-05] 작품이 창작된 사회·문화적 배경을 바탕으로 작품을 이해한다.

[9국05-06] 과거의 삶이 반영된 작품을 오늘날의 삶에 비추어 감상한다.

[9국05-07] 근거의 차이에 따른 다양한 해석을 비교하며 작품을 감상한다.

[9국05-08] 재구성된 작품을 원작과 비교하고, 변화 양상을 파악하며 감상한다.

[9국05-09] 자신의 가치 있는 경험을 개성적인 발상과 표현으로 형상화한다.

[9국05-10] 인간의 성장을 다룬 작품을 읽으며 삶을 성찰하는 태도를 지닌다.

참고문헌

김경주(2013). 읽기교육과정의 역사적 변천. 독서 연구 29, 35-95.

김남돈(2006). 개화기 국어 교과서의 국어교육사적 의의. 새국어교육 82, 5-24.

김주환(2010). 국어과 교육과정의 통합성 연구. 새국어교육 85, 71-96.

김주환(2011). 사회적 요구조사를 통해 본 국어 교과의 정체성. 고려대학교 박사학위 논문.

김혜정(2002). 개화기부터 미군정기까지의 국어과 교육과정에 대한 개괄적 고찰. 국어 교육연구 10, 211-241.

김혜정(2009). 국어과 교육과정 내용에 대한 비판적 고찰-읽기 쓰기 영역의 선정 내용 에 대한 학문적 타당성 및 외연 검토-. 작문연구 8, 299-335.

서울대학교 교육연구소(1997). 한국교육사. 교육과학사.

신창호(2014). 한국교육사의 통합적 이해. 박영story.

이인제(2009). 핵심 역량 강조 시대의 국어 교육의 계획과 실행. 국어교육 128, 1-46.

이재기(2007). 2007년 개정 국어과 교육과정의 특징과 실행 방안. 청람어문교육 36, 81-108.

이지현·전홍주·박은혜(2012). 3, 4세 유치원과정, 5세 누리과정, 초등1학년 교육과정 언어교육 내용의 연계성 분석. 유아교육학논집 16, 253-279.

이순영(2013). 2011 개정 국어과 '읽기·독서' 교육과정의 가능성과 한계. 독서 연구 29, 161-185.

임칠성(2011). 국어과 교육과정의 현실과 지향: 다시 '통합'을 논하며. 국어교과교육연 구 18, 7-38.

천경록(2013). 국어과 교육과정 읽기 영역의 계열성 분석. 국어교육학연구 46, 535- 562.

피정만(2010). 한국교육사 이해. 하우.

Dewey, J.(1897). My pedagogic creed. *School Journal*, 54, 77-88.

7장

독서 교과서의 이해

1. 독서 교과서의 역사적 흐름
2. 독서 교과서의 학년별 내용

학습자의 다양한 경험 세계, 필요와 요구, 개인차, 지역사회의 사회적, 문화적 특성 및
전통을 고려하여 교과서 이외의 자료를 활용할 수 있다.
— 제7차 국어과 교육과정

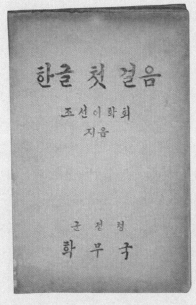

1. 독서 교과서의 역사적 흐름

독서교육은 교재를 통해서 이루어져 왔다고 할 수 있다. 한문교육기에는 책이 귀했으며 그 종류도 많지 않았기 때문에 한 권의 책을 몇 천 번 암송하여 체득하는 것이 독서의 주된 방법이었다. 이 시기의 읽기 자료는 대부분 유교경전이었으며, 성현의 말씀을 본받아 인격을 도야하는 것이 독서 활동의 궁극적인 목적이었다.

그러나 개화기 이후에는 근대화와 국민 교육의 필요성이 높아지면서 오늘날의 교과서와 유사한 독본형 교재가 등장한다. 읽기 자료집의 성격을 띤 독본형 교재는 개화기에 등장하여 제4차 교육과정기까지 그 명맥을 이어 갔다. 읽기 자료의 성격에서는 시기별로 차이가 있었지만, 읽기와 쓰기의 문식성 확립을 통해 국민을 교화시키려고 했다는 점에서는 큰 차이가 없었다. 즉 이 시기의 국어 교재는 읽기 교재였고, 읽기의 목적은 기초적인 문식성 습득과 함께 국민 형성을 위한 국가 이념의 주입에 있었다.

제5차 교육과정기 교과서에 이르러 국어 교과서는 독본형 교재의 틀에서 벗어나 듣기, 말하기, 읽기, 쓰기 능력을 기르는 통합적인 언어 활동 책으로 변화했다. 이러한 국어 교재의 변화는 읽기교육의 목표와 내용에도 변화를 초래했다. 교재 구성을 통해 나타난 읽기교육의 목표는 주제 학습이 아니라 읽기 기능·전략의 학습에 있었다. 제재 선정에서도 정전 중심에서 벗어나 실용적이고 일상적인 텍스트들의 비중이 늘어났으며, 교과서 글의 필자에서도 친일 학자들을 비롯한 민족주의 계열 국문학자들의 빈도가 낮아지고 사회주의 계열 작가들이 등장하는 등의 변화가 있었다.

[표 7-1] 독서 시기별 교재의 특징

독서 시기	시대 구분	교재 편찬	단원 구성	학습활동	특징
1. 경전 시대	한문 교육기 (~1895)	관주도	경전 체제	낭독과 암송	유교적인 인격 수양
2. 독본형 교재 시기	개화기와 식민지 시기 (1895~1945)	검정제	독본형 구성	낭독	근대화와 자주독립 사상
	미군정과 한국전쟁기 (1945~1954)	국정제	독본형 구성	익힘 문제	서구화와 반공주의
	제1-3차 교육과정기 (1955~1981)	국정제	독본형 구성 주제 중심	익힘 문제 공부할 문제	반공주의 국가주의
	제4차 교육과정 (1981~1989)	국정제	독본형 구성 장르 중심	공부할 문제/ 문법/작문	국어과의 지식 습득 강조
3. 활동형 교재 시기	제5-7차 교육과정 (1989~2007)	국정제	목표 중심의 구성	읽기 전, 중, 후 활동	언어 사용 기능 강조
	2007교육과정 이후(2007~)	초등: 국정제 중등: 검정제	목표 중심의 구성	읽기 전, 중, 후 활동	텍스트 생산과 수용 능력 강조

(1) 한문교육기 교과서

삼국시대를 전후해서 우리나라에는 중국으로부터 유교, 불교, 도교의 경전들이 소개되었으며, 당시 엘리트 계층이라고 할 수 있는 귀족과 승려들은 유교,

불교, 도교의 경전들을 널리 읽었던 것으로 보인다. 그러나 학교를 설립에서 가르쳤던 것은 주로 유교의 경전들이었다. 삼국의 각국들은 국가를 경영하는 데 필요한 인재를 양성하기 위한 목적으로 학교를 세웠고, 유교의 경전들은 이러한 목적에 부합하는 것이었다.

삼국시대나 고려시대에는 오경과 삼사 등이 핵심 교재로 선정되었다. 신라에서 실시한 독서삼품과는 독서의 수준을 정해서 얼마나 읽었느냐에 따라 관리를 등용하기도 하였는데, 그 내용을 보면 곡례(曲禮)와 효경을 먼저 읽고 그다음에 논어, 예기, 춘추좌씨전, 문선 등의 순으로 읽었다는 것을 알 수 있다.

그런데 고려 말에 안향과 백이정이 송나라의 성리학을 소개하면서 신진사대부를 중심으로 성리학 열풍이 일어나게 되었다. 신진사대부들이 성리학을 적극적으로 받아들이면서 조선시대에는 유교경전이 대중적으로 확산되었다. 유교경전의 대중적인 보급에는 교과목의 변화도 영향을 미친 것으로 보이는데, 이 시기에 사서가 핵심적인 교과목으로 등장하였다. 그 전에는 오경이 주로 읽혀졌으나 내용이 어려워 별로 호응을 얻지 못했는데, 송나라 때 정자라는 사람이 오경 중 하나인 공자가 편찬한 예기에서 대학, 중용을 분리해 논어, 맹자와 함께 읽도록 만든 것이다.

조선시대 선비들은 먼저 천자문을 공부한 다음에 소학을 배우고, 사서와 오경을 배우고 난 뒤, 이정전서, 주자대전, 성리대전 같은 성리학 서적, 자치통감, 역대정사, 동국제사 같은 사서(史書)들을 읽었다. 책을 읽을 때도 독서의 법도를 지켜야 했는데, 주자의 독서법은 "순서에 따라 점차 나아감에 있으며 깊이 읽고 정밀하게 생각하여 글자는 그 뜻을 구하고 구절은 그 가르침을 찾아, 앞에서 다 알지 못하고 감히 뒷부분을 구하지 않으며 여기를 통달하지 않은데 저기에 뜻을 두지 말아야" 했다. 숙독과 정독은 당연했고, 중요한 책들을 거의 외우다시피 거듭해서 읽었다. 조선조의 김득신은 사마천 사기의 「백이열전」을 1억1천1백 번이나 읽어 그 호를 '억만재'라고 했다 한다.

유교경전 학습의 궁극적인 목적은 조화로운 인격 완성에 있었다. 독서는 선비의 의무이자 특권이었으며, 감각적인 즐거움이나 사사로운 이익을 목적으로 해서는 안 되는 것이었다. 특히 사림파 지식인들은 유가의 성인을 본받으려고 했기 때문에 독서를 할 때에도 성현의 뜻을 헤아리는 데 목적을 두었으며, 성현의 말씀을 기준으로 해서 자연과 사물을 이해하고 사회와 인간의 모든 문제를 판단하려고 하였다.

그러나 관료사장과 지식인들은 관계에 진출하여 입신양명하기 위해서 유학의 경전들을 공부하였다. 유학의 경전들은 조선시대 과거시험의 핵심적인 교과목에 해당하는 것이었기 때문이다. 지방마다 사학이라고 할 수 있는 서당을 만들어 유학의 경전을 공부시킨 것은 인격 수양의 목적도 있었지만 과거를 통한 관료 진출에 그 목적이 있었다. 그러나 1894년 갑오개혁을 통해서 과거제도가 폐지됨에 따라 유학경전 중심의 서당교육은 서서히 힘을 잃게 되었다.

(2) 개화기와 일제식민지 시대 교과서

1895년 7월에 소학교령이 발표되면서, 8월에 최초의 국어 교과서라고 할 수 있는 독본형 교재 『국민소학독본』이 발행되었다. 학부관제가 공포된 지 약 5개월만이며 소학교령이 공포된 지 1개월만이다. 『국민소학독본』은 소학교교육을 위해 개발된 것이며, 국한문혼용체로 기술되어 있다. 이 교과서는 국제, 역사, 지리, 기술, 동식물, 경제, 과학, 사회윤리 등 전체 41개 단원으로 구성된 근대적인 형태의 교과서이다.

이 교과서는 제1과 '대조선국(大朝鮮國)'에서 자주독립국임을 강조하였고, 제2과 '광지식(廣智識)'에서는 농, 공, 상에 대한 근대적 지식과 교양을 넓히고자 하였다. 책의 내용에서도 '국민'을 강조하고 있으며 제목에서도 '국민'을 반영하여 근대적인 국민 양성을 목표로 하고 있음을 보여 준다. 『국민소학독본』이 발행된 다음 해에는 『신정심상소학』 등 소학류의 책들이 계속해서 간행되었는데, 일제의 개입으로 점차 민족주의적 색채를 잃어 가고 있는 상황에서 민족 주체성을 확립하고 애국·자강 정신을 교육할 목적으로 개발된 책이 『유년필독幼年必讀』이다.

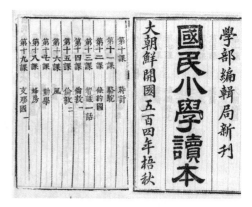

1895년에 간행된 『국민소학독본』

『유년필독』은 을지문덕장군으로부터 충정공 민영환에 이르기까지 23인의 민족 영웅, 명신, 학자들을 소개하여 민족사의 명예를 높이고자 했다. 또한 나라의 독립이 왜 중요한지를 일깨우는 단원과 당시의 사회적 정황과 관련하여 한국인의 반성을 촉구한 내용도 반영되어 있어 전국의 사립학교뿐만 아니라 일반 독자들에게도 광범위하게 보급되어 엄청난 반응을 불러일으켰다. 그러나 1908년 일제는 학부를 움직여 교과서를 학부 편찬 도서와 학부대신의 검정을 받은 도서로 한정하는 교과용 도서 검정 규정을 제정하였다. 결국 1909년 5월 5일, 이 책은 검정 당국인 학부로부터 '발매 반포 금지'를 당하고 말았다.

『유년필독』

개화기 교재들은 표면적으로는 문자 습득을 목적으로 하였지만, 이면적으로는 계몽적 교훈성을 강하게 드러냈다. 이 계몽의 목적은 서구적 과학 지식의 보급과 자주독립 의식의 고취에 있었다. 개화기 교재들은 논설문이나 설명문 같은 정보 텍스트가 전체의 50퍼센트를 넘었다. 그 이유는 근대적 서구 문물을 설명하고 소개하는 지식 전달 위주의 제재들은 설명문의 형식을 택했고, 자주독립 및 자강의 내용을 강조하거나 설득하는 의도를 가진 것들은 모두 논설문의 형식을 택했기 때문이다.

일제식민지 시대 국어 교과는 '조선어' 또는 '조선어 및 한문'이라는 과목명으로 개설되었으며, 교과서 명칭도 『조선어독본』이었다. 조선총독부에서 발행한 『조선어독본』은 국한문 혼용체로 기술되었으며, 교훈적인 내용과 근대적인 문물을 소개하는 다양한 종류의 글을 모아 놓은 독본형 교재라는 점에서 개화기 교과서와 비슷하다. 그러나 개화기 교과서가 자주독립 사상과 민족주의 이데올로기를 강조했다면 『조선어독본』에서는 민족주의적인 내용이 배제되고, 대신에 근면 성실한 태도나 우정, 충효 사상과 같은 개인적 윤리와 내선일체, 황국신민 사상을 강조했다는 점에서 차이가 있다.

조선총독부에서 발행한 보통학교 학도용 『조선어독본』 권2는 모두 26과로 구성되어 있다. 제1과와 제2과는 동자편인데, 복동이와 순명이라는 아이들을 등장시켜서 책을 읽고 공부하는 것이 중요하다는 것을 이야기하고 있다. 제21과에는 이솝우화에 나오는 욕심 많은 개 이야기를 통해서 금욕적인 태도를 강조하였고, 제26과에는 포수와 원숭이 이야기를 소개하여 부모 자식 간의 윤리를 강조하고 있다. 이러한 개인적 윤리, 도덕의 강조는 제19과에 소개된 기원절을 경축하는 마음가짐으로 이어진다. 기원절은 일본 천황의 선조되는 신무천황이 즉위한 날이다.

(3) 미군정기와 한국전쟁기의 교과서

1945년 8.15 광복 후 가장 시급한 교육의 과제는 한글 보급을 확대하는 것이었다. 일제식민지 시기에 일본어 교육에 치중한 결과 해방 후 한글 문맹률이 78퍼센트에 달했기 때문이다. 이러한 상황에서 한글 보급을 확대하기 위하여 편찬한 것이 바로 『한글 첫 걸음』이었다. 『한글 첫 걸음』은 조선어학회에서 편찬한 것을 미군정청 학무국에서 발행하여 전국의 학교에서 사용하였다. 『한글 첫 걸음』은 일반인을 대상으로 한, 문자 학습의 대표적인 교재로서 이 책을 통해 문자를 제대로 읽고 쓸 수 있게 된 다음에야 『초등국어교본』이나 『중등국어교본』을 공부할 수 있었다.

미군정청 학무국에서는 조선어학회의 도움을 받아 『한글 첫 걸음』에 이어 『초등국어교본』과 『중등국어교본』을 차례로 편찬하였다. 이 시기 최초로

[표 7-2] 문자보급 상황(1945~1949)

연도	13세 이상 국민 총수	국문 미해득자 수	해득시킨 자 수	미해득률(%)
1945	10,253,138	7,980,902	2,272,236	77.8
1946	13,055,969	9,885,178	2,569,797	56.0
1947	13,087,905	7,315,381	1,488,799	44.5
1948	13,320,913	5,826,582	522,931	40.0
1949	13,568,761	5,303,651	427,563	35.9

(이종국, 2008)

발행된 『중등국어교본』은 1945년까지 빛을 보지 못했던 국문학 고전 작품과 서구적 현대 문학작품들을 대거 수록하였다. 특히 현대시, 현대시조, 수필, 전기문, 편지글 등 문학작품들이 주를 이루었으며, 안창호나 김구 같은 독립운동가의 연설문과 에디슨, 스티븐슨과 같은 미국 과학자들의 일화(전기문), 국문학자들이 쓴 논설문이나 설명문이 제재로 선정되었다. 교수요목에서는 국어 사용 기능을 중요하게 부각하였지만 중등 국어 교재는 국문학작품 위주로 편성되었다.

1948년 정부 수립 이후에 문교부에서 발행한 교과서에는 '교본'이라는 용어가 삭제되어 『초등 국어』, 『중등 국어』라는 명칭으로 편찬되었다. 이 시기에 편찬된 『초등 국어 1-1』이 바로 국어 교과서의 대표적인 캐릭터인 철수와 영이가 등장하는 『바둑이와 철수』였다. 이전의 교과서가 대체로 한글 자모를 익히고 낱말과 문장을 읽는 자모식 구성으로 되어 있었던 반면에, 이 교과서는 철수, 영이, 바둑이가 등장하는 이야기를 통해서 한글을 습득하도록 하였다. 자모식 한글 습득 방식에서 벗어나 문장식(의미 중심의 접근 방식)으로 한글을 습득하도록 했다는 점에서 의의가 있다.

교수요목 반포 이후인 1948년 『중등 국어 1-3』이 발행되었으며, 정부 수립 이후 1949~50년 사이에 '중등 국어 1-6'이 학년별로 한 권씩 개발되면서 내용이 풍부해졌다. 『중등 국어 교본』이나 『중등 국어』 모두 중·고등학교에서 공히 사용되던 교재였는데, 전시기인 1952년에 중학교와 고등학교로 학제가 분리되면서 『중등 국어』와 『고등 국어』가 별도로 편찬되었다. 전시 교과서는 '탱크', '군함' 등의 전쟁 수단이 제목이 되기도 하였으며, 초등 교재에도 공산주의에 대한 맹비판과 민주자유주의 국가 수립에 대한 열망 등 반공을 주제로 한 제재가 한 단원 이상 등장하였다.

(4) 제1~4차 교육과정 시기(1955~1987)

제1차 교육과정 시기부터 제4차 교육과정 시기의 교과서는 교육과정 이전 시기에 비하면 상당히 체계화되었지만 아직도 독본형 교과서 체제를 크게 벗어나지 못했다. 물론 제1차 교육과정 교과서에 비해 2차, 3차 교과서가 더 체계화되었으며, 특히 제4차 교육과정의 교과서는 장르 중심으로 단원 구성을 체계화해서 국어 교과의 고유한 특성을 갖추었다. 그렇지만 이 시기까지의 국어 교과서는 기본적으로 읽기 자료의 모음이라는 성격에서 크게 벗어나지 못했다.

제1차 교육과정의 『중학 국어』는 단원별로 여러 가지의 글을 묶어서 제시하고 있으나 단원별 활동이 별도로 제시되지는 않고, 한 편의 글이 끝날 때마다 익힘 문제를 제시하였다. 단원의 마지막에는 국어 공부의 목적이나 일기 쓰는 법 등을 자세히 소개하여 기초적인 지식이나 기능을 익힐 수 있도록 하였다. 특히 사전 찾는 법이나 일기, 편지 쓰는 법을 자세히 소개해서 일상생활의 기초적인 문식 능력을 익힐 수 있도록 했다.

제재로는 일기, 편지 외에 현대시, 수필, 설명문과 논설문, 전기문 등이 실려 있는데, 설명문과 논설문의 대부분은 기초적인 언어 활동을 어떻게 해야 하는지를 다루고 있다. 또한 현대시나 수필은 자연을 서정적으로 묘사한 작품과 「전선의 아침」, 「애국가의 힘」, 「울릉도」처럼 애국심이나 국토애를 강조하는 작품이 주로 선정되었다. 현대시로 선정된 박목월의 「물새 알 산새 알」이나 김영랑의 「내 마음은」, 장만영의 「달, 포도, 잎사귀」와 같은 작품은 이후 교과

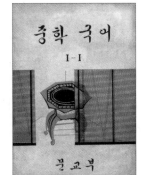

서에서도 지속적으로 실려 정전으로 자리 잡았다.

익힘 문제는 "박 대령과 김 일등병이 서로 주고받은 말에는 각각 어떠한 생각이 담겨져 있나를 생각하면서, 이 글을 거듭 읽어 보라."든가, "이 글을 읽고, 깊이 느낀 바를 서로 이야기하여 보라."와 같이 제재를 읽고 주제와 관련해서 생각해 볼 거리와 읽기, 쓰기 활동을 제시했다. 익힘 문제의 내용이 기초적인 내용 이해와 표현 활동에 초점이 맞춰져 있으며, 읽기와 쓰기 활동을 강조한 반면에 말하기, 듣기와 관련된 내용은 거의 다루어지지 않았다.

제2차 교육과정의 교과서도 여러 가지 글을 단원별로 모으고 익힘 문제를 제시했다는 점에서 제1차 교과서와 크게 다르지 않다. 그러나 제재의 선정이나 기술 방식 등에서 이전 시기보다는 상당히 세련되고 체계화되었음을 알 수 있다. 제1차 교과서의 '국어 공부의 목적'은 교과서 필자가 쓴 것으로 추정되는데, 논설문 형식의 계몽적인 내용으로 기술하였다. 하지만 제2차 교과서에서는 학생들이 학급회의를 하는 자료 형태로 실었다. 이처럼 제2차 교과서에서는 교과서 필자의 계몽적인 기술 내용이 거의 사라지고 대신에 학생 작품이나 국문학자들의 글을 많이 실었다. '역사를 빛낸 사람들'이라는 단원을 설정하여 국내외 위인들의 전기문을 대거 실었으며, '즐거운 회화' 단원을 통해 말하기, 듣기와 관련된 교육 내용도 반영하였다.

이 시기에는 국어 교과서 시의 정전을 구성한 작가들이 대거 등장하였는데, 김소월, 박목월, 박두진, 노천명, 이은상, 김광균, 박남수 등의 작품들이 소개되었다. 박목월의 「물새 알 산새 알」은 2회 연속 게재의 기록을 달성하였고, 이은상과 박두진은 시 외에도 수필과 논설문까지 실어서 비중이 높은 교과서 작가로 등극했다. 특히 교과서 작가들 중에는 박정희 정권에 참여한 인사들이 많았는데, 이은상은 박정희 정권의 공화당 창당선언문을 작성하는 등 박정희 정권의 교육문화 정책의 핵심적인 역할을 수행했으며, 박종홍, 김기석, 유치진, 유달영 등도 대부분 국가재건국민운동본부에 관여했던 인물들이었다.

제1, 2차 교육과정의 교과서는 체계적이지는 않아도 장르나 영역을 고려해서 단원을 편성하였으나, 제3차 교육과정의 중학 국어는 주제 중심으로 장르를 통합해서 구성하였고 익힘 문제를 공부할 문제로 바꾸어 내용을 좀 더 체계화하였다. 대단원의 주제를 보면 '새로운 출발', '언어와 민족', '감사', '나의 조국' 등으로 구성되어 있어 한눈에도 민족주의, 국가주의적 색채가 강하다는 것을 알 수 있다. 특히 '1. 나라 사랑' 단원에서는 박정희가 쓴 「중단 없는 전진」이라는 글을 실었으며, 「우리가 할 일」이라는 글은 비록 학생글 형태로 서술되었으나 국민 교육헌장의 이념을 실천하자는 주장을 노골적으로 표현하고 있다. 제2차 교과서에서 거의 사라졌던 계몽적인 주장이 제3차 교과서에서는 오히려 더욱 강화되었다.

박목월의 「물새 알 산새 알」은 3회 연속, 이은상의 「산 찾아 물 따라」는 2회 연속으로 교과서에 실리게 되었고, 박두진의 작품도 계속 실렸다. 국립묘지를 방문하여 무명용사를 기리는 내용의 「이름 없는 별들」, 「5월 단오」, 「폴란드 소녀의 울음」 등도 연속 게재되면서 국어 교과서의 정전으로 자리매김하였다. 교과서 제재 선정의 두 가지 기준인, 순수한 서정과 국가주의 혹은 민족주의 사상 중에서 이 시기에는 후자의 기준이 더욱 강화되었다는 것을 확인할 수 있다.

제4차 국어과 교육과정은 가치관 중심의 교육에서 벗어나 국어 교과의 지식을 체계화하고자 하였다. 이에 따라 교과서 단원도 장르별로 일관되게 편성하였고, 단원의 길잡이, 공부할 문제, 문법과 작문 등으로 학습활동도 다양화하였다. 『중학 국어 1-1』의 대단원을 보면, 시, 일기와 편지, 수필, 설명문, 소설, 전기, 희곡, 논설문과 연설문, 기행문, 문학 이야기 등으로 단원이 구성되어 있다. 이러한 단원 구성을 보면 시, 소설, 희곡, 수필을 비롯한 문학의 비중이 월등히 높다는 것을 알 수 있다. 문법과 작문은 대단원의 학습활동으로 반영되어 있고, 말하기와 듣기는 전혀 반영되지 않았다. 이것을 통해서 보면 제4차 교육과정의 교과서는 문학 중심의 독본형 교재라고 할 수 있다.

제4차 교육과정의 『중학 국어 1-1』에도 이전 시기의 정전으로 여겨졌던 작품들이 다시 실렸다. 박목월의 「물새 알 산새 알」은 4회 연속, 이은상의 「산 찾아 물 따라」, 「5월 단오」, 「폴란드 소녀의 울음」, 박성룡의 「풀잎」 등은 3회 연속, 이희승의 「언어와 민족」, 장지영의 「주시경 선생」, 이응백의 「국어 공부」 등도 2회 연속으로 게재되었다. 4차 교과서에는 「요람기」와 「이해의 선물」이 새로운 작품으로 실렸다. 순수 서정과 교훈이라는 주제의식을 반영하고 있다는 점에서 이전 시기의 제재 선정 기준이 그대로 작동하고 있음을 알 수 있다.

(5) 제5차 교육과정 이후의 교과서

제5차 교육과정 이후의 교과서는 영역별, 목표별로 단원을 편성했으며, 독본형 교재에서 벗어나 영역별로 다양한 활동을 할 수 있는 통합적인 언어 활동형 교재이다. 학습활동은 대체로 '단원의 길잡이 – 제재를 통한 학습활동 – 단원의 마무리'의 구성을 취하고 있는데, 학습활동을 제시하는 방식은 영역별로 다르다. 즉 읽기와 문학의 경우에는 제재 중심으로 학습활동을 구성하였으나, 말하기/듣기, 쓰기 단원의 경우 학습활동 중심으로 단원을 편성하였다. 또한 이 시기부터 초등학교 국어 교과서는 말하기/듣기, 읽기, 쓰기 영역별로 분책이 이루어졌다.

중학 국어 1-1 차례(제5차 교육과정)

1. 소개하기
2. 읽는 즐거움
   (1) 현이의 연극
   (2) 약손
3. 좋은 글을 쓰려면
4. 단어의 갈래
5. 시와 운율
   (1) 엄마야 누나야
   (2) 시조
   (3) 돌담에 속삭이는 햇발
   (4) 물새알 산새알
   (5) 풀잎
   (6) 해바라기
6. 주제와 소재
   (1) 제 잘못
   (2) 일회용 시대
   (3) 짚신짝 하나
7. 정확한 말
8. 글감찾기

9. 문장의 짜임
10. 소설의 세계
    (1) 이해(理解)의 선물
    (2) 공양미 삼백 석
    (3) 요람기
11. 문학 이야기
    (1) 문학이란 무엇인가
12. 글의 짜임
    (1) 단오(端午)
    (2) 우리의 미래
13. 자연스러운 대화
14. 주제 정하기
15. 요약하며 읽기
    (1) 언어에 대하여
16. 생활과 수필
    (1) 삶의 고아택
    (2) 아버지의 뒷모습
17. 단어 공부
    (1) 제주도 기행

읽기 영역의 학습활동도 이전 시기와 확연히 달라졌다. 제4차까지의 익힘 문제나 공부할 문제를 보면 주제 학습이 중심이 되고 있지만, 제5차 교육과정 이후의 교과서에서는 학습목표에 충실한 활동으로 구성되었다. 이는 읽기교육의 목표가 내용의 이해와 주제를 내면화시키는 데 있는 것이 아니라, 읽기의 기능과 전략을 익히는 데 초점이 두어졌다는 것을 의미한다. 독본형 교재가 도덕적·윤리적인 주제 학습에 치중했다고 한다면 5차 이후의 교과서는 철

저히 언어 기능이나 전략을 습득하는 데 학습의 초점을 두고 있다.

제5차 교육과정 시기 교과서에서는 제재의 변화도 확인되는데, 제4차 시기까지의 교과서가 국문학작품의 비중이 비교적 높았던 것에 비하면 5차 교육과정의 교과서에서는 설명문과 일상적인 언어 활동 자료의 비중이 높아졌다. 설명문의 비중이 늘어난 것은 말하기/듣기, 읽기, 쓰기 영역에서 활동을 안내하는 글이 많아졌기 때문이다. 또한 학습활동이나 단원의 마무리에 다양한 일상적인 텍스트가 반영되어 이들 텍스트의 비중이 늘어났다. 이전 시기의 교과서가 국문학작품 중심의 제재 편성이었다면, 5차 이후의 교과서는 일상적인 언어 자료 중심의 제재 편성으로 그 성격이 변화한 것이다.

교과서 작가에 있어서도 변화의 조짐이 드러났는데, 박목월, 박두진, 신석정 등의 순수문학 계열의 작가들의 비중이 여전히 높았지만 친일 작가들이 교과서 필자에서 배제되고, 리얼리즘 계열의 작가들이 등장하기 시작했다. 박성룡의 「풀잎」이나 오영수의 「요람기」 등 서정적인 문학작품들이 재수록되었으며, 유치진의 「원술랑」과 「단오」 같은 민족주의와 전통적 정서를 자극하는 이전 시기의 텍스트들도 재수록되었다. 그러나 『중학 국어 1-1』에는 채만식의 「왕치와 소새와 개미」, 『중학 국어 2-1』에는 신경림의 「가난한 사랑 노래」, 『중학 국어 3-1』에는 유홍준의 「월출산 남도의 봄」이 실려 교과서 작가군의 변화를 보여 주기 시작했다.

교과서의 제재와 작가는 제6차, 제7차 교과서를 거치면서 더욱 다양화되었다. 특히 제7차 교육과정 교과서의 경우 중·고등학교 국어 교과서는 비록 국정제를 유지하는 한편 공모제 형식으로 개발을 하였다. 그 결과 제7차 교육과정 중등 국어 교과서는 한국교육개발원에서 개발을 진행하지 않고 '중학교 국어'는 고려대와 교원대 연합팀이, '고등 국어'는 서울대 팀이 개발을 맡았다. 그동안 초등학교 국어만 영역별로 분책이 이루어졌으나 제7차 교육과정에서는 중학교 국어 교과서도 '국어'와 '생활 국어'로 분책했다.

제7차 교육과정 교과서 또한 학생 중심의 활동형 교재로 편찬되었는데, '국

제7차 교육과정에 근거한 중등 교과서

어'는 읽기와 문학 영역 중심으로, '생활 국어'는 말하기·듣기, 쓰기, 문법 영역 중심으로 단원을 구성하였다. 단원은 이전과 마찬가지로 영역별 목표별로 구성하였으며, 읽기 전, 읽기 후 활동을 반영하여 과정 중심으로 학습활동을 구성하였다. 학습활동의 내용 또한 내용학습, 목표학습, 적용학습으로 체계화했으며 학생들의 흥미과 관심을 높이기 위한 여러 가지 전략들을 활용하였다.

교과서의 제재 또한 사회적 흐름을 반영하여 다양화되었다. 〈육체미 소동〉이라는 청소년 드라마, 『소설 동의보감』이라는 당시의 베스트셀러 등 대중적인

중학 국어 1-1 차례(제7차 교육과정)

1. 문학의 즐거움
   (1) 새 봄
   (2) 아버지의 유물
   (3) 어린 날의 초상
   (4) 이해의 선물

2. 읽기와 쓰기
   (1) 마음으로 쓰는 편지
   (2) 어머니의 우산
   (3) 국물 이야기

3. 문학과 의사소통
   (1) 스스로 터득한 지혜
   (2) 현이의 연극
   (3) 호수

4. 메모하며 읽기
   (1) 내나무
   (2) 하회 마을
   (3) 가정 교육의 어제와
       오늘

5. 삶과 갈등
   (1) 소설 동의보감
   (2) 육체미 소동

6. 언어의 세계
   (1) 음성 언어와 문자
       언어
   (2) 문자의 역사

7. 문학과 사회
   (1) 홍길동전
   (2) 30년 전의 그 날
   (3) 옥상의 민들레꽃

인기를 누렸던 텍스트와 매체 자료들이 교과서에 수록되었다. 또한 김지하, 정지용, 박완서 등 순수문학 계열이 아닌 리얼리즘 계열의 작가와 월북 작가의 작품들이 대거 반영되어 교과서 텍스트에 커다란 변화가 이루어졌다. 이는 교과서 텍스트의 선정에서 학습자의 관심과 흥미가 강조되기 시작했음을 보여 준다. 학습자의 흥미와 관심에 대한 고려는 교과서의 형식에서도 나타났는데, 제7차 교과서부터는 4×6 배판에 컬러 인쇄를 해서 시각적으로 다채로운 교과서가 만들어졌다.

『우리말우리글』(2001)

제7차 교육과정의 국어 교과서가 개발 보급되던 시기에는 새로운 대안 교과서가 개발 보급되기도 하였다. 국어 교과 연구모임인 전국국어교사모임에서 『우리말우리글』이라는 이름으로 7학년부터 10학년까지 네 권의 교과서를 개발 보급하였다. 『우리말우리글』은 주제 중심의 언어 활동 통합형 교재라는 점에서 기능별 분책을 추구한 제7차 교과서와 차이가 있었으며, 학생들의 관심과 흥미를 존중하여 다양한 대중적 텍스트와 학생 자료를 활용했다. 또한 『우리말우리글』에서는 교과서의 이미지들을 장식적인 수단으로만 사용하지 않고 글과 통합된 복합양식 텍스트 활용하였다는 점에서 의의가 있었다. 『우리말우리글』에서 시도한 단원 편성체제나 교과서 텍스트 선정과 이미지의 활용 방식 등은 이후의 검정 교과서 개발에 상당한 영향을 미쳤다.

2007 개정 교육과정에 이르러 '중등 국어' 교과서는 국정제에서 검정제로 바뀌면서 교과서 개발의 주체도 국가 아닌 민간출판사로 바뀌었다. 2007 개정 교육과정에서는 교육 내용의 통합성을 강조하여 여러 영역의 성취기준을 통합해서 대단원을 구성하였다. 하나의 대단원은 2, 3가지 성취기준으로 구성되었으며, 학습자의 자기 주도적 활동을 강조하였다. 그러나 비록 대단원에서 성취기준을 통합하긴 하였으나 소단원별 학습목표가 상이한 경우가 많아서 긴밀한 통합이 이루어지지는 못했다. 검정제로 전환되면서 대중적인 텍스트, 매체 텍스트 등 학습자의 관심과 흥미를 반영한 텍스트가 더욱 확대되고 다양화되었다.

2. 독서 교과서의 학년별 내용

(1) 누리과정

2012년도 3~5세 연령별 누리과정이 고시되면서 정부에서는 2013년 3월부터 유아교육 현장에 누리과정이 적용될 수 있도록 교사용 지침서 및 해설서와 함께 교사용 지도서를 개발·보급했다. 누리과정 교사용 지도서는 총 32권(3세 10권, 4~5세 각 11권)으로 개발되었는데, 11가지의 생활 주제별로 편성되어 있다. 교육과정에 제시된 5개 내용 영역의 교육 내용은 이 주제별로 통합되어 운영된다. 누리과정에서는 다양한 교재와 교구를 활용하여 체험 중심으로 교육과정을 운영하기 때문에 유치원 교사들이 가장 많이 활용하는 교재가 누리과정 지도서이다.

교사용 지침서에 제시된 읽기 자료에는 종류별 책과 책꽂이, 그림책, 잡지류, 글씨가 적혀 있는 다양한 종류의 카드(예: 친구 이름 카드, 글자 카드, 모래 글자 카드) 등이 있다. 이러한 읽기 자료를 활용하여 다양한 체험 중심의 활동을 하는 것이 3~5세 아동들의 읽기 활동이다. 누리과정에서의 읽기교육 내용은 글자 읽기와 책 읽기로 구분된다. 글자 읽기에 친숙해지는 활동을 하면서 책과 책 읽기에 흥미를 갖도록 교육과정이 운영된다. 교사용 지침서에 제시된 글자 읽기와 책 읽기 활동의 예를 보면 다음과 같다.

학습활동 사례 ··

주변에서 친숙한 글자를 찾아보기

⚃ 3세, ⚃ 4세
- 유아가 좋아하는 과자 이름, 만화 캐릭터, 간판, 친구 이름 등에 쓰인 글자에서 친숙한 글자를 찾아본다. 처음에는 사진을 보고 친구의 이름을 말하다가 점차 이름 한 글자씩 읽으려 한다. (3세)
- 전단지, 잡지 등에서 그림을 보며 상품 이름을 말해 보고 그중에서 자신의 이름과 익숙한 글자를 찾아본다. (4세)

⚄ 5세
- 자기 이름, 친구 이름, 오늘의 식단 등을 읽어 본다.

책과 책 읽기에 흥미 가지기

⚃ 3세
- 제시된 다양한 책에 관심을 가지고 선택하여 선생님에게 읽어 달라고 요구하거나 그림을 살피며 본다.

⚅ 4세, ⚄ 5세

- 내가 좋아하는 책 소개하기, 책을 소중하게 다루는 방법을 이야기하고 약속
정하기를 해 본다. (4세)
- 스스로 읽고 싶은 책을 골라 도서를 대여해 보거나 친구에게 읽어 주기, 파손
된 책 함께 보수하기를 해 본다. (5세)

3세	4세	5세

누리과정의 읽기교육은 글자나 책과 관련된 체험활동 중심으로 운영된다. 아직 본격적으로 문자에 대해서 배우기 이전이기 때문에 글자와 책에 친숙해 지도록 하는 활동을 하면서 문식성을 습득하도록 하고 있다. 어린 학생들은 다양한 체험활동을 통해서 글자와 책에 친숙해지고, 자연스럽게 글자를 깨치게 된다. 그러나 누리과정 지도서의 의사소통 영역에 대해 분석한 연구를 보면 말하기, 듣기의 비중이 지나치게 높고 읽기와 쓰기의 비중이 너무 낮다는 지적이 많다. 체험 중심의 통합활동으로 누리과정이 편성되기 때문에 읽기와 쓰기를 집중적으로 가르치지 못하는 한계가 있다.

(2) 초등학교

제1차부터 제4차 교육과정기까지의 초등 국어는 독본형 교재였으며, 통합형 단권으로 개발되었다. 제5차 교육과정에서 제7차 교육과정 시기까지 초등 국어 교과서는 『말하기·듣기』, 『읽기』, 『쓰기』 3책으로 분책되었고, 2007 개

정 교육과정에서는 『말하기·듣기·쓰기』, 『읽기』 2책으로 분책되었다. 그러나 2009 개정 교육과정에서 초등 국어 교과서는 영역별 교육 내용을 통합해서 『국어』와 『국어 활동』 2책으로 분책했다. 국어 활동 책은 국어 수업 시간에 활용할 수도 있고, 집에서 혼자 공부할 때에도 활용할 수 있는 보조교재라고 할 수 있다.

2009 초등 국어 교과서는 외적 체제 면에서 언어 기능별 분책에서 통합형 교과서로 변화했으며, 내적 체제 면에서도 언어 활동의 실제성을 강화할 수 있도록 영역 간, 영역 내 성취기준을 통합해서 구성하였다. 이러한 언어 기능의 통합적 구성에 대해서 교사나 학생, 학부모들의 반응은 상당히 긍정적인 것으로 조사되었다(가은아, 2014). 그러나 국어 활동 책에 대해서는 교사들의 만족도가 낮은 것으로 조사되었는데, 실제로도 국어 활동 책은 학교에서 거의 사용되지 않고 있는 것으로 나타났다.

국어와 국어 활동 교과서에는 낱말 스티커까지 수록되어 학생들이 다양한 활동을 할 수 있도록 구성했다. 다양한 활동 자료들이 많고, 그림책까지 수록되어 있어 교과서의 분량이 늘어날 수밖에 없다. 그래서 초등학교 교과서는 1학년부터 6학년까지 한 학기 교재를 두 권으로 나누어 『국어(가)』, 『국어(나)』, 『국어 활동(가)』, 『국어 활동(나)』 네 권으로 분책했다. 특히 저학년의 『국어 활동』에는 글씨쓰기 연습장과 낱말 익히기 자료 등을 부록으로 덧붙여서 패키지 교재처럼 구성하였다.

『국어』의 단원 구성은 '1. 단원을 시작하며', '2. 이해학습', '3. 적용학습', '4. 단원을 마무리하며' 등으로 되어 있는데, 1~2학년군의 경우에는 이해학습과 적용학습을 구분하지 않고 '차시 학습'으로 통합했다. 『국어 활동』의 단원 구성은 '1. 단원을 시작하며, 2. 생활 속에서, 3. 더 찾아 읽기, 4. 우리말 다지기, 5. 놀며 생각하며, 6. 글씨 연습' 등으로 되어 있는데, 글씨 연습의 경우에는 3~4학년군까지만 반영되어 있다. 특히 3~4학년군까지는 부록으로 글씨쓰기 연습장, 낱말익히기 활동 자료, 국어공부 안내 자료 등이 실려 있으며, '국어 공부 안내'를 통해『국어』학습활동의 예시 정답을 정리해 놓아 일종의 참고서 구실을 하도록 했다.

초등학교 저학년 교과서는 기초적인 문식성 습득과 함께 언어 활동에 내한 흥미와 관심을 높이는 데 초점을 두고 구성한 것으로 보인다.『국어 1-1』교과서를 보면 자모음의 낱글자를 읽고 쓰기, 낱말의 짜임 이해하기, 낱말 읽기와 쓰기, 문장을 바르게 쓰기, 문장부호 익히기 등으로 단원을 편성하여 순차적으로 글자와 낱말, 문장을 익힐 수 있도록 했다. 읽기 자료로는 동시, 동화, 그림책, 그림일기, 편지 등을 활용하였으며, 대중적으로 널리 읽히는 국내외 작가들의 그림책이나 동화를 반영하여 학생들의 흥미를 많이 고려했음을 알 수 있다.

1.『앗! 따끔!』을 읽고 물음에 답하여 봅시다.
  (1) 다음 장면에서 준혁이가 아픈 것을 알 수 있는 낱말과 그림에 ○표를 해 봅시다.
  (2) 준혁이가 말한 동물들의 이름은 무엇인가요?
  (3) 준혁이가 자기를 악어라고 말한 까닭은 무엇일까요?
  (4) 준혁이는 주사를 맞고 나서 무엇이라고 말하였나요?
2.『앗! 따끔!』을 다시 읽고 자기 생각이나 느낌을 자신 있게 말하여 봅시다.
3. 자기가 준혁이라면 무슨 동물로 변하고 싶은지 친구들과 이야기하여 봅시다.

『앗! 따끔!』(국지승 글·그림, 시공주니어, 2009)

『국어 1-1(나)』의 '5. 느낌이 솔솔' 단원에는『앗! 따끔!』이라는 그림책이 제시되어 있고, 이와 같은 학습활동이 제시되어 있다. 이 단원의 목표는 그림책을 읽고 자신의 생각과 느낌을 말하는 것이다. 그림책의 내용은 아이가 아파서 병원에 가서 주사를 맞는 내용인데, 그때의 아이 기분을 동물로 표현한 것이 흥미롭다. 그런데 학습활동의 많은 부분이 단순한 내용 확인과 관련되는 것들이어서 학생들의 경험과 느낌, 생각을 적극적으로 이끌어내지 못하고 있다. 저학년 교과서의 학습활동은 빈칸 채우기 등 학생들이 쉽고 재미있게 할 수 있는 활동들로 구성되어 있지만, 읽기 능력을 향상시키기 위한 체계적이고 유기적인 활동이라고 하기에는 미흡한 점이 있다.

저학년 교과서가 학생들의 흥미를 고려하여 다양한 활동 중심으로 편성되어 있다면 고학년 교과서는 상대적으로 읽기와 쓰기의 비중도 높고 읽기 자료의 길이도 긴 편이다. 『국어 4-2』 교과서는 모두 9개의 단원으로 편성되어 있는데, 읽기 위주의 단원이 4단원, 쓰기 위주의 단원이 2단원, 말하기/듣기 위주의 단원 2단원, 문법 위주의 단원 1단원으로 구성되어 있다. 각 단원이 통합적인 활동으로 구성되어 있지만 단원 편성에서 영역별 특성이 잘 드러나도록 구성했다.

『국어 4-2』에는 읽기 자료가 많이 반영되어 있는데, 가장 많은 비중을 차지하는 것이 이야기글이다. 읽기 위주의 단원이 4단원인데, 그중에서 한 단원 정도가 주장하는 글을 다루고 있을 뿐, 대부분의 단원이 이야기글과 동시로 편성되어 있어 문학적 텍스트의 비중이 높다. 문법 단원의 읽기 자료도 이야기글로 제시하고 있고, 주제를 파악하는 활동도 이야기글로 제시한 반면에 다양한 지식 정보를 소개하는 정보 텍스트는 한두 편 정도 실려 있다. 『국어 1-1』 교과서도 그림책과 동화, 동시의 비중이 압도적이었는데, 4학년 교과서 또한 이야기글 중심으로 편성되어 있어 초등학교 국어 교과서에서 텍스트의 편중 현상이 매우 심하다는 것을 알 수 있다.

『국어 4-2』에는 「진짜 멋진 세상을 위하여」라는 제목으로 제인구달의 이야기가 실려 있다. 이 이야기글을 읽고 주제를 파악하는 것이 학습목표인데, 이 글의 주제를 파악하기 위한 활동으로 다음과 같은 학습활동이 제시되어 있다.

1. 「진짜 멋진 세상을 위하여」를 읽고 물음에 답하여 봅시다.
   (1) 제인이 위험을 무릅쓰고 혼자 탐험하겠다고 경비원에게 말한 까닭은 무엇인가요?
   (2) 제인이 아기 침팬지를 보고 조그맣게 헐떡거리는 소리를 낸 까닭은 무엇인가요?
   (3) 제인이 오랜 세월 동안 힘을 쏟았던 일은 무엇인가요?
   (4) 제인이 동물과 인간과 지구를 살리기 위한 환경 운동을 시작하게 된 동기는 무엇인가요?

2. 「진짜 멋진 세상을 위하여」를 다시 읽고 이야기 글의 주제를 파악하는 방법을 알아봅시다.
   (1) 글의 제목이 뜻하는 것은 무엇일까요?
   (2) 장면에 어울리는 내용을 생각하며 이야기의 내용을 간추려 봅시다.
   (3) 이 글에서 인물의 말이나 행동을 찾고 그에 대한 자신의 생각이나 느낌, 그 인물에게 해 주고 싶은 말을 써 봅시다.

3. 2를 바탕으로 하여 「진짜 멋진 세상을 위하여」의 주제가 무엇인지 친구들과 이야기하여 봅시다.

4. 이야기 글을 읽고 주제를 파악하는 방법을 정리하여 봅시다.

이 학습활동에서는 제목의 뜻을 알아보고, 줄거리를 정리해 보고, 인물의 말이나 행동에 대한 자신의 생각이나 느낌을 말해 보는 과정을 통해서 주제를 파악하도록 하고 있다. 그런데 제인구달의 일화를 중심으로 구성된 이 이야기글의 주제는 아예 겉으로 드러나 있다. 따라서 학생들은 제목의 뜻을 유추해 보는 것만으로도 쉽게 글쓴이의 의도를 파악할 수 있다. 그러니 여타의 활동은 불필요할 뿐만 아니라 오히려 주제 파악을 어렵게 할 가능성이 높다. 더구나 인물에 대한 학생들의 다양한 반응을 유도한 다음에 주제를 파악하라고 하면 매우 혼란스러울 것이다. 학습활동이 내용 이해 위주로 편성되어 있고, 목표학습을 위한 체계적이고 유기적인 구성이 미흡하다는 점은 1학년 교과서와 크게 다르지 않다.

(3) 중학교

중학교 국어 교과서는 제7차 교육과정 시기부터 다교과서 개념이 적용되어, 『국어』와 『생활 국어』 2책으로 개발되었다. 『국어』는 읽기와 문학 영역을 중심으로 『생활 국어』는 말하기, 듣기, 쓰기, 문법 영역 중심으로 편성되어 영역별 분권 체제였다. 2007 개정 교육과정 이후 중·고등학교 국어 교과서는 검정제로 편찬 보급되었는데, 이때에도 중학교 국어 교과서는 '국어'와 '생활 국어'의 2책으로 편찬되었다. 그러나 이때의 『국어』와 『생활 국어』는 영역별 분권 체제가 아니라 통합책으로 편성되었다.

2009 개정 교육과정의 중학교 국어 교과서는 '국어'와 '생활 국어'로 분책하지 않고 학기별 한 권의 통합형 교과서로 개발 보급되었다. 그리고 학년군제를 도입함에 따라 학기 표시를 하지 않고 중학교 국어 ①~⑥까지의 연번으로 표시하였다. 검정심사 또한 학년별로 진행하지 않고 6권을 동시에 진행해서 합격 여부를 판정하였다. 2009 개정 교육과정에 따른 검정심사 결과 중학교 국어는 모두 16종이 검정에 합격하여 현장에 보급되었지만, 출판사별, 교과서별로 단원구성이나 제재 선정, 학습활동에서 차별성은 그렇게 크지 않았다.

C출판사의 『중학교 국어①』의 단원 편성을 보면 1. 문학과 체험(문학/쓰기), 2. 말과 글로 세상과 소통하기(듣기·말하기/쓰기), 3. 품사와 단어의 짜임(문법), 4. 갈등을 넘어 관계 넓히기(문학/듣기·말하기), 5. 공감하며 말하기, 예측하며 읽기(듣기·말하기/읽기) 등 다섯 개의 단원으로 되어 있다. 영역 간, 영역 내 성취기준을 통합해서 단원을 구성하였다는 것을 확인할 수 있다. 단원 구성 체제를 보면 '대단원 길잡이', '소단원 도입', '소단원 바탕글', '아는 것이 힘', '목표 활동', '적용 활동', '자기 주도 활동', '대단원 마무리', '어휘력 키우기',

'생각 넓히기' 등으로 구성되었다.

제7차 교육과정 이후 학습자의 자기 주도적 학습이 강조되면서 바탕글보다는 학습활동이 더 큰 비중을 차지하고 있다. 독본형 교과서는 읽기 자료를 중심으로 학습활동이 부가되는 정도에 불과했으나 제7차 교육과정 이후의 교과서는 학습목표를 달성하기 위한 자료로서 제재가 제시되는 방식으로 바뀌었다. 학습활동의 비중이 커지면서 교과서의 분량도 늘어났고 이를 해소하는 방법으로 다교과서 체제를 도입하였다. 그러나 2009 개정 교육과정에 이르러서는 통합형 단권 교과서로 개발되면서 국어 교과서의 읽기 자료의 수는 상대적으로 축소되었다고 할 수 있다.

C출판사의 『중학교 국어①』에 실린 본문 바탕글은 시 2편, 소설 1편, 수필 1편, 드라마 대본 1편, 정보 전달 글 4편, 설득하는 글 1편, 방송 대담 1편 등 모두 11편이다. 정보 전달 글이 4편이지만 문법에 대한 설명글이 2편, 글쓰기에 대한 설명 글이 1편이기 때문에 순수한 의미에서 지식과 정보를 전달하는 글은 1편이다. 이에 반해 학습활동의 자료로 실린 글은 시 3, 시조 1, 수필 1, 학생예시 글 8, 대중가요 1, 정보 글 7, 동영상 1, 영화 1, 소설 2, 설득 글 1, 광고 포스터 1, 만화 2, 독자 투고 1 등으로 매우 다양하다. 언어 기능학습을 위한 학생 예시 글이 많다는 점, 대중적인 텍스트의 비중이 높다는 점, 정보 글의 대부분을 차지하는 언어와 언어 기능에 대한 설명글이 많다는 점 등이 특징이다.

교과서 읽기 학습의 구성을 보면 읽기 전, 중, 후 활동이 체계적으로 제시되어 있다는 점이 특징이다. 읽기 전 학습을 위해서는 생각 열기 활동을 한두 가지 제시하였고, 날개를 활용하여 읽기 중 질문하기 전략을 제시하였다. 읽기 후 활동은 목표 활동과 적용 활동으로 구분해서 제시하였는데, 목표 활동이 바탕글과 관련된 활동이라면 적용 활동은 다른 텍스트에 적용해 보는 심화 활동으로 설정되었다. 단원의 구성 체제를 보면 학습목표를 달성하기 위해 나름대로 체계적으로 구성되어 있다는 것을 알 수 있다.

1. 다음은 「자전거 도둑」의 주요 장면을 그림으로 나타낸 것이다. 이야기의 흐름에 따라 차례대로 번호를 써 보자.

2. 수남이가 다른 등장인물과 겪은 갈등에 대해 알아보자.

(1) 갈등의 원인과 해결 과정을 정리해 빈칸을 채워 보자.

(2) 다음의 행동을 통해 알 수 있는 수남이의 마음을 빈칸에 써 보자.

3. 수남이가 겪은 마음속 갈등에 대해 알아보자.

(1) 다음의 행동으로 알 수 있는 수남이의 마음속 갈등이 무엇인지 말해 보자.

(2) 다음 영화를 보고, 수남이와 영화 속 아이가 자기 아버지에 대해 느꼈을 마음을 [보기]에서 각각 두 개씩 골라 적어 보자.

4. 수남이처럼 눈앞의 이익 때문에 갈등했던 나의 경험을 떠올려 보고, 그 경험을 다음 항목에 따라 적어보자.

이 활동은 '4. 갈등을 넘어 관계 넓히기(문학/듣기·말하기)' 단원의 소단원 바탕글 「자전거 도둑」의 목표 활동으로 제시된 것이다. 소단원의 학습목표가 "소설을 읽고, 등장인물들의 갈등이 어떻게 진행되고 해결되는지 파악해 봅시다." 하는 것이기 때문에 주인공 수남이가 부딪히고 있는 내적·외적 갈등 상황을 파악하는 데 학습활동의 초점을 두고 있다. 작품의 내용에 대한 이해는 (1)번의 줄거리를 파악하는 활동으로 간략하게 하고 목표 중심의 학습에 집중하였다. 적용학습은 다른 좀 더 짧은 텍스트를 제시하여 반복 심화할 수 있도록 구성하였다.

(4) 고등학교

고등 국어 I, II

고등 국어 교과서는 제7차 교육과정 시기에도 독본형 교재의 성격을 강하게 갖고 있었다. 특히 고전 텍스트의 비중이 높아서 학생들의 접근이 쉽지 않았다. 고등학교 국어 교과서가 전면적인 활동 중심의 교재로 변화된 것은 검정제가 실시된 2007 개정 교육과정 시기부터이다. '고등 국어'는 이 시기부터 '중학교 국어'와 유사하게 영역별 성취기준을 통합한 학생활동 중심의 교재로 편찬되었다. 2009 개정 교육과정 시기의 고등 국어 또한 이러한 성격을 이어 가고 있다.

C출판사의 『고등 국어 I』의 단원 구성은 '대단원 도입, 소단원 바탕글, 소단원 학습활동, 대단원 통합활동, 대단원 마무리, 더 읽을거리' 순으로 편성되었다. 큰 틀에서 보면 중학교 교과서의 단원 편성의 흐름과 유사하다. 소단원의 구성도 '읽기 전, 읽기 중, 읽기 후 활동'으로 구현된 점도 비슷하다. 다만 중학교 국어에 비해 학습활동의 비중은 줄어들었고 대신 제재의 비중은 늘어났다. 바탕글로 제시된 제재만 17편이고, 매 단원 읽을거리를 한 편 이상씩 싣고 있다.

1. (이해) 「만무방」에 등장하는 인물에 대해 파악해 보자.

   (1) 다음 설명이 응칠이와 응오 중에서 누구에게 해당하는지 써 보자.

   (2) 응칠이가 다음 인물과 갈등하는 이유를 그 인물의 입장에서 표현해 보자.

   (3) 응칠이와 응오가 다음 항목에서 어디쯤에 해당하는지 각각 이름을 써 보자.

2. (목표) 이 소설의 서사구조와 서술상 특징을 파악해 보자.

   (1) 소설의 중심사건으로 부각된 '벼 도둑 잡기'를 시간 순서로 배열해 보자.

   (2) 제목 '만무방'과 관련하여 응칠이와 응오의 삶이 변하는 모습이 소설에 어떻게 담겨 있는지 찾아보자.

   (3) 다음 서술상의 특징이 주는 효과를 소설의 결말과 연관 지어 말해 보자.

3. (목표) 작가가 이 소설에서 말하고자 한 바를 파악하고, 그것을 내 관점에서 수용해 보자.

   (1) 응칠이와 응오가 현실과 불화를 겪게 되는 이유가 드러난 부분을 소설에서 찾아보자. 이를 토대로 일제 강점기의 사회적 배경을 추측해 보자.

   (2) 응칠이와 응오가 앞으로 어떤 삶을 살게 될지 상상해 보자. 그리고 이를 바탕으로 두 형제가 고개를 내려오며 어떤 생각을 했을지 써 보자.

(3) 작가가 독자에게 던지고 싶은 질문이 무엇이었을지 써 보자. 그리고 각 질문에 대해 어떻게 생각하는지 친구들과 이야기해 보자.

4. (확장) 다음 (가), (나)를 읽고 이 소설이 서사 갈래로서 지니는 특징을 파악해 보자.
(1) 「만무방」은 '형제 이야기'의 일종이다. 「만무방」과 (가)의 형제 이야기를 비교하고, 이를 바탕으로 소설과 동화가 어떤 점에서 다른지 파악해 보자.
(2) (가)를 소재로 하여 오늘날이 배경인 소설을 쓴다면 (가)의 후반부를 어떻게 변형하여 어떤 해석을 담을지 말해 보자.

이 학습활동은 '문학과 독서에 눈뜨다'라는 문학과 읽기 영역의 통합 단원에 실린 것이다. 이 단원의 학습목표는 "서사 갈래의 내용과 형식상의 특징을 이해할 수 있다."로 설정되어 있다. 김유정의 「만무방」을 읽도록 한 후 '이해 – 목표 – 확장'으로 학습활동을 구성하였다. 그런데 학습목표와 긴밀하게 관련이 되는 것은 목표 2의 학습활동이고, 목표 3은 소설의 주제와 관련된 학습활동이라고 할 수 있다. 중학교 교과서의 읽기 활동과 마찬가지로 '이해 – 목표 – 적용' 학습의 흐름을 갖추고 있다는 점에서는 비슷하지만 문학적 개념이나 지식의 습득이 강조되고 있다는 점에서 차이가 있다.

선택 과목의 '독서'
고등학교에서 '독서'라는 과목이 개설되기 시작한 것은 제6차 교육과정 시기부터이다. 제4차 교육과정 시기까지는 '고등 국어' 과목만 개설되었을 뿐 다른 과목은 개설되지 않았다. 제5차 교육과정 시기에 '고등 국어' 이외에 '문학', '작문', '문법'이 개설되었고, 제6차 교육과정기에는 영역별로 '화법', '독서', '작문', '문법', '문학' 과목이 개설되었다. 제7차 교육과정부터는 국민 공통 교육과정과 선택 중심 교육과정으로 구분되면서 '국어생활', '화법', '독서', '작문', '문법', '문학'이 선택 과목으로 개설되었다. 2007 개정 교육과정에서는

'화법', '독서', '작문', '문법', '문학' 외에 매체 언어 과목이 선택 과목으로 개설되었지만 교과서로 개발되지는 못하였다. 2009 개정 교육과정에서는 고등학교 선 과정이 신택 교육과정이 되었고, '국어', '화법과 자문 I, II', '독서와 문법 I, II', '문학 I, II'로 통합 과목이 등장했다. 2011 개정 교육과정에서는 다시 조정되어, '국어 I, II', '화법과 작문', '독서와 문법', '문학', '고전'으로 선택 과목이 정해졌다. 2015 개정 교육과정에서는 고등학교 선택 과목을 일반 선택과 진로 선택으로 구분해서 제시했는데, 여기서 '독서'는 '문법'과 결별하여 독립 과목이 되었다.

[표 7-3] 2015 개정 교육과정의 선택 과목

일반 선택	진로 선택
화법과 작문, 독서, 언어와 매체, 문학	실용 국어, 심화 국어, 고전 읽기

『독서와 문법』은 2009 개정 교육과정 시기에 두 번이나 새로 편찬되었지만 교육과정이나 교과서상에서 통합된 모습을 보여 주지 못했다. 그 결과 2015 개정 교육과정에서는 독서가 독립 과목이 되고 문법은 매체 언어와 통합해서 『언어와 매체』라는 교과목으로 개설되었다. 이로써 독서와 문법의 어울리지 않는 짧은 동거는 막을 내리게 되었다. 그런데 『독서와 문법』 교과서의 내용을 보면 '고등 국어' 과목과 달리 독서에 관한 개념적인 지식을 적극적으로 다루고 있다. C출판사의 『독서와 문법』의 교과서 단원 구성을 보면 독서에 관한 '지식 설명 – 제재 – 목표 활동 – 적용 활동'의 구조로 편성되었는데, 독서의 특성이나 방법에 대해 자세히 설명한 다음 제재를 제시하여 학습활동을 하도록 했다. 독서에 관한 개념과 지식을 자세히 설명하고 이를 실제 텍스트 읽기에 적용하도록 한 점에서 이전 단계의 통합활동형 교과서와 다르다.

7장 독서 교과서의 이해

1. 독서 교과서의 역사적 흐름

- **경전 시대: 한문교육기**
  - 사서오경 중심의 유교경전 학습
  - 낭독과 암송 중심의 학습

- **독본형 교재 시기: 개화기~제4차 교육과정기**
  - 다양한 읽기 자료 중심의 독본 체제
  - 기초적인 문식성 습득과 건실한 국민 양성을 위한 가치관 교육

- **활동형 교재 시기: 제5차 교육과정 이후**
  - 언어 학습을 위한 다양한 활동 교재
  - 학습의 효율성을 위해 학습자의 흥미와 관심을 중시함.

2. 독서 교과서의 학년별 내용

- **누리과정: 교사용 지도서**
  - 글자와 책에 친숙해지기.
  - 다양한 체험 위주의 활동으로 구성됨.

- **국민 공통 교육과정(초등학교): 통합형 교재 『국어』와 『국어 활동』 2책**
  - 『국어』는 듣기/말하기, 읽기, 쓰기, 문법, 문학의 성취기준이 통합된 교재
  - 『국어 활동』은 보조교재로 활용됨.
  - 학습자의 흥미를 고려하여 다양한 활동 중심으로 구성됨.

- **국민 공통 교육과정(중학교): 통합형 교재 『국어』**
  - 학년군제로 3학년 과정을 동시에 개발함.
  - 언어 기능 학습을 위해 다양한 유형의 글이 수록됨.
  - 예시글로 학생글, 대중적인 텍스트의 비중이 높음.
  - 읽기 전, 중, 후 활동으로 구성됨.

- **선택 교육과정(고등학교): 『국어Ⅰ』, 『국어Ⅱ』와 『독서와 문법』**
  - 『국어Ⅰ』, 『국어Ⅱ』는 중학교와 마찬가지로 활동 중심 통합형 교재
  - 『독서와 문법』은 독서와 문법을 통합한 교재, 선택 교육과정의 독서는 독서에 대한 개념적 지식을 강조함.

학습활동

1. 독서 교과서의 역사석 변천에서 '경전 시대'와 '독본형 교재 시기', '활동형 교재 시기'의 독서교육의 목표와 내용, 방법에서 어떤 차이점이 있는지 이야기해 보자.

2. 다음은 제3차 교육과정 시기의 교과서와 제7차 교육과정 시기 중학교 국어 1-1에 실린 시 단원의 학습활동이다. 두 시기 교과서의 제재와 학습활동의 특징을 분석해 보자.

〈제3차 교육과정 중학교 국어 1-1〉

> '19. 아름다움을 찾아'라는 단원에 조지훈의 「달밤」, 김동명의 「밤」, 조종현의 「의상대 해돋이」와 함께 다음 시가 실렸다.
>
> 밀고 끌고
> 정훈
>
> 날랑 앞에서 끌게
> 엄닐랑 뒤에서 미셔요.
>
> 한반 사십 리 길
> 쉬엄쉬엄 가셔요.
>
> 걱정 말고 오셔요.
> 발소리만 내셔요.
>
> 엄니만 따라오면
> 힘이 절로 난대요.

마늘 팔고 갈 제면
콧노래도 부를께요.

형은 총을 들고
저는 손수레의 채를 잡고,

형이 올 때까지
구김없이 살아요.

엄닐랑 뒤에서 걸어만 오셔요.
절랑 앞에서 끌께요.

우리의 거센 길을
밀고 끌고 사셔요.

- 공부할 문제 -

1-1. 위의 시(시조)들을 읽고, 그 소재와 주제를 알아보고, 그 느낌을 글로 써
　　 보자.

1-2. 급우들이 쓴 시를 모아 시집을 엮어 보자.

2. 다음은 어떤 모양, 뜻, 느낌을 나타내고 있는가?
　 (가) 분이도 달님을 데리고/ 집으로 가고. (모양)
　 (나) 푸른 안개에 싸인 호수, (뜻)
　 (다) 손만 없고 오셔요. (느낌)
　 (라) 천지 개벽이야! (모양)

3-1. 비록 평범한 사실이나 현상이라 할지라도, 거기서 새로운 뜻을 찾는 눈을 기르자.

3-2. 「밀고 끌고」에 나타난 '나'의 아름다운 마음씨를 우리도 본받아, 어머니를 사랑하고, 친구와 이웃과 그 밖에 함께하는 모든 사람들과 힘을 합쳐 우리의 거센 길을 열어 가도록 하자.

〈제7차 중학교 국어 1-1〉

'1. 문학의 즐거움'이라는 단원의 소단원 '1. 새봄'에는 읽기 전 활동이 제시되고 다음 시와 학습활동이 제시되어 있다.

새봄

김지하

벚꽃 지는 걸 보니
푸른 솔이 좋아.
푸른 솔 좋아하다 보니
벚꽃마저 좋아.

－학습활동－

[내용학습] 「새 봄」을 읽고, 물음에 답해 보자.

1. 글쓴이는 '벚꽃'이 지는 것을 보고 '푸른 솔'을 좋아하게 되었다고 하였다. 그것은 '푸른 솔'의 어떤 점 때문이라고 할 수 있겠는가?

2. 글쓴이가 '벚꽃'마저 좋아하게 된 것은 무엇 때문이라고 생각하는가?

[목표학습] 글쓴이가 실제로 산과 들에 서 있는 소나무와 벚나무를 바라보면서 이 노래를 불렀다고 상상해 보자. 글쓴이가 바라는 산의 모습은 어떤 것이라고 생각하는가?

[적용학습] 다음 물음에 답하면서, 이 시에 담긴 의미를 좀 더 넓게 생각해 보자.

1. '내가 옳고, 저 사람은 틀렸어.', '나는 이것만 좋고, 저것은 싫어.'라고 생각했다가, '아, 내가 생각을 잘못했구나.' 하고 깨달은 경험이 있으면 말해 보자.

2. 소나무의 푸른 빛과 벚꽃의 연분홍빛이 만들어 내는 조화로움처럼, 우리 주변의 삶에서 이런 조화로움의 지혜가 필요하다고 생각되는 부분이 있으면 말해 보자.

참고문헌

가은아(2014). 초등학교 1-2학년군 국어와 국어활동 교과서 만족도 조사. 열린교육
       연구 22.

강진호·허재영(2010). 조선어독본 1. 제이앤씨.

강진호(2007). 국가주의 규율과 '국어' 교과서: 1-3차 교육과정의 [국어] 교과서를 중
       심으로. 현대문학연구 32.

김남돈(2006). 개화기 국어 교과서의 국어교육사적 의의. 새국어교육 81.

김주환(2014). 고등 '국어'교과서 텍스트에 대한 교사와 학생들의 반응 연구: 2007
       고등 국어(상), (하)를 중심으로. 국어교육 144, 341-368.

김주환(2015). 중학교 국어교과서 텍스트에 대한 교사와 학생의 반응 연구. 국어교육학연
       구 50, 8-34.

김혜정(2005). 국어 교재의 문종 및 지은이 변천에 대한 통사적 검토. 국어교육 116.

김혜정(2005). 국어교육 자료 변천사. 국어교육론 1. 한국문화사.

남태우·김중권(2004). 한국의 독서문화사. 태일사.

손영애(2004). 국어과 교육의 이론과 실제. 박이정.

이경화(2014). 2009 개정 초등 국어 교과서의 의의와 과제. 학습자중심교과교육연구
       14, 69-99.

이정찬 편역(2012). 유년필독(현채 발행겸 편집). 경진.

이종국(2008). 한국의 교과서 변천사: 근대 교과서 백년, 다시 새 세기를 넘어. 대한교
       과서.

조미숙(2006). 지배이데올로기의 교과서 전유 양상: 1차 중등 국어 교과서에 전유된 반
       공주의. 한국문예비평연구 21.

한선아·곽정인(2013). 3-5세 누리과정 교사용 지도서에 나타난 유아 언어교육 활동
       내용 분석. 한국콘텐츠학회논문지 13, 511-521.

8장

독서 교수학습 I: 텍스트와 매체

1. 정보 텍스트 교수학습
2. 문학 텍스트 교수학습
3. 복합양식 텍스트 교수학습

The Medium is the Message.
— Marshall McLuhan, 1964

1. 정보 텍스트 교수학습

'교수학습 방법'은 교수 방법과 학습 방법을 포괄하는 개념으로, 최근에는 수업 장면에서 교사와 학생 간의 상호 작용(interaction)을 중시하는 것이 특징이다. 국어과 교수학습 방법은 '국어과 교수학습 목표를 효과적으로 달성하기 위하여 다양한 모형과 기법 등을 적용한 구체적인 교수학습의 절차와 단계에 대한 계획 및 실행 원리'라 할 수 있다(서혁, 2005: 304 참고). 특히 독서 수업을 효율적으로 조직하고 실행하기 위해서는 독서 교수학습에 빈번히 사용되는 수업 모형들을 알아 둘 필요가 있다. 각 모형은 나름의 목표와 특성을 지니고 있으며, 대상 텍스트에 따라 적절하게 선택·변형되어 활용될 수 있다. 이제 정보 텍스트 읽기 수업에 쓰이는 몇몇 대표적인 모형들과 지도 방법, 지도상의 유의점, 그리고 적용의 실제 사례에 대해 알아보기로 하자.

(1) 정보 텍스트 교수학습의 방향 및 주안점

정보 텍스트 교수학습의 목표는 학습자로 하여금 텍스트에 담긴 정보를 효율적으로 탐색하고 이해하며 더 나아가 비판적 분석과 평가를 할 수 있도록 돕는 것이다. 정보 텍스트 교수학습의 목표를 효율적으로 달성하기 위해서는 몇 가지 지도 방향을 염두에 둘 필요가 있다.

첫째, 교사가 학생들에게 정보 텍스트의 특성을 설명하고 독해 과정에 대한 시범을 보여 주어야 한다. 학생은 연습 문제나 학습지를 통해 문제 풀이를 하고, 교사는 그 결과를 단순 평가하는 형태의 독서 수업 안으로는 독서교육에서 지향하는 목표에 도달할 수 없다. 실제로 돌로레스 더킨(Dolores Durkin, 1978-79)이 24개 초등학교의 독서 및 사회 수업을 관찰한 결과 7,000분 이상의 수업 시간 중 교사가 학생들에게 독서 방법을 명확히 설명하는 비율은 1퍼센트 미만에 불과하고, 나머지 시간은 책을 읽고 지시 사항을 전달하거나 학습지를 풀고 질문을 통해 학생들을 평가한다는 사실을 발견하였다. 이러한 연구 결과는 독서 수업에서 독서 방법에 대한 실제적 지도와 시범이 매우 부족함을 보여 준다. 그러나 교사는 단지 독서 과제를 제시하고 평가하는 역할로 그쳐서는 안 된다. 교사는 독서 수업에서 실제 학생들이 적용할 독서 방법을 안내하고 시범을 보여 줄 수 있는 안내자여야 한다. 미숙한 독자들에게 교사는 능숙한 독자로서 모범을 보일 수 있어야 하고, 능숙한 독자들에게는 그들의 독서 수행 능력을 한층 더 고양시킬 수 있는 안내자가 되어야 한다.

둘째, 독해 기능이나 전략을 독립적으로 지도하되 각 기능과 전략을 분절적으로 지도해서는 안 되며 궁극적으로 총체적·통합적으로 지도해야 한다. 이른바, 균형적 접근(Balanced approach)을 통해 기능을 강조하는 '직접 교수법'과 실제적인 '읽기·쓰기 경험'을 결합하여 지도하는 것이다. 독서의 과정에서 여러 가지 독해 기능이나 전략들은 선조적·분절적으로 작용하는 것이 아니라 총체적·통합적으로 작용하면서 텍스트 의미 구성에 기여한다. 다만, 일각에서는 교수학습의 체계성과 효율성을 위해 각각의 독해 기능이나 전략을 독립적으로 다루어 왔다. 그러나 그간 실제 독서교육 현장에서는 독서 기능 및 전략을 지나치게 세분하여 분절적으로 교수학습하는 경우가 많다는 것이 문제가 된다.

독자들이 텍스트를 읽을 때에는 각각의 전략들이 총체적으로 활용하면서 의미 통합을 이루게 된다. 독서는 기능과 의미의 통합 과정이기 때문에 의미 이해와 관련 없는 독서 기능 습득은 독서 능력 신장에 기여하기 힘들다. 읽은 글을 바탕으로 발표하거나 의견을 교환하거나 글로 표현하는 통합 활동 등을 통해 균형적 접근을 할 수 있다.

셋째, 본격적인 수업에 들어가기 전에 텍스트 관련 어휘 지도와 텍스트 구조 지도가 선행되는 것이 좋다. 어휘력은 독해력과 밀접한 관련이 있다. 텍스트의 난도(3장 참고)의 주요 결정 요인이 어휘 난도와 빈도, 그리고 문장 길이 등이라는 점에서도 텍스트 이해에 어휘 지식이 필수적임을 알 수 있다. 또한 텍스트의 구조를 확인하는 것은 텍스트 이해를 위한 효과적인 방법이다. 텍스트 구조 이해가 내용 기억과 이해에 큰 영향을 미치기 때문이다.

(2) 정보 텍스트 교수학습을 위한 자료

2015 개정 국어과 교육과정에 제시된 정보 텍스트 교수학습을 위한 자료는 [표 8-1]과 같다.

정보 텍스트 교수학습 자료를 학년(군)별로 살펴보면, 초등학교 1~2학년에서는 주변 사람들과 주고받은 간단한 대화나 글, 일상에서 접하는 사물에 관한 정보를 다루거나 친숙하고 쉬운 어휘나 문장이 쓰인 글, 자신의 경험을 나타내는 짧은 글 등을 활용할 수 있다. 이에 비해 3~4학년은 정보 텍스트 소재의 범위가 확장된다. 자신의 사적 경험을 다른 글을 포함하여 학급 등의 소속 집단에서 발생할 수 있는 문제를 다룬 글이나 자신이 직접 경험하지 않은 소재에 대한 글도 텍스트로 활용할 수 있다. 이때는 중심 내용이나 대상의 특징이 분명한 글과 글쓴이의 의견 및 이유가 드러나는 글을 학습 자료로 삼는 것이 좋다. 또한 간단한 매체를 활용한 전화 통화, 채팅, 댓글 등을 텍스트로 삼을 수 있다. 5~6학년에서는 텍스트 자료의 범위가 공동체적 삶, 타 교과 내

[표 8-1] 2015 개정 국어과 교육과정의 정보 텍스트 교수학습 자료(예)

학년(군)	국어 자료의 예
초등학교 1~2학년	- 가까운 사람들과 주고받은 간단한 인사말 - 사건의 순서가 드러나는 간단한 이야기 - 우리말 자음과 모음의 다양한 짜임을 보여 주는 낱말 - 친숙하고 쉬운 낱말과 문장, 짧은 글 - 주변 사람이나 흔히 접하는 사물에 관해 소개하는 글 - 자신의 가정을 표현하는 간단한 대화, 짧은 글, 동시
초등학교 3~4학년	- 학급이나 학교 생활과 관련된 안건을 다루는 회의 - 중심 내용이 잘 드러나는 문단이나 짧은 글 - 가정이나 학교에서 일어난 일에 대해 자신의 의견을 쓴 글 - 일상생활에서 가족, 친구들과 안부를 나누는 대화, 전화 통화, 채팅, 댓글 - 친구나 가족과 고마움이나 그리움 등의 감정을 나누는 대화, 편지
초등학교 5~6학년	- 자신이 알고 있거나 조사한 내용에 대해 여러 가지 매체를 활용한 발표 - 일상생활이나 학교 생활에서 발생한 문제를 논제로 한 토의, 토론 - 주변 사람들과 생활 경험을 나누는 대화, 생활문 - 공동체적 삶에 대해 글쓴이의 주장과 근거가 잘 나타난 논설문 - 사회, 과학, 예술 등과 관련한 교과 내용이 담긴 설명문
중학교 1~3학년	- 존경하는 주변 인물이나 전문가를 대상으로 하는 면담 - 다양한 매체를 활용한 공식적 상황에서의 발표 - 설득 전략이 잘 드러나는 연설, 강연 및 광고 - 표준 발음이 잘 나타나 있는 뉴스, 발표 - 교과 내용을 바탕으로 한 조사, 관찰, 실험 과정과 결과가 잘 드러난 보고서 - 동일한 글감이나 대상에 대해 상이한 관점을 보여 주는 둘 이상의 사설, 기사문 - 한글 창제의 원리, 남북한 언어 차이 등 국어문화를 다룬 글 - 매체 특성이 잘 나타난 문자 메시지, 전자우편, 인터넷 게시판, 블로그 - 성장 과정의 고민과 갈등을 소재로 한 작품 - 비평적 안목이 뛰어난 비평문 - 바람직하고 가치 있는 삶에 대한 탐구와 성찰을 담고 있는 작품 - 복합적인 정보에 대해 다양한 설명 방법을 활용한 발표, 강의, 설명문 - 학교 안팎에서 발생한 문제나 의견 차이가 있는 문제에 대한 대화, 토의, 토론, 논설문, 건의문
고등학교 1학년	- 듣기와 말하기 방식의 차이를 보여 주는 다양한 대화 - 상황, 대상, 목적을 고려하여 상호 작용이 활발하게 전개되는 대화 - 각자의 입장 및 요구가 달라 생긴 문제를 해결하기 위한 협상 - 다양한 매체에서 찾은 정보를 바탕으로 하여 개인적 관심사에 대해 설명하는 글 - 과거의 국어 자료나 국어의 변화를 보여 주는 글 - 지역사회 문제나 시사적인 쟁점에 대한 토론, 논설문, 인터넷 게시판이나 사회관계망 서비스의 글

용까지 확장·심화된다. 따라서 어떤 주제에 대해 스스로 조사한 내용을 텍스트로 활용할 수 있고 공동체적 삶에 대해 글쓴이의 주장과 근거가 잘 나타난 논설문이나 사회, 과학, 예술 등과 관련한 교과 내용이 담긴 설명문도 교수학

습 자료가 될 수 있다. 중학교 1~3학년에서는 비공식적, 공식적 텍스트 자료를 포함하여 연설문, 발표문, 보고서, 기사문, 비평문 등 다양한 종류의 텍스트를 다루게 된다. 특히, 동일한 글감이나 대상에 대해 상이한 관점을 보여 주는 둘 이상의 텍스트를 활용한 교수학습이 가능하다는 점이 특징이다. 또한 국어문화를 다룬 글이나 복합적인 정보, 삶에 대한 성찰적 이야기를 담은 텍스트를 활용할 수 있다. 고등학교 1학년에서는 지역사회 문제나 시사적인 문제를 다룬 텍스트, 과거의 국어 자료나 국어의 변화를 보여 주는 텍스트를 활용하여 교수학습할 수 있다.

정보 텍스트 교수학습을 위한 자료 선정 시 유의사항은 다음과 같다. 첫째, 학습자의 삶 속에서 접할 수 있는 대상이나 사건을 다루고 있는 글을 선정한다. 둘째, 교수학습 목표와 내용, 단원 등을 고려하여 적합한 글의 유형과 내용을 결정한다. 셋째, 텍스트의 유형적 특성이 잘 드러나 있어 학습자가 해당 유형을 이해하기 쉬운 글을 선택한다. 넷째, 다양한 가치와 문화를 반영하고 있는 글을 선정하되 사회·문화적 맥락을 고려하여 다양한 관점을 경험할 수 있도록 한다.

(3) 정보 텍스트와 독서 교수학습 모형 및 방법

직접 교수법: 정보 텍스트에 대한 명시적 지도

독자들에게 읽기 방법을 명시적으로 지도하는 것에 대한 관심은 직접 교수법을 통해 실현되었다. 직접 교수법(Direct Instruction, 이하 DI)은 현시적 교수법(Explicit Instruction)의 특정한 유형으로 1960년대 후반 지크프리트 엥겔만(Siegfried Engelmann)과 칼 베리이터(Carl Bereiter)에 의해 개발된 교육과정 자료나 교수 방법과 관련이 깊다. 이때 개발된 DISTAR(Direct Instruction System for Teaching Arithmetic and Reading) 프로그램은 독서와 셈하기 지도를 위해 1960년대에 학교 교수 프로그램의 형태로 제공되기 시작하였다. 현재 널리 활용되는 직접 교수법의 일반적 정의와 절차는 로젠샤인(Rosenshine, 1983)에 이르러 확립되었다.

직접 교수법의 정의나 단계에 대해서는 논의가 다양하지만, 공통적으로 합의된 특징이 분명 존재한다. 즉, 직접 교수법은 독서지도 모형이라는 점, 학생들이 습득해야 할 독서 기능을 부분적으로 나눈 뒤 단계적인 순서에 따라 지도한다는 점, 교사는 명시적이고 구체적으로 설명하고 시범을 보이며 독서 전략 혹은 방법을 지도한다는 점, 독립적인 독서가 가능한 독자로의 성장을 지원한다는 점 등을 특징으로 한다.

이러한 공통점들 가운데 주목할 것은 독서를 지도하는 교사의 역할이다. 직접 교수법을 실시하는 교사는 독서 방법을 구체적인 설명과 사례를 통해 학생들에게 가르쳐야 한다. "글을 읽어 보세요."나 "다음 학습활동을 풀어 보세요.", "답은 무엇입니까?"와 같은 지시나 질문보다는 "이 글을 읽을 때 중심 생각을 찾는 방법은…"과 같은 설명과 시범이 중요하다.

더 알아보기

직접 교수법과 현시적 교수법

직접 교수법(Direct Instruction)은 현시적 교수법(Explicit Instruction)의 특정한 유형으로, 스키너에 의해 시작된 전통적 행동주의자들의 자극-반응-조건 모형에 기반한다. 현시적 교수법은 명확한 행동적 · 인지적 목표와 결과를 기반으로 하는 교사 중심 지도법을 일컫는다. 기존에 국내에 소개되기로는, 직접 교수법이 현시적 교수법에서 발전된 모형이라거나, 1980년대 미국의 오레곤 대학에서 시작된 모형으로 알려지기도 했다. 그러나 직접 교수법은 1960년대에 이미 소개되기 시작했으며, 직접 교수법과 현시적 교수법의 관계에 대해서도 연구자별로 차이가 있으며, 명료하지 않은 부분이 있다.

* 출처: A. Ellis(2005), *Research on educational innovations*, Larchmont, NY: Eye On Education.

[표 8-2]에 제시한 직접 교수법의 절차를 바탕으로 하여 1) 독서 기능이나 전략을 설명하기→2) 교사의 시범 보이기→3) 질문하기(교사+학생)→4) 활동하기(학생의 실제 적용과 독립적 활동)의 절차를 제시할 수 있다. 이러한 직접 교수법의 절차는 매우 다양한 변이가 가능하지만 일반적으로 1~4 단계를 핵심으로 하여 이루어진다. 실제 수업 시간에서는 도입 활동의 일환으로 전시 학습이나 학습목표 확인 등이 당연히 포함될 수 있을 것이다. 또한 수업의 마무리 단계에서는 정리 및 평가 활동이 추가되어야 한다.

교사는 독서 기능과 전략에 대해 지도할 때 자신의 인지적 과정을 보다 자세히 설명하고 안내할 수 있어야 한다. 직접 교수법은 말 그대로 교사가 중심이 되어 어떤 전략이나 기능을 지도하는 것이지만, 어디까지나 궁극적인 목적은 학습자 스스로 적용하고 활동할 수 있도록 하는 데 있다는 점을 놓쳐서는 안 될 것이다. 이러한 점에서 교사는 설명, 시범, 질문, 활동의 전(全) 과정에 걸쳐 학습자의 이해와 활동에 대한 관심과 점검을 소홀히 하면 안 된다.

[표 8-2] 직접 교수법의 절차

절차	교수학습 활동
설명하기	• 학습 동기 유발 • 독서 기능 및 전략 제시 • 독서 기능 및 전략의 개념 및 필요성, 중요성 설명 • 독서 기능 및 전략의 방법 및 적용 상황 설명
시범 보이기	• 전략 사용의 사례 제시하기 • 사고구술을 통한 교사의 시범 보이기
질문하기	• 전략 사용에 관해 학생에게 질문하기 • 학생 답변 및 질문에 대해 교사가 답변하기
활동하기	• 실제 상황을 통해 적용하기 • 활동 과정을 관찰하며 교사가 도움 제공하기 • 학생이 독립적으로 활동하기

직접 교수법의 실제

설명하기

이 단계에서 교사는 가르쳐야 할 독서 전략에 대한 개념, 필요성, 원리나 방법, 적용 상황 등을 학생들에게 명료하게 설명한다. 교사가 독서 전략의 정의나 가치를 명료하게 밝히는 것은 매우 중요하며 사례를 통해 학생들에게 설명할 수 있어야 한다.

예시 교사의 발화

[요약하기에 대한 설명] 글에는 중요한 정보와 그렇지 않은 정보들이 모두 포함되어 있어요. 따라서 중요한 정보를 찾고 자신의 말로 재진술하여 정리하며 읽는 것은 매우 중요해요. 요약하기는 글 속에 포함된 중요한 정보를 자신의 말로 재구성하여 정리하는 독서 전략입니다. 특히, 필요한 정보를 찾거나 학습을 위해 글을 읽을 때는 이러한 전략을 사용하여 글을 읽으면 더욱 효과적이에요. 요약하기를 통해서 독자는 필요한 정보를 효율적으로 정리하고 오래 기억할 수 있게 됩니다. 요약하기의 방법에는 중심 내용의 선정, 세부 내용이나 반복되는 내용의 삭제, 상위 수준으로의 일반화, 중심 내용의 재구성 등이 있어요.

시범 보이기

이 단계에서 교사는 전략을 사용할 때의 사고 과정을 사고구술(思考口述, Think-aloud) 등을 통해 시범을 보여 준다. 사고구술은 독서에 관한 인지적 과정을 말로 명료하게 제시하는 방법이다. 교사는 능숙한 독자의 역할을 수행하면서 자신의 머릿속에서 일어나는 인지적인 읽기 과정을 말로 구체적으로 설명하며 시범을 보인다.

예시 교사의 발화

[첫째 문단을 읽으며] "질병으로부터 우리 몸을 보호하기 위해 우리 몸은 '비특이적 방어'와 '특이적 면역 반응'을 갖추고 있다." 아, 어렵지요? 그럼 뒤에 이어지는 글에서는 이 두 개념에 대해 설명을 하겠네요. 그럼 한번 볼까요?

[본문 내용] 우리 몸의 피부나 호흡기의 점액 등은 세균이나 바이러스 등이 통과할 수 없게 하는 방어막 역할을 한다. 만약 이 방어가 실패하여 외부 감염원이 우리 몸에 침투하면 백혈구, 식세포, 항균 단백질이 외부 감염원의 종류를 가리지 않고 방어를 하게 된다. 이러한 방어 체계를 '비특이적 방어'라고 한다.

자, 나왔죠? '비특이적 방어'에 대한 설명이죠? 비특이적 방어가 뭐라고 했지요? 세균과 바이러스 등이 우리 몸에 침투했을 때 백혈구, 식세포, 향균 단백질 등이 외부 감염원의 종류에 상관없이 하게 되는 방어 체계를 비특이적 방어라고 정리할 수 있겠네요.

질문하기

이 단계에서 교사는 학생들이 앞서 이루어진 수업에서 설명한 독서 기능이나 전략에 대해 잘 이해했는지를 질문을 통해 확인할 수 있다. 물론 학생들도 교사에게 궁금한 바를 질문할 수 있다. 그러나 질문하기 단계의 본질은 앞서 시범 보이기에서의 교사 권한을 학생에게 전이하는 데 있으며 학생들은 자신이 학습한 독서 전략을 실제 사용하는 과정을 교사에게 보여 주어야 한다.

예시 교사의 발화

희윤아, 두 번째 문단에서 설명하고 있는 면역의 원리를 두 문장 내로 요약하여 말해 보자. 어떻게 요약하였는지 선생님한테 설명해 줄래?

활동하기

이 단계에서 교사는 학생들이 앞서 배운 독서 기능이나 전략을 독립적으로 독서 과제에 적용하도록 안내한다. 활동은 교사의 도움과 안내를 바탕으로 하여 비계(飛階, Scaffolding, 도움 발판)를 제시해 주는 교사 안내 활동과 학생 독립 활동으로 분류할 수 있다. 교사 안내 활동은 학생들이 독서 전략을 적용할 수 있도록 대화를 통해 교사가 도움을 제공하면서 진행해 나간다. 학생 독립 활동은 교사의 안내 없이 스스로 독서 기능이나 전략을 적용하여 독서 활동을 수행한다.

예시 교사의 발화

자 그럼 세 번째 문단부터 2문장 이내로 각각 요약해 볼까요? 그다음 전체 글의 내용을 요약해 봅시다.

더 알아보기

사고구술법(思考口述, Think-aloud Method)

사고구술법은 독자의 사고 과정을 입 밖으로 소리 내어 말하는 방법이다. 이 활동에서 학생들은 글을 읽으면서 주기적으로 자신의 생각을 매 문장이나 문단마다 소리 내어 말한다. 이 과정은 학습과 훈련이 반드시 필요하기 때문에 교사가 시범을 보여 주어야 한다. 교사는 학생들이 글을 읽으면서 말하는 것을 주의 깊게 들음으로써 학생들의 독해 과정이나 전략을 파악할 수 있고, 교수학습 방법으로 활용할 수 있다. 마이어스와 라이틀(Myers & Lytle, 1986; Brown & Lytle, 1988)은 이것이 '과정 평가'의 중요한 방법이라고 제안하였다. 실제로 시범 보이기, 상보적 교수법과 같은 몇 가지 교수학습 방법에 사고구술법이 포함되어 있다.

사고구술법은 읽기 과정뿐 아니라 쓰기 과정을 파악하는 데에도 유용한 방법이다. 쓰기 과정에 대한 연구는 플라어와 해이즈(Flower & Hayes, 1981)에서 본격화되는데, 이들은 대학생들의 실제 쓰기 과정에서 일어나는 필자의 인지적인 사고 과정을 말로 구술하게 하는 사고구술법과 이 사고구술 과정을 전사한 프로토콜을 분석함으로써 인지적 쓰기 과정 모형을 개발하였다.

* 프로토콜(protocol): 필자가 글을 쓰면서 자연스럽게 사고구술한 내용을 전사한 자료.
** 참고: 천경록 외(2013), 독서교육론, 박이정, 301-302쪽; 노명완 외(2012), 국어교육학개론, 삼지원.

현시적 교수법: 학생 중심 활동의 강화와 이양

현시적 교수법(Explicit Instruction)은 직접 교수법에서 교사가 학생들에게 독서 기능이나 독서 전략에 대해 간략히 안내해 주는 것을 넘어서서 구체적이고 명료하게 설명하고 시범을 보여 준 뒤 연습을 통해 학생이 독립적으로 독서 상황에서 학습한 독서 전략들을 적용할 수 있도록 하는 지도 방법이다. 현시적 교수법은 분명하게 드러나지 않는 전략 사용을 구체적 예시나 말을 통해 학생들에게 전달함으로써 현시적(顯示的)으로, 즉 더욱 분명하고 구체적으로 보여 주는 교수 방법이라는 특징을 지닌다.

피어슨과 돌(Pearson & Dole, 1987)은 현시적 독해 지도의 특징과 절차를 소개하였다. 현시적 교수법은 직접 교수법과 마찬가지로 학생들이 글을 읽고 이해하는 데 필요한 독서 기능이나 전략에 대해 설명을 하되 교사는 단지 언급만 하거나 소개하는 데 그치지 않고 그 전략이 무엇인지, 어떻게 사용되는지, 사용 이유와 사용 시기에 대해 직접적으로 설명해야 하며 동시에 시범을 보일 수 있어야 한다. 더불어 교사는 학생들이 실제 독서 상황에 곧바로 독서 전략을 사용하도록 하는 것보다 안내된 연습을 통해 학생들이 적용해 볼 수 있도록 안내자 혹은 보조자로서의 역할을 수행한다.

현시적 교수법은 활동의 권한 혹은 책임이 교사에서 학생으로 점진적으로 이행하는 과정을 중요하게 다루고 있다. 교사는 학생들이 스스로 독서 전

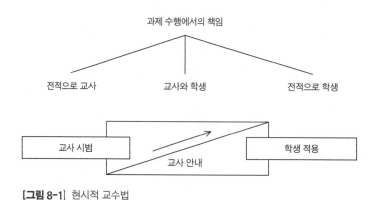

[그림 8-1] 현시적 교수법

략을 사용하여 독서 과제나 문제를 독립적으로 해결할 수 있을 때까지 과제 및 문제 해결에 대한 책임을 천천히 그리고 점진적으로 이양해야 한다. 현시적 교수법의 본질적 목적은 학생의 자립적 활동에 있고, 실제 독서 학습의 효과성도 이러한 점진적 책임 이양의 과정을 거쳤을 때 보다 더 효과적인 것으로 나타났다(Pearson & Leys, 1985; Pearson & Dole, 1987).

[표 8-3] 현시적 교수법의 절차

절차	교수학습 활동
설명 및 시범	• 학습 동기 유발 • 독서 기능 및 전략 제시 • 독서 기능 및 전략의 개념 및 필요성, 중요성 설명 • 사고구술을 활용한 교사의 시범 보이기
교사 안내 연습 (안내 및 강화 활동)	• 독서 기능 및 전략의 적용 방법 탐색 • 교사의 피드백과 격려 • 독서 기능 및 전략의 적용 방법에 대해 자세히 설명하기 • 독서 기능 및 전략에 대해 학생의 이해 여부를 점검하기 위한 질문하기
학생 독립 연습	• 학생이 독립적으로 독서 활동지나 학습 자료를 활용하여 문제 해결하기 • 학생의 독서 기능과 전략 사용에 대한 점검과 오류 피드백하기
적용	• 학습활동에서 벗어나 실제 글에 적용하기

* Pearson & Dole(1987)에서는 '교사 안내 연습' 다음에 "강화"를 독립된 단계로 설정하고 있다.

[표 8-3]에 제시된 현시적 교수법의 절차는 직접 교수법에 비하여 학생 활동이 더 강조된다는 특징을 보여 준다. 현시적 교수법 역시 다양한 변이형이 있을 수 있지만 교사의 전략에 대한 설명과 시범 보이기 단계 이후, 교사의 안내와 피드백에 따라 학생이 함께 연습 활동을 하고, 이어서 학생들의 독서 전략 사용에 대한 직접 수행과 활동이 중점적으로 수행된다. 따라서 직접 교수법과 비교할 때 학생들의 독립적인 활동에 대한 비중이 보다 더 높게 나타난다.

현시적 교수법의 실제

설명 및 시범

이 단계에서 교사는 독서 기능이나 전략의 개념, 필요성, 원리나 방법, 적용 활동 등을 학생들에게 시범을 통해 명료하게 설명한다. 특히, 교사는 독서 전략을 사용할 때의 사고과정을 사고구술을 통해 시범을 보여야 한다. 이는 직접 교수법의 설명하기와 시범하기의 단계를 통합한 단계로 이해할 수 있다.

예시 교사의 발화

> 글을 읽으면서 모르는 단어가 나타났을 때에는 단어의 뜻을 이해하지 않고 계속 읽거나, 사전을 찾아보거나, 다른 사람에게 무슨 뜻인지 묻거나, 문맥 단서를 이용하여 단어의 뜻을 추측하는 방법이 있습니다. 문맥 단서를 활용하여 단어의 뜻을 추측하는 방법은 단어의 품사나 문장 내의 성분이 무엇인지를 고려하는 것, 동일한 단어가 다른 문장에서 사용된 양상을 고려하는 것, 문장 내에서 대응을 이루는 단어와의 관계를 고려하는 것 등이 있어요. 특별히 도움을 줄 대상이나 자료가 없는 경우에는 문맥 단서를 이용하여 단어의 뜻을 추측하는 방법을 사용할 수 있습니다.

교사의 사고구술 시범

> [글 속의 모르는 단어의 의미를 찾고자 할 때] '특이적 면역 반응'이라는 것이 나는 무슨 단어인지 잘 모르겠어. 일단 앞서 제시된 비특이적 면역 반응의 반대 개념일 것 같지만 확실하지는 않아. 일단 글의 나머지 부분에서 단어들이 사용되는 맥락을 살펴본 뒤 다시 모르는 단어의 개념을 추측해 보아야겠어.

교사 안내 연습

이 단계에서 교사들은 학생들과 함께 독서 기능이나 전략을 적용하는 방법을 이해한다. 교사는 학생들과 함께 어떤 정보가 삭제되고 어떤 정보가 선택되는지에 대한 이유, 학생들이 혼란스럽거나 어려워하는 것이 무엇인지, 그 원인이 무엇인지에 대해 함께 논의한다. 교사는 학생들에게 이러한 문제를 해결하기 위한 피드백을 적절히 제공하고 격려해 주면서 학생들이 스스로 읽기 과제를 완수할 수 있도록 도움을 준다. 교사는 학생들의 반응이 없거나 혹은 스스로 해결하지 못하는 시점에 개입하여 도움을 주며 읽기 과제를 완수하는 책임의 일부를 맡고 점차 학생에게 그 책임을 이양한다.

> **예시** 교사와 학생의 대화
> - 학생: 선생님, 항원과 항체는 서로 상반된 단어이고 면역은 항원과 항체의 관계로 설명될 수 있는 건가요? 그럼 B세포는 무엇인가요?
> - 교사: 준혁아, B세포에 대한 개념 설명 부분을 놓친 것 같구나. 면역 기억력을 설명하는 문단의 두 번째 문장을 보면 면역 과정에서 항체 생성을 설명하는 내용이 있어. 그럼 다시 한 번 읽고 B세포의 개념을 설명해 볼 수 있을까?

또한 이 단계에서 교사는 학생들에게 독서 기능이나 전략의 개념과 적용 방법을 충분히 이해할 수 있도록 하는 강화 활동을 수행한다. 교사는 또한 학생들에게 어떤 상황과 맥락에서 이러한 읽기 기능과 전략을 사용해야 하는지와 더불어 사용해야 하는 이유를 충분히 설명한다. 또한 학생들이 독서 기능과 전략의 개념, 적용 방법, 시기를 충분히 이해하였는지를 질문을 통해 확인할 필요가 있다.

> **예시** 교사와 학생의 대화
> - 교사: 윤혁아, 면역(免疫)에서 '면(免-)'이 어떤 의미가 있지?
> - 학생: 벗어나다 혹은 막다 뭐 이런 뜻이 아닐까요?
> - 교사: 그럼 같은 한자어와 결합된 단어들이 있을 때 그러한 뜻을 적용하여 모르는 단어를 파악할 수 있지 않을까? 단어 중 일부의 의미만을 알고 있을 때는 그 의미를 활용하여 모르는 단어의 의미를 추측할 수 있겠지?

- 학생: 면제(免除)나 면세(免稅)도 그러고 보니 각각 벗어나다 혹은 면하다 이런 뜻이 포함된 거군요. 단어 속의 성분을 활용해서도 모르는 단어를 파악할 수 있겠어요.

학생 독립 연습

이 단계에서 학생들은 제시된 독서 활동지나 학습 자료를 통해 독서 문제를 해결하는 활동을 수행한다. 독서 문제를 해결하기 위해 학생들은 어떤 독서 전략과 기능들을 사용할 것인지 또한 어떻게 적용할 것인지를 결정하는 것에 있어 거의 전적인 책임을 진다. 이때 교사는 스스로 독서 과제를 완수하는 데 어려움을 겪은 적이 있는 학생들의 반응이 왜 옳은지 혹은 그렇지 않은지에 대해 질문하고 함께 논의함으로써 독서 기능이나 전략에 대해 재강화하는 과정을 거친다. 이러한 재강화의 과정에서 교사는 스스로 독서 과제를 완수하는 데 어려움을 겪은 적이 있었던 학생들의 올바른 반응이나 부적절한 반응 모두에 대해 논의하고 그러한 반응이 나타난 이유를 고려하여 이에 대해 피드백한다.

예시 교사의 발화

- 자, 그럼 다음 활동지에 제시된 글을 읽어 봅시다. [학생들이 글을 읽은 후] 1번 활동에서 모르는 단어를 추론하기 위해 적용한 방법은 무엇인가요? 그리고 추론한 단어의 의미는 무엇인가요?
- 단어의 성분을 활용하여 모르는 단어를 추측하는 방법이 항상 효과적인 것은 아니죠. 여기서는 오히려 단어가 사용된 맥락을 점검하면서 추론하는 방법이 더 적절할 수 있어요.

적용

이 단계에서 교사는 학생들에게 독서 활동지나 학습 자료를 벗어나 실제 글을 읽는 중에 자신이 배운 독서 기능이나 전략을 적용해 보도록 한다. 학생들은 이러한 과정에서 다양한 독서 기능과 전략의 상황별 실제 예시를 찾게 된다. 또한 교사는 이 단계에서 학생들에게 독서 기능과 전략의 사용 시기와 사용하는 이유에 대해 강조한다. 이를 통해 학생들은 독서 기능괴 전략을 완전히 자신의 것으로 익힐 수 있게 된다.

예시 교사의 발화

자, 모르는 단어를 추론하며 읽는 방법을 적용하면서 자신이 선정한 책을 읽어 볼까요? [학생들이 책을 읽은 후] 맥락을 활용해서 단어의 의미를 추론하는 방법에는 어떤 것이 있을까요? 그리고 언제, 어떻게 활용할 수 있을까요?

SQ3R 모형

SQ3R 모형은 전통적이고도 대표적인 읽기 학습 체계이자 전략이다. 로빈슨 (Robinson, 1941)에 의해 처음 제안된 이 모형은 추후 수정을 통해 여러 모형으로 변형되면서 학습자의 능동적인 읽기 학습을 돕는 방법으로 오래도록 활용되었다.

SQ3R을 지도할 때 각 단계가 상호보완적이며 회귀적인 과정이라는 것

[표 8-4] SQ3R 모형의 절차

절차	교수학습 활동
훑어보기(Survey)	• 제목 중심으로 훑어보기 • 주제어 중심으로 훑어보기 • 텍스트의 핵심 내용을 예측하기
질문하기(Question)	• 주어진 문제가 무엇인지 파악하기 • 읽기의 목적과 의도를 분명히 하여 질문 만들기
읽기(Read)	• 텍스트의 각 부분의 의미를 연결하며 읽기 • 텍스트의 전체 내용을 파악하며 읽기
확인하기(Recite)	• 중요한 내용을 자신의 말로 표현해 보기 • 독자의 의도와 목적에 따라 텍스트 내용 파악하기
재검토하기(Review)	• 이해가 잘 되지 않는 부분은 다시 읽기 • 자신이 이해한 내용이 적절한지 평가하며 다시 읽기

을 학생들에게 인지시킬 필요가 있다. 이후 SQ3R의 변이형이 제안되기 시작하는데, CSQ3R이 그 예이다. CSQ3R은 기존의 SQ3R에 '시각 바꾸기(Change perspective)'를 추가한 것으로, 기존 방식에 비해 좀 더 적극적이며 자기 주도적인 학습이 일어날 수 있도록 유도한다.

수업의 실제 ···

SQ3R의 실제

훑어보기(Survey)

텍스트를 본격적으로 교수학습하기 전에 단원명, 단원에 실린 제재의 제목, 삽화, 표, 요약, 학습활동 등을 먼저 빠르게 검토한다. 이때 훑어보기 과정에서는 주제어, 개념어를 중심으로 읽는 것이 좋다. 이 활동은 텍스트 읽기의 준비 단계로서, 텍스트의 핵심적 내용을 개관하고 예측하는 데 그 목적이 있으며, 학생들에게 수업에 주의 집중할 수 있는 기회를 제공한다.

예시 교사의 발화

제목으로부터 이 글의 내용은 지구 온난화와 과학기술에 대한 것임을 알 수 있겠어요. 필자는 과학기술이 온난화를 해결해 주지는 못할 것이라 여기는 것 같아요. 삽화는 온난화로 인한 해수면 상승으로 일어난 재해 상황에 대해 나타내고 있죠?

질문하기(Question)

전 단계에서 얻은 정보를 토대로 질문을 만든다. 읽기의 목적과 의도를 분명히 하고 주어진 문제가 무엇인지 명확히 파악하여야 올바른 질문을 생성할 수 있다. 이러한 과정을 통하여 학습자들은 글에 대해서 호기심을 갖게 된다.

교사의 발화

> 폭풍으로 인해 가옥이 쓰러져 있는 사진이 있는데, 이것이 정말 지구 온난화로 인한 것일까요? 제가 생각한 것보다 지구 온난화가 심각한 사태인 것 같아요. 이것 말고 온난화로 인한 또 다른 재해 상황은 없을까요? 글을 읽으면서 확인해 봅시다.

읽기(Read)

훑어보기 단계보다 좀 더 세밀한 읽기 수행이 이루어지는 단계로 글의 내용을 파악하는 동시에 전 단계에서 만든 질문을 계속해서 염두에 두고 그 질문에 대한 답을 해 본다. 훑어보기 과정에서 주제어나 개념어를 중심으로 읽기를 진행했다면, 이 단계에서는 문장과 단락을 중심으로 지식이나 정보를 파악하는 읽기를 진행한다.

학생의 발화

> 글을 보니 지구가 뜨거워지면 지구가 반응하여 태풍, 가뭄, 홍수 등을 가져온다고 되어 있어. 그렇다면 아까 보았던 사진은 온난화와 연관이 있다고 볼 수 있겠네. 온난화는 단지 더워지는 것이라고만 생각했는데, 이상 저온 현상도 불러온다니 흥미로운걸.

확인하기(Recite)

글에서 중요한 부분을 중심으로 다시 확인해 보면서 글을 읽을 때 얻었던 답과 정보들을 다시 한 번 떠올려 본다. 이전 단계에서 학생들에게 질문에 대한 답을 미리 쓰게 하여 그 답을 비교하거나 답을 구두로 확인해 보게 하면 더욱 효과적으로 교수학습할 수 있다.

교사의 발화

> 아까 읽은 바로는 온난화가 매우 다양한 부정적 영향을 가져온다고 했죠? 이 글

의 필자는 다양한 근거를 제시하며 어떤 주장을 하고 있는지 다시 한 번 떠올려 볼까요?

재검토하기(Review)

텍스트의 전체적인 내용을 스스로 재구성하며, 잘 이해되지 않는 부분을 재검토해 본다. 글의 목적에 따라서 질문과 그에 대한 답이 일치하는지 확인해 보고 올바른 읽기 습관을 위하여 학습자들에게 이러한 과정을 거칠 수 있도록 지도한다. 또한 독자는 이 단계에서 글에 대해서 비판하거나 평가할 수 있다.

예시 학생의 발화

지구 온난화가 점점 심각해지면서 여러 자연 재해가 발생하고 있어. 이 글의 필자는 과학기술에는 한계가 있다고 주장하면서 결국 과학기술로는 온난화 문제를 해결할 수 없을 것이라고 주장하고 있지. 이산화탄소 배출이 온난화의 주범인데, 이산화탄소 배출을 막는 것도 어렵고 설사 막을 수 있다고 해도 또 다른 부작용으로 인해 더욱 심한 온난화 현상도 생길 수 있기 때문이야.

더 알아보기

학습을 위한 독서 전략들

새로운 정보를 얻거나 확실히 이해하기 위해 정보 텍스트 읽기는 국어 교과서뿐 아니라, 백과사전이나 기타 전문서적 등 다양한 설명적 자료들을 꼼꼼히 읽는 것이다. 이에 따라 다른 교과의 학습을 준비하거나 교양 및 전문 지식 습득을 목적으로 하는 '학습 독서'와 관련하여 논의되기도 한다.

학습을 위한 독서 전략으로 널리 알려진 읽기 방법(모형)으로 SQ3R 이외에, SRUN을 들 수 있다. SRUN은 '훑어보기(Survey)→읽기(Read)→밑줄 긋기(Underline)→정리하기(Notes)'의 순서로 이루어진다. 이 밖에 설명문이나 논설문 읽기처럼 일반적인 정보 획득을 위한 독서 방법으로는 '훑어보기→해석적 읽기→비판적 읽기'의 과정을 생각해 볼 수 있다. '훑어보기'는 글의 전반적인 내용을 전체적으로 살펴보며 읽는 것이며, '해석적 읽기'는 중심 내용을 따지며 읽는 것이다. '비

판적 읽기'는 내용의 정확성 및 적절성 등을 평가하며 읽는 것을 말한다. 이는 사실적인 정보 확인 수준을 넘어 추론적·비판적 읽기를 지향한다는 점에서 설명문, 기사문, 논설문 등 다양한 종류의 글 읽기에 유용한 방법이다.

정보 획득을 위한 독서 방법

방법 \ 내용	질문하기	활동하기
훑어보기	• 무엇에 관한 내용인가? • 글은 쓴 목적은 무엇인가?	• 제목 및 목차 등에 유의하며 읽기 • 전체적인 내용 훑어보기
해석적 읽기	• 왜 그러한가? • 글의 요지는 무엇인가?	• 추론하며 읽기 • 요약하며 읽기
비판적 읽기	• 정말 그러한가? • 다른 가능성은 없는가?	• 따지며 읽기 • 다른 관점에서 읽기

* 출처: 서혁(2011), 「교과 학습과 독해 전략 지도」, 노명완 외, 『독서교육의 이해: 독서의 개념·지도·평가』, 한우리북스.

2. 문학 텍스트 교수학습

독서교육은 학습자에게 최대한 다양한 텍스트를 읽고 사유하는 독서 경험을 제공할 수 있어야 한다. 독서가 독해(reading comprehension)의 차원을 넘어 텍스트에 대한 창의적이고 비판적인 이해와 감상 등을 아우르는 포괄적인 개념역을 지닌다는 사실은 독서교육에서 다루어야 할 텍스트의 범주에 정보 텍스트 이외에도, 문학 텍스트, 매체 텍스트 등 다양한 텍스트들이 포함되어 있음을 의미한다. 이 중 문학 텍스트는 인간의 사상이나 감정을 '언어적 형상화(形象化)'의 과정을 거쳐 표현한 것이다. 이로 인해 문학 텍스트가 정보 텍스트와는 변별되는 특성을 지니게 되는 것은 사실이나, 텍스트의 내용을 파악하고 비판적·창의적으로 사유하는 등 독서 행위의 대상이 된다는 점에서는 동일하다.

독서교육의 관점에서 문학 텍스트를 교수학습의 대상으로 상정할 때의 교육목표는 학습자들이 문학 텍스트를 올바르게 이해하는 것뿐 아니라, 능동적인 감상 및 반응을 통해 텍스트 세계의 경험을 삶의 경험으로 확장하는 것이다. 궁극적으로 문학 텍스트를 비판적·창의적으로 수용 및 생산할 수 있는 능력을 신장하는 것이 목표이다. 독서교육의 관점에서 문학 텍스트의 교수학

언어적 형상화

'형상화(形象化)'란 추상적인 무언가가 구체적인 형상을 갖게 됨을 뜻한다. 이러한 형상화가 언어를 통해 이루어지는 것을 일컬어 '언어적 형상화'라고 말한다. 문학 텍스트는 인간의 삶과 세계를 총체적으로 반영하고 구현하는 것을 지향함에 따라, 대상을 실감나게 표현하기 위해 다채로운 감각을 매개로 대상을 구체화한다. 이는 문학 텍스트를 다른 성격의 텍스트들과 구별해 주는 매우 중요한 속성이면서, 독자가 한 번도 경험한 적 없는 작가의 삶과 경험에 공감하고 몰입할 수 있도록 이끄는 토대를 이룬다. 구체적인 형상을 지니게 될수록 소통의 가능성 또한 고양되기 때문이다. 언어적 형상화는 문학 텍스트에 대한 독자의 반응이 풍요롭고 깊이 있게 실현될 수 있는 계기이자 토대를 이룬다.

습 목표를 효율적으로 달성하기 위해서는 다음과 같은 몇 가지 사항을 염두에 둘 필요가 있다.

(1) 문학 텍스트 교수학습의 방향 및 주안점

문학 텍스트 교수학습의 목표는 학습자로 하여금 자신이 처한 다양한 사회·문화적 맥락 안에서 능동적으로 독서 활동에 참여하며, 자신의 삶과 연계하여 문학 텍스트를 수용함으로써 삶을 성찰하는 태도를 함양하도록 돕는 것이다. 문학 텍스트 교수학습의 목표를 효율적으로 달성하기 위한 지도 방향을 몇 가지 제시하면 다음과 같다.

첫째, 학습자들이 가지고 있는 지식과 경험을 최대한 활용하여 능동적으로 문학 텍스트를 읽어 나갈 수 있도록 한다. 특히, 문학 텍스트를 이해하고 감상하기 위해서는 텍스트의 유형과 특성에 대한 지식들을 이해하고 활용할 필요가 있다. 예컨대 서사(이야기) 텍스트의 경우 이야기 문법(story grammar)

과 같은 구조 스키마를 활용하여 텍스트 구조를 정확하게 이해할 수 있다. 또한 서정(시) 텍스트의 경우에는 텍스트의 심층 구조를 얽고 있는 함축적·상징적 의미 작용을 온전히 파악하는 것이 매우 중요하다. 그러므로 학습자들이 문학 텍스트를 읽어 가는 과정에서 배경지식을 활용하거나 앞뒤 문맥을 꼼꼼히 살피는 등 다양한 독서 전략을 활용하여 문학 텍스트를 둘러싼 다층적 의미 작용을 읽어 낼 수 있도록 지도해야 한다. 문학 텍스트를 이해하고 감상하는 독서 활동을 통하여 언어에 대한 통찰력을 기를 수 있으며, 고도의 추론 능력과 문제 해결 능력을 신장할 수 있다.

둘째, 학습자들이 문학 텍스트를 읽고 다양한 반응을 생산해 낼 수 있도록 장려해야 한다. 깊이 있는 사고와 정서적 반응을 요구하는 문학 텍스트는 학습자의 다양한 반응을 촉진시킨다. 문학 텍스트를 읽고 독자가 보일 수 있는 반응의 대상은 내용에서부터 형식에 이르기까지 다양하다. 또한 반응의 양상 또한 정서적 반응, 문제 해결적 반응, 비판·창의적 반응 등 다양할 수 있다. 따라서 문학 텍스트 교수학습의 장면에서는 학습자의 다양한 반응을 이끌어내는 데 주력해야 한다.

셋째, 문학 텍스트에 대한 개인의 해석 및 감상을 동료 학습자, 나아가 학습자를 둘러싼 다양한 공동체와 상호 소통하고 공유할 수 있도록 해야 한다. 문학 텍스트에 대한 감상평을 동료 학습자나 교사, 학습자를 둘러싼 담화 공동체와 공유하는 소통 과정은 학습자에게 반응의 폭과 깊이를 보다 확장시킬 수 있는 계기가 된다. 타인과 자신의 감상평을 공유하는 일련의 소통 과정을 통해 학습자는 보다 타당하면서도 주체적인 반응을 만들어 나갈 수 있게 된다.

넷째, 문학 텍스트 독서 경험이 학습자 스스로 자신의 삶을 성찰하고 나아가 삶의 경험을 확장할 수 있는 계기가 되도록 지도해야 한다. 문학 텍스트는 우리의 삶을 총체적으로 형상화한 또 다른 세계이다. 때문에 문학 텍스트를 통해 학습자는 텍스트 속 특정 상황에 처한 특정 인물들과 깊이 공감하고 소통하면서 다양한 경험을 간접적으로 하게 된다. 이 과정에서 학습자는 자신을 성찰하면서 성장해 나갈 수 있는 변화의 계기를 만들 수 있게 된다.

다섯째, 더 나아가 학습자는 문학 텍스트와 관련하여 다양한 비판적·창의적 사유를 경험할 수 있어야 한다. 학습자는 문학 텍스트에 대한 창의적 수용을 확장시켜 텍스트와 관련하여 자신의 느낌이나 생각, 관점 등을 구체화하는 등 창의적인 텍스트 생산 경험을 수행할 필요가 있다. 문학 텍스트를 창의적으로 수용하고 생산하는 일련의 경험은 학습자에게 삶의 경험을 확장할 수 있는 긍정적 계기로 작용하게 된다.

더 알아보기

문학 텍스트에 대한 학습자 반응의 양상

문학 텍스트에 대한 학습자 반응의 양상으로는 '정서적 반응', '문제 해결적 반응', '비판·창의적 반응' 등을 생각해 볼 수 있다. 정서적 반응의 예로는 시의 한 구절이 환기하는 분위기에 몰입하여 감정 변화 느끼기, 소설 속 주인공의 삶의 방식에 대해 공감하거나 가치 판단하기 등의 반응을 생각해 볼 수 있다.

문제 해결적 반응은 크게 두 차원의 반응을 포괄한다. 하나는 텍스트의 의미를 구성해 나가면서 직면하게 되는 인지적 정보 처리 문제들을 해결해 나가면서 보이는 반응들이다. 다른 하나는 텍스트에 대한 이해를 바탕으로 자기 삶의 문제를 새롭게 조명하고 이에 대한 해결을 시도하는 과정에서의 반응이다. 두 가지 반응은 구체적 양상에는 다소 차이가 있으나, 직면한 문제를 해결하기 위해 독자의 능동적인 전략 선택과 활용, 그리고 메타적 점검 등이 수반된다는 점에서 문제 해결적 반응으로 묶일 수 있다.

비판·창의적 반응은 텍스트를 자신의 관점이나 가치관 등에 근거해 등장인물의 삶의 방식이나 텍스트의 주제 의식에 대해 논리적·비판적으로 검토함으로써 사유의 폭을 주체적으로 확장시켜 나가는 학습자의 반응을 뜻한다. 이 과정은 텍스트에 대한 학습자 자신의 견해를 생산해내는 창의적 반응으로 구체화될 수 있어야 한다.

(2) 문학 텍스트 교수학습을 위한 자료

2015 개정 국어과 교육과정에 제시된 문학적 텍스트 교수학습을 위한 자료는 다음과 같다.

[표 8-5] 2015 개정 국어과 교육과정의 문학적 텍스트 교수학습 자료(예)

학년군	국어 자료의 예
초등학교 1~2학년	- 사건의 순서가 드러나는 간단한 이야기 - 인물의 모습과 처지, 마음이 잘 드러나는 이야기, 글 - 창의적 발상이나 재미있는 표현이 담긴 동시나 노래 - 상상력이 돋보이는 (옛)이야기, 그림책, 만화, 애니메이션 - 자신의 감정을 표현하는 간단한 대화, 짧은 글, 동시 - 재미있거나 인상 깊었던 일을 쓴 일기, 생활문, 노래, 이야기
초등학교 3~4학년	- 운율, 감각적 요소가 돋보이는 동시나 노래 - 감성이 돋보이거나 재미가 있는 만화, 애니메이션 - 사건의 전개 과정이나 인과 관계가 잘 드러나는 이야기, 글 - 영웅이나 본받을 만한 인물의 이야기를 쓴 전기문, (옛)이야기나 극 - 현실이 사실적으로 반영되거나 환상적으로 구성된 이야기 - 친구나 가족과 고마움이나 그리움 등의 감정을 나누는 대화, 편지
초등학교 5~6학년	- 일상생활이나 학교 생활에서의 의미 있는 체험이 잘 드러난 감상문, 수필 - 다양한 가치와 문화를 경험할 수 있는 작품 - 또래 집단의 형성과 구성원 사이의 관계를 다룬 이야기나 극 - 다양한 형식과 비유 등의 표현이 드러나는 동시나 노래, 글
중학교 1~3학년	- 독서나 일상의 경험을 바탕으로 자신의 생각이나 감정을 담은 대화, 수필 - 인물의 내면세계, 사고방식, 정서 등이 잘 드러난 작품 - 성장 과정의 고민과 갈등을 소재로 한 작품 - 한국의 대표적인 문학작품을 재구성한 작품 - 비평적 안목이 뛰어난 비평문 - 바람직하고 가치 있는 삶에 대한 탐구와 성찰을 담고 있는 작품 - 사회 · 문화 · 역사적 배경이 잘 드러난 글, 전기문이나 평전, 작품
고등학교 1학년	- 경험, 정서, 삶의 성찰을 담은 글, 수필, 자기 소개서 - 삶의 방식, 이념, 문화 차이 등의 대립에서 오는 갈등과 해결을 담고 있는 작품 - 보편적인 정서와 다양한 경험이 잘 드러난 한국 · 외국 작품 - 형식적 독창성과 미적 감수성이 뛰어난 문학작품 - 갈래적 특성이 분명히 드러난 작품

문학 텍스트 교수학습 자료를 학년군별로 살펴보면, 초등학교 1~2학년에 서는 자기 경험이나 주변에서 일어난 일들을 나타낸 동시, 노래, 간단한 (옛)이

야기나 동화 등을 활용할 수 있다. 3~4학년에서는 사건의 전개 과정이나 인과 관계가 잘 드러나는 작품을 활용하는 것으로 심화된다. 또한 영웅적 이야기, 환상적 이야기, 사실적 이야기 등 다양한 갈래의 문학작품을 활용할 수 있다. 5~6학년에서는 자신과 비슷한 경험을 다룬 작품뿐 아니라 또래 집단의 형성, 소속 집단 구성원 사이의 관계를 다룬 이야기나 극을 자료로 다룰 수 있다. 중학교 1~3학년은 한국의 대표적 문학작품이나 그것을 재구성한 작품을 본격적으로 교수학습하게 되는 시기이다. 대표 작품에 대한 학습을 통해 바람직하고 가치 있는 삶에 대한 탐구와 성찰을 유도할 수 있다. 또한 사회·문화·역사적 배경이 잘 드러난 글, 전기문, 평전 등을 활용할 수 있다. 고등학교 1학년에서는 인간의 삶의 방식, 사회적 이념, 문화 차이 등의 대립에서 오는 갈등과 해결을 담고 있는 작품을 다룸으로써 문학 텍스트를 통해 개인적·사회적 삶에 대한 성찰을 유도할 수 있다. 또한 한국 작품과 외국 작품을 함께 다루면서 인류 보편의 정서와 다양한 경험을 다룬 작품들을 교수학습할 수 있을 뿐 아니라, 한국 문학의 특징을 더욱 명료화하는 것이 가능하다.

문학 텍스트 교수학습 자료를 선정할 때의 유의사항은 다음과 같다. 첫째, 학습자의 삶과 경험을 다루고 있는 글이나 작품을 선정한다. 둘째, 교수학습 목표와 내용, 작품의 특성을 고려하여 적합한 수업 형태 및 교수학습 모형을 결정한다. 셋째, 삶에 대한 탐구와 성찰을 가능하게 하는 작품을 선정하여 학습자가 자신의 삶을 성찰할 수 있도록 한다. 넷째, 다양한 가치와 문화를 반영하고 있는 국내·외 작품을 통해 보편적 정서 체험과 문화에 대한 성찰을 경험할 수 있게 하는 작품을 선정한다.

(3) 문학 텍스트 읽기와 독서 교수학습 모형 및 방법

여기서는 독서교육의 관점에서 문학 텍스트를 수용하는 원리 및 방법을 살펴볼 것이다. 이를 위해 그간 문학 교육에서 논의되어 왔던 교수학습 모형을 독서교육의 관점에서 재고하고, 교수학습 모형을 새롭게 구체화하고자 한다. 이를 통해 문학 텍스트를 대상으로 한 독서교육 장면을 구체화할 수 있을 것이며, 확장된 독서교육의 지평을 확인할 수 있을 것이다.

반응 중심 교수학습 모형

문학교육에 대한 초기 논의에서 작품, 작가, 세계, 독자로 구성되는 문학의 제 요소 중 독자에 대한 논의가 가장 부족하였던 것이 사실이다. 로젠블랫 (Rosenblatt, 1938)은 이러한 경향에 대한 반성의 필요성을 제기하면서 '독자 반응 이론'을 제시했다. 이 이론은 교수학습 장면에서 텍스트를 해석하고 감상하는 주체인 독자에 대한 관심을 환기시켰다는 점에서 교육적 의의를 지닌다. 반응 중심 교수학습 모형은 독자 반응 이론을 적극 반영하여 만들어진 것으로, 교육현장에서 활발하게 적용되고 있다.

반응 중심 교수학습 모형을 적용한 수업에서 가장 중요시되어야 할 것은 학습자들의 반응이다. 전통적인 텍스트 중심 수업에 익숙한 교사들은 학습자들의 크고 작은 반응을 격려하거나 그것에 적절히 반응하지 못하고 텍스트를 읽고 해석해 주는 데 급급할 수 있다. 그러나 바람직한 독서교육의 구현을 위해서는 학습자들의 능동적인 반응이 충분히 발현될 수 있는 수용적인 수업 분위기가 조성되어야 한다. 자신이 읽고 생각한 것을 적극적으로 표현하는 수용

[표 8-6] 반응 중심 교수학습 방법의 절차

절차	교수학습 활동
반응의 형성	• 텍스트와 독자와의 거래 • 텍스트에 대한 흥미와 즐거운 독서 경험 형성 • 텍스트에 대한 반응 정리, 기록
반응의 명료화	• 작품에 대한 개인 반응 공유 및 상호 작용 • 자신의 반응 정교화 및 재정리 • 반응에 대한 반성적 쓰기 활동
반응의 심화	• 상호텍스트성을 통해 다른 작품과 관련짓기 • 텍스트에 대한 이해와 반응의 일반화 및 확장

적인 분위기가 조성될 때, 학습자들의 능동적 반응으로 가득 찬 자유롭고 다채로운 독서교육이 이루어질 수 있을 것이다.

반응 중심 교수학습 모형의 과정은 '반응의 형성', '반응의 명료화', '반응의 심화'로 단계화된다. 그러나 혹자는 여기에 '반응의 일반화'를 넣어 4단계로 구성하기도 하는 등 다양한 변이형이 있다. 이 과정에서 독서 전-중-후 활동이 적용될 수 있으며 예측하기, 배경지식 활성화, 추론하기 등 다양한 독서전략들이 활용될 수 있다.

수업의 실제 ···

반응 중심 교수학습 방법의 실제

반응의 형성

텍스트와 독자 사이의 거래가 이루어지는 단계로, 학습자가 작품을 읽고 자신의 반응을 만들어 나가는 과정을 포함한다. 이때 학습자는 자신의 생각이나 느낌을 간단히 정리해 보는 것이 좋으며, 교사는 학습자들이 텍스트에 흥미를 느끼고 즐거운 읽기 경험을 할 수 있도록 독려해야 한다.

예시 교사의 발화

「참회록」을 읽고 여러분은 어떤 이미지가 떠올랐나요? 그리고 화자는 어떤 생각을 하고 있을까요? 꼭 정답을 쓰려고 하지 말고 자신이 느낀 감정과 생각들을 자유롭게 써 보도록 해요.

반응의 명료화

텍스트를 읽은 후 학습자와 학습자 사이의 거래가 이루어지는 단계이다. 주로 짝과 반응을 교환하며 질문을 한다든지, 반응에 대해서 반성적 쓰기 활동을 한다든지, 모둠 활동을 통해서 반응에 대한 토의나 토론을 진행하는 등의 학습자 중심 활동이 이루어진다. 자신의 반응을 상대방에게 표현하고 상대의 반응에 대해 생각해 보는 활동을 통하여 자신을 반응을 좀 더 명료화할 수 있다.

예시 교사의 발화

> 우선 짝과 함께 자신이 기록한 내용을 공유해 보고 그다음으로 모둠끼리 감상한 내용을 비교해 봅시다. 자신이 느낀 점을 표현해 보고 다른 사람은 어떻게 생각하는지 집중해서 들어보는 시간을 갖도록 해요. 궁금한 점이 있으면 자유롭게 질문을 해 보도록 합시다.

반응의 심화

텍스트와 상호텍스트적으로 관련 있는 다른 작품을 통해서 텍스트들 사이의 상호 관련을 꾀하며, 텍스트에 대한 이해와 반응을 확장하고 심화시키는 단계이다. 일반적으로 동일 작가의 다른 작품이나 주제, 인물, 사건, 배경, 문체 등이 연관될 수 있는 작품과 관련지어 본다.

예시 교사의 발화

> '참회록'과 관련지을 수 있는 시를 찾아서 읽고 느낌이나 생각을 비교해 보도록 합시다. 어떤 점이 유사하고 어떤 점에서 차이를 보이는지 생각해 보고 이야기를 나누어 보아요. '참회록'과 주제가 비슷해도 좋고, 윤동주 시인의 다른 시를 읽고 비교해도 좋습니다.

대화 중심 교수학습 모형

대화 중심 교수학습 모형은 교사의 일방적 강의 중심으로 진행되던 기존 수업 관행과 달리, 다양한 층위의 대화를 경험하는 과정을 통해 학습자들의 능동적인 사고를 촉진하는 학습자 중심의 교수학습 모형이다. 대화 중심 교수학습 모형은 '문학 텍스트에 관한 지식 이해', '텍스트 읽기', '독자 개인의 내적 대화',

'독자 간 대화', '교사와 독자 간 대화', '텍스트의 의미 정리' 등의 절차로 구성된다. 모형의 절차에서 확인할 수 있듯이, 대화 중심 교수학습 모형은 학습자의 주체적이고 능동적인 감상을 지향하되, 텍스트에 근거한 해석 및 이에 이르기까지의 다층적 대화를 강조한다는 점에서 특징적이다. 이는 해당 모형이 문학 텍스트를 읽는 과정에서 독자 내적 차원뿐 아니라, 텍스트, 그리고 이들을 둘러싼 다양한 사회문화적 맥락과의 대화를 지향한다는 점과 관련된다. 이로 인해 대화 중심 교수학습 모형에서는 교사의 적극적 개입이 상당히 중요하게 다루어진다. 해당 모형에서 교사는 학생들의 깊이 있고 원활한 대화를 위해 적절한 문제를 제기할 수 있어야 하며, 학습자들이 이 문제를 상호 협력적 대화를 통해 해결해 나갈 수 있도록 안내해야 한다.

[표 8-7] 대화 중심 교수학습 모형의 절차

절차	교수학습 활동
문학 텍스트에 관한 지식 이해	• 해당 텍스트와 관련된 지식 이해하기 • 대화 중심 읽기 방식 이해하기
텍스트 읽기	• 텍스트의 내용 및 맥락 파악하기 • 텍스트 맥락을 고려하여 작중 인물과 대화하기
독자 개인의 내적 대화	• 문학 텍스트에 근거하여 텍스트 이해에 필요한 질문 생성하고 답하기 • 가장 타당한 근거로 제시할 수 있는 읽기(지배적 읽기) 선택 및 재조직하기
독자 간 대화	• 자신이 마련한 텍스트 해석의 타당한 근거와 다른 독자의 근거를 비교하며 대화 나누기 • 모호하거나 부족한 부분을 명료화하고 각 근거의 설득력을 비교하여 타당한 해석 내용 판단하기
교사와 독자 간 대화	• 대화 과정에서 제시되지 않은 새로운 관점 제시하기 • 대화를 통해 오독 부분을 확인하고 수정하기 • 다양한 관점 간 경쟁적 대화를 통해 보다 근거 있는 해석의 가능역 설정하기
텍스트의 의미 정리	• 가장 타당하다고 생각되는 텍스트의 의미 확정 및 정리하기 • 감상문, 패러디, 비평문 등 창의적 텍스트 생산하기

대화 중심 교수학습 방법의 실제

문학 텍스트에 관한 지식 이해

대상 텍스트를 읽고 해석해 내는 데 요구되는 사회문화적 지식 및 문학적 지식을 알고 이해하는 과정이다. 해당 문학 텍스트와 관련된 각종 지식에 대한 이해를 도모하는 것은 텍스트에 대한 자신의 반응과 해석을 담화 공동체와의 합의를 전제로 한 타당한 해석으로 도출해 내기 위한 기반을 마련하는 작업이다. 따라서 학습자들에게 담화 공동체의 관습을 무비판적으로 답습하기보다는 자신의 견해와 기존 경험들을 바탕으로 담화 공동체의 관습 및 지식에 대한 협상을 시도할 수 있어야 한다. 아울러 텍스트를 읽고 대화하는 과정과 방식에 대한 안내가 이루어진다.

> **예시** 교사의 발화
>
> 「만무방」을 읽기에 앞서, 이 작품을 이해하는 데 필요한 다양한 지식을 먼저 살펴볼 필요가 있어요. 「만무방」을 해석하는 데 있어 필요한 문학적 지식에는 어떠한 것들이 있는지 생각해 볼까요? 또한 이 작품에 반영된 사회·역사적 배경 및 맥락은 어떠했는지에 대해서도 살펴보도록 해요.

텍스트 읽기

텍스트를 읽어 나가면서 텍스트 전체의 분위기나 맥락을 파악하고, 전반적인 내용에 대해 생각해 보는 과정이다. 텍스트의 전반적인 맥락이나 분위기를 파악하고 작중 인물이나 화자와 대화해 보는 과정은 독자가 텍스트의 세계를 이해하고 활성화하도록 하는 계기가 된다는 점에서 중요하다. 이러한 일련의 과정을 통해 독자들은 문학 텍스트와의 본격적인 대화를 활성화하게 될 것이다.

예시 교사의 발화

작중 인물에 대한 인상이나 작품 전체의 분위기나 느낌 등을 고려하면서 「만무방」을 읽어 보도록 해요. '응오'나 '응칠이'에게 말을 걸어 보면서 작품을 다시 한 번 감상해 보는 것도 좋아요.

독자 개인의 내적 대화

대상 텍스트를 이해하고 감상하는 데 필요한 질문을 스스로 만들고 이에 답하도록 한다. 이 과정은 학습자 자신이 던진 질문에 대한 근거를 텍스트로부터 찾아 나가는 과정이라는 점에서 텍스트와의 상호 작용이 상당히 중요하다. 또한 학습자 자신의 자아와 다양한 가치 간에 이루어지는 대화라는 점에서, 성찰적 사유를 지향한다. 해석의 근거를 마련해 나가면서 자기 해석을 구축해 나가는 이 과정은 텍스트를 기반으로 한 내적 대화를 전제한다는 점에서, 독자 스스로 자신의 독서 과정을 점검하고 해석적 사유를 성찰해 나가는 과정이 중요하게 다루어진다. 이러한 과정을 통해 가장 타당한 근거를 제시할 수 있는 해석을 선택하고 이를 보다 정교하게 다듬을 수 있도록 한다.

예시 교사의 발화

작품 속 사건이나 「만무방」이라는 작품이 펼쳐 보이는 세계와 관련하여 공감하거나 의문이 생기는 부분들을 구체화해 보세요. 그리고 해당 부분들에 대해 끊임없이 질문하고 대답하면서 '만무방'에 대한 자신만의 이해와 감상을 만들어 나가도록 해요.

독자 간 대화

독자 간 서로의 해석과 근거를 공유하면서 독자 개인의 이해와 감상을 상대와 나누고, 나아가 다양한 해석의 가능성을 도모하는 과정이다. 상대와의 상호 협력적인 대화를 이어 나감으로써 해석과 사유의 폭과 깊이를 넓힌다. 또한 의견이 갈리는 부분에 대해서도 개방적 대화를 통해 상호 협력적인 탐색을 추가적으로 시도함으로써 애매하거나 모호한 부분을 명료히 할 수 있도록 한다. 이러한 과정을 통해 사유를 확장하고 조정함으로써 보다 타당한 이해를 구성해 나가도록 한다.

예시 교사의 발화

> 다른 친구들과 대화하면서 서로의 해석을 이야기해 보도록 해요. 다른 친구들의 해석과 그 근거를 주의 깊게 살펴봄으로써 자신의 해석에서 모호하거나 부족했던 부분들을 명료화하고 보다 타당한 해석의 근거를 마련해 보도록 합시다.

교사와 독자 간 대화

교사와의 대화를 통해 학습자 간의 대화에서는 제시되지 않은 새로운 관점이 제시될 수 있는 단계이다. 앞선 대화 과정을 통해 해결하지 못했던 부분이나 언급하지 않고 놓쳤던 부분, 오독의 가능성을 지닌 부분 등에 대해 교사가 의도적으로 질문하고 이에 대한 학습자의 대답을 이끌어냄으로써 발전적 대화를 도모한다. 이러한 대화 과정의 핵심은 보다 근거 있는 해석, 타당한 해석의 구성이 가능하도록 사고를 다듬고 방향을 조정해 나가는 것이다.

예시 교사의 발화

> 이전까지 다루어지지 않았던 새로운 관점에서 「만무방」을 다시 한 번 읽어 보도록 할까요? 이를 통해 '응오'나 '응칠이' 혹은 이 작품에서 말하는 만무방에 대해 새로운 안목으로 접근해 보도록 해요.

텍스트의 의미 정리

앞선 대화 과정의 내용을 종합하여 가장 근거 있고 타당하다고 여겨지는 텍스트의 의미를 정리하는 단계이다. 아울러 비평문 쓰기 등 2차 텍스트를 생산하는 과정도 포함될 수 있다. 일련의 대화를 거쳐 학습자 스스로 텍스트의 의미를 정리해 봄으로써 해석적 사유를 확장하고 자기 삶으로의 주체적 적용이 가능해질 수 있게 된다.

예시 교사의 발화

앞선 대화들을 바탕으로, 가장 타당하다고 생각하는 텍스트의 의미를 선택하고 자신만의 해석을 정리해 보세요. 또한 '만무방'을 읽으면서 들었던 의문점이나 생각들을 구체화하여 또 다른 텍스트를 작성해 보도록 해요.

3. 복합양식 텍스트 교수학습

'복합양식 텍스트'란 역사적으로 인간이 만들어 낸 다양한 언어들, 즉 문자, 음성, 시각 이미지, 동영상 등 다양한 언어와 기호가 통합적으로 결합되어 의미를 구성하는 텍스트이다. 이미지나 영상과 같은 시각 언어 역시 언어로 볼 수 있으며, 하나의 언어로 구성되는 단일양식(monomode)에 비해, 다양한 언어로 구성되는 복합양식(multimode)은 다층적 성격을 지니는 디지털 텍스트의 특성을 포괄적으로 설명하는 데 효과적이다. 디지털 매체가 일반화되면서 의미를 표상할 수 있는 양식의 종류와 범위가 더 다양해졌으며, 시화, 그림 일기, 디지털 텍스트 등을 복합양식 텍스트의 대표적 유형으로 볼 수 있다. 이제 복합양식 텍스트 교수학습에 대해 알아보고 수업에서 실질적으로 활용할 수 있는 방안을 생각해 보자.

복합양식 텍스트 교수학습의 방향 및 주안점

복합양식 텍스트 교수학습의 목표는 다양한 매체를 통해 생산되는 복합양식 텍스트를 비판적으로 수용하고 창의적으로 생산할 수 있도록 돕는 것이다. 국

국어교육 내용으로서의 매체

국어교육에서 교수학습의 효율성 제고를 위한 '방법' 차원이 아니라, 교육의 '내용'
으로 '매체'에 주목할 때 강조되는 것은 매체의 언어적 기능이다. 주지하듯이, 매체
에서는 문자뿐 아니라, 음성, 동영상 등 매체를 구성하는 여러 표현 양식(mode)들이
일련의 의미 작용에 관여하는 기호로서 작용한다. 따라서 국어교육에서 매체를 다
룬다는 것은 매체의 의미 작용에 대한 이해, 즉 매체 텍스트의 언어와 기호를 통해
의미를 이해하고 표현할 수 있는 능력을 교육의 내용으로 포섭(최미숙 외, 2012: 361)
하고자 함을 뜻한다.

기존 인쇄 텍스트 중심의 단일 매체 문식 환경에서, 복합양식 텍스트로 특징지어
지는 디지털 매체 문식 환경으로 변화함에 따라, 국어교육 안팎에서 매체 교육에 대
한 요구가 끊이지 않고 있다. 이에 따라 국어교육에서도 다양한 매체 텍스트를 교육
과정의 '국어 자료의 예'를 통해 구체적으로 언급하거나, 특정 매체 텍스트를 상정
한 교육 내용을 마련하는 등의 방법으로 매체 언어 교육을 위한 다양한 시도를 모색
해 오고 있다.

* 참고: 최미숙·원진숙·정혜승·김봉순·이경화·전은주·정현선·주세형(2012), 『국어 교육의 이해: 국어 교
   육의 미래를 모색하는 열여섯 가지 이야기』, 사회평론아카데미.

어 교사들이 복합양식 텍스트를 교수학습할 때 갖는 고민은 그것이 교육이라
는 관점에서 정선되어 있지 않다는 점이다. 또한 의미를 소통하는 매체 언어
로서의 복합양식 텍스트 관련 내용이 국어교육 내에 체계화되어 있지 않은 상
황이기 때문에 많은 혼란을 겪는 것이 사실이다. 이런 혼란을 줄이고 매체 수
업의 목표를 명확히 하기 위해서는 복합양식 텍스트 교수학습의 전제가 될 수
있는 몇 가지 지도 방향을 염두에 둘 필요가 있다.

첫째, 기호적 형상화와 언어적 의미 실현에 초점을 둔 복합양식 텍스트의
특성에 관심을 가지고 교수학습해야 한다. 다양한 언어 양식을 능숙하게 활용
하면 의도하는 바를 효율적으로 이해·표현할 수 있고, 이를 통해 개인 간의

언어 문화적 소통에 기여할 수 있다. 예컨대, 자신의 마음을 동영상으로 표현하는 활동에서 동영상 제작 방식을 교육하는 데서 그치는 것이 아니라, 표현 방식에 따라 전달되는 의미가 달라질 수 있다는 것까지 가르쳐야 한다.

둘째, 복합양식 텍스트의 내용이 특정한 사회·문화적 형식이나 맥락에서 어떻게 의미를 형성하며 어떻게 소통되고 어떻게 사회와 영향을 주고받는지를 이해할 수 있게 해야 한다. 국어과 수업에서의 복합양식 텍스트에 대한 수용 및 생산은 개개인 내에서 일어나는 것이 아니라 공동체 안에서 의미를 소통하는 과정에서 구성된다.

셋째, 복합양식 텍스트 교수학습은 읽기, 쓰기, 말하기, 듣기 영역을 통합적으로 접근할 필요가 있다. 매체 자체가 복합적 성격을 띠기 때문에 매체 교육에서는 더 이상 각각의 영역이 구획화되지 않는다. 다만, 둘 이상의 영역을 통합하여 지도할 때에는 학습자의 활동이 특정 영역에 치우치지 않도록 유의한다. 또한 영역 간의 공통점과 차이점을 고려하여 통합적 교수학습의 효율성을 높일 수 있다.

넷째, 복합양식 텍스트에 대한 비판적 읽기에 중점을 두고 가르쳐야 한다. 독자들은 방송사, 언론사 등이 텔레비전 매체, 인터넷 매체 등을 통해 생산하는 다양한 복합양식 텍스트를 접하게 된다. 이렇게 생산되는 복합양식 텍스트는 단일 메시지를 전달하기보다는 특정 집단의 힘을 실은 메시지를 암묵적으로 전달할 가능성이 크다. 따라서 복합양식으로 구성된 다양한 매체를 접할 때, 자신의 기준과 관점으로 비판적 독해를 할 수 있도록 지도할 필요가 있다.

(2) 복합양식 텍스트 교수학습을 위한 자료

2015 개정 국어과 교육과정에 제시된 복합양식 텍스트 교수학습을 위한 자료는 다음과 같다.

[표 8-8] 2015 개정 국어과 교육과정의 복합양식 텍스트 교수학습 자료

학년(군)	국어 자료의 예
초등학교 1~2학년	– 상상력이 돋보이는 (옛)이야기, 그림책, 만화, 애니메이션
초등학교 3~4학년	– 감성이 돋보이거나 재미가 있는 만화, 애니메이션 – 일상생활에서 가족, 친구들과 안부를 나누는 대화, 전화 통화, 채팅, 댓글
초등학교 5~6학년	– 자신이 알고 있거나 조사한 내용에 대해 여러 가지 매체를 활용한 발표 – 개인적인 관심사나 일상적 경험을 다룬 블로그, 영상물 – 설문조사, 면담, 동영상 등을 활용하여 제작된 텔레비전 뉴스, 광고
중학교 1~3학년	– 다양한 매체를 활용한 공식적 상황에서의 발표 – 설득 전략이 잘 드러나는 연설, 강연 및 광고 – 표준 발음이 잘 나타나 있는 뉴스, 발표 – 동일한 글감이나 대상에 대해 상이한 관점을 보여 주는 둘 이상의 사실, 기사문 – 복합적인 정보에 대해 다양한 설명 방법을 활용한 발표, 강의, 설명문
고등학교 1학년	– 다양한 매체에서 찾은 정보를 바탕으로 하여 개인적 관심사에 대해 설명하는 글 – 지역사회 문제나 사사적인 쟁점에 대한 토론, 논설문, 인터넷 게시판이난 사회 관계망 서비스의 글

　　복합양식 텍스트 교수학습 자료를 학년군별로 살펴보면, 초등학교 1~2학년에서는 그림책, 그림일기, 애니메이션, 만화 등의 기초적인 수준에서 매체 활용 교수학습이 가능하다. 3~4학년에서는 가장 일상적인 매체 텍스트로 전화 통화, 채팅, 댓글 등을 예시로 들고 있다. 이에 비해 5~6학년부터는 학습자가 직접 만들거나 참여하는 매체 표현의 비중이 높아진다. 예컨대, 매체를 활용하여 자신이 조사한 내용을 발표하거나 일상적인 경험을 자신의 언어로 표현한 블로그, 영상물 등을 활용하여 교수학습할 수 있다. 중학교 1~3학년에서는 공식적 내용을 표현하고 전달하기 위해 발표, 강연, 뉴스 등의 매체를 활용할 수 있다. 특히, 이 학년군에서는 매체 자료의 다양성, 생활성을 중심으로 하는 자료가 적합할 것이다. 고등학교 1학년에서는 개인적, 사회적 관심사를 반영한 내용의 매체를 활용할 수 있고 더 나아가 인터넷 게시판, 사회적 관계망 서비스(SNS) 등으로 그 범위를 확장하여 교수학습할 수 있다.

　　복합양식 텍스트 교수학습을 위한 자료를 선정할 때에는 다음 사항에 유의해야 한다. 첫째, 학습자의 관심 및 생활 경험과 밀접하게 연관되는 복합양

식 텍스트를 선정한다. 둘째, 교수학습의 목표와 내용, 매체 자료의 특성을 고려하여 학습 과제의 성격을 분석한 뒤, 그에 알맞은 수업 방식과 모형을 결정한다. 셋째, 인간과 사회에 대한 폭넓은 성찰을 가능하게 하는 복합양식 텍스트를 찾아 읽도록 격려하고 그러한 작품을 수업에 활용한다. 넷째, 사회적으로 쟁점이 되는 다양한 매체 언어 현상이 담긴 자료를 활용하여 교수학습함으로써 일상생활에서 복합양식 텍스트를 수용하고 생산할 수 있도록 계획한다.

(3) 복합양식 텍스트와 독서 교수학습 모형 및 방법

복합양식 텍스트 독서교육은 공통 교육과정의 '듣기·말하기', '읽기', '쓰기', '문법', '문학' 영역의 매체 관련 내용을 통합적으로 적용할 수 있는 교수학습을 계획하여 지도하는 것이 좋다. 기존에 논의하였던 매체 텍스트, 복합양식 텍스트 교수학습의 목표, 방향, 내용에 기반하여 국어과 수업에서 비교적 활용 가능성이 큰 교수학습 모형들을 소개하고자 한다. 수업 일반 모형은 직접 교수 모형을 비롯한 비지시적 교수 모형, 전문가 학습 모형 등 매우 다양하게 소개되어 있으나, 복합양식 텍스트 교수학습 모형에 대한 논의는 아직 미진한 상태이다. 이에 기존 교수학습 모형을 매체 교육에 적용한 모형이나 복합양식 텍스트 교수학습 시 유용하게 활용될 수 있는 교수학습 방법의 예를 소개하면 다음과 같다.

매체 비교 토의·토론 교수학습 방법

매체 비교 토의·토론 모형은 동일한 내용을 두 가지 매체를 통해 감상하게 하고, 각각의 매체에서 느낄 수 있었던 감동, 생각들을 자유롭게 토의하는 교수학습 방법이다. 학생들이 매체들 간의 유사점과 차이점을 점검하는 과정을 통해 특정한 매체 양식이 지닌 전언성(傳言性)과 형상성(形象性)을 추론하고 일반화하는 것이 주된 목표이다. 이 모형에서는 동일한 내용을 다루는 다양한 매체 자료를 선정하는 것이 중요하다. 토론 수업을 계획하고 있다면 학생들이 공통적으로 이야기하는 것들 중 대립되는 의견이 나뉘는 것을 특정 주제로 삼거나 사회적 쟁점을 소재로 삼고 있는 내용의 매체를 선택하는 것이 좋다.

[표 8-9] 매체 비교 토의·토론 교수학습 방법의 절차

절차	교수학습 활동
매체 특성 안내 및 매체 자료 선정	• 매체의 특성 설명하고 이해하기 • 수업 목적에 맞는 매체 자료 선정하기
매체 감상 및 수용	• 두 개 이상의 매체 자료 감상하기 • 매체 자료의 특성을 고려하여 감상하기
매체 비교 분석을 위한 토의·토론	• 토의·토론을 위한 주제 정하기 • 매체 양식의 공통점·차이점에 대해 토의·토론하기
매체의 특성 정리 및 일반화	• 매체 비교 감상의 토의·토론 내용 발표하고 공유하기 • 다른 학생이나 모둠이 발표한 내용을 종합하여 일반화하기

수업의 실제 ···

매체 비교 토의·토론 교수학습 방법의 실제

매체 특성 안내 및 매체 자료 선정

첫 단계에서는 먼저 교사가 수업에서 다룰 매체의 특성을 학생들에게 설명하고 이해시킨다. 이때 교사와 학생이 협의하여 매체 자료를 선정하되, 매체의 특성 차이를 가장 잘 드러내는 것을 대상으로 하는 것이 좋다.

예시 교사의 발화

영화는 시나리오를 바탕으로 제작되지만, 영상미, 음향 효과 등이 두드러진다는 점에서 차이가 나타나죠. 오늘 수업 시간에는 교과서에 나오는 〈완득이〉 시나리오를 읽고, 다음 시간에는 같은 제목의 영화를 감상해 봅시다.

매체 감상 및 수용

이 단계에서는 매체 자료의 전체 혹은 일부를 감상하는 시간을 갖는다. 동일 주제를 지닌 다른 매체 두 개 혹은 그 이상의 매체를 감상하도록 한다. 예컨 대, 〈완득이〉라는 영화와 소설 원작을 시간차를 두고 보여 줄 수 있다. 감상 순 서는 주된 학습 매체를 먼저 제시한 다음 비교 매체를 보여 주어, 처음 보여 준 매체가 감상의 기준이 될 수 있도록 하는 것이 좋다. 만약 수업 시간 내에 모든 매체를 접하기 어려운 상황일 경우, 집에서 미리 보고 오도록 과제를 내 주는 것도 한 방법이 될 수 있다.

예시 교사의 발화

교과서에서 읽었던 〈완득이〉 시나리오를 영화로 보니까 어떤 차이가 느껴졌나요? 시나리오로 읽었을 때와 다르게 느껴지는 부분이 있었다면, 매체 특성 비교를 중심 으로 이야기해 봅시다.

매체 비교 분석을 위한 토의 · 토론

이 단계에서는 매체의 형식(양식)적 측면과 내용적 측면 모두를 분석의 초점 으로 삼을 수 있다. 3~4인 모둠을 구성하여, 매체 양식의 차이에 대해 깊이 있 게 토의 · 토론한다. 매체 양식에 대한 학습에서 더 나아가서, 친구들과 이야기 나누어 보고 싶은 부분에 대해 토의 · 토론할 수 있다.

예시 교사의 발화

요즘 소설이나 웹툰, 만화 등을 드라마나 영화로 각색하여 제작하는 경우가 많습 니다. 원작의 내용을 그대로 영상물로 만들기도 하지만 변형되는 부분도 있는데요, 매체가 달라짐으로 해서 내용이 바뀌는 부분이 있는지, 있다면 어떤 차이가 생겼는 지 모둠별로 토의하여 정리해 봅시다.

매체의 특성 정리 및 일반화

모둠별 토의·토론 내용을 발표하고, 각 모둠에서 나온 사항들을 정리 및 일반화한다. 매체의 특성을 비교·분석한 것을 바탕으로 정리하고, 그것에 대해 다른 동료 학습자들과 이야기 나누어 본 후 공통되는 특성들을 종합·분석한다. 분석한 매체 특성들을 염두에 두고 다른 매체를 추가 감상하도록 지도할 수도 있다.

예시 교사의 발화

토의 결과를 각 모둠별로 발표하고, 자신의 모둠 의견과 어떠한 공통점 혹은 차이점이 있는지 비교해 보고, 발표 내용을 종합하는 시간을 가져 봅시다.

영상 수용 · 생산 교수학습 방법

영상 수용·생산 교수학습 모형은 다양한 영상에 대한 수용과 생산의 경험을 통해 영상에 담긴 언어적 특징을 파악하고 감상의 폭을 넓히는 교수학습 방법이다. 영상 수용·생산 교수학습을 통해 다양한 매체에 등장하는 사진, 그림, 동영상에 담긴 의미를 해석할 수 있는 기초 능력을 기르고, 이를 바탕으로 직접 영상을 생산하는 경험을 갖게 하는 것이 목표이다. 이 교수법을 적용하는

[표 8-10] 영상 수용 · 생산 교수학습 방법의 절차

절차	교수학습 활동
영상의 특성 안내 및 자료 선정	• 영상의 특성을 다른 복합양식 텍스트와 비교하기 • 교수학습 목표에 맞는 영상을 자료로 제시하기
영상 감상 및 수용	• 영상에 대한 배경지식을 활용하여 영화, 드라마 등을 감상하기 • 영상의 핵심적 내용을 중심으로 감상하기
영상 제작 활동	• 카메라나 휴대전화로 짧은 동영상 촬영하여 영상 제작에 활용하기 • 영상의 한 장면을 패러디하거나 창작하기
영상에 대한 감상 및 생산물 발표 및 토의	• 제작한 영상의 한 장면을 공유하고 학습한 주제를 중심으로 영상에 대한 의견 나누기 • 영상을 수용하고 생산하는 과정에서 알게 된 영상의 특성에 대해 논의하기

데 있어 중요한 것은 학생들의 연령보다는 오히려 이러한 교수법들을 통해 탐구하고자 하는 학습목표와 내용의 수준을 조정하는 것이다. 어떤 내용이라도 해당 학년의 수준에 맞게 조정한다면 수업이 가능하다.

수업의 실제 ···

영상 수용·생산 교수학습 방법의 실제

영상의 특성 안내 및 자료 선정

교수학습 목표에 맞는 영상을 찾아 자료로 제시한다. 영상 자료의 대표적 예인 영화는 종합예술 작품이므로 영화의 그 의미를 이해하려면 시나리오, 촬영, 소리, 연기, 편집 등 다양한 측면을 고려해야 한다. 또한 영화에 등장하는 인물은 말과 행동뿐만 아니라 표정, 복장 등 시각적인 요소나 음성, 음악, 음향 등 청각적인 요소 등을 통해서도 구체적으로 형상화된다. 따라서 이러한 영상 자료의 특성에 대한 이해를 바탕으로 서사 구조와 인물의 특성을 파악할 수 있다.

예시 교사의 발화

영화나 드라마에서 가장 인상 깊은 장면을 고르고, 그것을 효과적으로 표현하기 위해 사용된 방법을 이야기해 볼까요?

영상 감상 및 수용

영상에 대한 배경지식을 활용하여 영화, 드라마 등의 영상을 감상하고, 영상의 핵심적 부분과 부수적 부분을 구분하여 수용한다. 영상의 핵심적 부분은 주제 형성에 기여하는 장면이나 요소, 교수학습 목표 달성에 효과적인 장면이나 요소를 의미한다. 부수적 부분은 그와 반대되는 특성을 지니는 부분으로, 예컨대 영상의 주제와 동떨어진 장면, 일관성 없는 인물의 행위, 영화 감상을 방해하는 음향 요소, 이미지 효과 등이 이에 해당한다.

예시 교사의 발화

> [광고 영상을 본 후] 이 영상에서 전하려고 하는 핵심 주제를 고려할 때, 영상의 핵심 부분과 부수적 부분이 각각 무엇인지 구분해 봅시다.

영상 제작 활동

간단한 영상 스토리를 만들고 필요한 효과를 구안해 보는 팀 프로젝트 활동을 한다. 또한 3~5분 정도의 짧은 광고, 클립 영상을 제작하는 활동을 하거나 감상한 영상을 최대한 활용하여 짧은 영상을 제작할 수 있다.

예시 교사의 발화

> 최근 가장 인상 깊게 보았던 광고를 고르고, 고른 이유가 무엇인지, 효과적으로 표현하기 위해 사용된 방법이 무엇인지 이야기해 볼까요? 내가 만약 광고를 만든다면 활용하고 싶은 효과가 무엇인지 떠올려 보고, 그러한 방법을 활용하여 광고를 만들어 봅시다.

영상에 대한 감상 및 생산물 발표 및 토의

감상했던 영상 자료가 팀별로 생산한 영상 자료에 어떤 영향을 주었는지를 파악한다. 각 팀이 제작한 영상물을 발표하고 서로의 영상물을 비교하면서, 영상 언어가 다양하게 표현된 부분을 찾아 특징에 대해 토의한다.

예시 교사의 발화

> 같은 자료를 보고 만든 영상 자료인데도 각 팀의 결과가 모두 다르지요? 서로의 영상물을 자신의 팀에서 제작한 영상물과 비교하면서 감상해 보세요. 특히 어떤 점에서 차이가 있는지, 다르게 표현된 부분을 중점으로 찾아보도록 할까요?

디지털 텍스트 읽기 교수학습 방법

디지털 텍스트 읽기는 학습자들이 학습 과제를 해결하기 위해 인터넷 환경에서 다양한 텍스트를 탐색하고 내용을 자신의 의미로 재구성하는 과정이며, 궁극적으로는 다른 이들과 정보 및 텍스트를 공유하는 것을 목표로 한다. 그 과정은 1) 과제 제시, 2) 정보 탐색을 위한 읽기(reading to locate), 3) 평가하며 읽기(reading to evaluate), 4) 종합하며 읽기(reading to synthesize), 5) 의사소통하기(reading and writing to communicate)로 이루어질 수 있다. 온라인 탐색 활동을 활용한 수업의 경우, 교사의 강의를 중심으로 하여 이루어지는 수업에 비해 학습자의 능동성이 극대화된다. 이때 자칫하면 학습자가 수업과 관련이 없는 다른 인터넷 정보에 한눈을 팔게 되기 쉬우므로, 교사의 적절한 통제가 필요하다.

[표 8-11] 디지털 텍스트 읽기 학습을 위한 교수학습 방법의 절차

절차	교수학습 활동
과제 제시	• 학습자의 수준에 맞는 과제 제시하기 • 디지털 맥락에 맞는 과제 제시하기
정보 탐색을 위한 읽기	• 과제와 관련되는 내용을 예측하며 디지털 텍스트 찾아 읽기 • 여러 텍스트 중 읽기 목적에 맞는 텍스트를 선정하여 읽기
평가하며 읽기	• 다양한 웹사이트 자체, 웹사이트 개발자에 대한 전문성을 평가하며 읽기 • 다양한 텍스트 저자의 관점과 목적을 비교하고 평가하며 읽기
종합하며 읽기	• 디지털 텍스트의 다양한 내용을 하나의 내용으로 종합하며 읽기 • 여러 텍스트의 내용을 자신의 의미로 재구성, 기록하기
의사소통하기	• 읽기와 쓰기를 동시에 수행하기 • 소통 도구를 활용하여 구조화된 정보를 공유하기

디지털 텍스트 읽기 교수학습 방법의 실제

과제 제시

교사는 단원의 성격이 인터넷의 활용과 부합되는지를 판단하고 과제의 성격에 따른 범위와 한계를 제시한다. 학습 과제의 양, 수행에 필요한 시간, 학습수행을 위한 공간(교실 혹은 교실 밖)도 미리 알려준다.

예시 교사의 발화

청소년의 수면 시간이 학업 성적에 어떠한 영향을 주는지에 대한 인터넷 기사문을 작성하기 위해 인터넷에서 여러 가지 자료를 검색해 봅시다. 3개 이상의 자료를 찾아서 출처를 명확히 밝히고 자신의 견해를 뒷받침하는 근거로 활용해야 합니다.

정보 탐색을 위한 읽기

정보 탐색을 위한 읽기는 특정한 문제 해결을 위해 필요한 정보를 찾기 위한과정이다. 교사는 학생에게 문제 해결에 필요한 정보를 제공하는 인터넷 사이트를 찾고, 웹사이트 주소를 공유할 수 있는 명확한 과제를 준다. 인터넷 정보의 검색, 수집, 자료 출처를 기록할 수 있도록 한다.

예시 교사의 발화

과제와 관련된 자료를 검색할 때 사용한 검색 엔진, 그 검색 엔진을 선택한 이유를 기록하고, 검색하는 과정에서 입력한 검색어를 정리해 봅시다.

평가하며 읽기

평가하며 읽기는 학습자의 비판적 읽기를 강조하여 가르치는 단계이다. 인터넷에 담긴 정보는 매우 다양하고 방대하지만 그 정보의 게시자를 확인하기 어려운 등 정보의 신뢰도가 낮아질 수 있기 때문에 평가하며 읽기는 매우 중요하다. 정보 탐색 과정에서 찾은 웹사이트의 출처와 자료의 신뢰도를 점검하며 정보의 적절성을 평가할 수 있는 평가지를 나누어 주고 학습자 스스로 정보를 평가할 수 있도록 한다.

예시 **교사의 발화**

정보의 게시자가 누구인지 명확한 경우, 그 게시자가 해당 내용 분야의 전문가인 경우에 정보의 신뢰도는 높아지게 됩니다. 그런데 정보의 게시자가 누구인지 알 수 없는 상황에서 정보의 신뢰도를 평가할 때는 어떠한 기준으로 자료를 판단해야 할까요?

종합하며 읽기

종합하며 읽기 단계에서는 학생들이 탐색한 정보들을 통합하고 재조직할 수 있도록 하는 단계이다. 따라서 교사의 도움과 발문이 많이 제공되어야 한다. 복합적인 출처로부터 정보들을 모아서 종합하고 요약하며, 문제에 대한 해결책을 찾기 위해 논거를 마련할 수 있도록 교수학습한다.

예시 **교사의 발화**

지금까지 찾은 정보들을 종합하여 자신의 말로 재구성할 수 있나요? 재구성한 이야기를 자신의 짝과 공유해 봅시다.

의사소통하기

의사소통하기 단계는 교수학습의 중점을 자료 공유에 두고 학습자들이 생성한 자료를 바탕으로 충분히 토의하는 단계이다. 학습자가 정보 탐색의 결과에 따라 생성한 새로운 정보를 개인 블로그나 게시판에 업로드하는 등의 방법을 통해 소통할 수 있도록 계획한다. 교사는 그 내용의 타당성 여부를 학습자-학습자, 교사-학습자 간의 상호 작용을 통해서 의미 있는 결과로 정리한다. 인터넷 환경에서는 읽기와 쓰기 활동을 분리하기 어렵다는 점을 고려할 때, 이 단계에서는 이해와 표현이 어우러지는 활동을 통해 교수학습을 전개할 필요가 있다.

예시 교사의 발화

학급 토론방에 오늘 작성한 글을 올리도록 하세요. 그리고 다른 학생들이 올린 글을 읽고, 궁금한 점이나 자신의 의견과 다른 부분에 대해서 댓글을 작성해 봅시다.

8장 독서 교수학습 I: 텍스트와 매체

1. 정보 텍스트 교수학습

■ 정보 텍스트 교수학습의 목표는 학습자로 하여금 텍스트에 내재된 정보를 효율적으로 탐색하고 이해하고 더 나아가 비판적 분석과 평가를 할 수 있도록 돕는 것이다.

■ 직접 교수학습 방법은 '설명하기, 시범 보이기, 질문하기, 활동하기'의 절차로 이루어진다.

■ 현시적 교수학습 방법은 '설명 및 시범, 교사 안내 연습, 학생 독립 연습, 적용'의 절차로 이루어진다.

■ SQ3R 모형은 읽기 지도에서 가장 전통적이고도 대표적인 교수학습 방법으로서 '훑어보기(Survey)', '질문하기(Question)', '읽기(Read)', '확인하기(Recite)', '재검토하기(Review)'의 절차로 이루어진다.

2. 문학 텍스트 교수학습

■ 문학 텍스트 교수학습의 목표는 학습자가 우리 삶의 바탕이 되는 문화로서 문학의 가치를 인식하고, 문학을 올바르게 수용하고 생산하는 능력을 신장할 수 있도록 돕는 것이다.

■ 반응 중심 교수학습 모형은 '반응의 형성, 반응의 명료화, 반응의 심화'로 이루어지며, 수업 장면에서 텍스트를 해석하고 감상하는 주체인 독자에 대한 관심을 환기시켰다는 점에서 교육적 의의를 지닌다.

■ 교사와 학생 간의 문학적 대화를 강조하는 대화 중심 교수학습 모형은 '문학 텍스트에 관한 지식 이해, 텍스트 읽기, 독자 개인의 내적 대화, 독자 간 대화, 교사와 독자 간 대화, 텍스트의 의미 정리'로 이루어진다. 그 특성은 학습자의 주체적이고 능동적인 감상을 지향하되 텍스트에 근거한 해석 및 다층적 대화를 강조한다는 점이다.

3. 복합양식 텍스트 교수학습

■ 복합양식 텍스트 교수학습의 목표는 다양한 매체를 통해 생산되는 복합양식 텍스트를 비판적으로 수용하고 창의적으로 생산할 수 있도록 돕는 것이다.

■ 매체 비교 토의·토론 교수학습 방법은 동일한 내용을 두 가지 매체를 통해 감상 경험하게 하고 각각의 매체에서 느낄 수 있었던 감동, 생각들을 자유롭게 토의하는 방식으로 이루어진다.

■ 영상 수용·생산 교수학습 방법은 다양한 영상에 대한 수용과 생산의 경험을 통해 영상에 담긴 언어적 특징을 파악하고 감상의 폭을 넓히는 것을 지향한다.

■ 디지털 텍스트 읽기 교수학습 방법은 인터넷 상황에서 다양한 텍스트를 탐색하고 내용을 자신의 의미로 재구성하는 데 활용할 수 있는 방법이다.

알아두어야 할 것들

교사와 학생 간의 상호 작용(interaction), 균형적 접근(Balanced approach), 직접 교수법(Direct Instruction), 비계(Scaffolding), 현시적 교수법(Explicit Instruction), SQ3R, 반응 중심 모형, 문학적 대화, 복합양식 텍스트, 매체 비교 토의·토론 교수학습 방법, 영상 수용·생산 교수학습 방법, 디지털 텍스트 읽기 교수학습 방법

학습활동

1. 아래 용어의 개념을 간단히 설명하시오.

    • 직접 교수법   • 현시적 교수법   • SQ3R 모형
    • 대화 중심 교수학습 모형   • 복합 양식 텍스트

2. 다음 진술을 참(T)과 거짓(F)으로 구분하고, 거짓은 바르게 수정하시오.

    (1) 텍스트 유형에 따라 적용 가능한 교수학습 모형 및 방법은 달라지기도
        한다.
    (2) SQ3R은 대표적인 읽기 학습 체계이자 전략이며, '훑어보기(Survey)',
        '질문하기(Question)', '읽기(Read)', '확인하기(Recite)'의 과정으로 이
        루어진다.
    (3) 현시적 교수법이 해석의 무정부주의, 책임감 없는 학생을 무제한적으로
        양산했다는 비판이 가해지자, 교사의 적극적인 개입을 강조하는 직접 교
        수법이 대두되었다.
    (4) 반응 중심 교수학습 모형은 대화 중심 교수학습에 비해 텍스트 기반 해
        석과 근거 제시 활동을 강조한다.

3. 다음 [읽기 자료]를 활용하여 현시적 교수법을 바탕으로 한 '요약하기'에 대
    한 수업을 계획해 보시오. 그리고 교사의 '설명 및 시범' 단계를 시연하고 그
    결과에 대해 동료들과 함께 논의해 보시오.

[학습목표]

1. 요약하며 읽는 방법에 대해 이해할 수 있다.

2. 글의 중심 내용을 요약하며 읽을 수 있다.

[읽기 자료]

질병으로부터 우리 몸을 보호하기 위해 우리 몸은 '비특이적 방어'와 '특이적 면역 반응'을 갖추고 있다. 우리 몸의 피부나 호흡기의 점액 등은 세균이나 바이러스 등이 통과할 수 없게 하는 방어막 역할을 한다. 만약 이 방어가 실패하여 외부 감염원이 우리 몸에 침투하면 백혈구, 식세포, 항균 단백질이 외부 감염원의 종류를 가리지 않고 방어를 하게 된다. 이러한 방어 체계를 비특이적 방어라고 한다.

특이적 면역 반응은 비특이적 방어만으로는 감염원을 성공적으로 물리치지 못하는 경우 일어나는 반응이다. 우리가 흔히 말하는 '면역'은 이 특이적 면역 반응을 가리킨다. 특이적 면역 반응은 외부에서 침입한 세균이나 바이러스에 있는 항원을 인식하면서 시작된다. 이 과정에서 우리 몸의 면역 체계는 특정한 항원에 반응하는 항체를 생산하는 세포를 증식시킨다. 이때 흥미로운 점은 처음 만났던 항원과 같은 항원이 우리 몸에 다시 들어오면, 두 번째에는 처음보다 신속하고 강력하게 대응한다는 것이다. 예컨대 한 번 풍진을 앓으면 면역 체계가 그 바이러스를 기억하게 된다. 그러면 그 이후 침입한 풍진 바이러스는 이미 형성된 항체 때문에 질병을 일으키지 못한다. 이렇게 동일한 감염원에 대하여 우리 몸이 항체를 형성하여 방어할 수 있게 하는 것을 '면역 기억력'이라 한다.

면역 기억력은 다음과 같은 과정을 통해 생긴다. 우리 몸의 1차 면역 반응은 외부에서 침입한 항원에 항체를 형성시키는 면역 세포가 항원을 감지하면서 시작된다. 면역 세포 중에는 B세포라는 것이 존재하는데, B세포는 면역 과정에서 항체를 생산하는 형질 세포와 항원을 기억하는 기억 B세포로 분화되는 세포이다. 외부에서 들어온 특정한 항원에는 여러 종류의 B세포

중 그에 맞는 특정한 B세포가 결합한다. 이후 형질 세포는 항체를 만들어 침입한 항원을 즉시 파괴하고 자신도 이내 죽는다. 기억 B세포는 침입했던 항원을 기억하는 세포로 우리 몸의 면역 체계에 오랫동안 남게 되고, 우리 몸은 면역 기억력을 갖게 된다. 이후 동일한 종류의 항원이 또다시 우리 몸에 침투하면 2차 면역 반응이 시작된다. 2차 면역 반응은 1차 면역 반응에서 생성되어 남아 있던 기억 B세포가 1차 면역 반응 때보다 더 빨리, 더 많이 형질 세포를 생성한다.

백신을 이용한 예방 접종은 이러한 원리를 적용한 것이다. 백신은 해당 질병을 일으키는 병원체를 약화시키거나 변형한 항원을 말한다. 이 백신을 우리 몸에 주입하면 백신은 1차 면역 반응을 일으키게 되고, 결과적으로 면역 기억력이 생기게 된다. 그리고 그 후에 백신과 동일한 종류의 병원체가 우리 몸에 침입하면, 면역 기억력에 의해 곧바로 2차 면역 반응을 일으키게 된다. 2차 면역 반응은 1차보다 강력하므로 더 빨리, 더 많이 항체를 만들어 우리 몸이 그 질병에 걸리지 않도록 하는 것이다. 즉 백신을 이용한 예방 접종으로 질병을 예방할 수 있는 것도 면역 기억력이 있기 때문에 가능한 것이다.

• 출처: 2014년 국가 수준 학업성취도 평가(국어)

교수학습 단계	교수학습 활동
도입	학습목표 확인하기 • •
전개	교사의 설명과 시범 교사 안내 연습 학생 독립 연습 적용
정리	정리하기 • •

4. 반응 중심 교수학습 방법을 적용하여 수업 지도안을 구안할 때, 학생들의 다양한 반응을 이끌어낼 수 있는 '반응의 명료화' 및 '반응의 심화' 단계의 활동을 구안해 보시오.

[학습목표]

1. 주체적인 관점에서 작품을 해석하고 평가할 수 있다.

2. 적절한 근거를 들어 설득력 있게 작품을 해석하고 평가할 수 있다.

[읽기 자료]

나룻배와 행인

– 한용운

나는 나룻배
당신은 행인

당신은 흙발로 나를 짓밟습니다.
나는 당신을 안고 물을 건너갑니다.
나는 당신을 안으면 깊으나 옅으나 급한 여울이나 건너갑니다.

만일 당신이 아니 오시면 나는 바람을 쐬고 눈비를 맞으며 밤에서 낮까지
당신을 기다립니다.
당신은 물만 건너면 나를 돌아 보지도 않고 가십니다 그려.
그러나 당신이 언제든지 오실 줄만은 알아요.
나는 당신을 기다리면서 날마다 날마다 낡아 갑니다.

나는 나룻배
당신은 행인

– 「님의 침묵」, 1926

수업 단계	교수학습 활동
도입	학생들이 심미적 독서를 할 수 있도록 방해 요인을 제거하고, 어려운 어휘나 표현 등에 대한 이해를 도모한다.
반응의 명료화	
반응의 심화	

5. 다음은 김동리의 소설 '역마'를 TV 드라마로 영상화한 것이다. 매체 비교 감상 토의·토론 교수학습 방법을 적용하여 이 영상에 대한 감상 수업을 기획해 보자. 학습자들이 매체 간 특성 차이, 이에 따른 감상의 차이점을 파악해 볼 수 있도록 구체적인 지도 방안과 학습활동을 구안해 보시오.

수업 단계	교수학습 활동의 중점
매체 특성 안내 및 매체 자료 선정	비교 매체 자료 선정의 기준 • •

	매체 감상의 중점
매체 감상 및 수용	•
	•
매체 비교 분석을 위한 토의·토론	토의·토론의 주제
	•
	•
매체의 특성 정리 및 일반화	매체의 특성 정리를 위한 학습활동 안내
	•
	•

6. 다음은 "독서 전략을 활용하여 능동적으로 글을 읽을 수 있다."라는 학습 목표로 현시적 교수법을 적용하여 구성한 교수·학습 지도안이다. 현시적 교수법의 단계와 교수·학습 활동을 고려할 때, 밑줄 친 ㉠~㉣ 중에서 적절한 것을 고른 것은?(2013학년도 중등학교 교사 임용고사 문항 활용).

학습 단계	학습 형태	교수학습 활동

설명하기	전체 학습	• 배경 지식 활성화: 제재 글과 관련된 동영상을 본다.
		• 전략 소개: SQ3R 전략의 단계별 주요 활동을 설명한다.
		  – 개관하기: 제목, 부제, 삽화, 그림, 표 등을 살펴보기
		  – 질문하기: 어떤 내용인지, 제목은 어떤 뜻을 내포하고 있는지 등과 같은 질문하기
		  – ㉠읽기: 제기한 질문을 확인하며 훑어 읽기
		  – 되새기기: 중요한 내용을 다시 말해 보기
		  – 검토하기: 잘못 읽은 부분은 없는지, 제기한 질문이 타당한지 등을 점검하기

시범 보이기	전체 학습	• ㉡시범 보이기: SQ3R을 적용하는 과정을 사고구술법을 통해 보여 준다. • 전략을 이해했는지 질문하여 확인한다.
교사 유도 연습	모둠 학습	• 학생은 교사의 도움을 받아 전략을 연습한다. • ㉢교사는 돌아다니면서 적절한 피드백을 제공한다.
㉣협동 학습	모둠 학습	• SQ3R을 적용하여 제재 글을 읽는다. • 읽은 내용을 정리하여 친구들과 비교해 본다.
적용하기	개별 학습	• SQ3R을 또 다른 글에 적용해 본다. • 학습 활동을 정리한다.

① ㉠, ㉡   ② ㉠, ㉢   ③ ㉡, ㉢

④ ㉡, ㉣   ⑤ ㉢, ㉣

7. 대화 중심 시 수업을 위해 〈보기〉와 같이 교수·학습 절차를 계획하였다. ㉠~㉤의 활동으로 적절하지 않은 것은?(2013학년도 중등학교 교사 임용고사 문항 활용).

〈보기〉

학습 목표	작품에 드러나는 표현 기법의 문학적 효과에 주목하여 작품을 이해하고 표현한다.
활동 제재	황지우, 「새들도 세상을 뜨는구나」
교수학습 과정	**교수학습 활동**
시의 이해에 필요한 지식과 원리 이해하기	1) 시에서 반어, 역설, 풍자 등 표현 기법에 대한 지식과 원리 이해하기 2) 대화 중심 시 읽기 방식에 대한 안내(교사)
시 낭송하기	1) 시의 정서와 분위기 파악하기 2) 낭독자의 목소리를 선택하여 시에 맞게 낭송하기 3) 시의 의미 예측하기 ·················· ㉠
[대화 1] 학생 개인의 내적 대화	1) 자신의 관점을 타당화하기 위한 관련 자료를 찾아 읽고 인용하기 ·············· ㉡ 2) 텍스트에 대한 개인적 반응 생성하기 3) 타당한 근거를 제시할 수 있는 시의 해석 선택하기
[대화 2] 학생과 학생들 간의 대화	1) [대화 1]의 3)에서 선택한 해석과 다른 독자의 해석을 비교하여 대화 나누기 ·················· ㉢ 2) 각 근거의 설득력을 비교하여 타당한 해석 판단하기
[대화 3] 교사와 학생의 대화	1) 그 동안의 대화 과정에서 제시되지 않은 새로운 해석의 관점 제시하기 (교사) 2) 교사가 제시한 해석 관점을 도입하여 [대화 2]에서 논의한 해석의 타당성을 성찰하기 ·················· ㉣ 3) 여러 관점 간의 경쟁적 대화를 통해 좀 더 근거 있는 해석의 가능역 설정하기
시의 의미 정리와 확대	1) 시의 표현이 지닌 문학적 효과 정리하기 2) 시의 표현을 활용한 개작, 모방 시 창작 하기 ·················· ㉤

① ㉠   ② ㉡   ③ ㉢   ④ ㉣   ⑤ ㉤

참고문헌

강명관(2014). 조선시대 책과 지식의 역사: 조선의 책과 지식은 조선사회와 어떻게 만나고 헤어졌을까?. 천년의 상상.

경규진(1993). 반응 중심 문학교육의 방법 연구. 서울대학교 박사학위논문.

경규진(1995). 문학교육을 위한 반응 중심 접근법의 가정 및 원리. 국어교육 87, 1-23.

구인환·박인기·우한용·최병우(2012), 문학교육론(제6판). 삼지원.

김선민(2009). 국어 교육 방법론. 역락.

김창원·정유진·우주연·함욱·이지영·양경희·김수진(2005). 국어과 수업 모형. 삼지원.

김희수(2007). CSQ3Rs 독서전략이 고등학생의 학습태도, 자기효능감 및 읽기이해능력에 미치는 효과. 교육심리연구, 21(2), 477-496.

노명완(2011). 독서교육의 이해: 독서의 개념·지도·평가. 한우리북스.

노명완·신헌재·박인기·김창원·최영환(2012). 국어교육학개론. 삼지원.

박영목(2008). 독서교육론. 박이정.

박영목·한철우·윤희원(2006). 국어과 교수 방법론. 교학사.

서혁(1996). 담화의 구조와 주제 구성에 관한 연구. 서울대학교 박사학위논문.

서혁(2005). 국어과 교수-학습 방법 구성의 원리. 국어교육학연구 24, 297-324.

신헌재·권혁준·김선배·류성기·박태호·염창권·이경화·이재승·이주섭·천경록·최경희(2007), 예비교사와 현장교사를 위한 초등 국어과 교수·학습 방법, 박이정.

옥현진(2013). 디지털 텍스트 읽기 능력과 디지털 텍스트 읽기 평가에 대한 일고찰. 새국어교육 94, 83-108.

이경화(2003). 읽기교육의 원리와 방법. 박이정.

이삼형·이삼형·김중신·김창원·이성영·정재찬·서혁·심영택·박수자(2007). 국어교육학과 사고. 역락.

전국국어교사모임 매체연구부(2006). 국어시간에 매체 가르치기: 7학년 매체 수업, 무엇을 어떻게 할까?. 나라말.

전국국어교사모임 매체연구부(2006). 국어시간에 매체 읽기: 중딩과 고딩을 위한 미디어 탐험 안내서. 나라말.

정재찬·최인자·김근호·염은열·이지영·최미숙·김혜련·박용찬·남민우·김성진·조희정·박기범(2014). 문학교육개론 I: 이론편. 역락.

정현선(2005). '언어, 텍스트, 매체, 문화' 범주와 '복합 문식성' 개념을 통한 미디어 교육의 국어교육적 수용에 관한 연구. 한국초등국어교육 28, 307-337.

조병영(2012). 청소년 독자의 인터넷 독서 전략에 관한 문헌 연구. 국어교육학연구 44, 483-515.

최미숙(2006), 국어과 교수학습방법의 탐구: 대화 중심의 현대시 교수·학습 방법. 국어교육학연구 26, 227-252.

최미숙·원진숙·정혜승·김봉순·이경화·전은주·정현선·주세형(2012). 국어 교육의 이해: 국어 교육의 미래를 모색하는 열여섯 가지 이야기. 사회평론아카데미.

최숙기(2013). LESC 온라인 독해 과정 모형에 따른 청소년 독자의 읽기 특성 분석. 독서연구 30, 169-224.

최지현·서혁·심영택·이도영·최미숙·김정자·김혜정(2007). 국어과 교수·학습 방법. 역락.

Baumann, J. F.(1984). The effectiveness of a direct instruction paradigm for teaching main idea comprehension. *Reading Research Quarterly,* 20, 93-115.

Bereiter, C., & Engelmann, S.(1966). *Teaching disadvantaged children in the preschool.* Engelwood Cliffs, NJ: Prentice-Hall.

Brown, C. S., & Lytle, S.(1988). Merging assessment and instruction: Protocols in classroom. In S. M. Glazer, L. W. Glazer, L. W. Searfoss, & L. M. Gentile(Eds.). *Reexamining Reading Diagnosis: New Trends and Procedures.* Newark, Del.: International Reading Association.

Coiro, J., Knoel, M., Lankshear, C., & Leu, D. J.(2009). Central issues in new literaries research. In J. Coiro, M. Knobel, C. Lankshear, & D. J. Leu (Eds.), *Handbook of research on new literaries.* New York: Erlbaum.

Durkin, D.(1978). What classroom observations reveal about reading comprehension instrucion. *Reading Research Quarterly,* 14, 481-533.

Ellis, A.(2005). *Research on educational innovations.* Larchmont, NY: Eye On Education, Inc.

Flower, L., & Hayes, J. R.(1981). A Cognitive Process Theory of Writing. *College Composition and Communication,* 32(4), 365-387.

Irwin, J. W.(2007). *Teaching reading comprehension processes*(3rd ed.). Boston, MA: Pearson. [천경록·이경화·서혁 역(2012). 독서교육론: 독해 과정의 이해와 지도. 박이정.]

Myers, J., & Lytle, S.(1988). Assessment of the learning process. *Exceptional Children*, 53, 113-144.

Pearson. P. D., & Leys, M.(1985). Teaching comprehension. In T. Harris & E. Cooper(Eds.). *Reading, thinking and concept development*. New York: College Board Publication.

Pearson, P. D., & Dole, J. A.(1987). Explicit comprehension instrucion: A review of research and a new conceptualization of instruction. *Elementary School Journal*, 88, 151-165.

Rosenshire, B.(1983). Teaching Functions in Instructional Programs. *Elementary School Journal*, 83(4), 335-351.

독서 교수학습 Ⅱ: 독서지도 방안

1. 긍정적 독서 동기나 태도 형성을 위한 독서지도
2. 독서토론 모형을 활용한 독서지도
3. 학습 독서를 위한 내용교과 독서지도
4. 진로 교육을 위한 진로 독서지도

Reading is a human invention that reflects how the brain
rearranges itself to learn something new.
— Maryanne Wolf, 2007

1. 긍정적 독서 동기나 태도 형성을 위한 독서지도

(1) 독서의 즐거움을 깨닫게 하는 독서지도 방안: 지속적 묵독

독서지도의 본질적 목적은 학생들이 평생 독자로 성장하는 데 있다. 평생 독자란 스스로 삶의 문제를 해결하기 위해 독서 활동에 적극적으로 참여하는 독자를 뜻한다. 평생 독자는 '독서를 할 수 있는 힘'과 '독서를 하고자 하는 마음'을 모두 지니고 있어야 한다. 독서를 할 수 있는 힘은 독서를 수행하는 데 필요한 지식이나 기능, 전략을 갖추는 것을 통해 길러진다. 이에 학교에서 독서를 지도하는 교사들은 학생들에게 독서 기능이나 전략에 대한 설명과 시범을 보이고 이를 짧은 글이나 책에 실제 적용해 보게 함으로써 독서 기능이나 전략을 익힐 수 있도록 연습의 기회를 제공한다.

그러나 독서 기능이나 독서 전략에 대해 알고 이를 적용할 수 있다고 하더라도 반복하여 익히지 않는다면 독서 능력은 온전히 길러지지 않는다. 독자는 다양하고 폭넓게 책을 읽는 가운데 독서 전략을 실제 적용해 보는 경험을 통해 독서 능력을 발전시켜 나갈 수 있다. 이때 독자가 스스로 책을 읽고자 해야 하는데, 만약 그렇지 않다면 독서 능력의 발달에 심각한 문제가 발생할 수 있다. 이 때문에 독자가 책을 즐겨 읽지 않거나 책을 자발적으로 선택하지 않는 책맹(aliteracy)의 문제에 주목할 필요가 있다. 책맹을 극복할 수 있는 방법은 독자가 독서를 하고자 하는 마음을 갖도록 하는 데 있으며, 이는 독서 동기, 독서 흥미, 독서 태도, 독서 효능감 등의 독서에 대한 정의적 요인들을 통해 해결해 나갈 수 있다.

SSR: 독서에 대한 긍정적인 태도의 형성을 위한 자율 독서

지속적 묵독(Silent Sustained Reading, 이하 SSR)은 다독(多讀)의 한 방법이자 독자가 자신이 읽고 싶은 책을 선정하여 자율적으로 책을 읽으며 별도의 독서 과제를 수행하지 않는 자율적 읽기 활동을 뜻한다. SSR은 독자가 방해를 받지 않고 조용히 일정한 시간 동안 독서를 수행하는 활동을 의미하며, 1960년대 처음 등장한 이후로 긍정적 독서 태도 형성을 위한 독서지도 방안으로 폭넓게 시도되어 왔다. 전통적인 독서지도 방안인 정독(intensive reading)은 적은 양의 어려운 수준의 독서 자료를 꼼꼼하게 읽는 활동이기 때문에 학생들이 독서에 대한 지루함과 어려움을 느낄 수 있다. 이에 반해 SSR은 학생들이 쉬운 독서 자료를 많이 읽음으로써 독서에 대한 자신감이나 즐거움을 느낄 수 있다.

맥크라켄(McCracken, 1997)은 SSR에 대해 모든 학생들이 함께 읽는 활동이며, 정해진 시간 동안 스스로 책을 택하여 읽되 별도의 독서 과제를 요구하지 않는 활동으로 정의하고 있다. SSR에 참여하는 학생들은 자신의 독서 수준과 흥미를 고려하여 독서 자료 혹은 책을 스스로 선택한다. 학생들은 학교에서 매일 지정된 시간 동안에 방해를 받지 않고 하루에 10~25분 정도 자발적으로 책을 읽되 조용히 묵독을 한다. 여기서 중요한 것은 SSR을 실시할 때 학생들에게 책을 읽고 난 후에 별도의 독서 과제를 부여해서는 안 된다는 점이다. 학생들은 독자로서 과제 이외의 책무는 부여받지 않고 읽고 싶은 책을 원하는 만큼 자율적으로 읽고 능동적으로 독서 활동에 몰입하게 된다. 지속적 묵독 활동의 절차는 '1) 준비하기 → 2) 묵독하기 → 3) 공유하기'로 이루어져 있다.

[표 9-1] 지속적 묵독 활동의 절차

절차	교수학습 활동
준비하기	• SSR의 필요성과 의의, 방법에 대해 설명하기 • 타이머나 종으로 시간을 설정하기 • 읽고 싶은 책 선택하여 자리에 앉도록 하기 • 책 읽기를 위한 분위기 형성하기
묵독하기	• 교사와 학생 모두 묵독하기 • 정해진 읽기 시간 동안 독서에 몰입하기
공유하기	• 읽은 책의 흥미롭거나 인상 깊은 부분에 대해 교사와 학생이 공유하기

수업의 실제 ....

SSR의 실제

준비하기

이 단계에서 교사는 SSR 활동의 중요성이나 의의, 방법 등에 대해 안내한다. 교사는 학생들에게 자신이 읽고 싶은 어떤 책이든 선택하여 읽을 수 있으며, 모든 사람이 읽어야 하며, 다른 사람들의 책 읽기를 절대 방해하지 않아야 하며, 정해진 시간에 조용히 책을 읽어야 하며, 별도의 독서 과제는 없다는 사실을 분명히 알려 주어야 한다.

예시 교사의 발화

매일 아침 이 시간부터 20분간 읽고 싶은 책을 가지고 와서 책을 읽을 거예요. 책을 읽을 때는 조용히 책을 읽고, 질문이나 의견이 있으면 책을 다 읽고 나서 다른 사람들에게 방해되지 않도록 저에게 오세요.

묵독하기

이 단계에서 교사는 타이머나 종을 활용하여 정해진 시간을 학생들에게 알려 줄 수 있도록 한다. 학생들이 묵독을 하는 동안에 교사도 좋은 독자의 역할 모델이 되어야 하므로 함께 책을 읽는 것이 중요하다. 또한 교사는 절대 다른 업무에 참여하지 않고 온전히 책을 즐겁게 읽거나 집중하는 모습을 보여 주어야 하며 교실을 돌아다니지 않아야 한다. 교사는 조용하고 안정적이며 평가적이지 않은 독서 환경을 마련해 주어야 하며, 소란스러운 학생들을 강하게 제지하지 않으면서 학생들이 묵독에 집중할 수 있도록 해야 한다. 묵독의 시간은 중학생 이상의 경우에 20~30분 정도로 할당하는 것이 좋지만, 초등학생은 15~20분, 중학생은 20~30분, 고등학생은 30분 정도로 묵독의 시간을 설정할 수 있다.

공유하기

이 단계에서 교사는 학생들이 한 주 동안 읽었던 책의 내용 중 흥미롭거나 관심을 가질 만한 부분이 무엇인지 질문하거나 책의 제목이나 간략한 감상을 독서 일지에 기록하게 한다. 공유하기는 필수적인 절차는 아니며, 학생들이 SSR에 대해 어느 정도 익숙해졌을 때 실시할 수 있다. 그러나 책 읽기에 대한 부담을 높이거나 흥미를 감소시킨다면 공유하기 활동을 반드시 실시할 필요는 없다.

예시 교사의 발화

- 혹시 이번 주 읽은 책에서 가장 재미있었던 부분에 대해 말해 볼 사람이 있나요?
- 선생님은 이번 주에 000을 읽었는데 주인공의 사랑이 이루어질 수 있을지 마음 졸이며 읽었어.

(2) 독자의 책 선정의 자율권을 지원하는 독서지도 방안: 자기 선택적 독서

인간이라면 누구나 자유롭게 행동하고 사고하기를 바라며 자율적 상황에서 보다 높은 성취를 보인다. 제약된 상황에서 수동적으로 행동할 때보다 자율적 상황에서 능동적으로 행동할 때 인간의 성취는 훨씬 더 두드러지기 때문이다. 청소년 시기의 학생들은 자율성에 대한 매우 강한 욕구를 지니게 되는데, 교육의 상황에서도 학생들의 자율성을 지원하는 학습 방안이 마련될 필요가 있다. 이는 1980년대에 행동 과학자인 데시와 라이언(Deci & Ryan)의 자기결정감 이론(self-determination theory)을 근거로 삼을 수 있다. 이 이론에서는 인간의 행동을 통제되는 행동과 자율적인 행동으로 구분하는데, 인간이 선택권을 행사하여 행동하는 자율적 행동이야말로 인간의 동기를 근본적으로 진작시킬 수 있다고 주장하였다.

독서지도에 있어서도 독자의 자율성을 지지해 줄 필요가 있다. 교사가 의도적으로 읽어야 할 책의 목록을 선정해 주고 학생은 정해진 독서 과제를 따라 책을 읽는 형태의 외적으로 통제된 독서지도 방법보다는 학생들이 스스로 읽고자 하는 책을 선정하고 자율적으로 과제에 참여하는 독서지도의 방법이 학생들의 독서에 대한 내적 동기(intrinsic motivation) 신장에 더욱 유의미한 영향을 미칠 수 있기 때문이다.

학습자의 과제 선택의 자율성을 지원해 줌으로써 학습에 대한 흥미와 즐거움, 지속 의지를 갖도록 하는 자기 결정감 이론에 기반을 둔 독서지도 방법으로 자기 선택적 독서(self-selected reading)를 들 수 있다. 자기 선택적 독서지도의 예는 1990년대 미국 웨이크포레스트 대학교의 퍼트리샤 커닝엄(Patricia Cunningham)과 도티 홀(Dottie Hall)이 제안한 4블록 모형(four-blocks model)에서 찾아볼 수 있다. 다음 [표 9-2]에 제시된 4블록 모형의 일부인 자기 선택적 독서의 전 단계는 초등학생들을 대상으로 한 지도 방안이므로 교사의 역할이 주도적이게 된다. 먼저 교사가 다양한 수준과 주제, 작가를 고려하여 책을 선정하고, 각 모둠별로 분류한 책 바구니에서 학생들이 읽고 싶은 책을 골라 읽도록 지도하는 것이다.

[표 9-2] 자기 선택적 독서의 절차

절차	교수학습 활동	소요 시간
1단계	• 교사가 학생들에게 책 읽어 주기	5~10분
2단계	• 학생 모둠별 책 바구니에서 책 꺼내 읽기 • 전체 학생 중 5분의 1씩 모아 협의하기	15~20분
3단계	• 1~2명의 학생이 독자의 의자(reader's chair)에 앉아 그들이 읽은 책을 친구들과 공유하기 • 학생들이 책을 읽은 친구에게 질문하기	5~10분

읽고 싶은 책을 스스로 고르는 데 어려움이 있는 초등학교 저학년들을 대상으로 하여 교사가 제안한 독서 목록 가운데 학생들은 자신이 읽고 싶은 책을 골라 읽고 친구들과 이야기를 나누며 읽은 책의 내용을 공유한다. 그러나 독자의 책 선택에 온전한 자율권을 보장하지 않거나 학생들이 스스로 책을 선정할 수 있는 전략을 지도하지 않는다는 점에서 제한적인 자기 선택적 독서지도 방안으로도 볼 수 있다.

이후 박영민·최숙기(2008)는 중학생 이상의 독자들에게 책 선정의 자율성을 부여하고 책 선정 전략을 활용하여 스스로 읽고 싶은 책을 골라 읽고 교사나 학급 동료와 읽은 책의 내용을 공유하는 자기 선택적 독서지도 방안을 제안하였다. 이 독서지도 방안에 따르면, 책 선정 과정에서 독자는 자율성을 인식하고 과제 흥미나 읽기 흥미를 느끼게 된다. 또한 수준에 맞는 책을 선정하여 읽음으로써 읽기 효능감도 향상시킬 수 있다는 점에서 자기 선택적 독서는 독자의 독서에 대한 동기, 특히 내적 동기를 신장시키는 데 효과적인 지도 방안이다.

자기 선택적 독서지도: 책 선택 전략의 활용과 자기 주도적 독서의 결합

폴로스(Follos, 2007)는 학생들이 외부로부터 선택된 책을 읽게 되는 경우에 독서에 대해 지루함을 느끼고 독서를 지속하지 않는다는 사실을 발견하였다. 또한 로그와 버튼(Rog & Burton, 2002)의 연구에서 학생들은 스스로 책을 선택하여 읽을 경우에 독서에 대한 흥미를 유지한다는 사실이 보고되었다. 이처럼 자기 선택적 독서를 수행하는 독자는 자신이 읽고 싶은 책을 스스로 골라 읽고 자율적으로 독서 활동에 참여할 때에 독서에 흥미를 갖고 책 읽기에 지속적으로 참여하는 모습을 보인다.

박영민·최숙기(2008)에서 제안하고 있는 자기 선택적 독서는 책 선택의 자율성과 독서 활동의 자기 주도성 지원이 중요한 원리로 작용한다. 자기 선택적 독서지도에서 교사는 독자의 책 선택의 자율성을 지원해 주기 위해 워츠와 웨드윅(Wutz & Wedwick, 2008)의 'BOOKMATCH' 전략을 활용할 수 있다. BOOKMATCH는 책의 길이(Book Length), 언어의 친숙성(Ordinary Language), 글의 구조(Organization), 책에 대한 선행지식(Knowledge Prior to Book), 다룰 만한 텍스트(Manageable Text), 장르에 대한 관심(Appeal to Genre), 주제 적합성(Topic Appropriateness), 연관(Connection), 높은 흥미(High-Interest)의 9개 책 선정 요소의 앞 글자를 따 만든 전략의 명칭으로 학생들이 자신의 독서 수준과 흥미를 고려하여 스스로 책을 선택할 수 있도록 돕기 위해 개발된 전략이다.

학생들이 이 전략을 활용하여 읽을 책을 선택하기 전에 먼저 교사는 BOOKMATCH의 각 요소를 설명하고 실제 책을 선정할 때 이 전략을 활용하는 방법에 대해 시범을 보인다. 시범을 보일 때 교사는 각 전략을 사용하는 예시를 PPT나 활동지의 형태로 실제 한 권의 책을 BOOKMATCH를 활용하여 선택하는 과정을 보여 줄 수 있다. 교사의 설명과 시범이 끝난 이후에 학생들은 이 전략을 활용하여 읽고 싶은 책을 스스로 선택하는데, 책을 선택한 과정과 결과에 대해 교사나 동료와 함께 이야기를 나눌 수 있다.

[표 9-3] BOOKMATCH의 책 선정 요소와 선정 기준

책 선정 요소		선정 기준
B	책의 길이 (Book Length)	• 책의 길이는 적절한가? • 분량이 적정한가?(너무 많은가 혹은 너무 적은가?) • 읽을 만한 수준의 책 길이인가?
O	언어의 친숙성 (Ordinary Language)	• 아무 쪽이나 펴서 크게 읽어 보아라. • 자연스럽게 읽을 수 있는가? • 읽을 때 글의 의미가 잘 통하는가?
O	글의 구조 (Organization)	• 책은 어떤 구조로 이루어져 있는가? • 책의 크기나 한 쪽당 단어의 개수는 적정한가? • 챕터(chapter)의 길이가 긴가 혹은 짧은가?
K	책에 대한 선행지식 (Knowledge Prior to Book)	• 제목을 읽고, 겉표지를 보거나 책 뒤의 요약문을 읽어라. • 책의 주제, 필자, 삽화에 대해 내가 이미 알고 있는가?
M	다룰 만한 텍스트 (Manageable Text)	• 책을 읽어 보자. • 책의 단어 수준은 나에게 적합한가? 쉬운가? 어려운가? • 읽고 있는 부분을 이해할 수 있는가?
A	장르에 대한 관심 (Appeal to Genre)	• 책의 장르나 글의 유형은 무엇인가? • 전에 이 장르나 글의 유형을 접해본 적이 있는가? • 좋아할 만한 책의 장르나 글의 유형인가?
T	주제 적합성 (Topic Appropriateness)	• 이 책의 주제가 편안한가? • 내가 이 주제에 관하여 읽을 준비가 되었다고 느끼는가?
C	연관 (Connection)	• 나와 이 책의 내용을 연관 지을 수 있는가? • 이 책은 어떤 것이나 어떤 사람을 나에게 상기시키는가?
H	높은 흥미 (High-Interest)	• 이 책의 주제에 관하여 흥미가 있는가? • 필자나 삽화가에 대하여 흥미가 있는가? • 이 책을 다른 사람이 추천하였는가?

학생들은 스스로 책을 선정한 뒤 자기 주도적으로 책을 읽는다. 이때 학생들은 자신의 수준에 적절한 책을 읽으면서 다양한 독서의 전략을 적용하고 연습할 수 있는 기회를 갖게 된다. 또한 학생들은 자신이 읽기에 적정한 수준의 책을 읽으며 독서를 통해 이해의 폭을 넓히고 독서에 성공하는 경험을 갖게 되면서 독서 효능감(reading efficacy)을 높일 수 있게 된다. 자기 선택적 독서의 절차는 '1) BOOKMATCH 전략에 대한 교사의 설명 및 시범보이기 →2) BOOKMATCH 전략을 활용한 학생의 책 선정하기→3) 자기 주도적 책

읽기→4) 책 읽은 내용 공유하기→5) 정리 및 평가하기'로 이루어져 있다.

수업의 실제 ·····

자기 선택적 독서지도의 실제

BOOKMATCH 전략에 대한 교사의 설명 및 시범 보이기

이 단계에서 교사는 BOOKMATCH 전략의 요소와 전략의 사용 방법, 의의 등
에 대해 안내한다. 교사는 실제 책을 선정하는 과정에서 BOOKMATCH 전략을
활용하는 방법을 현시적으로 보여 줌으로써 학생들의 전략에 대한 이해를 도울
수 있다. 또한 교사는 학생들에게 책을 선택할 때는 책의 수준과 흥미에 대한 고
려가 중요하다는 사실을 강조하면서 PPT 등의 책 선정 과정에 대한 예시 자료
를 제공하여 줄 수 있다. 교사의 설명과 시범 보이기 단계는 1~2차시 수준 내에
서 별도로 실시할 수 있고, 학생들이 책을 선정하는 활동의 도입 부분에 간이 수
업 및 시범 보이기를 10분 정도로 구성하여 반복적으로 실시할 수도 있다.

예시 BOOKMATCH 전략에 대한 교사의 시범 보이기

	책 선정 요소	선정 기준	평가 결과
B	책의 길이 (Book Length)	• 책의 길이는 적절한가? . • 분량이 적정한가?(너무 많은가 혹은 너무 적은가?) • 읽을 만한 수준의 책 길이인가?	나는 진중권의 『미학 오디세이』라는 책을 선택했다. 이 책의 분량은 340쪽으로 조금 많긴 하지만 2주일 정도의 기간 동안에 읽을 수 있을 것 같다. 얼른 읽고 싶은 느낌이 든다.
O	언어의 친숙성 (Ordinary Language)	• 아무 쪽이나 펴서 크게 읽어 보아라. • 자연스럽게 읽을 수 있는가? • 읽을 때 글의 의미가 잘 통하는가?	이 책의 중간쯤을 펴서 읽어 보았다. 자연스럽게 읽히고, 조금 어렵게 느껴지긴 하지만 읽을 만한 정도였다. 의미는 대부분 이해가 가는 정도다.
O	글의 구조 (Organization)	• 책은 어떤 구조로 이루어져 있는가? • 책의 크기나 한쪽당 단어의 개수는 적정한가? • 챕터(chapter)의 길이가 긴가 혹은 짧은가?	이 책은 예술 철학 책인데 미술작품을 예로 많이 들었다. 그림과 사진이 중간중간에 나와서 내용을 이해하는 데 도움이 많이 될 것 같다. 글자 크기도 편안하고, 글자 수도 적당하다. 4개의 챕터로 나뉘어져 있어 읽기에 편할 것 같다.

K	책에 대한 선행 지식 (Knowledge Prior to Book)	• 제목을 읽고, 겉표지를 보거나 책 뒤의 요약문을 읽어라. • 책이 주제, 필자, 삽화에 대해 내가 이미 알고 있는가?	제목과 책 뒤쪽에 독자 리뷰를 읽어 보니 이 책의 주제는 현대 예술가들의 작품에 담긴 미학인 것 같다. 현대 미술에 관한 책은 이전에도 여러 권 읽어 보았다. 저자마다 독특한 관점을 즐기는 편이다. 그리고 저자 진중권도 마음에 든다. 개인적으로 좋아하는 미학자이다!
M	다룰 만한 텍스트 (Manageable Text)	• 책을 읽어 보자. • 책의 단어 수준은 나에게 적합한가? 쉬운가? 어려운가? • 읽고 있는 부분을 이해할 수 있는가?	이 책의 단어들은 미학 용어가 많이 쓰여 어렵긴 하다. 하지만 읽을 만하고 이 책에 도전해 보고 싶다. 이전에 미학 책을 몇 권 읽었기 때문에 익숙한 단어들도 있다. 모르는 단어는 사전이나 백과사전에서 찾으면 될 것 같다.
A	장르에 대한 관심 (Appeal to Genre)	• 책의 장르나 글의 유형은 무엇인가? • 전에 이 장르나 글의 유형을 접해본 적이 있는가? • 좋아할 만한 책의 장르나 글의 유형인가?	이 책은 미학 책이다. 전에 『미학 오디세이』 1, 2권을 읽었고 『서양미술사』와 『현대미학강의』 등을 읽었다. 미학 책에 관심이 많고, 좋아한다!
T	주제 적합성 (Topic Appropriateness)	• 이 책의 주제가 편안한가? • 내가 이 주제에 관하여 읽을 준비가 되었다고 느끼는가?	이 책의 주제는 현대 미술 철학이다. 평소 관심과 흥미가 높아서 이 주제와 관련된 책들을 많이 보고 있다. 얼른 읽고 싶다~!
C	연관 (Connection)	• 나와 이 책의 내용을 연관 지을 수 있는가? • 이 책은 어떤 것이나 어떤 사람을 나에게 상기시키는가?	내가 예전에 읽었던 『현대미학강의』라는 책은 너무 어려워 이해하기가 어려웠다. 하지만 이 책은 그 책보다 이해하기 쉬울 것 같다. 그림이나 사진 자료가 많기 때문이다. 그리고 미술 전시회에 가서 작품을 감상할 때 많은 도움이 될 것 같다.
H	높은 흥미 (High-Interest)	• 이 책의 주제에 관하여 흥미가 있는가? • 필자나 삽화가에 대하여 흥미가 있는가? • 이 책을 다른 사람이 추천하였는가?	나는 이런 책을 정말 좋아한다. 나와 비슷한 취향과 취미를 가진 친구가 추천해 준 책이다. 이 책을 통해 미학에 대해 좀 더 깊이 있게 알게 되고, 미술작품을 보는 눈을 키우고 싶다.

(이희정, 2010)

BOOKMATCH 전략을 활용한 학생의 책 선정하기

이 단계에서 교사는 학생들이 스스로 BOOKMATCH 전략을 활용하여 책을 선정할 수 있도록 안내한다. 책 선정하기 전략을 학생들이 능숙하게 적용할 수 있도록 교사의 단계적인 안내를 실시할 수도 있다. 우선 교사는 학생들을 여러 모둠(한 모둠당 6명 이하)으로 구성하고 모둠별로 10권 이내의 책을 제공한 다음, 이 책들 중에서 책 선정 전략을 활용하여 책을 고르는 활동을 수행하도록 한다. 단, 교사는 학생들의 학년 수준과 흥미를 고려하여 책을 선정하기보다 다양한 수준과 주제, 유형들이 포함된 책을 제공하여 줌으로써 실제 적용을 높일 수 있도록 한다. 모둠에 제공된 책을 토대로 전략을 적용한 뒤 학생들은 모둠 내에서 전략을 선택하여 책을 선정한 결과를 공유하고 전략 사용의 어려움이나 적절성에 대해 이야기를 나눈다.

학생들이 전략을 내면화하고 전략 사용에 능숙해지면 교사는 학생들에게 집, 학교, 지역도서관 등에서 전략을 사용하여 책을 선정해 오도록 안내한다. 만약 가정과 지역도서관 활용에 제약이 있을 경우 학급문고나 학교도서관을 활용하여 책을 선정할 때 BOOKMATCH 전략을 쉽게 사용할 수 있도록 책 선정을 위한 평가지를 제공하여 줄 수 있다. 이때 평가 결과에 해당하는 부분을 매번 글로 작성하게 하지 않고 체크리스트 형태로 제공하여 손쉽게 책 선정 전략을 사용할 수 있도록 한다.

예시 BOOKMATCH 전략 활용을 위한 학생 활동지의 체크리스트

책 선정 요소		선정 기준	평가 결과	
			예	아니오
B	책의 길이 (Book Length)	• 책의 길이는 적절한가?		
		• 분량이 적정한가? (너무 많은가 혹은 너무 적은가?)		
		• 읽을 만한 수준의 책 길이인가?		

예시 BOOKMATCH 전략 활용을 위한 모둠 활동지

반:　　번호:　　모둠:　　　　　　이름:　　　　　　　작성 날짜:

1. 선택한 책　①책 제목:　　　　　②작가:　　　　　③책의 종류:

2. 책을 선택한 이유:

3. 책 선택의 성공 여부와 그 이유:

4. 책 선택 전략 사용시 어려움과 유의할 점

자기 주도적 책 읽기

이 단계에서 교사는 학생들이 자신이 선택한 책을 자유롭게 읽을 수 있도록 안내한다. 이때 교사는 학생들이 사전 찾기, 밑줄 긋기, 메모하기, 요약하기, 시각화하기 등의 다양한 독서 전략들을 적용하며 읽을 수 있도록 지도한다. 책을 읽고 나서 독서 일지나 활동지를 활용하여 학생들이 책을 읽고 글의 중심 내용이나 인상 깊거나 흥미로웠던 부분, 자신에게 주는 의미 등을 작성하도록 하고 책의 내용을 잘 이해하기 위해 어떤 독서 방법을 사용하였는지를 점검할 수 있도록 지도한다.

예시 독서 활동지

책 제목: 작가: 작성 날짜:

1. 책의 중심 내용 및 줄거리:

2. 인상 깊거나 흥미로운 부분:

3. 나에게 주는 의미:

4. 책의 내용을 잘 이해하기 위해 사용한 독서 방법과 효과:

책 읽은 내용 공유하기

이 단계에서 교사는 학생들이 서로 자신이 책을 선정한 과정, 읽은 책의 내용, 책을 읽을 때 적용한 방법 등에 대해 공유할 수 있도록 안내한다. 공유하기 활동은 앞서 제시한 책 선정을 위한 학생 활동지와 책을 읽고 작성한 독서 활동지를 활용하여 책의 선정부터 책 읽기에 이르는 전 과정에 대해 학생들 간의 공유가 이루어지도록 하는 것이다. 교사는 모둠별로 학생들을 자리에 앉도록 한 뒤 책 선정의 과정, 읽은 책의 내용, 유용한 독서 방법 등에 대해 차례로 질의 응답하면서 이야기를 나누도록 한다. 모둠 내에서 전체 모둠 활동을 이끌어갈 사회자와 발표자의 역할과 순서를 잘 결정하고, 발표자에게 나머지 모둠원들이 질문한 내용에 잘 대답할 수 있도록 안내한다.

예시 공유하기 활동지

반: 번호: 모둠: 이름: 작성 날짜:

---

1. 어떻게 책을 골랐고, 왜 그 책을 선택했나요? 책의 선택은 성공적이었나요?

---

2. 모둠에서 어떤 질문을 받았나요? 질문과 자신의 답변을 쓰세요.

(이희정, 2010)

정리 및 평가하기

이 단계에서 교사는 학생들에게 모둠별 공유하기가 끝난 이후 자기 평가와 동료 평가의 시간을 갖도록 안내한다. 자기 평가와 동료 평가는 책을 선정하는 과정에서 적용한 전략의 적절성이나 책 선정 과정에서의 문제, 책을 읽고 난 후의 이해 정도나 전략 사용의 수준 등에 대해 수행할 수 있다. 모둠 내에서 책 선정과 책 읽기의 결과를 토대로 하여 평가하되, 부정적이거나 교정적인 평가가 아니라 긍정적이고 지원적인 피드백을 제공해 줄 수 있도록 한다. 정리하기 활동에서는 모둠 기록자가 모둠별 독서 목록을 작성하여 학급 독서 게시판에 게시하고 자신과 독서 수준이나 관심사가 비슷한 동료들이 선택한 책들을 골라 읽거나 자신이 다른 동료들에게 책을 소개하는 활동을 통해 전체 독서 활동을 마무리할 수 있다.

예시 모둠별 도서 목록

번호	책 제목	작가	출판사	분야 및 유형	읽은 사람	책 선정 평가 요소
1						글의 길이, 표현 난이도, 책의 길이와 구조, 단어나 표현의 친숙도, 배경지식 수준, 장르, 주제, 연관성, 흥미 등
2						
3						
4						

2. 독서토론 모형을 활용한 독서지도

(1) 사회적 의미 구성을 기반으로 한 독서지도 방안

독서는 독자의 개인 경험과 배경지식을 활용하여 의미를 구성하는 활동이다. 일반적으로 의미 구성의 주체는 독자 개인으로 전제되는데, 이는 독서가 일반적으로 개인적이고 사적인 활동으로 인식되어 왔기 때문이다. 그러나 최근 협동학습의 원리를 반영하여 공동체가 독서 문제를 해결하기 위해 함께 노력하고 글에 대한 이해와 반응을 서로 교류하여 개인적 차원의 의미들을 사회적 차원의 의미로 확장할 수 있도록 하는 사회적 의미 구성 활동으로서의 독서 활동이 점차 교육적으로 확대되고 있다.

사회적 의미 구성 활동으로서의 독서지도 방안은 독서토론, 독서 클럽(book club), 독서 워크숍(reading workshop) 등이 대표적이다. 이들 독서지도 방안들은 독자들의 사회적 상호 작용을 바탕으로 하여 글에 대한 이해와 반응을 정교화하고 다양화할 수 있도록 이끈다. 실제로 비고츠키(Vygotsky)나 상황적 인지 이론가들은 인간의 더 높은 수준의 정신적 처리 과정은 사회적 상호 작용을 통해 일어난다고 보았다. 이에 따르면 독자 개인이 글을 읽고 이해하고 반응한 범위를 심화·확장하기 위해서는 다수의 독자들과 서로의 생각을 공유하는 사회적 의미 구성 활동이 전제된 독서지도가 이루어질 필요가 있다.

사회적 의미 구성 활동으로 다수의 독자가 상호 간에 개별 반응을 공유하고, 서로 다른 반응들을 인식하며 개별 반응을 조정하는 가운데 현재 독자가 개인적으로 구성한 의미는 독자들 간의 의미 경쟁 과정을 통해 더 타당하고 합리적인 의미로 내면화될 수 있다. 이러한 이유로 그동안 독서교육에서 대화, 토의, 토론 등에 기반한 독서지도가 중요한 지도 방안으로 다루어져 왔다.

독서토론 지도: 독서 주체들 간의 이해와 해석의 상호 정당화 과정

독서토론은 독자가 공동의 독서 활동에 참여하면서 개인이 구성한 의미를 다수의 독자들과 상호 작용함으로써 글에 대한 이해와 감상을 정교화하고 확장하도록 하는 독서 활동을 뜻한다. 김주환·이순영(2015)은 독서토론에 대하여 일정한 인원의 사람들이 모여 특정 텍스트에 대한 의견과 감상을 논의하는 활동이라고 정의하였다. 독서토론은 흔히 독서 클럽 혹은 북클럽의 한 유형으로 알려져 있으며, 토론이라는 일반적 담화 유형의 특성을 반영하면서 '논제'와 '갈등'을 포함한 독서 활동으로서의 특징을 지닌다.

독서토론에 참여한 독자들은 개인적으로 형성한 의미를 다수의 독자들과 사회적 맥락 속에서 공유하고, 글에 대한 해석과 이해의 주체이자 타인의 해석이나 의미를 수용하거나 혹은 반박하는 주체로서의 다층적 역할을 수행하게 된다. 독서토론의 초기에는 독자가 책을 읽고 나서 개인적 의미를 형성한다. 이때 다수가 동일하거나 유사한 개인적 의미를 구성한 경우, 즉 지배적인 의미가 공유되었을 때는 독서토론 상황에서 큰 갈등이 나타나지 않으나 독자들마다 다르게 구성된 의미는 갈등을 유발시킨다. 지배적 반응이 없고 다변적 반응이 독자들 간에 형성될 경우에는 자신의 입장 이해나 해석을 정당화하기 위한 노력들이 발생한다. 이러한 노력들이 실현된 과정이 바로 독서토론인 것이다.

독서토론을 지도할 때 교사는 학생들에게 읽어야 할 책을 소개해 주고 모둠 구성, 독서토론 환경 계획, 독서토론의 절차에 관한 지도를 사전에 실시해야 한다. 그런 이후에 개별적으로 책을 읽는 활동과 모둠 독서토론 활동을 실시한다. 모둠 독서토론을 위해 6~8인 이하의 모둠원들이 책을 읽고 난 이후에 특정한 토론 주제를 정해야 하는데 토론 주제는 구체적인 논제의 형태로 제시되어야 한다. 학생들은 독서토론 논제와 관련하여 찬성 측과 반대 측으로 자신의 입장을 선택해야 한다. 원활한 독서토론을 진행하기 위해서는 토론 주제에 대한 자신의 입장과 논거, 예상 반론에 대한 반박 근거를 찾기 위해 심층적으로 글을 읽고 토론 자료를 구성하는 것이 중요하다. 토론이 끝난 이후에는 글에 대한 비평문, 논설문, 독후 감상문 등을 작성하는 활동을 통해 독서의 결과를 정교화할 수 있다. 독서토론의 절차는 '1) 준비하기→2) 묵독 및 토론 자료 마련하기→3) 토론하기→4) 반응 정교화하기' 등으로 이루어져 있다.

수업의 실제

독서토론 지도의 실제

준비하기

이 단계에서 교사는 읽을 책을 소개해 주거나 책 선정 방법을 학생들에게 안내해 준다. 또한 독서토론을 함께 수행할 6~8인 이하의 모둠원들을 구성하고, 독서토론의 환경을 미리 설계하는데, 여기에는 독서토론이 이루어지는 교실이나 모둠원들의 자리 배치 등을 모두 포함한다. 독서토론을 준비하는 단계에서 교사는 독서토론의 절차와 방법에 대해 학생들에게 안내해 주어야 하며, 독서토론에서 토론 주제를 설정하는 방법, 토론의 규칙, 토론 이후에 비평문, 논설문, 독후 감상문 등을 작성하는 방법 등 구체적인 방법까지도 안내해 줄 수 있어야 한다.

독서토론의 절차를 학생들이 충분히 이해한 후에는 실제로 책을 읽고 세부적인 토론 주제를 선정한다. 토론 주제는 논제의 형태로 제시되어야 하며 이 논제에 대해 찬성 측에 설 것인지 반대 측에 설 것인지 모둠원들이 각자 선택하도록 한다. 이때 대등한 토론이 가능할 수 있도록 각 입장에 대한 모둠원의 수가 동일하도록 배분할 필요가 있다. 예를 들어, 찬성 측이 3명이면 반대 측도 3명을 선정한다. 토론자가 정해진 이후에는 토론의 진행자와 배심원을 결정한다. 토론의 진행자는 교사가 될 수도 있고 모둠 내 학생 중에 1명을 선정할 수도 있다. 토론의 유형에 따라 배심원을 둘 수 있고 배심원이 없이 진행할 수도 있다. 만약 배심원이 있는 토론의 경우에는 토론의 과정을 기록하고, 판정하는 역할을 수행하도록 한다.

예시 토론 준비하기

> 책을 읽고 독서토론을 위한 주제를 마련해 봅시다. 선생님이 미리 제시한 주제에서도 선정할 수 있고, 주제를 새롭게 마련할 수도 있습니다. 모둠별로 독서토론의 주제가 결정되었다면, 토론의 주제에 대한 찬성 측과 반대 측으로 자신의 입장을 결정해 봅시다. 찬성 측과 반대 측은 각각 3명씩으로 정하고, 토론자와 배심원을 결정하여 각자의 역할에 따라 토론을 진행할 수 있도록 해야 합니다.

묵독 및 토론 자료 마련하기

이 단계에서 교사는 토론 자료를 사전에 제시하고 학생들이 토론 논제에 대해 자신의 입장을 뒷받침할 논거, 예상 반론에 대한 반박 근거를 찾도록 하기 위해 심층적으로 글을 읽도록 안내해야 한다. 이 단계에서는 글에 대한 전반적인 이해와 더불어 독서토론 논제와 관련하여 자신의 입장을 뒷받침하는 근거를 체계화해야 하므로 독서토론의 대상이 되는 책 혹은 글의 분량을 고려하여 토론 자료를 충실히 준비할 수 있도록 시간을 배분할 필요가 있다.

예시 토론 자료 마련하기

> ① 글을 읽고 독서토론의 논제와 논제 선정의 이유, 논제에 대한 자신의 생각과 입장을 정리해 보자.

토론 논제	이인국은 기회주의자인가?
출처	전광용(1962)의 「꺼삐딴 리」
토론 논제 선정 이유	
내 생각	나는 ( )라고 한다고 생각한다. 왜냐하면 ( )이기 때문이다.

② 선정한 글에 대한 주요 정보를 정리해 보자.

주요 사건	□ 발단 : 의학 박사인 주인공 이인국이 미대사관 브라운 씨를 만나러 가는 과정에서 약속 시간을 맞추려고 회중시계를 바라보다가 과거의 일들에 대한 회상에 잠김. □ 전개 : □ 위기 : □ 절정 : □ 결말 :
주요 갈등과 그 원인	

③ 논제에 대해 수집한 정보를 모둠원과 공유하고, 자신의 주장을 뒷받침할 수 있는 근거를 마련하여 토론 자료를 완성해 보자.

논제	이인국 박사는 기회주의자인가?	찬성 / 반대
주장	이인국 박사는 기회주의자이다.	
근거	1) 2) 3) 4)	

입론	상대방 주장에 대한 반론	최종 변론
	1) 상대방 주장에 대한 반론: 2) 예상되는 상대방 주장에 대한 　반론: 3) 근거:	

토론하기

이 단계에서 교사는 학생들이 절차에 따라 모둠별로 토론을 진행할 수 있도록 안내한다. 토론 절차는 토론 방법에 따라 다양할 수 있지만 CEDA 토론의 변형으로, 학생 수준에 맞게, '입론→작전 타임→반론 펴기→반론 꺾기→청중 질의 응답→작전 타임→최종 변론'의 순서로 진행할 수 있다. 토론을 원활히 진행하기 위해 교사는 사회자가 토론의 절차와 순서를 잘 숙지하도록 안내한다. 또한 시간을 확인하는 계기자는 사회자가 그 역할을 수행할 수 있고 별도로 둘 수도 있으며, 이때 초시계를 준비하여 '종료 30초 전', '시간 종료' 등을 안내하여야 한다. 배심원이 있는 토론의 경우에는 토론자들이 토론의 과정을 기록하고 판정할 수 있도록 안내해야 한다.

예시 토론하기

다음의 토론의 절차와 방법을 고려하여 토론해 보자.

[토론의 순서와 시간]

입론	찬성팀	반대팀	1분씩

⇩

	작전 타임	2분

반론 펴기	반대팀	찬성팀	1분씩

⇩

반론 꺾기	반대팀	찬성팀	3분씩

⇩

	청중 질문	2분
	작전 타임	1분

최종 변론	반대팀	찬성팀	1분씩

[토론의 절차와 방법]

입론	본격적인 토론에 앞서 도입부에 팀이나 자신의 입장에 대해 주장을 펼치는 과정이다. 입론에서 펼친 논점을 토대로 해서 토론이 진행되기 때문에 자기 팀의 입장을 충분히 말해야 한다. 토론 도중에 새로운 논점을 내세우거나, 또는 상대 팀이 입론에서 말하지 않은 논점에 대해 반박했다면 이는 모두 잘못이다. 보통 논제에 둘러싼 사회적 배경, 핵심 용어의 개념을 정의, 논점을 3~4개 항목으로 정리하여 전개, 기대 효과 순으로 말한다.
반론 펴기	상대방 주장의 허점이나 부족한 점을 지적하고, 왜 잘못되었고 어떤 점에서 오류가 있는지를 밝히는 부분이다. 단, 입론에서 말하지 않은 부분에 대해 반박해서는 안 된다.
반론 꺾기	반론과 똑같으나, 상대 팀과 질의 응답을 할 수 있다는 점이 다르다. 이 과정은 핵심 과정이므로, 상대 팀의 근거가 타당한지, 자료가 믿을 만한지, 논제에서 벗어나지 않았는지 등을 철저히 점검해야 한다. 이때는 자신의 주장이나 의견이 지닌 강점을 바탕으로 상대방의 약점을 비판하는 자세가 필요하다. 상대방이 나의 약점에 대해 좋은 비판을 했다면 유연하게 받아들이고, 더불어 나 역시 상대방의 주장이나 의견에 대해 타당한 근거를 가지고 건전하게 비판하는 태도를 취해야 한다.
최종 변론	지금까지 토론한 내용을 간략하게 요약·정리하고, 토론 논제에 대한 자신의 입장을 청중을 향해 다시 한 번 선명하게 부각시키는 단계이며, 청중을 향해 설득을 하는 단계이다. 그러므로 자신의 입장을 대변할 수 있는 비유나 일화 등을 들어서 청중들에게 선명한 인상을 남기는 자세가 필요하다. 논제에 대한 자기 팀의 입장과 논점을 간략하게 정리한다. 그리고 자기 팀의 논점에 대한 상대 팀의 반박을 간략하게 정리하고, 이에 대해 자기 팀의 전체적인 입장을 밝힌다. 토론 내용을 압축적으로 담을 수 있는 비유나 일화 등을 활용하여 청중을 설득하면 좋다.

반응 정교화하기

독서토론이 끝난 후, 교사는 비평문, 감상문, 논설문 과제 중 하나를 선정하여 논제에 대한 학생의 관점이 잘 드러나는 글을 쓰는 과제를 제시한다. 특히, 이 과정에서 독서토론을 통해 학생들이 새롭게 깨닫게 된 바나 변화된 입장이나 생각들을 잘 드러내어 글을 작성할 수 있도록 안내한다. 반응을 정교화함으로써 글에 대한 깊은 이해를 돕도록 한다.

예시 비평문의 예시

'이인국'이라는 인물에 대해 비평해 보자.

책 제목:	작가:	작성 날짜:
	반:　　번호:	이름:

3. 학습 독서를 위한 내용교과 독서지도

(1) 교과 학습을 위한 내용교과 독서지도 방안

독서의 목적은 다양할 수 있지만 일반적으로 여가 독서와 학습 독서로 분류할 수 있다. 여가 독서는 독자가 책을 읽는 즐거움을 느끼기 위한 목적에서 수행하는 독서라면, 학습 독서는 독자가 새로운 지식과 정보를 습득하거나 구성하기 위한 목적으로 수행하는 독서이다. 특히 책을 읽는 목적 가운데 '학습을 위한 읽기(read to learn)'는 학령기 독자들에게는 중요하다. 교과 학습을 위한 독서의 중요성이 부각되기 시작하는 시기는 초등학교 고학년 이후로, 이 시기에는 책을 통해 학습해야 할 교과 정보가 급격히 증가하고 새로운 개념이나 전문 용어가 폭발적으로 증가한다.

이 때문에 학습을 위한 읽기에 대한 요구는 상급 학교로 진학할수록 강해지므로, 초등학교 고학년 이상의 독자들은 교과 학습과 관련된 정보가 담긴 책이나 교과서를 읽어야 할 상황이 더욱 많아지게 된다. 촬(Chall, 1996)은 초등학교 4학년부터 중학교 3학년까지를 '새로운 학습을 위한 독서 발달의 단계'라 지칭하면서, 교과 학습과 관련한 정보 습득과 구성을 목적으로 하는 학습 독서의 확대 현상에 주목하였다. 교과 학습을 위한 독서는 교사가 학생들에게 일방적으로 책에 담긴 교과 내용을 전달하고 이해시키기 위한 목적이라기보다 학생들이 스스로 학습을 위해 필요한 지식이나 정보를 선택하고 이해하는 데 그 목적이 있다.

학습을 위한 독서는 내용교과 독서(content area reading)를 통해 설명될 수 있다. 내용교과 독서란 특정한 교과 학습을 위해 교과서나 관련 도서를 읽고 교과 학습에 필요한 개념이나 지식을 습득하도록 하는 독서 활동을 의미한다. 프레슬리 외(Pressley et al., 1989)는 내용교과 독서를 통해 학생들은 기능적인 글이나 정보적인 글을 읽으며 교과 학습을 보다 더 잘할 수 있게 될 뿐 아니라 학습 방법을 익힐 수 있다고 보았다.

내용교과 독서지도: 학습 독서를 위한 지도 방안

내용교과 독서는 학생들이 자신들의 학업 능력을 향상하기 위해 사회나 과학 교과 등 내용 지식을 포함한 교과들과 관련된 책이나 글을 읽는 것이다. 내용교과 독서는 교과와 관련한 지식이나 개념 이해에 중점을 두고 있어 해당 교과를 담당하는 과목의 교사들이 독서지도의 주도권을 갖는다. 일반적으로 독서를 담당하는 교사는 학생들에게 독서를 하는 방법(learn to read)에 더욱 관심을 기울이는 반면에, 내용교과 독서를 지도하는 교사는 학습을 위한 독서에 더욱 집중하는 편이다.

내용교과 독서를 지도하는 교사는 적절한 독서 전략을 학생들에게 안내할 필요가 있다. 내용교과 독서와 관련한 전략에는 개요 작성(outlining), 학습 일지 쓰기, 메모하기, 요약하기, SQ3R, KWL, 브레인스토밍, 질문법이나 탐구법, 벤다이어그램이나 도해 조직자(graphic organizer) 등이 있다. 다양한 학습 독서의 전략들을 사용할 수 있지만, 이들 내용교과 독서의 전략들은 1) 학습의 목적을 설정하는 것, 2) 학습하고자 하는 내용과 관련한 질문을 생성하고 답을 찾는 것, 3) 개념어나 학습한 정보를 기억하기 위해 내용을 효과적으로 정리하는 것 등을 주요 목적으로 삼는다. 특히, 내용교과 독서에서는 교과와 관련한 어휘에 대한 지도가 매우 중요하다. 바카와 그 동료들은(Vacca, Vacca & Mraz, 2011) 내용교과에서 어휘는 사람의 지문(指紋)과도 같아 교과를 변별하는 기술어(technical terms) 혹은 개념어(concept terms)에 대한 독자의 이해가 매우 중요함을 강조한 바 있다.

내용교과 독서지도에는 특정한 순서나 방법이 존재하지는 않지만, 1) 학습하고자 하는 개념이나 학습 내용과 관련한 독서 자료 선정하기→2) 학습 목적에 부합하는 질문을 생성하고 질문에 대한 답을 찾아가며 글 읽기→3) 새롭게 알게 된 개념어나 학습 내용을 정확하고 오랫동안 기억할 수 있도록 정리하기의 절차로 전개될 수 있다.

수업의 실제 ....

내용교과 독서지도의 실제

학습하고자 하는 개념이나 학습 내용과 관련한 독서 자료 선정하기

이 단계에서 교사는 해당 교과를 통해 학습하고자 하는 개념이나 학습 내용을 탐색하고 관련된 독서 자료를 선정한다. 국어 교과와 타 교과와 통합적으로 독서 프로그램을 운용할 경우에 교과를 담당하는 교사가 선정 기준을 제시하거나 독서 자료를 선정할 수 있다. 국어교사는 학생들의 독서 수준을 고려하여 자료의 이독성 수준을 점검하고 자료의 적정성을 판단하여 독서 자료를 선정하는 데 도움을 줄 수 있다. 독서 자료의 선정 과정에 학생들도 참여할 수 있지만, 학습 내용을 선정하고 관련 개념이 잘 반영된 독서 자료를 선정하도록 하기 위해 교사는 여러 도서 목록을 제공하고 이 중에서 관련 자료를 학생들이 선정할 수 있도록 안내한다.

예시 고등학생을 위한 지구 온난화와 기후 변화에 관한 도서 목록

책 정보		책 소개
1. 『스스로 배우는 지구 온난화와 기후 변화』 (제리 실버 지음, 최영은·권원태 옮김, 푸른 길, 2010)		정부 간 기후 변화협의체(IPCC)와 과학자들의 연구 결과를 바탕으로 만들어진 지구 온난화에 대한 안내서이다. 지구 온난화라는 지구 규모의 거대한 기후 변화와 이에 따라 우리가 몸으로 체험하는 작은 변화들이 어떻게 다르며 또 어떻게 연관되어 있는지를 살피고, 실제로 진행되고 있는 기후 변화에 대해 인류가 기대할 수 있는 것이 무엇이며 어떻게 대처해야 하는가를 제시한다.
2. 『지구 온난화를 둘러싼 대논쟁』 (스펜서 위어트 지음, 김준수 옮김, 동녘사이언스, 2012)		과거의 역사가 불확실한 기후 변화의 시대를 살아가는 데 도움이 될 수 있을까? 스펜서 위어트는 『지구 온난화를 둘러싼 대논쟁』에서 그렇다고 대답한다. 그는 이 책에서 인간이 배출한 이산화탄소 때문에 지구의 온도가 올라가고 있다는 사실이 우여곡절 끝에 확립되었음을 보여 준다. 이러한 사실은 한순간에 한 과학자에 의해 발견된 것이 아니라, 기상학, 물리학, 생물학처럼 서로 다른 과학 분야에서 활동하는 수많은 과학자들이 수십 년 동안 소통과 논쟁을 겪으면서, 잘못된 이론과 해석을 극복하면서, 다양한 후원과 냉전이라는 사회적 맥락 속에서 가능해졌다는 것이다. 이러한 굴곡과 이질적 증거들은 지구 온난화라는 사실을 취약하게 만드는 것이 아니라, 더 확실한 것으로 만들어 준다. 기후 변화에 대한 극과 극을 달리는 상이한 해석과 예측이 범람하는 시대에, 이 책은 기후 변화를 인식하는 정치적으로 바람직한 태도를 갖추는 데 첫 길잡이가 될 것이다.

예시 K-W-L을 활용한 내용교과 독서 활동

알고 있는 것(Know)

'알고 싶은 것(Want)'	'알게 된 내용(Learn)'
• 제목을 왜 '기후전쟁'이라고 했을까?	• 온실 효과로 지구가 더워지고 있다고 주장하는 사람과 1500년 변동 주기에서 근거를 찾는 회의론자들의 기후에 관한 의견 대립을 드러내기 위한 제목
• 지구 온난화 말고 다른 기후 변화(기상 이변)는 무엇이 있을까?	• 심한 태풍, 혹독한 더위, 심한 가뭄, 강수
• 기후 변화의 원인은?	• 많은 사람들(인간이 만들어 내는 온실가스), 자연적인 현상(주기에 따른), 태양 흑점 변화
• 지구 온난화는 무엇을 야기할까?	• 해수면 상승, 극지방의 만년설이 녹음, 많은 대도시와 농경지가 홍수로 범람

새롭게 알게 된 개념어나 학습한 내용을 정확하게 기억할 수 있도록 정리하기

이 단계에서 교사는 학습 내용과 관련한 안내된 질문을 통해 글을 읽고 새롭게 알게 된 내용이나 개념어를 정확하게 파악할 수 있도록 지도한다. 학생들은 안내된 질문에 대한 답을 찾기 위해 다시 책을 읽을 수 있고, 자신이 알게 된 내용을 바탕으로 하여 질문에 대한 답을 정리할 수 있다. 이때 교사는 학생들이 학습한 내용을 정교화할 수 있도록 체계화된 질문을 사전에 마련할 필요가 있으며, 질문에 대한 답을 찾는 데 어려움을 보이는 학생들에게 도움을 제공할 수 있다. 내용교과 독서의 경우에 학습 내용과 관련된 개념어를 이해하는 것이 매우 중요하므로 학습 어휘의 개념과 개념들 간의 관계를 명확히 이해할 수 있도록 독후 활동에서 이와 관련된 활동을 제시할 필요가 있다. 이를 위해 의미망이나 어휘망을 활용하여 새롭게 학습한 개념이나 어휘에 대한 이해를 증진시킬 수 있다.

예시 독서 활동지

책을 읽고 나서 다음 질문에 답해 보자.

질문 1. 온실 효과가 가속될 경우 어떤 결과가 예상되는가?	• 지구의 온도가 높아질 것임 • 홍수가 자주 발생할 것임 • 다수의 사람들이 피부암에 걸릴 것임 • 전 세계의 사막화가 가속 될 것임 • 남극과 북극의 빙하가 녹을 것임
질문 2. 온실 효과의 원인은 무엇인가?	• 많은 양의 태양빛이 지구에 도달하여서 • 많은 양의 이산화탄소가 대기 중 배출되므로 • 지표 근처 오존량이 너무 많아서 • 스프레이 분사제에서 나오는 CFC에 의해 • 화학비료에서 나오는 가스에 의해
질문 3. 지구 온난화를 막기 위한 방안은?	• 친환경 연료를 사용하는 차 이용하기 • 에어컨 사용을 줄이기 • 단거리 이동시 도보나 자전거 이용하기 • 일회용품 사용 줄이기

학습한 내용과 주요 개념 정리

• 기후 변화에 대한 이해를 위해 필요한 개념과 주요 단어는?
• 기후 변화, 온실 효과, 지구 온난화의 개념과 관계는?

더 나아가기

• 지구 온난화의 원인은 무엇인가?
• 그렇게 생각한 근거는 무엇인가?
• 지구 온난화의 원인을 다른 것으로 설명하고 있는 여러 주장들이 지닌 문제는 무엇인가?

4. 진로 교육을 위한 진로 독서지도

(1) 진로 탐색을 위한 진로 독서지도 방안

2009 개정 교육과정 이후로 국가 수준에서 학생의 직업 및 진로에 대한 탐색과 선택을 돕기 위한 진로 교육에 대한 내용이 마련됨에 따라 교과 교육과정이나 창의적 체험 활동을 통한 진로 교육의 실현이 보다 더 구체화되기에 이르렀다. 창의적 체험 활동의 경우에 진로 활동은 자기 이해 활동, 진로 정보 탐색 활동, 진로 계획 활동, 진로 체험 활동의 4개 활동으로 다시 세분화된다. 단위 학교에서 진로 교육의 운영 기회가 확대되고 평균 3시간 이상의 진로 교육 활동이 현실적으로 가능하게 됨으로써 학교교육에서의 진로 교육 방안이 체계적으로 논의될 필요가 있다.

학생들의 진로 활동을 지원하는 다양한 활동 중에서도 최근 독서를 통한 진로 지도에 대한 관심이 높다. 학생들이 자신의 흥미, 특기, 적성에 적합한 자기 계발 활동과 진로를 탐색하고 설계하는 방안으로 독서를 연계하는 활동이 많아졌다. 학생들은 독서를 통해 다양한 직업 세계를 체험할 수 있고, 직업과 관련한 자신의 적성이나 흥미를 점검할 수 있다. 실제 체험을 통한 진로 탐색 활동이 제약이 많은 반면에, 독서를 통한 진로 탐색이나 진로 체험은 그러한 제약점들을 극복할 수 있는 장점이 있다.

진로 독서지도는 진로 지도나 진로 교육을 위한 중요한 방안으로 활용될 수 있다. 그러나 진로 독서지도의 출발을 진로 교육에서 제안하는 자기 이해로부터 출발할 경우에 자칫 인성 독서지도와 혼동될 수도 있다. 진로 교육과 인간 발달에 관한 인성 교육이 배치된다고 보기는 어렵고 실제로 유사한 요소들이 포함된다고 볼 수 있지만, 진로 교육이 인간 발달의 전 단계를 포함할 경우 진로 교육의 범위에 해당하지 않는 요소가 없게 될 수 있다. 진로 교육의 본질을 잘 고려하여 진로 독서지도의 목적과 내용을 구체화할 필요가 있다.

진로 독서지도 방안: 진로 교육과 진로 탐색을 위한 독서지도

진로 독서지도란 무엇인가? 이 질문에 대한 답은 다음과 같다. 진로 교육을 위해 독서지도를 통합하는 것이다. 독서는 진로 교육을 위한 매개이며 도구이다. 진로 독서지도는 학생들이 책 읽기를 통해 일과 직업 세계를 보다 충실히 이해하고, 일과 직업에 대한 올바른 가치관과 태도를 형성하는 것을 목적으로 한다. 이러한 측면에서 내용교과 독서와 마찬가지로 독서교육 주체는 다양성을 띤다. 각 직업군과 관련된 교과 영역을 담당하는 교사나 진로 교과를 지도하는 교사, 독서를 지도하는 교사 모두 진로 독서의 주체가 될 수 있다.

진로 독서는 학생들에게 다양한 직업 세계에 대한 이해를 돕고, 진로 결정이나 진로 성숙도 등과 같은 태도에 긍정적인 영향을 줄 수 있는 지도 방안이 마련되어야 한다. 특히, 진로를 지도할 때에는 다양한 직업군에 대한 정보가 포함된 도서를 읽고 진로에 대한 자신의 적성과 흥미를 살핀 뒤에 자신에게 적절한 진로 혹은 직업에 관한 정보를 얻을 수 있도록 독서지도 활동을 마련해야 한다.

진로 독서를 통해 학생들은 특정한 직업군에 속한 인물의 자서전을 읽고

그 직업 세계를 간접적으로 체험할 수 있다. 또한 그 직업군에 속한 인물을 진로와 관련한 역할 모델로 설정함으로써 자신의 진로에 대한 방향성을 결정지을 수 있다. 또한 진로 독서를 통해 쉽게 접할 수 없었던 직업 세계나 혹은 도전적인 직업 세계에 대한 정보를 얻을 수 있어 학생들의 진로 탐색을 보다 더 확장할 수 있다.

이러한 점을 고려할 때, 진로 독서지도를 위해서는 다양한 직업 세계를 반영한 도서 목록을 선정하여 활용하고, 독서 기반 진로 탐색 및 진로 결정 활동의 수행을 통해 학생의 진로 결정에 대한 효능감과 진로 의식에 대한 성숙도 등 가치관이나 태도를 확립할 수 있는 장기적인 프로그램을 마련하고 운영해야 한다.

진로 독서지도의 단계는 1) 진로 탐색을 위한 도서 선정→2) 직업에 대한 이해→3) 진로의 결정을 위한 내면화로 구성될 수 있다. 진로 독서지도는 이와 같이 3단계로 제시될 수 있지만, 전체 진로 독서 프로그램의 운영에서는 이러한 3단계가 1회기 단위로 구성되어 여러 회기에 걸쳐 반복 운영될 수 있다.

수업의 실제 ....

진로 독서지도의 실제

진로 탐색을 위한 도서 선정

이 단계에서 교사는 학생들에게 다양한 진로 탐색의 기회를 제공해 줄 수 있는 도서 목록들을 제시해 주어야 한다. 진로 탐색을 위한 도서 선정의 방법은 교사가 우선 도서 목록을 제시해 준 뒤에 학생이 자신의 직업 흥미와 적성을 고려하여 적정한 직업군에 관련된 도서를 선정하는 방법이 있고, 진로나 적성에 관한 사전 검사를 실시하고 이를 고려하여 학생들에게 관련 직업군이 포함된 도서를 제시해 주는 방법이 있다. 이 밖에도 진로 탐색을 위해 학생들이 동일한 직업군에 관한 책을 다수 선정하여 함께 읽어 가는 방법과 여러 직업군이 포함된 책을 읽도록 하여 다양한 직업군에 대한 이해를 높이는 방법이 있다. 어떠한 방법을 선택할지 결정한 이후 진로 독서를 위한 도서 목록을 활용할 필요가 있다.

예시 고등학생의 진로 탐색을 위한 도서 목록

도서명	저자	직업 대분류	직업 소분류
패션 디자이너로 살아남기	메리 겔할	문화, 예술, 스포츠 전문가 및 관련직	디자이너
외교관은 국가대표	김효은	공공 및 기업 고위직	의원, 고위공무원 및 공공단체임원
미국 로스쿨, 로펌에 도전하라!	손창호	법률 및 행정 전문직	법률 전문가
하루를 살아도 나는 사회복지사다	도래샘	전문가	사회 복지 관련 종사자
유쾌한 수의사의 동물병원 24시	박대곤	보건, 사회복지 및 종교 관련직	수의사
미래의 금메달리스트에게	나디아 코마네치	스포츠 및 레크레이션 관련 전문가	직업 운동선수
미래의 저널리스트에게	새뮤얼 프리드먼	연극, 영화 및 영상 전문가	기자 및 논설위원
광고, 광고디자인	안상락 · 박정희	상품기획, 홍보 및 조사 전문가	광고 및 홍보 전문가
나는 매일 농장으로 출근한다	이우형	농축산 숙련직	곡식 작물 재배원
그녀들의 작업실	김지해	공예 및 귀금속 세공원	귀금속 및 보석 세공원

*(사)전국독서새물결모임(2013), 진로 독서 가이드북 중 일부 발췌함.

직업에 대한 이해

이 단계에서 교사는 학생들이 책을 읽고 자신의 직업과 관련된 적성과 진로에 대한 흥미를 점검할 수 있도록 독서 활동을 안내해야 한다. 진로 독서는 글을 읽고 내용을 정확하게 이해하는 것이 목적이기보다 직업과 진로에 대한 이해를 높이고 자신의 진로와 적성에 대한 성찰의 기회를 제공하는 데 목적이 있다. 그러므로 글의 내용을 파악하거나 중심 내용을 파악하는 일반적인 독서 활동을 수행하기보다 진로 교육을 위한 목적에 적합한 독서 활동을 안내해야 한다. 이때 학생들은 글을 읽는 과정에서 자신의 진로나 적성에 대한 성찰의 기회를 가질 수 있어야 한다.

예시 직업에 대한 이해 관련 활동지

질문	나의 생각
질문 1. 내가 선택한 책과 직업(군)은?	
질문 2. 나는 이 직업에 대한 흥미와 관심이 생겼는가? 그 이유는 무엇인가?	
질문 3. 나는 이 직업을 갖기 위해 어떤 준비를 해야 할까? 책 속 인물의 활동을 참고하여 정리해 보자.	
질문 4. 나는 이 직업과 관련하여 더 알고 싶은 내용이 있는가? 그렇다면 그것은 무엇인가?	

진로 결정을 위한 내면화

이 단계에서 교사는 특정 직업과 관련된 책을 읽은 학생이 자신의 진로 결정 과정에 어떠한 변화가 나타났는지를 확인해야 한다. 교사는 진로 독서 활동이 해당 직업과 관련하여 학생들의 실제적인 진로 결정에 영향을 미쳤는지 그렇지 않다면 그 이유는 무엇인지를 살펴보아야 한다. 진로 독서의 결과로 학생들은 자신의 진로 결정에 대한 인식 혹은 실천을 위한 내면화를 이룰 수 있어야 한다. 이에 진로 독서 이후에 자신의 진로 결정의 결과를 구체화할 필요가 있다. 이러한 진로 결정을 위한 내면화의 과정은 학생들의 진로 결정감이나 진로 성숙도 등 진로에 대한 가치관이나 태도를 긍정적으로 형성시키는 데 기여할 것이다.

이를 위한 구체적 방법으로 학급 동료들의 진로 결정 과정에 대한 발표나 토의 내용을 들으며 자신의 진로의 결정을 내면화하는 방법이나 완전한 형태의 독후 활동이 아닌 간략한 수준의 진로 결정을 하는 방법도 있다. 단, 장기적으로 진행된 진로 독서 프로그램의 전체 회기가 끝난 경우라면, 학생들이 진로 결정을 수립한 이후에는 PPT나 프레지, 동영상 등의 매체 등을 활용하여 선택한 직업(군), 선택의 이유, 진로 선택에 영향을 준 책에 대한 소개, 책을 통해 알게 된 진로 준비 방안 등을 소개하도록 하여 진로 결정을 구체화하고 내면화하는 기회를 제공해 주는 것이 좋다.

예시 진로 결정의 내면화 활동지

질문	나의 생각
질문 1. 최종적으로 선택한 직업(군)	
질문 2. 직업(군) 선택의 이유	
질문 3. 진로 선택에 영향을 준 책 소개	• 도서명: • 저자: • 출판사 및 출판연도: • 관련 직업군 및 책의 내용:

질문 4. 책을 통해 알게 된 진로 준비 방안	
질문 5. 발표할 내용을 계획해 보자.	• 발표 내용: • 발표 시 활용할 매체: • 발표 시간 및 방법:

9장 독서 교수학습 II: 독서지도 방안

1. 긍정적 독서 동기나 태도 형성을 위한 독서지도

■ 독자의 긍정적 독서 태도 형성을 위한 지속적 묵독(Silent Sustained Reading: SSR)은 다독의
방법이자 독자가 자율적으로 읽고 싶은 책을 선정하여 읽고 별도의 방해를 받지 않고 자유롭게 독서를
수행하도록 하는 독서지도 방안이다.

■ 독자의 책 선정의 자율권을 지원하여 독서에 대한 흥미와 즐거움, 지속 의지 등의 독서 동기를 신장해
주도록 하는 자기 선택적 독서는 BOOKMATCH 전략을 활용하여 학생들이 자신의 흥미와 관심,
수준을 고려하여 스스로 읽고 싶은 책을 선택하여 읽도록 하는 독서지도 방안이다.

2. 독서토론 모형을 활용한 독서지도

■ 독서토론 모형은 사회 구성주의를 반영한 독서지도 방안으로 공동의 의미 구성 주체들이 글에 대한
이해와 반응을 교류하여 사회적으로 의미를 구성하는 활동으로의 독서를 수행하는 방안이다.

■ 독서토론 모형을 활용하여 독서지도를 할 경우에 교사는 논제 설정, 독자의 입장 결정과 주장, 근거,
반론 자료를 글에서 찾아 정리한 후 입론, 반론, 변론의 과정을 거쳐 진행될 수 있도록 독서토론의
절차와 방법에 대해 학생들에게 안내할 필요가 있다.

3. 학습 독서를 위한 내용교과 독서지도

■ 내용교과 독서는 학습 독서로서 독자가 새로운 지식과 정보를 습득하고 새롭게 구성하기 위한
목적으로 수행하는 독서 활동으로 사회, 과학 등의 내용교과에 관한 학습을 위해 독자가 수행하는
활동을 의미한다.

■ 내용교과 독서를 위한 전략에는 개요 작성, 학습 일지 쓰기, 메모하기, 요약하기, SQ3R, KWL,
브레인스토밍, 질문법이나 탐구법, 벤다이어그램이나 도해 조직자 등이 있다.

4. 진로 교육을 위한 진로 독서지도

■ 최근 국가 수준의 교육과정 차원에서 학생의 직업과 진로에 대한 탐색 및 선택에 관한 교육이
중요시되면서 독서 활동에 기반한 진로 지도 프로그램에 대한 관심이 늘어나고 있다.

■ 진로 독서지도 방안은 진로 탐색을 위한 도서 선정, 독서를 통한 직업에 대한 이해, 진로의 결정을
위한 내면화 활동의 3단계로 이루어져 있으며, 이 단계는 1회기 단위로 구성될 수 있다.

학습활동

1. 아래 용어의 개념을 간단히 설명하시오.

   • 정독　　　　　　• 묵독　　　　　　　　• 다독
   • 자기 결정감 이론　• 독서 효능감
   • 내용교과 독서　　• 진로 독서

2. 다음 진술을 참(T)과 거짓(F)으로 구분하고, 거짓은 바르게 수정하시오.

   (1) SSR은 정해진 시간 동안에 조용히 묵독을 한 뒤 교사가 지정해 준 독서 과제를 학생들이 수행하도록 하는 독서지도 방법이다.
   (2) 자기 선택적 독서는 독자에게 책 선정의 자율권을 지원해 주기 위해 BOOKMATCH의 전략을 적용한다.
   (3) 진로 독서 프로그램은 1회기 수준의 단기 프로그램을 통해 학생들의 진로에 대한 이해와 가치관을 바르게 형성시켜 준다.

3. 긍정적인 독서 태도와 동기 형성을 위한 독서지도의 방법과 특성을 비교하시오.

4. 이 장에 제시된 'BOOKMATCH'전략을 활용하여 자신의 수준에 적절한 책을 선택해 보고 전략 사용 시 유의점과 책 선정에 영향을 미치는 요인에 대해 논의하시오.

5. 전광용의「꺼삐딴 리」를 읽고, '이인국은 기회주의자인가?'라는 논제로 독서토론 지도 방안을 차시별로 계획해 보시오. 또한 찬반의 입장을 선택하여 실제 독서토론을 실시해 보고, 지도의 효과성에 대해 토의해 보시오.

토의 내용	내용				
1. 독서토론 지도 방안을 차시별로 계획하시오.	절차	차시(시간)	교수학습 내용	교사의 역할	운영 시 유의점
	1. 준비하기				• 모둠 구성원의 수:
	2. 묵독 및 토론 자료 마련하기				• 독서토론 절차별 적정 차시(시간):
	3. 토론하기				• 독서토론의 절차에 따른 운영 시 어려운 점:
	4. 반응 정교화하기				• 사회자나 배심원의 역할에서 유의해야 할 점:
2. 독서토론 모형이 교육적으로 효과적인가? 그렇게 생각한 이유는 무엇인가?					

6. 진로 독서 프로그램 운영의 다양한 사례와 진로 독서 프로그램 운영을 위해 활용되는 도서 목록을 조사해 보고, 각각의 장점과 단점을 고려하여 개선 사항을 정리해 보시오.

조사 내용	내용
1. 진로 독서 프로그램의 운영 사례	• 운영 기관: • 프로그램 운영 방법: • 프로그램의 장점과 단점: • 프로그램의 개선 사항:
2. 진로 도서 목록의 사례	• 사례와 출처: • 진로 도서 목록의 장점과 단점: • 진로 도서 목록의 개선 사항:

7. 다음에서 [자료 1]은 독서에서 어려움을 겪는 한 학생의 특성을 분석한 결과이다. [자료 2]에 드러난 이론을 바탕으로 개선 방법을 제시해 보시오(2009년도 중등학교 국어 교사 임용시험 문항 활용).

자료 1	책 읽기를 좋아하고, 책 내용을 잘 기억하는 편이지만, 내용 해석 방향이 남과 달라서 독서 경험이 교과 수업에 크게 도움이 되지 않는다. 그 결과, 읽기 시험 성적이 낮아 읽기를 자신 없어 한다.
자료 2	독서 학습은, 학생들이 독서에 대한 자신의 이해나 난관을 드러내 보일 수 있을 때뿐 아니라 다른 학생들과 교사의 독서 행위를 관찰할 수 있는 환경이 조성될 때 효율적으로 이루어진다. 이때 교사는 학습의 경험을 해석하고 학생들의 인지적 활동과 정의적 반응을 도와줌으로써 독서 학습을 촉진시킨다.

참고문헌

구미영(2012). 자기 선택적 독서를 통한 효율적인 독서지도 방안 연구. 한국교원대학교 석사학위논문.

김명순(2014). 진로독서의 특징과 지도 방향. 독서연구 33, 99-124.

김영찬·정미선·정형근·김윤희·박주료·안혜정·윤미향(2014). 진로독서. 우리학교.

김주환(2009). 교실토론의 방법. 우리학교.

김주환·이순영(2015). 독서토론이 고등학생의 작품 이해에 미치는 영향. 화법연구 27, 37-65.

매리언 울프 저, 이희수 역(2009). 책 읽는 뇌. 살림.

박영민·최숙기(2008). 읽기 동기 신장을 위한 자기 선택적 독서 프로그램 구성 방안. 독서 연구 19, 201-228.

원진숙·윤준채·전아영(2002). SSR 활동이 독서 태도 및 내용 이해에 미치는 영향. 국어교육 108, 181-207.

이희정(2010). 자기 선택적 독서 프로그램의 효과 분석. 한국교원대학교 석사학위논문.

전국독서새물결모임(2013). 진로 독서 가이드북(고등학교). 고래가 숨 쉬는 도서관.

정수영(2014). 지속적 묵독을 이용한 영어 읽기교육. 영어영문학 21, 27(2), 227-253.

천경록·이재승(1997). 읽기교육의 이해. 우리교육.

최숙기(2011). 중학생을 위한 읽기교육 방법론. 역락.

최숙기(2012). 읽기와 쓰기의 통합적 교수 학습 방안 탐색. 독서연구 28, 114-141.

최숙기(2013ㄱ). 인성 교육을 위한 독서 지도 방안. 청람어문교육 47, 205-232.

최숙기(2013ㄴ). 복합양식 텍스트에 대한 독자의 읽기 행동 분석에 기반한 디지털 시대의 읽기 교육 방안 탐색. 독서연구 29, 225-264.

최숙기 외(2015). 학생 성장을 위한 평가 시스템 개선 및 평가모델 개발연구: 국어(한문). 한국과학창의재단 보고서 2014-0342.

한국독서학회 편(2003). 21세기 사회와 독서지도. 박이정.

한철우(2005). 교과 교육과 독서 지도의 방향 : 학교 독서 지도의 방향과 과제. 독서연구 14, 9-33.

황매향(2013). 독서를 활용한 진로 교육의 가능성 탐색. 교육논총 33(2), 55-71.

Bereiter, C., & Engelmann, S.(1966). *Teaching disadvantaged children in the preschool*. Engelwood Cliffs, NJ: Prentice-Hall.

Baumann, J. F.(1984). The effectiveness of a direct instruction paradigm for teaching main idea comprehension. *Reading Research Quarterly* 20, 93-115.

Cunningham, P. M., & Hall, D. P.(2001). *The stories from Four-Blocks classrooms*. Greensboro, NC: Carson-Dellosa.

Deci, E. L., & Ryan, R. M.(1985). *Intrinsic motivation and self-determination in human behavior*. New York: Plenum Press.

Durkin, D.(1978). What classroom observations reveal about reading comprehension instruction. *Reading Research Quarterly*, 14, 481-533.

Follos, A.(2007). Change the literacy depression in your school: Read a teens story!. *Library Media Collection*, 25(7), 20-22.

McCracken, R.(1971). Initiating sustained silent reading. *Journal of Reading*, 14(8), 521-524.

Pearson, P. D., & Dole, J. A.(1987). Explicit comprehension instruction: A review of research and a new conceptualization of instruction. *Elementary School Journal*, 88, 151-165.

Pearson, P. D., & Gallagher, M. C.(1983). The instruction of reading comprehension. *Contemporary Educational Psychology*, 8, 317-344.

Pearson, P. D., & Leys, M.(1985). Teaching comprehension. In T. Harris & E.Cooper(Eds.), *Reading, thinking and concept development*. New York: College Board Publication.

Rog, L. J., & Burton, W.(2002). Matching texts and readers: Leveling early reading materials for assessment and instruction. *The Reading Teacher*, 55(4), 348-356.

Rosenshine, B.(1983). Teaching functions in instructional programs. *Elementary School Journal*, 83, 335-351.

Vacca, R. T., Vacca, J. L., & Mraz, M.(2011). *Content area reading: Literacy and learning across the curriculum*. Boston: Pearson.

Wedwick. L., & Wutz, J.(2005). BOOKMATCH: Scaffolding book selection for independent reading. *The Reading Teacher*, 59, 16-32.

Wedwick. L., & Wutz, J.(2008). *BOOKMATCH: How to Scaffold Student Book: Selection for Independent Reading*. International Reading Association.

독서평가의 방법과 실제

1. 독서평가의 목적과 유형
2. 독서평가의 방법
3. 독서평가의 실제

Assessment must help teachers articulate their understandings of
learners and learning to external audiences.
— Frank Serafini, 2010

1. 독서평가의 목적과 유형

(1) 독서평가의 목적

독서교육을 효과적으로 하기 위해서는 학생들을 대상으로 독서평가를 실시하는 것이 필수적이다. 만약 한 교사가 해독 능력이 부족한 아이들에게 글을 비판적으로 읽고 이해하는 능력에 대한 수업을 실시하였다고 가정해 보자. 아마도 교사는 수업 시간 내내 "선생님, 이 단어는 어떤 뜻인가요?", "선생님, 이건 어떻게 읽어야 하나요?"라는 질문에 답을 하느라 대부분의 시간을 보냈을 것이다. 심지어 비판적 읽기가 무엇인지를 알려 줄 새 없이 수업이 끝나 버렸을 수 있다. 이러한 상황이 발생한 이유는 무엇일까? 교사가 아이들의 독서 수준이나 특성에 대해 모르기 때문일 것이다.

    이러한 이유로 독서를 지도하는 교사는 수업을 계획하고 실시하기 이전에 독서평가를 실시함으로써 학생들의 독서 수준과 특성을 정확히 파악해야 한다. 독서평가를 통해 학생들의 독서 수준과 특성을 파악한 교사는 독서 수업에 적절한 글 자료를 선정할 수 있고, 학생들의 독서 능력 신장을 위해 우선적으로 다루어야 할 지도 내용을 선별하고 지도의 순서를 체계화할 수 있을 뿐 아니라, 학생들의 독서에 관련한 인지적·정의적 특성을 반영하여 적합한 독서지도 방안을 마련할 수 있기 때문이다.

독서지도를 위해 독서교사는 학생들의 독서 능력과 독서에 관련한 다양한 특성들을 이해할 수 있어야 하므로 독서평가에 대한 전문성을 내재하고 있어야 한다. 독서교사의 평가 전문성에는 다양한 독서평가 방법에 대한 지식, 신뢰성과 타당성이 있는 독서평가 도구 및 문항을 실제로 개발할 수 있는 능력, 학생들의 독서 수행을 정확하고 객관적으로 평가할 수 있는 능력, 독서평가의 결과를 효과적으로 보고하고 교육적으로 환류할 수 있는 능력 등이 총체적으로 포함된다. 독서평가의 상황과 목적에 따라 독서평가의 주체가 지역사회, 국가, 국제 수준의 교육 기구로까지 확장될 수 있지만, 학교 교실에서 실제 학생들에게 독서를 지도하는 교사가 가장 중요한 독서평가의 주체라 할 수 있다.

독서평가의 목적과 그 유형들

독서평가를 실시하기 전에 독서평가의 목적이 무엇인지 우선적으로 고려할 필요가 있다. 독서평가의 목적을 어디에 두는가에 따라 독서평가의 유형과 실제적인 시행이 달라지기 때문이다. 일반적으로 독서평가는 독자의 독서 능력 수준과 발달상의 특성을 진단하기 위한 목적으로 실시된다. 하지만 독서 수업을 실시하는 과정에서 독서 수업의 목표에 어느 정도 도달하였는지를 확인하기 위한 목적이나 상급 학교로의 진학, 어떤 자격 획득을 위한 목적을 위해서도 독서평가는 실시될 수 있다.

독서평가의 결과를 통해 독자의 객관적인 독서 능력을 진단할 것인지 상대적으로 서열화하여 순위를 정할 것인지에 따라 독서평가의 유형은 달라질 수 있다. 전자의 경우는 준거 지향(criterion-referenced) 평가로 유형화할 수 있다. 준거 지향 평가에 기반하여 독서평가를 실시할 경우에는 독자가 독서에 관한 과업 수행을 어느 수준으로 달성하고 있는지를 평가하거나 혹은 그 수준에 근거하여 통과(pass)인지 실패(fail)인지를 평가하는 데 중점을 둔다. 반면 후자의 경우는 규준 지향(norm-referenced) 평가로 유형화할 수 있다. 규준 지향 평가에 기반하여 평가를 실시할 경우에는 독자가 수험자 집단 중 상대적으로 상위 혹은 하위 몇 퍼센트 수준에 위치하였는지를 확인함으로써 다른 독자들과의 상대적인 비교가 가능하도록 평가할 수 있다.

그러나 이러한 이분법적인 평가 유형 이외에도 독서 진단 평가, 독서 형성 평가, 독서 성취 평가로 평가 목적에 따라 독서평가의 유형을 구체화할 수 있다. 먼저 독서 진단 평가는 독자의 독서에 관한 강점과 약점을 진단하고 독자들이 독서에 관해 아는 것과 모르는 것이 무엇인지, 할 수 있는 것과 할 수 없는 것이 무엇인지를 파악하기 위한 목적으로 실시되는 평가이다. 다음으로 독서 형성 평가는 교사가 독서 수업을 실시하는 중에 학생들이 독서 수업의 목표나 성취기준에 어느 정도 달성하였는지를 파악하기 위한 목적으로 실시되는 평가이다. 마지막으로 독서 성취 평가는 독자의 독서에 대한 능숙한 정도(proficiency)를 측정하기 위한 목적으로 실시되는 평가이다.

(2) 독서 진단 평가: 비형식적 진단 평가

독서 진단 평가는 학생의 독서 능력에 대한 강점과 약점을 판별하는 데 목적을 둔 평가이다. 이 평가는 학생들의 독서 점수와 전체 집단 내 순위 정보를 파악하기 위함이 아니라, 독서 능력 발달에서 어떤 부분이 약하며 이에 대한 교육적 처치는 어떻게 이루어져야 하는지를 살피기 위해 시행되는 평가이다. 독자들은 개별적인 독자 특성(reader profile)을 지닌다. 하나로 수렴되는 일반화된 독자로서의 특성을 지니기보다 생물학적, 생리학적, 정의적, 인지적 요인으로 인해 개별적인 독자 특성을 보인다. 독서 진단 평가는 개별 학생 독자가 지닌 독자 특성, 즉 독자 프로파일을 구성하는 데 기여한다. 독자 프로파일이란 개별 학생 독자의 읽기 관련 기능 및 전략에 대한 강점과 약점 정도를 특성화하여 제시한 것을 의미하며, 이를 변별하는 하위 진단 요인으로 음운 인식, 해독, 유창성, 이해(독해나 정해) 등이 포함된다(이영아·최숙기, 2011).

미국의 경우에는 독자들의 독서 부진이나 독서 발달상의 특성을 진단하기 위한 다양한 유형의 진단 평가 도구들이 있다. 대표적으로 '음운 처리에 대한 독해 검사Comprehensive Test of Phonological Processing'(Wagner, Torgesen, & Rashotte, 1999), '피바디 그림 어휘 검사Peabody Picture Vocabulary Test'(Dunn, 1990), '우드콕-존슨 Ⅲ 진단적 독서 검사Woodcock-Johnson Ⅲ Diagnostic Reading Battery'(Woodcock, Mather, & Schrank, 2004) 등이 있다. 또한 비용과 접근성 면에서 가장 대중적으로 활용되는 비공식적 독서 검사(Informal Reading Inventory)로는 '질적 독서 검사-5Qualitative Reading Inventory-5'(Leslie & Caldwell, 2006)를 꼽을 수 있다.

[표 10-1] 독서 진단 평가의 진단 요소 분석

Woodcock-Johnson Ⅲ Diagnostic Reading Battery 진단 요소	Qualitative Reading Inventory-5 진단 요소
1. 철자 단어 판별 (Letter-Word Identification) 2. 문단 이해(Passage Comprehension) 3. 단어 어택(Word Attack) 4. 어휘 읽기(Reading Vocabulary) 5. 읽기 유창성(Reading Fluency) 6. 소리 철자(Spelling of Sounds) 7. 소리 인식(Sound Awareness) 8. 소리 조합(Sound Blending) 9. 구어 단어 읽기(Oral Vocabulary) 10. 구어 단어 이해 (Oral Comprehension)	1. 단어 판별의 정확성 및 자동성 1) 독립 단어 판별 2) 문맥 단어 판별 2. 독해 판별 1) 서사문 독해 2) 설명문 독해 3) 친숙한 제재 및 비친숙한 제재 4) 삽화 포함된 혹은 포함되지 않은 제재 5) 음독과 묵독 적용 3. 현시적 혹은 비현시적 질문에 대한 응답 1) 텍스트 내 정보 위치 파악 2) 읽기 중 사고 구술

우드콕-존슨 Ⅲ 진단적 독서 검사(이하 WJ Ⅲ DRB)는 표준화된 읽기 진단 도구로서 진단 및 연구 목적으로 북미에서 많이 사용되고 있다. 적용 가능한

대상은 유치원생에서 성인까지로 총 10개의 하위 평가로 구성되어 있으며, 개별로 실시하는 진단 도구이다. 하위 평가로부터 얻어진 결과는 개별 피검사자들의 독서 능력에서의 강점과 약점에 대한 정보를 제공한다. 또한 질적 독서 검사-5(Leslie & Caldwell, 2006, 이하 QRI-5)는 비형식적 읽기 검사지(Informal Reading Inventory)로 학생들의 단어 재인 수준과 텍스트 독해 수준과 단어 재인과 해독, 독해에 대한 부진으로 인해 발생하는 특정 조건에 대한 독서 진단 정보를 제공하기 위해 설계되었다. QRI-5는 학생들의 읽기 행위에 대한 다양한 수준의 관찰 결과를 제공함으로써, 교사가 신속하고 편리하게 읽기 부진 학생에 대한 정보를 수집할 수 있도록 돕는다.

QRI-5는 WJ Ⅲ DRB와 달리 일반적인 규준 참조나 표준화 검사지는 아니므로 개별 점수에 대한 상대적 비교 데이터는 제공할 수 없다. 그러나 QRI-5와 같은 비형식적 읽기 검사지는 많은 비용 등이 소요되는 일반적인 형식적 읽기 검사지에 비해 교사가 활용하기에 편리할 뿐 아니라, 접근성도 매우 높다. 일반적으로 교실 단위로 교사들이 학생들의 읽기 부진에 대한 개별 정보를 수집하거나 학급 단위의 집단을 대상으로 하여 학생들의 읽기 부진 수준을 점검할 때는 QRI-5와 같은 비형식적 읽기 검사지의 활용이 매우 효과적이라 할 수 있다(이영아·최숙기, 2011).

우리나라의 경우에 학생들의 독서 능력을 체계적으로 진단하여 독서 부진과 난독증 등의 독서 문제나 그 주요 원인을 세밀하게 판별할 수 있는 독서 진단 평가 도구의 개발이 매우 미흡한 실정이다. 학업 성취에 관련한 독서평가는 실시되고 있는 반면에, 학생들의 독서 발달을 체계적으로 진단하는 독서 평가는 거의 이루어지고 있지 않다. 이에 독서 진단 평가 도구 개발에 대한 노력이 매우 필요한 것으로 보인다. 독서 진단 평가 도구의 개발을 위해서는 독자의 발달 단계를 나타낼 수 있는 기초 어휘 목록의 개발과 학년 혹은 독서 발달 수준에 적정한 글 자료를 선정하도록 돕는 이독성 공식의 개발이 병행되어야 한다.

(3) 독서 형성 평가: 성장 참조적 독서평가

형성 평가(formative assessment)는 교실의 다양한 교수학습 상황에서 학생 개인의 현재 수준이나 학습 상황, 학습에 관한 문제점을 점검하고 이후 학습 방향을 설정하기 위해 학습의 과정에서 수시로 시행되는 평가 활동을 의미한다. 이는 총괄 평가와 대비되며, 학기 단위가 아니라 수업 과정 중에 실시되는 평가로 학생들이 쉽게 범하는 오류나 오개념을 교정할 수 있도록 돕고 교사들에게는 수업을 개선할 수 있는 정보를 제공해 준다. 맥밀런(McMillan, 2011)은 형성 평가를 통한 학생 피드백의 방안을 강조하면서 형성 평가는 학생의 현재 지식, 기술, 능력에 대한 피드백을 제공하며 동시에 교사의 교수 전략을 위한 정보를 제공하여 학생과 교사 모두에게 학습을 위한 유익한 정보를 제공하는 평가 활동이라고 정의하였다.

이러한 형성 평가에 대한 정의를 토대로 살펴보면, 독서 형성 평가란 학생들에게는 독서 학습과 성장을 위한 정보를 제공하고 독서교사들에게는 독서 교수학습 개선을 위한 정보를 제공해 주는 평가 활동이자, 독자들의 독서 능력 신장을 위해 유의미한 교수적 피드백을 제공하는 평가로 정의할 수 있다. 독서 형성 평가는 현재 교실에서 실시되는 독서 수업의 과정에서 학생들의 현재적 학습 수준을 진단하고 독서 학습 과정상의 문제를 진단할 수 있도록 수시로 시행되어야 한다. 즉 교사는 형성 평가의 결과를 바탕으로 학생들에게 개별 맞춤형의 독서지도 방안을 계획하고 수업을 통해 실현할 수 있다. 또한 교사는 학생들에게 즉시적인 교수적 피드백을 제공함으로써 학생 스스로가 독서 문제를 점검하고 학습할 수 있도록 지원할 수 있다.

(4) 독서 성취 평가: 독서 성취도 측정을 위한 평가

성취도 평가(achievement assessment)는 특정한 교육과정을 마친 이후에 학생들이 수업에서 제시한 기능이나 지식을 얼마나 잘 숙달했는지를 평가하는 것이다. 일반적으로 성취도 검사는 교육과정 이수 후에 실시되며 성취도 평가의 검사 요소들은 교육과정 및 교과서 등에서 추출된다. 성취도 평가는 국가, 지역, 주, 학교 단위로 시행될 수 있지만 우리나라의 경우에는 국가 수준 교육과정에 근간한 학업 성취도 평가가 대표적인 성취도 평가에 속한다. 성취도 평가는 교육기관과 교사들에게 별도의 책무성을 부여하기도 하는데, 이는 성취도 평가가 국가 수준의 교육 정책의 효과성이나 학교교육 혹은 교실수업의 교수 효과성을 평가하는 기능을 수행하기 때문이다.

우리나라의 경우에 별도의 독서 성취도 평가가 시행되지는 않지만 국어과 교육과정 기반의 표준화 검사인 국가 수준의 학업 성취도 평가를 통해 낱말 이해, 내용 확인, 추론, 평가와 감상 등의 읽기 요소별로 국가 수준의 읽기 교육과정의 목표에 대한 학생들의 성취도를 파악하고 있다. 국내에서 시행되는 독서 성취도 평가의 또 다른 예로는 국제 학업 성취도 평가인 PISA(Programme for International Student Assessment)의 읽기 소양(Reading Literacy) 평가를 들 수 있다. 이 평가는 의무 교육이 종료되는 시점의 각국 학생들(만 15세로 설정)을 대상으로 하여 학습 및 사회생활을 성공적으로 수행하는 데 필수적인 기본 기능인 읽기 소양 능력을 '읽기 상황', '텍스트', '읽기 양상(접근 및 확인, 통합 및 해석, 성찰 및 평가)'의 삼차원적 구조로 설계된 문항을 통해 평가한다(조지민 외, 2012).

2. 독서평가의 방법

(1) 독서평가의 다양한 방법들

독서평가의 가장 일반적인 방법은 독서 능력을 구성하는 요인별로 하위 문항을 개발하고 이에 대한 응답 결과를 분석하는 지필 평가이다. 지필 평가는 독서 능력의 요인별로 문항을 개발하고 문항의 총합을 통해 학생들의 독서 능력을 평가하므로 독서 능력의 수준과 특성을 분석하기에 효율적이며, 다수의 학생들을 대상으로 실시하기에도 효과적이므로 가장 폭넓게 사용되고 있다. 그러나 학생들의 독서 능력 가운데 어떠한 요소들을 평가할 것인가에 따라 독서평가의 방법들은 달라질 수 있다.

일반적으로 독서평가는 독자의 독서 처리 과정을 평가하는 방법과 독서 산출물에 따른 결과를 평가하는 방법, 그리고 독서 초인지 혹은 상위인지를 평가하는 방법이 있다. 독서평가의 상황이나 목적 등을 고려하여 이 중에서 적절한 독서평가 방법을 선정할 수 있다.

독서 과정 평가는 독자의 독서 수행에 관한 인지적 과정을 검사하기 위한 평가 방법이다. 독서를 수행하는 독자의 머릿속을 볼 수 없기 때문에 학생들의 독서를 수행하는 과정을 조사하고 분석하여 실제 독서가 일어나는 과정에서 독자가 어떠한 활동을 수행하는지를 평가하는 것으로 빈칸 메우기 검사, 오독 분석 검사, 안구 운동 분석 등의 방법이 있다. 이들은 독자의 인지 처리 과정을 분석하는 것이므로 독서 성취도를 평가하기 위한 목적보다도 학생들의 독서 특성을 진단하거나 독자의 인지적 과정을 연구하기 위한 목적으로 폭넓게 실시될 수 있다. 오독 분석의 경우에, 독자의 발달 수준이나 난독증과 같은 독서 장애의 문제를 진단하기 위한 검사 방법으로도 많이 활용된다.

독서 결과 평가는 독서를 한 이후 독자가 산출한 결과물을 토대로 하여 검사를 실시하는 평가 방법이다. 글을 읽고 나서 독자가 글의 내용을 얼마나 정확히 파악하였는지 또는 기억하였는지를 평가하기 위해 실시하며 선다형, 진위형의 지필 평가 문항의 구성을 통해 실현된다. 이외에도 독자들에게 글을 읽고 난 후 최대한 기억할 수 있는 많은 내용을 떠올려 보라고 하는 자유 회상이나 글의 이해와 관련 깊은 질문을 던져 이에 대한 답을 하도록 하는 탐문 검사 과제도 이에 속한다. 대개는 독서의 성취나 수준, 이해도를 평가하기 위해 널리 활용된다.

독서 상위인지 평가는 독자의 글의 이해 여부나 독서 전략 사용의 효과성 여부, 자신이 글을 읽고 있는 방법에 대한 인식 여부를 점검하거나, 읽고 있는 글의 정보들 간의 중요성을 판단 여부를 평가하는 방법이다. 먼저 독자가 스스로 글의 이해도나 전략 사용 양상이 어떠한지를 점검하는 것을 평가하는 방법으로는 자기 평가의 방법이 일반적이다. 자기 평가 방법은 체크리스트와 같은 형식으로 글 이해도나 오류 인식, 독서 전략 사용에 대해 점검함으로써 이루어진다. 프로토콜 분석 역시 독자가 자신의 전략 사용 과정이나 이해 과정을 인지적으로 인식함으로써 독서 상위인지를 평가하는 방법이다. 오류 탐색 과제의 경우 의도적으로 글에 오류를 제시하고 독자가 이를 점검할 수 있는 능력이 있는지를 평가하는 방법이다. 글의 중요도 평정과 요약하기는 글에 담긴 정보의 중요성을 독자가 판단할 수 있는지의 여부를 평가하는 방법이다.

(2) 독서 과정 평가의 실제

빈칸 메우기 검사

빈칸 메우기 검사인 클로즈 테스트(cloze test)는 1950년 초에 원어민을 대상으로 하여 읽기 자료의 난이도를 측정하는 도구로 테일러(Taylor, 1953)에 의해 개발되었다. 테일러(1953)는 "결여된 단어를 추측하여 빈칸을 메우는 과업은 일종의 완성 과정이므로 'cloze'라는 술어를 선택하였다."라고 밝혔다. 빈칸 메우기는 학생들의 독서 능력 진단, 맥락을 활용한 독해 능력 진단, 텍스트의 이독성 수준의 평가 등을 위해 활용할 수 있다.

더 알아보기

빈칸 메우기는 낱말 삭제 방법과 낱말 채점 방법이 있다. 낱말 삭제 방법은 다시 고정 비율 방법과 변동 비율 방법으로 나눌 수 있고, 낱말 채점 방법은 정확한 낱말을 채점하는 방법과 적절한 낱말을 채점하는 방법, 고빈도 낱말 채점 방법이 있다. 자세한 방법과 예시는 다음과 같다.

분류	유형	예시
낱말 삭제 방법	고정 비율 방법	매 n번째 낱말을 규칙적으로 삭제하여 빈칸을 만들고 50개 이상의 빈칸을 일정한 길이로 만드는 것
	변동 비율 방법	매 n번째 낱말을 기계적으로 삭제하지 않고 연구 목적에 따라 내용어나 기능어를 포함하여 삭제함으로써 빈칸을 만드는 방법
낱말 채점 방법	정확한 낱말 채점	원문과 동일한 낱말인 경우에만 정답으로 인정
	적정한 낱말 채점	문맥에 적정한 낱말인 경우도 정답으로 인정
	고빈도 낱말 채점	원어민 집단의 반응을 비교하여 반응에 가중치를 두고 외국인 집단의 반응을 채점

빈칸 메우기 검사를 위한 글은 250~350개 단어 수준의 완결된 글어야 하며, 내용이 명료하고 체계가 있어야 한다. 첫 문장과 마지막 문장, 문장 길이에 영향을 받는 문장은 그대로 두는 것이 좋고, 두 번째 문장에서 처음 시작되는 다섯 단어 중 하나를 선택하여 삭제하되 이 단어를 시작으로 매 n번째 단어를 삭제하여야 한다. 이때 삭제된 단어의 성격은 고려하지 않아야 하며 빈칸의 길이는 실제 단어의 길이와 상관없이, 똑같은 길이로 제시하여야 한다. 학생들은 빈칸에 직접 답을 쓰거나 답안지에 별도로 답을 쓸 수 있다.

오독 분석 검사

독자가 글을 소리 내어 읽는 동안 나타나는 오류를 분석하여 독자의 읽기 과정에서 나타나는 인지적 전략 사용 양상을 평가하는 방법이다. 굿맨(Goodman, 1968)이 최초로 제안한 오독 분석법(miscue)은 독자가 합리적인 단서 사용자(cue user)이며, 독자는 글을 이해하기 위해 통사적·의미적·음성적으로 글자로 표현하는(grapho/phonic) 단서 체계를 사용한다는 사실을 전제로 삼고 있다. 오독은 1) 원래 단어를 다른 단어로 대체, 2) 원래 단어 생략, 3) 원래 없는 단어 삽입, 4) 위치를 바꾸어 읽는 전치, 5) 반복과 수정하여 읽기 등의 유형별로 분류하여 기록하는 방법이 있다. 오독 분석 방법의 순서는 다음과 같다.

① 학생들이 아직 배우지 않은 읽기 자료를 준비한다.
　　(고학년은 300개 단어, 저학년은 150~200개 단어)
② 학생들이 소리 내어 읽도록 하고 이를 녹음한다. 교사들은 학생들의 오류를 기록한다.
③ 100-오류 단어 수/읽기 자료 단어 수×100(%)
④ 자기 수정 비율(self-correction ratio)을 '자기 수정한 횟수/오독 수+자기 수정한 횟수'로 계산
⑤ 오독을 분석한다.

⑥ 학생들의 이해도 측정을 위한 질문을 선정하고 학생들이 답하도록 한다.(빈칸 메우기 및 회상 검사)

안구 운동 분석

안구 운동(eye movement) 분석은 독자가 글을 읽을 때 글이나 단어의 특정 부분에 머무는 고정(fixation) 시간이나 빈도, 회귀(regression)나 도약(saccade)의 정확성이나 거리에 대한 정보를 제공하여 줌으로써 독자의 읽기에 대한 인지적 과정을 추론할 수 있도록 하는 평가 방법이다. 안구 운동 분석을 통해 능숙한 독자의 특성을 연구한 레이너 외(Rayner et al., 2012)에 따르면, 능숙한 독자는 일반적으로 고정 시간이 짧고 도약의 거리는 매우 긴 특징을 보인다. 또한 능숙한 독자는 처리하지 못한 정보로 다시 돌아가는 상황에서 그 정보가 위치한 곳에 정확하고 효율적으로 회귀하는 특징을 보인다. 안구 분석 방법을 통해 독자의 고정 시간에 대한 정보는 독자의 주의 집중 경향이나 지식 변인의 수준을 추정할 수 있다.

(3) 독서 결과 평가의 실제

선다형 검사

선다형 검사(multiple choice test)의 문항은 문항 제시부와 세 개 이상의 선택지로 구성되며, 이 선택지 중 하나만 정답(key)이고 나머지는 오답이다. 선다형 검사는 채점이 빠르고 쉽기 때문에 경제적이며, 채점자의 주관성이 반영되지 않으므로 더욱 공정하고 신뢰할 만한 검사라는 인상을 준다. 대단위 평가에 적용할 경우에 기계 채점도 가능하므로 매우 경제적인 검사 유형이다. 단, 선다형 검사의 경우 좋은 문항을 개발하는 데 어려움이 있고, 부정 행위가 발생할 수 있는 가능성이 높을 뿐 아니라, 우연에 의해 맞을 수도 있다. 선다형 검사의 하위 유형으로는 최선답형, 정답형, 다답형, 합답형, 부정형 등이 있다.

진위형 검사

진위형 문항은 '예/아니오'나 '참/거짓' 중에서 하나를 선택해야 하는 문항으로 답지에 관한 선택지가 2개인 검사 유형이다. 수험자가 우연히 정답을 추측할 가능성이 50퍼센트로 매우 높기 때문에 선택한 이유를 진술하라는 보완적인 문항이 제시되기도 한다. 그러나 보완 문항의 응답 범위가 넓어져 채점이 더 어려울 수 있는 문제가 발생할 수 있다.

자유 회상

자유 회상(free recall)은 독자가 자신이 글을 읽은 후 얼마나 많은 내용의 정보를 기억하고 있는지를 평가하는 방법이다. 평가자는 기본적으로 독자가 회상한 내용을 바로 평가하는 데는 어려움이 있기 때문에 회상하는 동안 녹음을 할 수 있다. 학생들이 회상한 내용들에 대한 평가는 전체 내용 중 몇 퍼센트를 기억했는지의 기억한 정보량에 대한 평가와 기억한 정보의 연결 순서(sequence) 및 정확성 정도, 글의 중요한 정도 등에 대한 평가가 가능하다.

[표 10-2] 자유 회상의 예시

중요 순위	구절 단위(pausal units)	회상 순서
2	1. 세 명은 점점 지루해졌다.	1
3	2. 그들의 긴 여행으로부터	2
1	3. 그리고 그들은 지금 강을 건너야만 했다.	3
3	4. 강은 깊고 넓었다.	
1	5. 그래서 그들은 헤엄을 쳐서 강을 건너야만 했다.	
1	6. 어린 개는 얼음이 있는 물로 뛰어들었다.	
2	7. 그들을 뒤쫓는 인물들을 향해 짖기	
2	8. 더 나이가 많은 개는 물로 뛰어들었다.	
3	9. 그는 약했다.	

3	10. 그리고 고통을 겪었다.	
3	11. 그러나 왜 그런지	
1	12. 그는 반대쪽 강둑에 가까스로 닿았다.	
2	13. 가엾은 고양이는 혼자 남았다.	5
1	14. 그 고양이는 두려웠다.	6
3	15. 그는 강둑으로 달려갔다.	
3	16. 두려움에 흐느꼈다.	
2	17. 그 어린 개는 앞뒤로 수영했다.	7
2	18. 도움을 구하고자	
1	19. 마침내	
1	20. 그 고양이는 점프했다.	
2	21. 그의 동료 곁으로 수영하기 시작했다.	
3	22. 그 당시에	
3	23. 나쁜 일이 생기기 시작하고	
3	24. 상류에서 나이든 비버는 댐을 만들었다.	8
1	25. 그 물은 하류로 흘러갔다.	
2	26. 그 동물들을 향해 큰 나무가 던져졌다.	
2	27. 그 나무가 고양이를 쳤다.	9
1	28. 그리고 그 고양이는 누구의 도움도 받지 못한 채 떠내려갔다.	

전체 단위 수=28, 회상된 단위 수=9, 회상 비율=32%, 순서에 대한 평가=훌륭함, 회상된 중요 순서의 평균=1.9(약한 회상 수준)

탐문 검사

탐문 검사(probe question)는 독자들이 책을 읽고 기억한 정보들을 최대한 많이 탐색하여 이끌어낼 수 있도록 하는 평가 방법으로, 다양한 질문(question)을 독자들에게 던져 머릿속에 저장한 정보들을 꺼내는(probe) 방식으로 이루어진다. 탐문 검사는 단지 정보를 기억하는 수준뿐 아니라 글에 대한 독자의 이해 수준, 즉 독해 수준을 개별적으로 점검할 수 있는 검사 유형이다. 특히 글자를 충분히 깨치지 못한 아동들의 독해를 평가하기 위한 구어적인 형태의 질의 응답 방식은 아동들의 독해 양상을 평가하는 데 도움을 줄 수 있다. 그러나 탐문 검사는 수험자들에게 개별적으로 질문을 하고 답을 하는 방식으로 평가가 진행되므로 시간 소모가 많아 평가 자체에 어려움이 있는 편이다.

(4) 독서 상위인지 평가의 실제

자기 교정

자기 교정(self-correction)은 독자가 글을 읽는 과정에서 오류나 독해의 결과들을 점검하는 가운데 나타난다. 독자들이 글을 읽을 때 어떤 단어를 잘못 읽고 나서 그다음에 그 단어를 정확하게 읽기 위해 그 단어로 돌아가서 다시 읽는 행위들이 자기 교정의 한 예이다. 이처럼 독자들이 자신의 독서 과정을 점검하고 실제 조절하는 행위를 수행하는가를 평가하기 위해 자기 교정의 방법을 사용할 수 있다.

자기 평가

독자가 자신의 독서 수행(performance)에 대해 스스로 점검하고 반성하는 활동을 하는 것을 일컬어 자기 평가(self-assessment)라고 한다. 자기 평가는 상위인지가 기반이 되어 독자 스스로가 무엇을 알고 무엇을 모르는지에 대해 인식하는 데서 출발한다. 자기 평가의 방법은 독자들 자신이 독서의 이해 정도를 점검하고, 독서 과정에서 발생하는 독서 문제를 진단하고, 자신의 독서 방법을 비판적으로 평가하고 조정할 수 있도록 도움을 준다. 독자는 자기 평가를 통해 독서 오류나 독서 문제의 중요성 또는 심각성을 평가하고, 독서 오류나 문제를 해결할 방법을 스스로 인식하여 해결해 나갈 수 있다. 자기 평가는 체크리스트를 통해 실시할 수 있다. 독해 전략 수행에 대한 자기 평가를 실시할 경우, 독자는 독서 문제를 스스로 인식하고 점검 및 조절할 수 있게 된다.

[표 10-3] 읽기 전략에 대한 상위인지 검사지[1]

번호	문항	전혀 그렇지 않다	아주 가끔 그렇다	가끔 그렇다	내내 그렇다	항상 그렇다
1	나는 책을 읽을 때 마음속으로 글을 읽는 목적을 설정한다.	1	2	3	4	5
2	나는 읽은 내용을 이해하기 쉽도록 메모를 한다.	1	2	3	4	5
3	나는 읽은 내용을 잘 이해하기 위해 내가 알고 있는 사실을 떠올린다.	1	2	3	4	5
4	나는 책을 읽기 전에 먼저 내용을 훑어본다.	1	2	3	4	5
5	글이 어려워질 때, 나는 글을 더 잘 이해하기 위해 소리 내어 읽는다.	1	2	3	4	5
6	글의 중심 내용을 떠올리기 위해 내용을 요약해 본다.	1	2	3	4	5
7	글의 내용이 나의 읽기 목적에 맞는지 아닌지에 대해 생각해 본다.	1	2	3	4	5
8	나는 글의 내용을 잘 이해하기 위해 느리지만 신중하게 글을 읽는다.	1	2	3	4	5
9	나는 내가 잘 이해하고 있는지에 대해 다른 사람과 이야기해 본다.	1	2	3	4	5
10	글의 길이와 조직을 살펴보기 위해 처음에 글을 훑어본다.	1	2	3	4	5
11	나는 글을 읽을 때 집중력이 떨어지면, 다시 처음부터 글을 읽어 간다.	1	2	3	4	5
12	나는 글을 읽을 때 글의 내용을 잘 기억하기 위해 줄을 긋거나 동그라미로 표시한다.	1	2	3	4	5
13	나는 읽고 있는 글에 따라 글 읽는 속도를 조절한다.	1	2	3	4	5
14	나는 매우 자세하게 읽어야 할 부분과 무시해야 할 글의 부분들을 결정한다.	1	2	3	4	5
15	나는 글을 잘 이해하기 위해 사전과 같은 자료를 활용한다.	1	2	3	4	5
16	글이 어려워지면, 나는 글의 내용에 더욱 집중한다.	1	2	3	4	5
17	나는 글에 대한 이해를 높이기 위해 글에 나타난 표, 그림, 삽화 등을 이용한다.	1	2	3	4	5
18	나는 읽고 있는 글의 내용에 대해 생각하기 위해 잠시 멈춘다.	1	2	3	4	5
19	나는 내가 읽고 있는 글의 내용을 보다 더 잘 이해하기 위해 글 속에 나타난 단서들을 활용한다.	1	2	3	4	5

20	나는 내가 읽는 글의 내용을 더 잘 이해하기 위해 내가 이해하는 방식으로 글의 내용을 다시 바꾸어 이해한다.	1	2	3	4	5
21	나는 읽은 글의 내용을 보다 더 잘 기억하기 위해 정보를 시각화하여 그림처럼 기억하려고 한다.	1	2	3	4	5
22	나는 글의 핵심 정보를 구분하기 위해 글씨체를 변화하거나 혹은 굵게 표시하도록 한다.	1	2	3	4	5
23	나는 글에서 제시된 정보에 대해 비판적으로 분석하고 또 평가한다.	1	2	3	4	5
24	나는 글 속의 아이디어 간의 관계를 파악하기 위해 앞뒤로 번갈아 가며 글을 읽는다.	1	2	3	4	5
25	나는 책에 제시된 정보가 서로 갈등을 일으킬 때, 내가 이해한 바를 점검한다.	1	2	3	4	5
26	나는 읽고 있는 글의 내용과 관련해서 추측하면서 읽고자 한다.	1	2	3	4	5
27	글이 점점 어려워질 때, 나는 글을 더 잘 이해하기 위해서 글을 다시 읽는다.	1	2	3	4	5
28	나는 글 속에 답을 찾을 수 있는 질문을 나에게 스스로 하면서 글을 읽는다.	1	2	3	4	5
29	글에 대해 내가 추측한 내용이 옳은지 틀린지를 알기 위해 점검한다.	1	2	3	4	5
30	나는 잘 모르는 단어나 구의 의미를 추측해 내기 위해 노력한다.	1	2	3	4	5

프로토콜 분석

프로토콜 분석(protocol analysis)은 독자가 글을 읽는 중에 머릿속에서 이루어지는 행위, 인지적 과정이나 단계, 떠오르는 생각들을 소리 내어 말하는 사

---

1   이 검사지는 읽기 전략에 대한 상위인지 검사지로 모하리와 리처드(Mokhari & Rechard, 2002)의 청소년과 성인 독자들을 대상으로 한 읽기 전략에 대한 상위인지 인식 검사지(Metacognitive Awareness of Reading Strategies Inventory: MARSI)를 최숙기(2010)가 번안하여 사용한 것이다. 이 도구는 총 30개 문항으로 이루어졌으며, 각 문항은 독자들의 읽기 전략적 지식을 탐색하고 실제 읽기 전략과 관련한 상위인지 실행의 정도를 측정하는 형식으로 구성되었다. 이 도구는 총체적 읽기 전략(global reading strategies), 문제 해결 전략(problem solving strategies), 지원 읽기 전략(support reading strategies) 등의 세 가지 읽기 전략에 대한 상위인지 인식에 대해 측정하고자 하였으며, 각 전략 범주에서 획득한 평균 점수가 3.5점 혹은 그 이상인 경우 '높음(high)', 2.5점에서 3.4점의 범주인 경우 '중간(medium)', 2.4점 혹은 그 미만인 경우 '낮음(low)'으로 해석될 수 있다.

고구술(think aloud)의 과정에서 산출된 언어적 프로토콜 자료를 분석하는 평가 방법이다. 프로토콜 분석을 통해 독자가 글을 읽는 동안에 일어나는 전략의 수행, 정보의 획득, 정신적 처리 과정 등을 추론할 수 있다. 프로토콜 분석을 실시할 경우에 교사는 독자들의 사고구술 자료를 녹음하거나 촬영하여 이를 전사한 뒤 의미 있는 독서 국면별로 범주화하여 독자들의 이해 정도, 전략 사용 양상, 오류 등을 평가할 수 있다. 그러나 사고구술 자체가 독자에게 상위 인지적 수행을 요구하는 활동이므로 아주 어린 독자들에게 이를 적용하기에는 한계가 있다. 따라서 사고구술 자체에 대한 자동성이 내재될 수 있도록 충분한 연습을 거친 후에 이 평가 방법을 적용할 필요가 있다.

오류 탐색 과제

독해 점검하기는 독자가 자신의 독서 행위가 성공적으로 수행되고 있는지를 평가하는 것과 관련 깊다. 오류 탐색 과제(error detection task)는 독자의 독해 점검을 평가하는 방법에 속한다. 오류 탐색 과제의 절차는 수험자에게 오류를 포함한 글 자료를 읽도록 하고 오류가 있을 경우에 독자가 이에 대해 언급하게 하는 방식으로 이루어진다. 오류의 유형에는 조직이 체계적이지 않거나, 불완전한 문장이거나, 부적절한 연결어 사용이나, 불명확한 참조자료, 상충하는 정보들의 연결 등이 있을 수 있다.

요약하기

요약하기는 독자가 글을 읽고 난 뒤 글 속의 중요 정보를 추출하는 양상을 평가하는 방법이다. 독서의 인지적 과정으로서의 요약하기(summarizing)가 문어적 표현 활동으로 전환된 것이 요약문이다. 요약문은 글의 중요 정보를 완결된 글 단위로 제시한 것이다. 교사는 요약문을 통해 학생들이 글에 제시된 수많은 정보 가운데 기억해야 할 중요한 정보를 올바로 파악하였는지를 평가할 수 있다. 미숙한 독자들은 글의 중요 정보를 효율적으로 추출하지 못할 뿐 아니라 중요 정보를 오랫동안 기억하는 데도 실패하는 특징을 보인다.

중요도 평정

글에 제시된 정보의 중요 순위를 평가하도록 하는 방법으로 글 속에 제시된 중요 정보를 독자가 구분하면서 읽을 수 있는지를 평가하는 데 목적이 있다. 글 속의 중요 정보는 글의 주제나 목적과의 관련성에 기반하여 평가할 수 있는데, 글 속에 제시된 정보가 중요한 정보인지 중요하지 않은 정보인지의 여부를 판별할 수 있는 능력은 독자가 가장 필수적으로 갖추어야 할 능력에 속한다. 학년 수준에 적정한 글 자료를 제시하고 전체 문장별 혹은 의미 단위별로 중요한 순서로 순위를 매겨 보거나 배열해 보도록 함으로써 중요도 평정(importance ratings)을 활용한 평가를 실시할 수 있다.

3. 독서평가의 실제

(1) 독서평가의 계획 단계

독서평가를 실시하기 위해서 교사는 우선 독서평가의 목적을 선정하고 이에 따라 평가 계획을 수립하여야 한다. 독서평가의 목적에 따라 출제되는 문항의 내용이나 유형, 문항 수, 평가 시행 조건이 달라질 수 있기 때문에 독서평가 목적을 우선적으로 확인할 필요가 있다. 이때 독서평가를 실시하여 알고자 하는 것이 무엇이며, 독서평가의 목적이 진단, 형성, 성취 평가 중에 어디에 해당하는지를 분명하게 진술해야 한다.

독서평가 계획의 첫 번째 단계는 독서평가의 목적을 명료화하는 것이다. 독서평가의 목적과 유형, 평가하고자 하는 독서 능력(지식, 기능, 태도) 혹은 독서 교육과정의 내용 성취기준, 평가 결과의 정확도와 상세화 정도, 평가를 통한 역류(washback)의 중요성 여부, 시험 구성과 시행, 채점의 전문성과 시설, 시간 등을 포함한 제약 조건들을 구체화해야 한다.

두 번째 단계는 평가하고자 하는 능력 요소 혹은 독서 성취기준별로 문항 배치 계획을 구체화하는 것이다. 이를 위해 독서 능력 요소에서 지식, 기능, 태도 중 어떠한 요소를 평가할 것인지, 기능 가운데 해독 기능과 독해 기능을 모두 포함할 것인지 등 평가 요소를 구체화한 뒤 이를 바탕으로 평가할 문항의 수나 유형, 문항별 배점을 결정해야 한다.

세 번째 단계는 독서평가 명세서 혹은 이원목적분류표를 작성하는 것이다. 학교의 형식적 평가인 중간고사나 기말고사의 경우 국어 교육과정의 내용 성취기준에 기반하여 독서 문항을 개발할 수 있다. 학교 단위의 독서 성취 평가를 실시할 경우에는 학기 초에 공지한 평가 계획을 토대로 하여 지필 평가와 수행 평가를 포함한 문항 계획을 수립하며, 학교 행정 시스템상의 나이스에서 제공하는 이원목적분류표 양식에 따라 이원목적분류표를 작성하면 된다. 비형식적 독서평가로서 진단 평가나 형성 평가, 성취 평가를 실시할 경우에는 독서평가 명세서를 작성할 수 있는데, 독서평가 명세서에는 독서 성취기준 및 독서 능력 요소를 평가하기에 적절한 문항 내용 및 내용 영역 표시, 문항 유형, 문항 난이도, 문항 배점, 정답 및 정답 근거를 제시하면 된다.

독서평가 명세서에 포함될 행동 영역의 표시는 독서 능력 요소별로 지식, 기능, 태도로 분류할 수 있다. 국어 교과의 경우에 행동 영역은 지식, 이해, 적용으로 표시되는데, 교육과정 성취기준에 기반하여 독서 성취 평가 문항을 개발할 경우에도 이를 반영할 수 있다. 문항의 난이도는 문항의 유형이나 문두 기술, 답지 구성 등의 요소들을 고려하여 난이도별 문항을 균형 있게 출제하되 문항 난이도 분류는 쉬움, 보통, 어려움의 3단계로 일반적으로 제시하고 정답률을 기준으로 난이도를 각각 분류할 수 있다. 문항의 정답률이 70퍼센트 이상인 경우 쉬운 문항이며, 어려운 문항은 40퍼센트 미만의 정답률을 보이는 문항이다. 문항의 배점은 평가 문항의 난이도와 독서평가 요소의 수준, 문항의 유형을 종합적으로 고려하여 판단할 필요가 있다. 문항은 어려운데 배점을 낮게 설정할 경우에 학생들의 실제 독서 능력을 측정하는 데 혼란을 줄 수 있다.

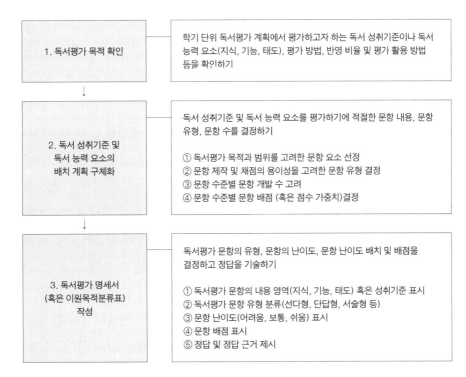

| 1. 독서평가 목적 확인 | 학기 단위 독서평가 계획에서 평가하고자 하는 독서 성취기준이나 독서 능력 요소(지식, 기능, 태도), 평가 방법, 반영 비율 및 평가 활용 방법 등을 확인하기 |

↓

| 2. 독서 성취기준 및 독서 능력 요소의 배치 계획 구체화 | 독서 성취기준 및 독서 능력 요소를 평가하기에 적절한 문항 내용, 문항 유형, 문항 수를 결정하기

① 독서평가 목적과 범위를 고려한 문항 요소 선정
② 문항 제작 및 채점의 용이성을 고려한 문항 유형 결정
③ 문항 수준별 문항 개발 수 고려
④ 문항 수준별 문항 배점 (혹은 점수 가중치)결정 |

↓

| 3. 독서평가 명세서 (혹은 이원목적분류표) 작성 | 독서평가 문항의 유형, 문항의 난이도, 문항 난이도 배치 및 배점을 결정하고 정답을 기술하기

① 독서평가 문항의 내용 영역(지식, 기능, 태도) 혹은 성취기준 표시
② 독서평가 문항 유형 분류(선다형, 단답형, 서술형 등)
③ 문항 난이도(어려움, 보통, 쉬움) 표시
④ 문항 배점 표시
⑤ 정답 및 정답 근거 제시 |

[그림 10-1] 독서평가 계획 수립 단계

(2) 독서평가를 위한 지문의 선정 및 개발 단계

독서평가 계획 단계 이후로는 실제 독서평가 문항 개발을 위한 지문을 선정하거나 개발하는 단계로 나아간다. 독서평가의 핵심은 학생들의 독서 발달 수준에 적정한 지문과 글 자료를 선정하는 데 있다. 학년 발달 수준에 적절한 글 자료를 선정하는 단계는 독서평가 도구를 개발하는 교사들이나 연구자들에게 매우 도전적인 과제이다. 이는 우리나라의 경우 학년 수준에 적절한 독서 자료를 측정하는 이독성(readability) 공식과 이독성 공식의 근간이 되는 쉬운 단어 목록에 대한 연구가 제한적이기 때문이다.

이독성은 텍스트 이해의 곤란도 수준 또는 읽기 쉬움 정도를 나타낸 것으로 일반적으로 이독성이 높은 글은 비교적 쉬운 글이며, 어려운 단어의 포함 비율과 통사적 복잡성 정도가 낮은 글이다. 최근에는 글의 질적 요인으로서 배경지식의 요구 수준이나 글의 주제나 의미의 추상성이나 복잡성, 독자의 독서 흥미나 동기, 독서 과제 요인을 종합적으로 고려하여 글의 이독성을 평가하기도 한다. 독서평가를 위해서는 해당 학년 수준에 적절한 글을 선별하는 데 노력을 기할 필요가 있다. 한 예로, 학년 수준에 비해 쉬운 글을 선정하여 독서평가를 실시할 경우에 해당 학년의 학생들의 독서 능력이 실제와 달리 훨씬 높게 추정될 수 있기 때문이다. 이에 대안적인 방법으로 독서평가의 지문 선정 시, 해당 학년 수준의 교과서 제재를 활용하거나 국가 수준의 학업 성취도 평가에서 제시하는 학년별 평가 문항의 지문을 활용할 수 있다.

이 밖에도 독서평가의 지문을 선정할 때에는 글의 유형이나 소재 등을 고려해야 한다. 예를 들어, 글의 관점을 비교하려는 문항을 개발하고자 할 경우 설명문은 적절하지 않다. 독서평가의 지문을 개발할 때에는 글의 길이도 고려해야 한다. 만약 글은 전반적으로 쉬우나 길이가 긴 경우에 독서 속도에 영향을 미쳐 예상치 못하게 문항 난이도가 높아질 수 있다. 또한 수준이 높은 독해 기능을 평가하고자 하거나 여러 문항으로 다양한 독해 기능을 총체적으로 평가할 경우에 지문의 길이가 지나치게 짧으면 정확한 능력 측정이 어려울 수 있다. 이에 평가 명세서에 제시된 문항 난이도나 독서 기능 수준을 고려하여 지문의 분량을 결정할 필요가 있다.

(3) 문항 개발 및 검토 단계

독서평가 지문을 선정하거나 개발한 이후에는 실제 독서평가 문항을 개발해야 하며 문항에 대한 검토도 함께 이루어져야 한다. 독서평가의 개발과 검토는 평가 문항의 유형에 따라 그 방법과 절차가 다를 수 있다. 일반적으로 독서평가 문항은 선다형 문항, 서술형 문항, 수행 평가 문항으로 나누어 살펴볼 수 있다.

선다형 문항은 문두와 여러 개의 답지로 이루어진 문항 유형이다. 발문의 길이나 정확성 그리고 제시되는 자료의 신뢰성과 타당성, 답지의 정확성 등을 고려하여 문항을 개발하고 검토해야 한다. 서술형 문항이나 수행 평가 문항의 경우에는 학생들의 응답이 동일하지 않고 다양할 수 있으므로 이 응답 가운데 정답의 기준이 되는 범위를 정확히 제시해 주는 평가표나 정답 범위에 대한 준거가 함께 개발되어야 한다. 특히, 서술형 평가나 수행 평가의 경우에 평가자의 주관성이나 편향, 오류 등의 문제들이 평가 신뢰도에 영향을 미칠 수 있으므로 평가 준거의 체계적이고 명확한 제시가 필요하다.

선다형 문항의 개발 및 검토

독서평가에서 선다형 문항은 발문(혹은 문두)과 3개 이상의 답지로 구성된 문항으로 오지 선다형 답지가 일반적이다. 발문은 최선답형, 정답형, 다답형, 합답형, 부정형 등으로 다양하게 구성할 수 있다. 발문은 지나치게 길지 않으면서도 묻고자 하는 항목을 명확하게 표현할 수 있어야 한다. 또한 발문이나 제시되는 자료 자체로 답을 예측할 수 있도록 해야 하며, 자료 자체가 편향적이거나 오류 정보를 담고 있어서는 안 된다. 선다형은 답지 구성이 가장 주요한데, 정답은 분명히 하나가 제시되어야 하며, 복수 정답이나 정답이 없는 무답의 상황을 경계해야 한다.

답지를 구성할 때에는 문항과 전혀 상관없는 답지를 제시하여 실제 답지의 경쟁 기능이 상실되지 않도록 해야 하며, 답지 길이나 논리적 순서를 고려하여 일관되게 배치해야 한다. 또한 답지 간의 상호 간섭을 발생시켜 답을 쉽게 예측할 수 있도록 해서는 안 된다. 마지막으로 문항 번호와 정답, 배점이 평가 명세서와 일치하는지를 확인해야 한다.

수정 전 문항	3. 〈보기〉를 바탕으로 할 때, [A]에 대한 반응으로 적절한 것은?

⇩

번호	검토 항목	예	아니오	검토 사항
2	발문(혹은 문두)의 표현은 정확하고 명료한가?		V	문두를 통해 묻고자하는 독서 능력이 더욱 직접적으로 제시되면 좋겠고 답을 한정할 수 있도록 하는 최선답으로 문두를 수정하면 좋겠다.

⇩

수정 후 문항	3. 〈보기〉의 관점에서 [A]를 비판한 내용으로 가장 적절한 것은?

[그림 10-2] 선다형 문항의 검토 예시

서술형 문항의 개발 및 검토

서술형 문항은 평가 요소나 지시어, 배점 등으로 구성된다. 응답 자유도가 높은 문항이므로 채점 기준을 구체적으로 마련해야 하며, 부분 점수에 대한 기준도 명확하게 제시해야 한다. 이에 채점 기준표에는 채점 항목과 채점 기준, 항목별 배점과 예시 답안이 포함되어야 한다.

`평가의 실제` ··

서술형 평가 문항의 예시

1. 다음 글을 읽고, 『예담이는 열두 살에 1,000만 원을 모았어요』라는 책의 긍정적 측면과 부정적 측면을 두 가지씩 쓰시오.

> 『예담이는 열두 살에 1,000만 원을 모았어요』의 저자 홍예담 양과의 인터뷰
>
> 열두 살에 1,000만 원을 모아 화제가 된 '소녀 저축왕' 홍예담 양이 책을 통해 알

뜰한 저축 노하우를 공개했다. 홍예담 양과의 인터뷰를 통해 책의 주요 내용을 알아보았다.

1. '소녀 저축왕'은 어떻게 돈을 모았을까?

예담 양은 "홈 아르바이트를 하고, 가지고 있는 물건 중 안 쓰는 것을 인터넷을 통해 되팔아 돈을 모았다."라고 전했다. 홈 아르바이트는 집에서 설거지, 구두닦이 등의 가사를 돕고 노동 강도에 맞는 용돈을 받는 것. 직장인으로 치자면, 월급과 재테크 비용을 저축했다는 말이 된다.

2. 가계부 – 금전 출납부는 꼭 쓸 것

이어서 저축 노하우도 귀띔했다. 예담 양이 가장 강조한 것은 바로 '가계부'. "가계부는 꼭 써야 한다."라며 "가계부를 쓰기 전에는 돈을 어떻게 쓸 것인지 계획하고, 가계부를 쓰고 나서는 반성하라."라고 전했다. 수중에 돈이 얼마나 있는지 확인하고, 얼마를 어떻게 썼는지 항상 파악하고 있어야 한다는 의미이다.

3. 없으면 쓰지 마! – 현금 사용 원칙

또 "요즘 어른들을 보면 카드 때문에 문제가 많은 것 같다."라며 현금 사용을 적극 권장했다. 이 역시 "돈이 없으면 쓰지 말라."라는 '저축왕' 만고불변의 원칙이다.

4. 모은 돈도 다시 보자 – 돈 관리는 철저히

이 밖에 예담 양은 '저축왕'으로서의 냉철한 면모도 내비쳤다. "주위에서 돈을 빌려 달라는 사람에게는 계약서를 쓰고 빌려 준다."라고 밝힌 것이다. "가족에게는 10퍼센트의 이자를 받고 친구들에게는 좀 적게 받는다."라는 말은 퍽 인상 깊었다.

5. 넌 저축 왜 하니? – 저축에 대한 뚜렷한 목표 의식

그러나 무엇보다 예담 양이 '소녀 저축왕'이 될 수 있었던 가장 큰 비결은 다른 데 있었다. 일곱 살에 저축을 시작해 열두 살에 1,000만 원을 모은 예담 양은 저축을

하는 목적이 뚜렷했다. "미래에 제가 하고 싶은 일이 있는데 그걸 위해 돈을 모으고 있어요. 훗날 그 일을 할 때 어려움 없이 시작하려면 지금부터 모아야 할 것 같아서죠."

긍정적 측면	• •
부정적 측면	• •

⊙ 예시 정답

– 다음의 내용으로 두 가지씩 쓰면 됨.

긍정적 측면	• 일찍부터 경제관념을 가질 수 있도록 도와준다. • 효율적인 돈 관리의 비결을 전달해 준다. • 돈 관리의 성공 사례를 바탕으로 경제적 목표 의식을 심어 준다.
부정적 측면	• 자극적인 제목으로 학생들이 현혹될 수 있다. • 경제적으로 허황된 꿈을 꾸게 할 수 있다. • 당연하고 뻔한 정보를 담고 있을 수 있다. • 지나치게 경제적이고 효율적인 부분만 부각시킬 수 있다.

⊙ 채점 기준

채점 기준 및 배점
【정답 조건 및 유의 사항】 ① 두 가지씩 모두 네 가지를 올바르게 쓴 경우에 각 3점씩 12점을 부여하고, 한 가지가 빠질 때마다 3점씩 감점함. ② 띄어쓰기와 종결 어미는 고려하지 않음.

| 출제 의도

이 문항은 고등학교 학생들의 읽기 능력 중 '글을 읽고 내용의 타당성과 공정성, 자료의 적절성을 판단할 수 있다.'를 평가하기 위한 문항이다.

| 정답 해설

정보 서적을 소개하는 글을 읽고, 그 내용을 평가해 보는 활동이다. 『예담이는 열두 살에 1,000만 원을 모았어요』라는 책은 돈을 효율적으로 관리하고 모으는 방법을 알려 주는 내용을 담고 있는 등 긍정적인 측면이 있다. 그러나 경제적으로 허황된 꿈을 꾸게 하거나 당연한 정보만을 담고 있을 수 있는 등의 부정적인 측면도 함께 가지고 있다.

수행 평가 문항의 개발 및 검토

독서 수행 평가는 독자의 실제적 독해 수행을 통해 독서 능력을 평가하는 것이다. 학습을 방해하지 않으면서 독서 수업과 연계하여 실시할 수 있으며, 이를 통해 교사는 학생들의 독서 활동이나 독서 행위에 관련한 다양한 자료를 수집할 수 있다. 구체적으로 교사는 독서 수행 평가를 통해 학생들이 읽은 글에 대한 학생들의 실제적 반응 등에 관한 질적 관찰을 할 수 있다. 대표적인 독서 수행 평가로는 독서 감상문, 서평, 요약문, 비평문, 상반되는 글 자료를 읽고 논증하는 글쓰기 등을 들 수 있다. 이들은 독서 행위를 토대로 한 이해와 산출이 통합적으로 요구되는 평가 문항이다. 독서 수행 평가 시 평가 요소 및 준거, 평가 척도, 평가 방법들을 문항과 함께 체계적으로 제시해야 한다.

평가의 실제 ··

[요약문 수행 평가 상황]
고등학생을 대상으로 하여 질병으로부터 인간의 몸을 보호하는 원리에 관한 설명문 텍스트(총 1,446자 분량)를 읽고 20분 내에 요약문을 작성할 것.

---

* 다음 설명문을 읽고 요약문을 써 보자. 요약문을 쓰기 위해서는 이 글에서 전달하고자 하는 중심 내용은 무엇이며 이를 구체화하기 위한 세부 정보는 무엇인지 우선 판단할 필요가 있다. 문단별로 중요 정보를 파악하며 요약문을 작성해 보자.

질병으로부터 우리 몸을 보호하기 위해 우리 몸은 '비특이적 방어'와 '특이적 면역 반응'을 갖추고 있다. 우리 몸의 피부나 호흡기의 점액 등은 세균이나 바이러스 등이 통과할 수 없게 하는 방어막 역할을 한다. 만약 이 방어가 실패하여 외부 감염원이 우리 몸에 침투하면 백혈구, 식세포, 항균 단백질이 외부 감염원의 종류를 가리지 않고 방어를 하게 된다. 이러한 방어 체계를 비특이적 방어라고 한다.

특이적 면역 반응은 비특이적 방어만으로는 감염원을 성공적으로 물리치지 못하는 경우 일어나는 반응이다. 우리가 흔히 말하는 '면역'은 이 특이적 면역 반응을 가리킨다. 특이적 면역 반응은 외부에서 침입한 세균이나 바이러스에 있는 항원을 인식하면서 시작된다. 이 과정에서 우리 몸의 면역 체계는 특정한 항원에 반응하는 항체를 생산하는 세포를 증식시킨다. 이때 흥미로운 점은 처음 만났던 항원과 같은 항원이 우리 몸에 다시 들어오면, 두 번째에는 처음보다 신속하고 강력하게 대응한다는 것이다. 예컨대 한 번 풍진을 앓으면 면역 체계가 그 바이러스를 기억하게 된다. 그러면 그 이후 침입한 풍진 바이러스는 이미 형성된 항체 때문에 질병을 일으키지 못한다. 이렇게 동일한 감염원에 대하여 우리 몸이 항체를 형성하여 방어할 수 있게 하는 것을 '면역 기억력'이라 한다.

면역 기억력은 다음과 같은 과정을 통해 생긴다. 우리 몸의 1차 면역 반응은 외부에서 침입한 항원에 항체를 형성시키는 면역 세포가 항원을 감지하면서 시작된다. 면역세포 중에는 B세포라는 것이 존재하는데, B세포는 면역 과정에서 항체를 생산하는 형질 세포와 항원을 기억하는 기억 B세포로 분화되는 세포이다. 외부에서 들어온 특정한 항원 에는 여러 종류의 B세포 중 그에 맞는 특정한 B세포가 결합한다. 이후 형질 세포는 항체를 만들어 침입한 항원을 즉시 파괴하고 자신도 이내 죽는다. 기억 B세포는 침입했던 항원을 기억하는 세포로 우리 몸의 면역 체계에 오랫동안 남게 되고, 우리 몸은 면역 기억력을 갖게 된다. 이후 동일한 종류의 항원이 또다시 우리 몸에 침투하면 2차 면역 반응이 시작된다. 2차 면역 반응은 1차 면역 반응에서 생성되어 남아 있던 기억 B세포가 1차 면역 반응 때보다 더 빨리, 더 많이 형질 세포를 생성한다.

백신을 이용한 예방 접종은 이러한 원리를 적용한 것이다. 백신은 해당 질병을 일으키는 병원체를 약화시키거나 변형한 항원을 말한다. 이 백신을 우리 몸에 주입하면 백신은 1차 면역 반응을 일으키게 되고, 결과적으로 면역 기억력이 생기게 된다. 그리고 그 후에 백신과 동일한 종류의 병원체가 우리 몸에 침입하면, 면역 기억력에 의해 곧바로 2차 면역 반응을 일으키게 된다. 2차 면역 반응은 1차보다 강력하므로 더 빨리, 더 많이 항체를 만들어 우리 몸이 그 질병에 걸리지 않도록 하는 것이다. 즉 백신을 이용한 예방 접종으로 질병을 예방할 수 있는 것도 면역 기억력이 있기 때문에 가능한 것이다.

* 출처: 2014년 국가수준 학업성취도 평가 고2 국어 [17~18, 서답형 3] 문항 지문.

[표 10-4] 요약문 수행 평가 기준표[2]

평가 범주	척도	평가 준거
내용	5점	요약하고자 하는 글의 중심 생각(주제)이 명료하게 제시되어 있으며, 중요한 세부 정보(문단별 중심 내용)가 모두 정확하게 포함되어 있다. 필요한 정보가 모두 포함되었다.
	3점	요약하고자 하는 글의 중심 생각(주제)과 중요한 세부 정보가 일부 정확하게 제시되어 있으나 부정확한 내용이나 예시, 보충 및 부연 설명 등의 내용이 일부 포함되어 있다. 필요한 정보가 충분히 요약되었다.
	1점	요약하고자 하는 글의 중심 생각(주제)이 명료하게 제시되지 않았고 중요한 세부 정보가 정확하게 포함되어 있지 않다. 예시, 보충 및 부연 설명 등 최소한의 정보가 포함되었고, 최소한의 정보만을 요약하였다.

---

2 이 요약문 수행 평가 과제 및 채점 기준표는 최숙기(2011)의 검사 및 평가 도구를 수정하여 제시한 것이다. 척도는 5점 척도로 1, 3, 5점의 점수 기준을 서술하였지만 1-5점 사이의 점수를 부여할 수 있다. 요약문은 일반적인 평가와 달리 잘 쓴 글이라도 평가자가 자유롭게 표상하여 평가하기 어렵고 요약문에서 제시해야 할 중심 생각과 핵심어 정보를 찾아 평가해야 하므로 평가 예시문을 함께 제공하여 평가할 경우 수행 평가의 신뢰도를 더욱 높일 수 있다.

	5점	요약하고자 하는 글의 중심 생각(주제)이 잘 드러나도록 조직되었다. 글의 세부 정보(문단별 중심 내용)는 논리적인 순서와 구조로 진술되었다.
조직	3점	요약하고자 하는 글의 중심 생각(주제)이 잘 드러나도록 조직되었다. 글의 세부 정보(문단별 중심 내용)는 대개 논리적인 순서와 구조로 진술되었으나 일부는 그렇지 않다.
	1점	요약하고자 하는 글의 중심 생각(주제)이 잘 드러나도록 조직되지 않았다. 글의 세부 정보는 전혀 논리적인 순서와 구조로 진술되지 않았다.
	5점	요약하고자 하는 글의 일부(문단의 중심 문장 또는 중심 내용)를 그대로 인용하여 진술하지 않고, 자신이 이해한 내용을 토대로 재진술(일반화 또는 재구성)하였다.
표현	3점	요약하고자 하는 글의 일부(문단의 중심 문장 또는 중심 내용)를 인용하여 진술한 경우도 부분적으로 나타나지만, 대개 자신이 이해한 내용을 토대로 재진술(일반화 또는 재구성)하였다.
	1점	요약하고자 하는 글의 일부(문단의 중심 문장 또는 중심 내용)를 그대로 인용하여 진술하였다.
	5점	요약하고자 하는 글의 화제 및 각 문단의 핵심어를 정확하게 사용하였고, 글의 중심 생각을 자연스럽게 전달하는 단어를 선택하였다.
단어 선택	3점	요약하고자 하는 글의 화제 및 각 문단의 핵심어를 일부 적절하게 선택하였고, 대체로 단어 선택이 내용 전달에 무리가 없으나 부적절한 단어들이 포함되어 있다.
	1점	요약하고자 하는 글의 화제 및 각 문단의 핵심어를 정확하게 사용하지 못했다. 내용을 전달하는 단어의 선택이 풍부하지 못하고 제한적이다.
	5점	주어진 분량 제한을 충족하였고, 표준적이며, 모범적인 쓰기 형식이 잘 드러나 있다(인용, 어법, 구두점, 철자, 단락 구분 등).
형식 및 어법	3점	주어진 분량 제한을 충족하였으나 제한된 범위에서만 글의 표준적 형식이 확인된다(인용, 어법, 구두점, 철자, 단락 구분 등).
	1점	주어진 분량 제한을 충족시키지 못했으며, 완결성이 결여되어 있다. 철자, 구두점, 문법에서 잘못된 것이 많아 내용을 파악하며 읽는 것이 어렵다.

평가 예시문(상 수준)

우리 몸을 질병으로부터 보호하기 위해 '비특이적 방어'와 '특이적 면역 반응'을 갖추고 있다. 비특이적 면역 방어는 외부 감염원의 종류를 가리지 않고 방어하는 체계이다. 그러나 비특이적 방어로 감염원을 물리치지 못했을 때 특이적 면역 반응이 일어난다. 특이적 면역 반응은 외부 특정 항원에 대해 이미 우리 몸에 형성된 항체가 동일 감염원이 침입할 때 이를 인식하고 방어할 수 있게 하는 것이다. 동일 항원에 대한 항체가 반응하는 원리를 면역 기억력이라 한다. 면역 기억력은 면역 세포의 항원 감지, 항원에 맞는 B세포 결합, 형질 세포는 항원 파괴 후 소멸, 기억 B세포는 면역 체계에 잔류하는 과정을 통해 형성된다. 면역 기억력으로 인해 동일 항원이 우리 몸에 재침투시 2차 면역 반응을 통해 더욱 신속히 방어가 이루어진다. 백신을 이용한 예방 접종은 이러한 면역 기억력의 원리를 적용한 것이다.

(4) 독서평가 결과 분석 및 활용

최근의 언어 평가의 경향을 살펴보면 결과 지향적 평가를 극복하고 학습자의 성장 발달을 지원하는 학습 지향적 평가 체제로의 변화를 모색하고 있다. 독서평가를 통해 독서 성취 수준이나 등급을 산출하여 경쟁을 유도하기보다는 학생들의 독자로서의 성장과 발달을 지원하는 학습 지향적 평가(Assessment for Learning)로의 전환이 이루어지고 있는 것이다. 학습 지향적 평가는 독서평가의 결과를 분석하고 이를 다시 교수학습적 차원으로 환류하는 평가를 의미한다. 학습 지향적 평가의 관점에서 이루어지는 독서평가는 학생들의 독서 수행에 나타난 강점과 약점을 진단하고 개별 독서 성취 수준과 특성을 고려하여 교육적 피드백을 제공함으로써 학생들의 독서 발달에 유의미한 교육적 처치를 제공하는 데 중점을 둔다.

이때 중요한 것은 학생들의 독자 수준과 특성에 대한 결과 분석이다. 과거에는 학생들의 독서평가의 결과가 단순한 등급이나 점수로 보고되었다. 그러나 이러한 점수 보고 방식은 학생들에게 유의미한 학습상의 정보를 제공해 주지 못한다. 예를 들어, 두 학생의 독서 점수가 80점으로 동일하다 하더라도 두 학생이 지닌 독서 기능이나 전략의 수준은 다를 수 있다. 또한 이 두 학생에게 필요한 독서치료나 학습 요소 역시 다를 수 있다. 이에 총점에 기반한 점수 보고보다는 독서 성취수준 정보, 세부 독서 기능별 숙달 정보나 강점과 약점에 대한 진단 정보, 교수적 피드백 정보 등을 포함하여 독서평가 결과를 보고할 필요가 있다.

[표 10-5] 요약문 수행 평가의 평가 결과 보고의 예시

국어과 평가 결과 보고 요소	평가 결과 보고의 실제			
요약문 수행의 성취 수준	【요약문 쓰기 총체적 평가 결과】 나의 점수: 17점 나의 수행 점수 범위는 0--------**17**------25 나는 성취 수준 C에 속하며 전체 집단의 60% 수준에 위치한다.			
요약문 수행의 세부 요소별 수준 정보 및 숙달 정보	【요약문 쓰기 분석적 평가 결과】			

【요약문 쓰기 분석적 평가 결과】

요약문 평가 요소	점수	전체 반 평균	요약 수행 숙달 수준
내용	5점	3.5점	숙달
조직	3점	4점	부분 숙달
표현	3점	4점	부분 숙달
단어 선택	5점	4점	숙달
형식 및 어법	1점	3점	미숙달

요약문 수행 평가에 대한 진단 정보	요약문 평가 요소	평가 요소 설명	나의 강점	나의 약점
	내용	• 글의 중심 생각(주제)을 파악할 수 있는가? • 글의 중요 정보와 그렇지 않은 정보를 구분할 수 있는가?	글의 중심 생각(주제)을 정확히 파악하며, 글의 중요 정보와 그렇지 않은 정보를 잘 판별할 수 있으며 글의 화제나 핵심어를 잘 파악함. 중심 내용을 파악하고 요약하여 글을 읽는 기능은 훌륭함.	글의 중심 생각이 잘 전달되도록 글을 조직하거나 자신의 언어로 재진술하여 표현하는 능력은 부족함. 또한 요약문의 분량이 지나치게 길고 맞춤법이나 띄어쓰기 사용에 오류가 많음.
	조직	• 글의 구조나 논리적 순서를 파악할 수 있는가? • 글의 구조나 논리적 순서로 중요 정보를 요약할 수 있는가?		
	표현	• 글의 중요 정보를 그대로 진술하지 않고 자신의 언어로 재진술하여 요약할 수 있는가?		
	단어 선택	• 글의 화제 및 핵심어를 파악할 수 있는가? • 글의 화제 및 핵심어를 사용하여 글의 중심 생각을 효과적으로 요약하고 진술할 수 있는가?		
	형식 및 어법	• 적절한 분량과 올바른 표현 관습(맞춤법, 구두점, 인용 등)을 사용하여 요약문을 작성할 수 있는가?		
요약문 수행 개선을 위한 교수적 피드백	【요약문을 잘 쓰기 위한 방법】 요약하기는 글의 중요 정보를 분류하여 효과적으로 기억하는 활동임. 요약문 쓰기는 요약하기를 통해 파악된 중요 정보를 글의 구조나 논리적 순서를 고려하여 글의 형태로 재구성하는 활동. 중심 내용이 잘 전달되도록 하는 요약문도 완결된 형식을 갖춘 글쓰기의 한 형태임을 인식하여 조직과 표현, 어법 등을 고려한 요약문 작성을 연습할 필요가 있음.			

(최숙기, 2015)

10장 독서평가의 방법과 실제

1. 독서평가의 목적과 유형

- 독서평가의 유형은 규준 지향 평가와 준거 지향 평가로 분류된다. 독서평가의 목적은 독자의 독서에 대한 강점과 약점을 파악하는 것, 독서 수업 중에 학생들이 성취 수준에 도달하는 정도를 측정하는 것, 독자의 독서 능숙도를 측정하는 것 등으로 분류할 수 있으며, 이들은 각각 독서 진단 평가, 독서 형성 평가, 독서 성취 평가에 해당한다.

- 독서 진단 평가는 비형식적 진단 평가를 통해 흔히 실시되며, 개별 학생 독자의 독서 기능과 전략에 관한 강점과 약점을 진단할 수 있는 평가로, 음운 인식, 유창성, 독해나 청해 등의 이해에 관한 평가가 포함된다.

- 독서 형성 평가는 성장 참조적 독서평가로, 독서 수업이 실시되는 상황에서 학생들의 현재 수준, 학습 상황, 학습상의 문제점을 점검하고 이후 독서 학습의 방향을 결정하도록 하는 데 도움을 주는 평가를 의미하며, 학생들의 독서 학습에 있어 성장과 발달을 도울 수 있도록 하는 정보 제공 및 교수적 피드백 제공에 목적이 있다.

- 독서 성취 평가는 학생들의 독서 성취도 측정을 위해 실시되는 평가로, 국가 수준의 국어과 학업성취도 평가(읽기 영역을 포함하나 독서평가가 목적은 아님)나 국제 학업성취도 평가의 PISA 평가가 대표적이다.

2. 독서평가의 방법

- 독자의 독서 처리 과정에 대한 평가, 독서 산출물이나 결과에 근거한 평가, 독서의 초인지 혹은 상위인지에 대한 평가로 유형을 나눌 수 있다.

- 독서 과정 평가에는 빈칸 메우기 검사, 오독 분석 검사, 안구 운동 분석 등이 있다.

- 독서 결과 평가에는 선다형 검사, 진위형 검사, 자유 회상 검사, 탐문 검사 등이 있다.

- 독서 상위인지 평가에는 자기 교정, 자기 평가, 프로토콜 분석, 오류 탐색 과제, 요약하기, 중요도 평정 등이 있다.

3. 독서평가의 실제

- 독서평가의 계획 단계는 독서평가를 위한 가장 첫 번째 단계로 이 단계는 독서평가의 목적 명료화, 독서 성취기준 및 독서 능력 요소의 배치 계획 구체화, 독서평가 명세서 및 이원목적분류표 작성의 3단계로 수행될 수 있다.

- 독서평가의 지문 선정 및 개발 단계는 독서평가의 두 번째 단계로 독서평가의 계획을 반영하여 실제 문항을 개발하기 위해 지문 혹은 글 자료를 개발한다. 이 단계에서는 학생 독서 발달에 적정한 수준인지의 여부와 측정하고자 하는 문항의 특성과 분량 등을 총체적으로 고려하여 독서평가를 위한 지문을 개발 및 선정해야 한다.

- 독서평가 문항 개발 및 검토 단계는 독서평가의 세 번째 단계로 독서평가 문항의 개발 이후에 문항의 신뢰도와 타당도를 확보하기 위해 검토를 실시할 필요가 있다. 선다형 문항을 개발하거나 검토할 경우에는 발문의 길이나 정확성, 자료의 신뢰성과 타당성, 답지 정확성 등을 고려해야 한다. 또한 서술형이나 수행 평가 문항을 개발하거나 검토할 경우에 정답 기준의 범위 제시, 정답 범위의 준거 제시, 평가자 주관성에 의한 문제 해소를 위한 평가 준거의 체계적 제시 등을 고려해야 한다.

학습활동

1. 아래 용어의 개념을 간단히 설명하시오.

- 진단 평가
- 성취 평가
- 형성 평가
- 독서 과정 평가
- 독서 결과 평가
- 독서 상위인지 평가
- 평가 예시문
- 평가 척도

2. 다음 진술을 참(T)과 거짓(F)으로 구분하고, 거짓은 바르게 수정하시오.

(1) 독서 과정 평가는 독자의 독서 수행에 관한 인지적 과정을 평가하기 위한 것이다.

(2) 독서 결과 평가는 독자가 글 정보의 중요성 정도를 평가하는 것과 글을 중심 내용을 바탕으로 요약하는 능력을 평가하는 것을 포함한다.

(3) 독서 수행 평가는 평가자의 주관성으로 인한 평가 신뢰도 문제가 발생하지 않는 객관적이고 타당한 평가이므로 널리 활용되고 있다.

3. 다음의 [평가 문항 검토 점검표]를 참고하여 제시된 [문항 자료]에 대한 검토를 실시하고, 동료들과 검토 결과를 논의한 뒤 문항을 올바르게 수정하시오.

번호	검토 항목	예	아니오	검토 내용
1	발문(혹은 문두)의 길이는 적당한가?			
2	발문(혹은 문두)의 표현은 정확하고 명료한가?			
3	발문(혹은 문두)과 자료가 정답을 예측하고 있는가?			
4	자료가 편향되거나 오류가 있는가?			
5	답지는 분명히 하나이고 정답인가?			
6	답지 간 상호 간섭은 없는가?			
7	문제와 상관없거나 답지 기능이 없는 답지가 있는가?			
8	답지 길이나 논리적 순서를 고려하여 일관되게 답지를 배려했는가?			
9	문항 번호와 정답, 배점이 평가 계획과 일치하는가?			

[문항 자료]

> ※ 다음 글을 읽고 물음에 답하시오.

오랫동안 인류는 동물들의 희생이 수반된 육식을 당연하게 여겨왔으며 이는 지금도 진행 중이다. 그런데 이에 대해 윤리적 문제를 제기하며 채식을 선택하는 경향이 생겨났다. 이러한 경향을 취향이나 종교, 건강 등의 이유로 채식하는 입장과 구별하여 '윤리적 채식주의'라고 한다. 그렇다면 윤리적 채식주의의 관점에서 볼 때, 육식의 윤리적 문제점은 무엇인가?

육식의 윤리적 문제점은 크게 개체론적 관점과 생태론적 관점으로 나누어 살펴볼 수 있다. 개체론적 관점에서 볼 때, 인간과 동물은 모두 존중받아야 할 '독립적 개체'이다. 동물도 인간처럼 주체적인 생명을 영위해야 할 권리가 있는 존재이다. 또한 동물도 쾌락과 고통을 느끼는 개별 생명체이므로 그들에게 고통을 주어서도, 생명을 침해해서도 안 된다. 요컨대 동물도 고유한 권리를 가진 존재이기 때문에 동물을 단순히 음식 재료로 여기는 인간 중심주의적인 시각은 윤리적으로 문제가 있다.

한편 생태론적 관점에서 볼 때, 지구의 모든 생명체들은 개별적으로 존재하는 것이 아니라 서로 유기적으로 연결되어 존재한다. 따라서 각 개체로서의 생명체가 아니라 유기체로서의 지구 생명체에 대한 유익성 여부가 인간 행위의 도덕성을 판단하는 기준이 되어야 한다. 그러므로 육식의 윤리성도 지구 생명체에 미치는 영향에 따라 재고되어야 한다. 예를 들어 대량 사육을 바탕으로 한 공장제 축산업은 인간에게 풍부한 음식 재료를 제공한다. 하지만 토양, 수질, 대기 등의 환경을 오염시켜 지구 생명체를 위협하므로 윤리적으로 문제가 있다.

결국 우리의 육식이 동물에게든 지구 생명체에든 위해를 가한다면 이는 윤리적이지 않기 때문에 문제가 있다. 인류의 생존을 위한 육식은 누군가에게는 필수 불가결한 면이 없지 않다. 그러나 인간이 세상의 중심이라는 시각에 젖어 그동안 우리는 인간 이외의 생명에 대해서는 윤리적으로 무감각하게 살아 왔다. 육식의 윤리적 문제점은 인간을 둘러싼 환경과 생명을 새로운 시각으로 바라볼 것을 요구하고 있다.

*출처: 2014년 국가 수준 학업성취도 평가 〈국어〉 9-11번 문항 제재

[문항] 윗글에서 글쓴이는 육식과 윤리적 관련성에 대해 자신의 생각을 서술하고 있다. 다음 중 글의 중심 내용으로 가장 적절한 것은?

① 독립적 개체로서의 동물의 특징
② 비윤리적 육식의 문제점
③ 윤리적 채식의 기원
④ 육식의 윤리적 문제점
⑤ 생명 경시 사상에 대한 비판

4. 다음에 제시된 [글 자료]를 활용하여 독서평가 문항을 실제 개발해 보시오. 그리고 개발한 문항에 대하여 동료들과 상호 검토하여 최종 독서평가 문항을 완성하시오.

[글 자료]

우리는 매일 놀이를 하면서 살아간다. 놀이에 많은 시간과 노력을 들이는 경우도 있다. 로제 카이와라는 학자는 놀이가 인간의 사회적, 제도적 측면에서 네 가지 속성을 가지고 있다고 주장했다.

우선, '경쟁'의 속성이다. 어떤 놀이들은 경쟁의 속성을 포함하고 있다. 아이들은 달리기로 경쟁하여 목표 지점에 먼저 도달하는 놀이를 하거나, 혹은 시간을 정해 놓고 더 많은 점수를 얻으려는 놀이를 한다. 이 경쟁의 속성은 스포츠나 각종 선발 시험 등에서 순위를 결정하는 원리로 변화되어, 사회 제도의 기본 원칙으로 활용되고 있다.

다음으로, '운'의 속성이다. 어떤 놀이들은 경쟁이 아닌 운의 속성을 활용하고 있다. 아이들은 놀이를 시작할 때, 종종 제비를 뽑아 술래를 결정하곤 한다. 어른들은 경쟁이 아닌 운을 실험하는 방식으로 내기를 하기도 한다. 예를 들어 복권은 운의 속성을 활용한 대표적인 사회 제도이다. 축구 경기가 경쟁을 통해 승패를 결정하는 행위라면 조 추첨을 통한 부전승은 실력을 고려하지 않고 운에 영향을 받는 행위여서, 경쟁과 운은 상호 보완적인 속성을 가지고 있다.

그다음으로, '흉내'의 속성이다. 아이들은 어려서부터 모방하는 행위를 즐긴다. 유년기의 아이들은 주로 아버지와 어머니의 행동을 흉내 내고, 소년기의 학생들은 급우와 교사의 행동을 모방한다. 아리스토텔레스 이후 많은 철학자들이 모방을 예술의 기본 원리로 파악했고, 배우는 이러한 모방을 전문화한 직업인 이라고 할 수 있다.

끝으로 균형의 파괴 혹은 '일탈'의 속성이다. 신체적 균형을 고의로 무너뜨리는 상황에 매혹을 느낀다. 가령 어린아이들은 어른들이 자신들의 몸을 공중에 던져 주면 환호성을 지르며 열광하고, 소년기의 학생들은 아찔한 롤러코스터를 일부러 타면서 신체적 경험이 무너지는 현기증을 체험한다. 일탈의 속성 역시 우리 사회 전반에 스며들어, 사회 제도의 압박감에서 벗어나 개인의 자유로움을 추구하는 행위로 나타나곤 한다.

요약하면, 경쟁, 운, 흉내, 일탈은 놀이의 속성이면서 동시에 인간이 형성한 문화의 근간이다. 사람들은 때로는 경쟁하고 운의 논리에 자신을 맡기는 사회 제도를 만들었고, 모방을 통해 예술의 기본 원리를 확립했으며, 신체적 균형과 사회질서에서 벗어나는 유희와 일탈의 속성을 도입하기도 했다는 것이다. 놀이의 관점으로 인간의 문화를 이해할 때 특정 원리만을 신봉하거나 특정 원리를 배격하지 않아야 한다.

놀이의 네 가지 속성이 상호 작용 하여 사회의 각 분야를 형성했고, 각 분야의 역할이 확장된 형태로 어울리면서 각종 예술과 제도가 함께 성숙할 수 있었음을 기억할 필요가 있다.

•출처: 2014년 국가 수준 학업성취도 평가 〈국어〉 15-16, 서답형 4 문항 제재

1단계 독서평가를 계획한 뒤 다음의 독서평가 명세서를 완성해 보시오.

2015년도 2학기 (독서 성취도 평가) 중학교 3학년 총 문항 수 (10)문항												
총점 (100) 점: 선택형 (80) 점 서술형 (20) 점												

번호	내용 영역	독서 관련 성취기준	문항 유형	행동 영역				문항 수준			배점	정답	정답 근거
				어휘	사실적 이해	추론적 이해	비판적 이해	어려움	보통	쉬움			
1	기능	글쓴이의 관점이나 주장을 파악하며 글을 읽을 수 있다.	선다형			○			○				
2	기능	글의 내용을 파악하며 읽을 수 있다.	선다형		○								
3	기능	글의 구조나 내용 전개 방식을 파악하며 글을 읽을 수 있다.	서술형			○		○					
4													
5													
6													

(1) 1단계에서 작성한 독서평가 명세서에 따라 1번 문항을 개발하고자 한다. 다음 문항의 답지 ③과 ④를 완성해 보시오.

윗글에서 글쓴이가 말하고자 하는 바로 가장 적절한 것은?

① 경쟁은 놀이의 가장 중요한 속성이다.

② 놀이의 네 가지 속성은 청소년 시기에 강조된다.

③

④

⑤ 놀이의 네 가지 속성이 인간의 문화를 형성하는 데 토대가 되었다.

[참고] 이 문항은 글 속에 나타난 글쓴이의 생각이나 의도를 파악하기 위한 추론적 이해 문항이며, 글의 주제에 해당하는 답지와 그렇지 않은 답지들로 이루어진 최선답형의 선택형 문항이다.

(2) 앞의 독서평가 명세서에 따라 2번 문항을 개발하고자 한다. 다음 문항의 답지 ①-⑤를 완성해 보시오.

윗글을 통해 알 수 있는 것으로 적절하지 <u>않은</u> 것은?

①

②

③

④

⑤

[참고] 이 문항은 글의 내용을 올바로 파악하고 이해하고 있는지를 묻는 사실적 이해 문항이며, 글에 제시된 정보로 옳은 것과 옳지 않은 것으로 답지가 이루어진 부정형의 선택형 문항이다.

(3) 앞의 독서평가 명세서에 따라 3번 문항을 개발하고자 한다. 서술형 평가 문항과 평가 준거를 완성해 보시오.

[서술형 문항]
[평가 준거]
[참고] 이 문항은 글의 구조와 전개 방식을 파악하고 있는지를 묻는 추론적 이해 문항이며, 서술형 문항이다. 문항 개발 시 문항과 정답 범위, 평가 준거를 함께 개발하시오.

3단계 앞서 개발한 평가 문항을 [평가 문항 검토 점검표]를 활용하여 검토한 후 수정해 보시오.

4단계 완성한 평가 문항을 실제 대상 학년에게 적용해 보고 평가 결과를 분석해 보시오.

5. 박 교사는 〈보기〉를 제재로 다양한 방식의 읽기 평가를 실시하여 학생 반응지 (가)~(다)를 얻었다. (가)~(다)에서 부적절한 반응을 지적하고, 그에 따른 지도 내용을 쓰시오(2008년도 중등학교 교사 임용시험 문항 활용).

〈보기〉

지금까지 우리의 생활양식은 끊임없이 변해 왔고 또 앞으로도 변할 것이다. 과거의 식생활과 현재의 식생활은 달라졌다. 또한 우리 사회가 근대화되면서 민주주의, 남녀평동과 같은 생각이 우리의 사고 방식에 추가되어 왔다. 그런데 이러한 변화는 인간이 경험적 지식을 축적할 수 있는 능력을 지니고 있기 때문에 가능하다. 다른 동물도 살아가는 과정에서 경험적인 지식을 터득하기는 한다. 그러나 상징 행위를 할 수 있는 능력을 가진 인간 사회에서만 지식이 한 세대에서 다음 세대로 전해진다. 문화가 변화하는 것은 바로 이러한 이유 때문이다.

(가) 민주의 반응지

※ 다음 빈칸에 알맞은 말을 써 넣으시오.

지금까지 우리의 생활양식은 끊임없이 변해 왔고 또 앞으로도 변할 것이다. 과거의 식생활과 현재의 식생활은 달라졌다. [그런데] 우리 사회가 근대화되면서 민주주의, 남녀평등과 같은 생각이 우리의 사고방식에 추가되어 왔다. [그러나] 이러한 변화는 인간이 경험적 지식을 축적할 수 있는 능력을 지니고 있기 때문에 가능하다. 다른 동물도 살아가는 과정에서 경험적인 지식을 터득하기는 한다. [그리고] 상징 행위를 할 수 있는 능력을 가진 인간 사회에서만 지식이 한 세대에서 다음 세대로 전해진다. 문화가 변화하는 것은 바로 이러한 이유 때문이다.

(나) 순희의 반응지

※ 다음 문장의 중요도를 표시하시오. (숫자가 높을수록 중요도가 높음)

문 장	중요도 1	2	3	4
1. 지금까지 우리의 생활양식은 끊임없이 변해 왔고 또 앞으로도 변할 것이다.	( )	( )	( )	(√)
2. 과거의 식생활과 현재의 식생활은 달라졌다.	( )	(√)	( )	( )
3. 또한 우리 사회가 근대화되면서 민주주의, 남녀평등과 같은 생각이 우리의 사고방식에 추가되어 왔다.	(√)	( )	( )	( )
⋮	⋮	⋮	⋮	⋮
7. 문화가 변화하는 것은 바로 이러한 이유 때문이다.	( )	( )	(√)	( )

(다) 영호의 반응지

※ 위 글의 내용을 50자 내외(띄어쓰기 포함)로 요약하시오.

우리는 색생활과 사고방식 등이 변해 왔다. 문화가
변화하는 것은 바로 이러한 이유 때문이다.

	지도 내용
(가) 민주	•
(나) 순희	• 예 2번 문장은 3번 문장과 중요도가 같은데 다르게 판단되었다. 대등 관계는 중요도가 같다는 것을 가르쳐야 한다.
(다)영호	•

6. 다음은 학생의 읽기 포트폴리오 중 일부이다. 이 학생에 대해 교사가 할 수 있는 피드백 내용을 토의하시오(2010년도 중등학교 교사 임용고사 문항 활용).

〈자료 1〉 지필 시험지

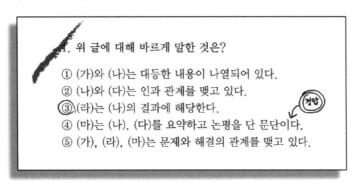

〈자료 2〉 수행 평가지

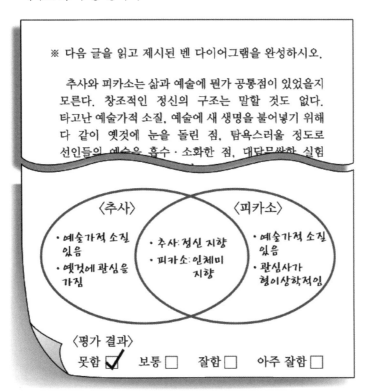

참고문헌

강민경 외(2014). 성취 평가제와 평가 도구 개발-중학교 국어. 한국교육과정평가원 연구보고, ORM 2014-75-1.

김진우(1985). 언어: 그 이론과 응용. 탑출판사.

김희경·한정아·최숙기·강부미(2012). 인지진단모형을 적용한 학업성취 프로파일 분석 및 결과 보고 방안. 한국교육과정평가원 연구보고, RRE 2012-7.

김희경·박종임·정연준·박상욱·김창환·이채희·최재화(2014). 맞춤형 교육 지원을 위한 형성 평가 체제 도입 (I)-온·오프라인 형성 평가 시스템 설계. 한국교육과정평가원 연구보고, RRE 2014-9.

노명완 외(2011). 독서교육의 이해. 한우리북스.

노명완 외(2012). 읽기 전략과 읽기 수업. 한우리북스.

이영아·최숙기(2011). 읽기 부진 진단 및 보정교육연구: 북미사례를 중심으로. 한국교육과정평가원, 연구보고 RRO 2011-10.

조지민·동효관·옥현진·임해미·정혜경·손수경·배제성(2012). OECD 국제 학업성취도 비교 연구: PISA 2012 본검사 시행보고서. 한국교육과정평가원 연구보고 RRE 2012-3-1.

최숙기(2010). 읽기 전략에 대한 독자의 상위인지 인식 양상에 관한 연구. 청람어문교육 41, 313-349.

최숙기(2011). Rasch 모형을 활용한 요약문 평가 준거 개발 및 타당도 분석. 독서연구 25, 415-451.

최숙기(2012a). 텍스트 복잡도를 활용한 읽기교육용 제재의 정합성 평가 모형 개발 연구. 한국교육과정평가원 연구보고 CRE 2012-7.

최숙기(2012b). 텍스트 복잡도 기반의 읽기교육용 제재의 정합성 평가 모형 개발 연구. 한국어교육학회지 139, 451-490.

최숙기(2013). 복합 양식 텍스트에 대한 독자의 읽기 행동 분석에 기반한 디지털 시대의 읽기교육 방안 탐색. 독서연구 29, 225-264.

최숙기(2015). 디지털 교과서를 활용한 국어과 평가 개선 방안 연구. 교원교육 31, 1-27.

최현옥(1994). 클로즈 테스트와 청취 이해력. 응용언어학 7, 113-140.

한철우 외(2002). 과정 중심 독서 지도. 교학사.

Afflerbach, P.(2007). *Understanding and using reading assessment: K-12*. Newark, De: International Reading Association. [조병영 외 역(2010). 독서 평기의 이해와 사용. 한국문화사.]

Bailey, K. M.(2001) *Learning about language assessment: Dilemmas, decisions, and directions.* [이정원 역(2005). 언어 평가의 이해. 경문사]

Clark. C.(1982). Assessing Free Recall. *The Reading Teacher*, 35(4), 434-439.

Goodman, K.(Ed.)(1968). *The psycholinguistic nature of the reading process*. Detroit, MI: Wayne State University Press.

Manzo, Anthony V., Manzo, Ula Casale, Albee, Julie Ann Jackson(2004). Reading Assessment for Diagnostic-Prescriptive Teaching. Second Edition. Thomson wadsworth company.

McMillan, J. H.(2011). *Classroom Assessment: Principles and Practice for Effective Standards-Based Instruction*(5th ed.). Pearson/Australia.

McNamara, T.(1996). *Measuring second language performance*. London: Longman. [채선희 역 (2003).문항반응이론의 이론과 실제. 서현사.]

McNamara, T.(2000). *Language testing*. Oxford: Oxford University Press. [강성우 역 (2001). 언어평가. 박이정.]

Mokhari, K., & Reichard, C. A.(2002). Assessing students' metacognitive awareness of reading strategies. *Journal of Educational Psychology*, 94(2), 249-259.

Oller, J. W.(1979). *Language tests at school: A pragmatic approach*. London: Longman.

Rayner, K., Pollatsek, A., Ashby, J., & Clifton, C.(2012). *The Psychology of Reading*. New York: Psychology Press.

Taylor, W. L.(1953). Cloze procedure: A new tool for measuring readability. *Journalism Quarterly*, 30, 415-433.

3부

독서교육의 탐구와 확장

11장 학교 독서교육의 쟁점 / 12장 독서교육 연구의 동향과 전망 / 13장 평생
독자를 위한 독서 지원

3부는 이 책의 독자들이 '교육 현장-학계 연구-지원 시스템'에 대한 종합적인 이해를 통해 독서교육의 전문
성을 심화·확장할 수 있도록 기획되었다. 이를 위하여 1) 학교 독서교육에 내재된 핵심 쟁점들을 심도 깊게
탐구하여 독서교육의 목표-내용-방법에 대한 자신의 관점을 확립한 후, 2) 독서교육의 이론적 기반을 제공
하는 학계의 주요 연구 성과와 동향을 확인하고, 3) 평생 독자를 둘러싼 다양한 지원 체계와 사업들을 살펴
본다. 효과적인 독서교육을 위해서는 교사의 이론적인 기반과 실행 전문성, 학습자의 열의, 그리고 이들을
둘러싼 지원 환경이 매우 중요하다. 3부 학습을 통해 이 책의 독자들이 학계에서 제공하는 연구 성과를 수
용하는 데서 나아가, 자신의 교수학습 과정과 성과를 연구를 통해 스스로 점검하고 보완할 수 있는 교사 연
구자(teacher-researcher)로서의 역량을 갖추어 나아가기를 기대한다.

11장

학교 독서교육의 쟁점

1. 독서교육의 목표: 능력 향상인가, 인격 완성인가
2. 독서 교육과정: 독서와 문학은 같은 것인가, 다른 것인가
3. 교과서 텍스트: 정전인가, 언어 활동의 자료인가
4. 교과서 텍스트: 정보 텍스트인가, 문학 텍스트인가
5. 독서지도: 지식 중심인가, 활동 중심인가

생활의 문제 사태를 교육 사태에 들여놓는 것 그 자체에는 하등 잘못이 없으며, 만약 그것을 통하여
교과 공부에 의미를 불어넣을 수 있다면 그것은 참으로 훌륭한 교육이 될 수 있다. 그러나 이와 같이
생활 사태를 교과 공부로 연결시키는 데에는 탁월한 교사의 탁월한 지도가 필요하다.

— 이홍우

1. 독서교육의 목표:
능력 향상인가, 인격 완성인가

독서교육의 역사를 살펴보면 제5차 교육과정을 전후로 하여 독서교육의 목표가 달라진다는 것을 알 수 있다. 한문교육기 독서교육의 궁극적인 목표는 인격 완성에 있었다. 유교의 핵심적인 경전들을 통해서 세상의 이치와 인간의 도리를 깨달을 수 있었으며, 유교의 덕목에 따라 사는 것이 가장 바람직한 삶의 모습이었다. 경전학습에서는 독자의 창의적인 해석과 상상력은 존중되지 않았고, 그저 성현들의 삶의 모습을 본받으며 따르는 것이 이상적인 학습이었다.

　이러한 경전학습의 전통은 독본시대에도 그 내용을 달리하면서 이어졌다. 계몽기 독서교육의 목적은 근대적 지식의 보급과 민족자주의식의 함양으로 요약된다. 외세의 침략에 맞서 근대국가 수립의 과제를 부여받았던 시절이었기 때문에 독서교육은 주로 서양의 근대문물을 소개하고 민족의 자주의식을 고취하는 것을 목표로 삼았다. 해방이 된 이후 교육과정이 본격적으로 시행된 이후에도 교육과정상에서의 목표는 읽기 기능의 학습에 있었지만 교과서를 통해서 이루어지는 독서교육의 궁극적인 목표는 여전히 근대적인 국민 양성에 있었다.

이처럼 가치관 교육 중심으로 진행되어 왔던 독서교육이 읽기 능력 향상으로 목표를 전환하게 된 것은 제5차 교육과정 시기부터이다. 천경록(2014)은 이 시기부터 독서교육이 텍스트보다 독자를 더 중시하였다고 평가하고 있다. 예를 들면, 이전 시기의 경우 '중심 내용 찾기'라는 읽기 기능을 교육하기 위해서 「홍도의 자연」이라는 텍스트를 제재로 사용하였지만 실제로는 읽기 기능보다는 '홍도의 자연'이라는 제재에 관한 설명에 주력하였다. 그러나 제5차 교육과정 이후에는 「홍도의 자연」 통해서 '중심 내용 찾기'라는 읽기 기능 학습에 초점을 두었다.

제5차 교육과정 이후 국어과 교육과정이나 교과서에서의 독서교육의 목표는 인격의 완성이나 지식의 전수가 아니라 학생 독자의 읽기 능력 향상이라는 목표로 통일되었다고 할 수 있다. 최근의 국어 교과서를 보면 학습활동은 대체로 '내용학습 – 목표학습 – 적용학습'의 체제로 구성되어 있다. 이것은 내용학습을 바탕으로 목표학습을 진행하고 여기에서 익힌 학습목표를 다른 읽기 상황에 적용해서 심화시킨다는 것으로 이해할 수 있다. 이 학습활동의 흐름에서는 목표학습이 가장 중요하다고 할 수 있다. 그런데 실제로 읽기 독서 수업이 이러한 목표학습 중심으로 이루어지고 있을까?

C출판사의 『중학교 국어①』에는 '예측하며 읽기'라는 학습목표에 따라 「'알파 걸'은 있는데, 왜 '알파 우먼'은 없지?」라는 제재가 실려 있다. 학습활동은 다음과 같이 구성되어 있다.

학습활동 사례 ⋯⋯⋯⋯⋯⋯⋯⋯⋯⋯⋯⋯⋯⋯⋯⋯⋯⋯⋯⋯⋯⋯⋯⋯⋯⋯⋯⋯⋯⋯⋯⋯⋯⋯⋯⋯

1. 「'알파 걸'은 있는데, 왜 '알파 우먼'은 없지?」의 내용을 떠올리며 제시된 활동을 해 보자.
   (1) '알파 걸'이 등장하게 된 배경을 첫째 문단에서 찾아 한 문장으로 써 보자.

(2) '유리 천장'의 뜻과 그에 해당하는 우리나라의 사례들을 정리해 보자.

(3) '유리 천장'을 깨뜨리려고 노력한 미국과 노르웨이의 사례를 정리해 보자.

	미국	노르웨이
누가 나섰나?		- 가브리엘슨 - 정부
어떤 방법으로?	- 고위직에 있는 여성 비율을 조사해 결과를 발표하고, 우수회사에 상을 줌.	- 정부가 여성 임원 40% 할당제를 법제화해 실행함.
이렇게 할 수 있었던 근거는?		- 남성만 임원이 되면 여성 소비자의 생각을 알 수 없어 기업의 경쟁력이 약해진다.

2. 이 글에 제시된 안내 번호에 따라 예측한 내용을 바탕으로 다음 활동을 해 보자.

(1) 제목을 보며 예측한 내용이 바탕글의 내용과 일치하는지 말해 보자.

(2) 첫째 문단에 나오는 '그러나' 다음에 어떤 내용이 왔는지 써 보자.

(3) 286쪽에 있는 '훨씬', '놀랍게도', '대기록'이라는 단어들에 나타난, 외국 사례에 대한 글쓴이의 태도를 말해 보자.

(4) 마지막 문단에 나오는 "여성 개인의 노력과 능력만으로 유리 천장을 없앨 수 있을까요?"의 답을 써 보자.

3. 이 글을 읽으면서 예측한 내용과 2번 활동에서 정리한 내용을 비교해 보고, 예측하며 읽기의 필요성을 친구와 함께 이야기해 보자.

이 단원의 학습활동도 '내용학습-목표학습-적용/심화 학습'의 체제를 따르고 있다고 할 수 있다. 이 학습활동의 흐름을 보면 내용학습을 하고 난 다음 목표학습을 하는 순차적 구성으로 되어 있다. 그런데 2번의 목표학습은 읽기 전이나 읽기 중에 예측하기가 이루어져야 수행될 수 있는 것이다. 그렇기 때문에 이 교과서에서도 예측하기 질문을 읽기 중에 제시하고 읽기 후 활동에서 확인하도록 했다. 그렇지만 이 교과서에서 구현한 대로 교사와 학생들이 읽기 중 질문을 하면서 글을 읽어 나갈 것이라고 보기 어렵다. 이 단원에서 제시한 '예측하며 읽기'는 복잡하고 낯설기 때문에 전통적인 방식으로 글을 한 번에 다 읽고 1번에 제시된 내용학습 위주로 진행할 가능성이 높다.

결국 교육과정과 교과서가 읽기 기능이나 전략의 학습을 목표로 설정하여 구성되었다고 해도 실제 교실수업은 여전히 내용학습 위주로 진행될 가능성이 높다. 교육과정과 교과서의 변화에도 불구하고 이처럼 교실수업이 크게 변화하지 않는 이유는 교육과정과 교과서 자체의 문제와 이를 실행하는 학교 현실의 문제로 구분해 볼 수 있다. 먼저, 교육과정이나 교과서의 측면에서 문제가 되는 것은 읽기 기능·전략 학습의 내용이 실제적이지 못하다는 것이다. '예측하며 읽기'라는 성취기준이 중학교 교육과정에 제시되어 있지만, 이 읽기 전략이 과연 중학교 학생들의 읽기 능력을 신장시키는 데 필요한 기능인지, 그렇다면 어떻게 이 기능을 지도할 수 있을 것인지에 대한 고민이 충분하지 않았다고 할 수 있다.

'예측하며 읽기' 전략을 익히기 위해서는 이 전략이 읽기 능력을 향상시키는 데 얼마나 중요한 것인지 그 필요성을 교사와 학생이 공감해야 한다. 이러한 바탕 위에서 '예측하며 읽기' 학습을 위한 방안이 모색되고, 이를 교과서에서 어떻게 구현할 것인지 모색해야 할 것이다. '예측하며 읽기' 전략을 익히기 위해서는 모든 단원의 읽기 활동에서 읽기 전이나 읽기 중 활동으로 반영될 수 있도록 교과서를 구성해야 하지만, 대부분의 교과서에서는 하나의 단원에서만 상징적으로 제시하고 끝낼 뿐이다. '기능' 학습을 목표로 설정하고 있지만 교과서 구성은 실제적인 '기능' 학습이 이루어질 수 없는 구조로 편성되어 있는 셈이다.

다음으로 학교 현실에서 보면 교사들은 아직 '읽기 능력의 향상'이라는 독서교육의 목표와 내용에 대한 이해가 부족하고, 이를 실행할 학교의 여건도 갖추어지지 못하고 있다. 제5차 교육과정 이후 교육과정과 교과서의 읽기 목표와 내용은 달라졌지만 이를 지도할 교사들의 교육이나 훈련은 뒤따르지 못했다. '예측하며 읽기'를 지도하기 위해서는 교사들이 이 읽기 전략의 중요성을 인식하고, 이를 실행할 수 있는 능력과 경험을 갖추어야 한다. 그렇지만 '예측하며 읽기' 전략은 대학의 읽기 교재에서만 구경했을 뿐 실제적으로 이러한 전략을 경험해 본 교사들이 많지 않다. 또한 '예측하며 읽기'와 같은 읽기 전략에 대한 학습은 한 단원의 수업으로 습득되기 어렵고 다양한 상황에서 반복 학습을 해서 익숙해지도록 해야 한다. 그러나 가르쳐야 할 내용은 많고 시간은 늘 부족한 교실수업 상황에서는 핵심적인 전략을 이해하고 이를 습득하도록 훈련할 시간이 없기 때문에 내용 이해로 마무리할 수밖에 없다.

능력 중심의 독서교육이 교실수업에서 자리 잡지 못하는 또 다른 이유는 전통적인 독서 개념이 우리 사회와 교육에 뿌리 깊게 자리 잡고 있기 때문이다. 김창원(2009)은 읽기교육을 '읽기에 관한 지식과 기술을 갖추도록 하기 위한 비교적 단기간의 명시적인 교수 활동'으로, 독서교육을 '읽기 경험을 통하여 인성을 기르고 삶의 질을 높이도록 하기 위한 비교적 장기간의 교수 및 안내 활동'으로 정의한다. 독서교육을 읽기교육과 구분하여 '인성을 기르고 삶의 질을 높이도록 하기 위한' 것으로 정의하는 기저에는 독서에 대한 전통적인 개념이 뿌리 깊이 박혀 있음을 확인할 수 있다.

읽기와 독서의 개념을 굳이 구분한다면 읽기는 독자의 의미 구성 행위에 초점을 맞춘 개념이다. 따라서 읽기의 대상으로는 글자, 문장, 글, 책뿐만 아니라 만화, 사진, 영화 등 다양한 매체 텍스트도 가능하다. 또한 이해의 수준에 있어서도 사실적 이해, 추리 상상적 이해, 비판적 이해 등 다양한 수준의 의미 구성 활동을 포함한다. 독서라는 말도 '글 읽기'를 의미하기 때문에 읽기의 개념을 내포하고 있지만, 굳이 읽기와 구분하자면 독자의 읽기 행위가 아니라 읽기의 대상인 '글[書]'에 초점을 두고 있다는 점에서 차이가 있다. 독서는 다양한 읽기 중에서도 특히 책 읽기에 한정해서 사용하며, 책을 통해서 지식과 교양을 쌓는 것이 독서의 궁극적인 목표라고 할 수 있다.

김창원이 읽기와 독서, 문학을 서로 별개의 것으로 개념 정의하고자 한 것은 아무래도 문학교육의 정당성을 확보하기 위한 시도로 보인다. 읽기를 좁은 개념으로 한정하고 읽기와 독서, 문학을 분리시킨 것은 독서와 문학이 단순한 읽기 기능과는 다른 고차원적인 사고와 문화적 소양이 필요한 것임을 강조하기 위한 것이다. 이는 결국 독서교육의 궁극적인 목표는 읽기 능력의 신장에 있는 것이 아니라 지식과 교양의 습득을 통한 인격 완성에 있다는 것을 의미한다. 이는 한문교육기 이후 면면히 이어져 온 전통적인 독서 개념을 다시 한 번 강조한 것일 뿐이다.

지금도 우리 사회에는 전통적인 독서 개념이 뿌리 깊게 남아 있다. 고전 독서를 강조하는 사람들이 제시하는 도서 목록에는 어김없이 『논어』, 『맹자』, 플라톤의 『국가론』 등 동서양의 고전들이 포함되어 있다. 학교에서의 독서교육도 주로 교양을 넓히는 차원에서 고전이나 문학 독서를 강조하고 있다. 독서교육에서 고민해야 할 문제는 어떤 책을 선정해서 제시해 주느냐 하는 것이지 학습자의 독서 전략이나 독서 능력의 향상과 같은 문제가 아니라는 것이다. 전통적인 독서 개념이 강력히 영향력을 미치고 있는 상황에서의 독서지도는 내용 중심적 경향을 띨 수밖에 없다.

독서교육의 궁극적인 목적이 학습자의 독서 능력을 향상시키는 데 있느냐, 아니면 책에서 제공하고 있는 지식을 습득하여 교양을 넓히는 데 있느냐 하는 것은 책(저자)과 독자 중에서 어느 것을 강조하느냐의 차이에서 비롯되는 것이다. 전통적인 독서 개념은 저자의 사상과 감정을 독자가 잘 수용하는 데 있었다. 그러나 최근의 독서 개념은 독자의 능동적인 의미 구성을 강조한다. 독자의 창의적인 해석과 수용을 강조하는 이러한 독서 개념은 독자의 비판적 사고 능력을 강조하는 것이다.

책과 독자 어느 하나가 없으면 독서 행위는 이루어질 수 없다. 따라서 독서 과정에서 책과 독자는 필수적인 요소라고 할 수 있다. 그러나 이 중에서 어느 것을 강조하느냐에 따라 독서교육의 방향은 완전히 달라진다. 독서교육에서 고민해야 하는 것은 궁극적으로 어떤 독자를 육성할 것인가 하는 것이다. 전통적인 독서 개념에서 보면 수용적인 독자가 이상적인 독자지만 현대적인 독서 개념에서 보면 능동적, 창의적인 독자가 이상적인 독자이다. 독서교육의 목표는 독서교육의 내용과 방법을 결정하는 데 지대한 영향을 미치기 때문에 어떤 독자를 상정하느냐 하는 것이 독서교육에서는 매우 중요하다.

2. 독서 교육과정:
독서와 문학은 같은 것인가, 다른 것인가

독서와 문학이 교육과정상 분리되기 시작한 것은 제4차 교육과정 시기부터였다. 제1차 교육과정 시기부터 제3차 교육과정 시기까지 국어과의 영역은 '말하기', '듣기', '읽기', '쓰기' 4영역 체제였는데, 제4차 교육과정에서는 '말하기', '듣기', '읽기', '쓰기'를 '표현·이해'로 묶고, '언어'와 '문학'을 더해서 3영역 체제로 편성했다. 제4차 이전시기까지는 문학의 내용이 읽기 영역에 통합되어 제시되었지만, 제4차 교육과정부터는 독립 영역으로 교육 내용이 제시된 것이다.

제4차 교육과정 시기에 읽기 영역에서는 주로 비문학적인 글 읽기와 관련된 교육 내용을 다루었고 문학 영역에서는 문학적인 글 읽기와 관련된 교육 내용을 제시했다. 그리고 교과서는 장르별로 구성했기 때문에 두 영역 간의 중복 현상은 크게 두드러지지 않았다. 그런데 제5차 교육과정 이후에는 말하기, 듣기, 읽기, 쓰기를 독립 영역으로 편성하였으며, 읽기 영역의 교육 내용을 학생 독자의 의미 구성과 관련된 지식, 기능, 태도 전반으로 확장시키면서 읽기와 문학의 교육 내용 중복 현상이 심화되기 시작했다.

2009 개정 교육과정에서는 읽기 영역의 담화 유형을 '정보를 전달하는 글', '설득하는 글', '친교 및 정서 표현의 글'로 구분하였다. 그런데 여기서 '친교 및 정서 표현의 글'은 문학적인 글과 중첩된다. 국어 자료의 예로 읽기 영역에서는 전기문이나 평전, 자서전, 수필 등을 포함시켰고, 문학 영역에서는 시(시가), 소설(이야기), 극, 수필, 비평 등을 제시하고 있어서 두 영역의 텍스트가 중복된다는 것을 확인할 수 있다. 이런 중복 현상은 성취기준에서 더 뚜렷하게 드러나고 있다.

[표 11-1] 2009 개정 교육과정의 읽기, 문학 영역 성취기준

읽기 영역	문학 영역
1. 지식과 경험, 글의 정보, 읽기 맥락을 토대로 내용을 예측하며 글을 읽는다.	1. 비유, 운율, 상징 등의 표현 방식을 바탕으로 작품을 이해하고 표현한다.
2. 글이나 매체에 제시된 다양한 자료의 효과와 적절성을 평가하며 읽는다.	2. 갈등의 진행과 해결 과정을 파악하며 작품을 이해한다.
3. 읽기 목적에 따라 적절한 방법으로 글의 내용을 요약한다.	**3. 다양한 관점과 방법으로 작품을 해석한다.**
4. 설명 방식을 파악하며 설명하는 글을 읽는다.	**4. 표현에 드러나는 작가의 태도에 주목하며 작품을 이해하고 표현한다.**
5. 논증 방식을 파악하며 주장하는 글을 읽는다.	5. 작품의 세계가 누구의 눈을 통해 전달되는지 파악하며 작품을 수용한다.
6. 글의 내용을 토대로 질문을 생성하며 능동적으로 글을 읽는다.	6. 사회 · 문화 · 역사적 상황을 바탕으로 작품의 의미를 파악한다.
7. 동일한 대상을 다룬 서로 다른 글을 읽고 관점과 내용의 차이를 비교한다.	7. 작품의 창작 의도와 소통 맥락을 고려하며 작품을 수용한다.
8. 글의 표현 방식을 파악하고 표현의 효과를 평가한다.	**8. 자신의 주체적인 관점에서 작품을 평가한다.**
9. 자신의 삶과 관련지으며 글의 의미를 해석하고 독자의 정체성을 형성한다.	9. 자신의 일상에서 의미있는 경험을 찾아 다양한 작품으로 표현한다.
10. 읽기의 과정과 원리를 이해하고 자신의 읽기 과정을 점검하며 조절한다.	10. 문학이 인간의 삶에 어떤 가치를 지니는지 이해한다.
11. 읽기의 가치와 중요성을 깨닫고, 읽기를 생활화하려는 태도를 지닌다.	

읽기, 문학 영역의 성취기준을 비교해 보면 읽기 7과 문학 3, 읽기 8과 문학 4, 읽기 9와 문학 8의 성취기준이 서로 중첩된다는 것을 알 수 있다. 또한 읽기 1과 문학 7에서도 맥락과 관련된 내용이 서로 중첩되고 있다. 읽기에서는 독자의 능동적인 의미 구성을 강조한다면 문학에서는 학습 독자의 주체적인 해석을 강조하고 있다는 점에서 표현 방식의 차이가 있지만, 결국 학습 독자의 능동적인 의미 구성이라는 측면에서 보면 두 영역의 성취기준은 유사성

을 띨 수밖에 없다. 반면에 담화 유형과 관련된 지식에 있어서는 읽기 영역에서는 설명문, 논설문과 관련된 내용을 주로 다루고, 문학에서는 시, 소설 등 문학적 장르를 주로 다루기 때문에 차별성이 뚜렷하다.

독서를 독자와 텍스트의 상호 작용으로 설명할 경우, 독자와 관련된 교육 내용은 담화 유형에 의해 규정되는 것이 아니기 때문에 공통성을 띨 수밖에 없다. 읽기와 문학 영역의 차이가 텍스트와 관련된 교육 내용에서 두드러지기 때문에 문학 영역의 독자성을 강조하고자 하면 결국 문학적 장르의 특성을 강조하는 수밖에 없다. 이는 교과서 구성에서도 그대로 반영되는데, 문학 영역의 학습활동은 대체로 학습 독자의 다양한 해석을 강조하기보다는 문학 텍스트에 반영되어 있는 장르의 지식을 이해하고 수용하는 데 강조점을 두고 있다.

문학 영역에서 '문학적 지식의 수용'을 강조하고 있다는 것은 성취기준을 통해서도 확인할 수 있다. 읽기의 경우 '~ 평가하며 읽는다', '~ 읽기 과정을 점검 조절하며 읽는다'와 같이 능동적인 의미 구성을 강조하는 성취기준이 많지만, 문학에서는 '~ 수용한다', '~ 이해한다'와 같이 작품에 나타난 문학적 특징을 이해하고 수용하는 성취기준이 많다. 이러한 차이는 읽기 영역에서는 학습 독자의 능동적인 의미 구성을 강조하고 있는 반면에 문학 영역에서는 문학적 장르에 대한 지식의 습득을 강조하고 있는 것으로 이해된다.

2009 개정 교육과정 문학 과목의 목표 진술에서는 "문학 활동을 통해 개인적으로는 문학적 수용과 생산 능력, 사고 능력, 문제 해결 능력, 창의력을 기르고, 사회적으로는 건전한 예술 문화를 형성하게 된다."라고 서술하고 있다. 문학 주체로서 학생 독자의 작품 수용과 생산 능력을 기르는 것이 문학교육의 중요한 목표라고 할 수 있다. 그러나 문학 영역의 성취기준과 교과서 편성을 보면 작품의 수용과 생산 능력보다는 장르에 관한 지식의 습득을 여전히 강조하고 있다. 문학 영역의 독자성을 강조하기 위해서는 문학적 장르의 지식을 강조할 수밖에 없지만, 그렇게 할 경우 문학교육의 목표에서 벗어날 가능성이 많다는 것을 알 수 있다.

읽기와 문학의 차이가 장르의 특성에서만 두드러진다면 읽기와 문학 영역을 통합해서 기술하는 것이 교육과정과 교과서의 혼란을 줄이는 데 기여할 것으로 보인다. 즉, 독자의 능동적인 의미 구성 활동은 공통적으로 제시하고 텍스트 유형과 관련된 내용은 별도로 제시할 경우 이러한 중복과 분리로 인한 비효율성의 문제를 해소할 수 있을 것이다. 특히 현재의 교육과정이 텍스트 유형을 중시하고 있기 때문에 통합적 기술에는 어려움이 없을 것이다. 외국의 자국어교육에서도 읽기와 문학을 분리해서 교육 내용을 제시한 나라가 거의 없다는 것은 이들을 분리하는 것보다 통합해서 기술하는 것이 훨씬 논리적이고 학습의 효율성도 높다는 것을 의미한다.

3. 교과서 텍스트:
정전인가, 언어 활동의 자료인가

제4차 교육과정기까지의 국어 교과서 텍스트 선정에는 국가주의와 반공주의, 민족주의 등의 이데올로기가 강하게 작용했다. 제5차 교육과정 이후 교과서의 텍스트 선정에는 순수문학과 민족주의 계열의 작가, 문학사적 평가가 이루어진 작가만이 아니라 사회주의 계열 작가, 최근에 활동하는 대중적인 작가의 작품에 이르기까지 다양한 텍스트들이 등장하고 있다. 중등 교과서가 검정제로 전환되면서 이러한 변화의 속도는 더욱 가속화되고 있다.

교육과정에서도 이러한 변화를 적극 반영하여 2009 문학 교육과정에서는 교과서 수록 작품 선정의 기준을 '문학사적 기준과 비평적 안목에 비추어 타당하고 전이성 높은 작품' 뿐만 아니라 '학습자의 관심 및 생활 경험과 밀접하게 연관되는 작품'과 '한국 문학과 세계 문학의 다양한 하위 범주들을 보여줄 수 있는 작품'들로 확대하였다. 실제로 2009 문학 교육과정에 따라 개발된 교과서에는 문학사적 가치가 높은 작품들 뿐만 아니라 대중적인 텍스트, 외국 작품들에 이르기까지 다양한 텍스트가 실렸다. 그러나 이러한 텍스트에 대한 교사와 학생들의 반응은 상당히 다른 것으로 나타났다.

김주환(2013)의 연구에서는 교과서 텍스트에 대한 교사와 학생의 반응이 상당히 다르다는 것을 보여 준다. 교사들의 경우 대체로 '문학사에서 좋은 작품으로 평가받은 작품들'이나 '청소년들의 인격 성장에 도움이 되는 작품들'을 선호하지만 학생들은 '대중가요나 만화와 같이 가볍고 재미있는 작품들'이나 '청소년들이 즐겨 읽는 대중소설이나 연애시들'을 선호하기 때문이다. 교과서 텍스트에 대한 교사와 학생 간의 이러한 선호도 차이는 교재 개발과 교실 수업에 실질적인 영향을 미치는 것으로 나타났다.

[표 11-2] 교사와 학생들이 선호하는 작품

	교사		학생	
	빈도수	백분율	빈도수	백분율
① 대중가요나 만화와 같이 가볍고 재미있는 작품들	3	0.81	54	21.1
② 청소년들이 즐겨 읽는 대중소설이나 연애시들	21	5.69	57	22.3
③ 동서양에서 유명한 고전적인 작품들	35	9.49	24	9.4
④ 문학사에서 좋은 작품으로 평가받은 작품들	140	37.94	50	19.5
⑤ 우리 민족의 문화와 전통을 알 수 있는 작품들	29	7.86	13	5.1
⑥ 청소년들의 인격 성장에 도움이 되는 작품들	135	36.59	38	14.8
⑦ 문학에 대한 지식을 익힐 수 있는 작품들	6	1.63	14	5.5
⑧ 기타	0	0.00	6	2.3
	369	100.0	256	100.0

(김주환, 2013)

교과서는 교육과정에서 제시한 '문학사적 기준과 비평적 안목에 비추어 타당하고 전이성 높은 작품'과 '학습자의 관심 및 생활 경험과 밀접하게 연관되는 작품', '한국 문학과 세계 문학의 다양한 하위 범주들을 보여 줄 수 있는 작품'들을 비교적 균형 있게 싣고 있지만, 실제 교실 수업에서는 이러한 균형이 유지되지 않는 것으로 확인되었다. 교사들은 '문학사적 기준과 비평적 안목에 비추어 타당하고 전이성 높은 작품' 위주로 가르치고 '학습자의 관심 및 생활 경험과 밀접하게 연관되는 작품', '한국 문학과 세계 문학의 다양한 하위 범주들을 보여 줄 수 있는 작품'들은 잘 가르치지 않는 것으로 나타났다. 교사들이 가르치지 않고 학생들이 배우지 않는 작품 중에는 외국 작품, 대중적인 작품, 최근작이나 비선호 장르의 작품들이 많았고, 수업에서 주로 가르치는 작품에는 오랫동안 교과서에 수록되어 왔던 작품, 문학사적 평가가 높은 전형적인 장르의 작품들이 많았다.

과거에는 '문학사적 평가를 받은 작품'이나 '청소년들의 인격 성장에 도움이 되는 작품'이 교과서 텍스트 선정의 중요한 기준이 되었다면, 최근에는 '학생들의 관심과 흥미가 높은 작품'이나 '언어 기능을 습득하는 데 도움이 되는 작품'이 중요한 선정 기준으로 부각되고 있다. 이성영(2013)은 교과서 텍스트의 선정 요건으로 목표 지향성, 가치 지향성, 조화 지향성을 제시하였다. 교과서 텍스트는 학습목표의 구현에 맞는 것이어야 하며, 교육이 추구하는 보편적 가치에 부합하는 것이어야 하고, 장르나 주제에서 균형을 이뤄야 한다는 것이다. 교과서 텍스트 선정에서 가치의 중요성도 강조하고 있지만 목표 지향성, 즉 언어 학습의 목표에 부합하느냐 하는 것을 가장 중요한 요건으로 제시하고 있다.

교과서 선정 기준이 이렇게 변화한 것은 독서 교과서의 기능과 역할이 달라졌기 때문이다. 경전시대나 독본기의 독서 교과서는 가치관 교육을 위한 자료였다고 한다면 최근의 독서 교과서는 독서 능력을 향상시키기 위한 자료의 성격을 갖는다. 물론 그렇다고 해서 교과서 텍스트 선정에서 가치 기준이 완전히 배제된 것은 아니다. 교과서 텍스트 선정에서 가치 기준은 여전히 중요한 요건 중의 하나지만 과거처럼 특정한 이데올로기를 강조하는 것이 아니라 보편적인 가치를 지향한다는 점에서 교과서에 대한 정치사회적 압력이 상대적으로 약화되었다고 할 수 있다.

이순영(2011)의 연구에서도 교과서 텍스트 선정에서 독자 요인이 매우 중요하다는 것을 확인할 수 있다. 이 연구에서는 464명의 초·중·고등학교 학생 독자들의 설문과 인터뷰 자료를 분석하여 텍스트 난도와 텍스트 선정에 영향을 미치는 독자 요인을 탐색하였다. 그 결과 초·중·고등학교 독자들이 생각하는 '어려운 글'의 핵심 요인은 '독자 자신의 흥미와 재미'임이 밝혀졌다. 즉, 독자가 관심이 있으면 어려운 글이라도 적극적으로 읽게 되지만 관심이 없으면 독서 동기가 차단될 뿐만 아니라 독해에도 큰 어려움을 겪는 것으로 나타났다. 이러한 연구는 교과서 텍스트 선정에서 독자인 학습자의 흥미와 관심이 중요하다는 것을 보여 준다.

국가주의 이념과 정전의 개념이 약화되고 언어학습과 학습자의 흥미가 중요하게 고려되면서 문학사적 평가가 높은 작품보다는 대중적인 작품, 문자 위주의 텍스트보다는 매체 텍스트의 활용 빈도가 높아지고 있다. 그러나 교과서 텍스트 선정에서 대중적인 작품이나 매체 텍스트의 비중이 높아지는 것에 대해 비판적인 의견 또한 적지 않다. 박기범(2011)은 대중적인 작품을 선정했을 경우에는 해당 작품의 인지도가 떨어지면 교육적 효용 가치도 함께 사라질 수밖에 없으며, 최근작에 관심을 가지는 만큼 고전 작품의 비중이 위축될 수밖에 없다는 점을 지적하였다. 또한 천경록(2014)은 매체 텍스트보다 문자 텍스트가 가장 고급한 텍스트이기 때문에 문자 텍스트를 다양하게 개발하는 것이 중요하다고 지적하고 있다.

교과서 텍스트로 어떤 텍스트를 선정할 것인가 하는 문제는 여전히 논란이 많다. 과거에 교과서의 정전으로 평가 받고 있던 작품들이 아직도 여전히 실리기도 하고 새롭게 교과서 정전으로 등장하는 텍스트들도 많아지고 있다. 검정교과서 제도로 전환되면서 교과서의 텍스트 선정은 교사와 학생의 요구를 반영하여 더욱 많은 변화를 보이고 있다. 그렇지만 교사와 학생의 요구 자체가 상반되기 때문에 이를 조정하는 것도 쉬운 문제는 아니다. 전통적인 가치를 담고 있는 고전 텍스트를 가르쳐야 한다는 요구와 학생들의 흥미와 관심이 높은 현대적인 텍스트를 선정해야 한다는 요구 간에는 여전히 간극이 있기 때문이다.

4. 교과서 텍스트:
정보 텍스트인가, 문학 텍스트인가

학생들은 학교에서 어떤 텍스트를 가장 많이 경험하고 있을까? 학교도서관에서 학생들이 읽어야 할 도서 목록으로 제시된 책들은 대체로 문학류, 그것도 소설류라는 것은 대부분이 잘 알고 있을 것이다. 이러한 현상은 국어 교과서에서도 마찬가지이다. 국어 교과서에서 가장 많은 비중을 차지하는 것이 문학 텍스트이다. 이순영(2011)의 연구에 따르면 초, 중, 고등학교 교과서에 가장 많이 수록된 텍스트가 무엇인가에 대한 질문에 대해 교사들은 대부분 시, 소설(동화), 수필 텍스트라고 응답하였다.

또한 우리나라 교사들은 초·중·고등학교 학교급을 막론하고 학생들이 가장 많이 읽어야 하는 텍스트로 '일반 소설(초등은 동화)'을 들고 있다. 학생들이 가장 흥미가 높다고 생각하는 텍스트나 교사가 학생들에게 가장 권장하는 텍스트 모두 '일반 소설'인 것으로 나타났다. 이러한 교사들의 인식은 실제 수업에서도 그대로 반영되고 있는데, 김주환(2014)의 조사에 따르면 고등학교 국어교사들이 가장 선호하는 교육 내용은 문학이며, 실제로 가장 많이 가르치는 내용도 문학인 것으로 조사되었다.

[표 11-3] 국어 교과서에 최다 수록된 텍스트의 유형/분야에 대한 교사 인식

질문	1순위	2순위	3순위
1) 현행 초등학교 국어과 교과서에 가장 많이 수록되어 있다고 생각되는 글의 종류나 분야는 무엇입니까?	동화 53.0%	시 15.9%	소설 12.2%
	(50.6%)	(19.0%)	(13.9%)
2) 현행 중학교 국어과 교과서에 가장 많이 수록되어 있다고 생각되는 글의 종류나 분야는 무엇입니까?	소설 51.9%	수필 21.2%	시 15.4%
	(53.1%)	(13.6%)	(23.5%)
3) 현행 고등학교 국어과 교과서에 가장 많이 수록되어 있다고 생각되는 글의 종류나 분야는 무엇입니까?	소설 56.4%	시 21.5%	수필 10.7%
	(63.2%)	(30.3%)	(1.3%)

* ( ) 속의 수치는 국어교사들의 응답 결과임   (이순영, 2011)

국어 교과서에서 문학 텍스트의 비중이 높은 것은 비단 우리나라에만 해당하는 것은 아니다. 듀크(Duke, 2000)는 초등학교 1학년 교실을 대상으로 정보 텍스트의 사용 실태를 조사해 본 결과 하루에 정보 텍스트 관련 활동이 3.6분에 불과하다는 충격적인 연구 결과를 제시했다. 초등학교 교실에 비치된 책들과 활동에 사용되는 텍스트들은 대부분 이야기(narrative) 장르에 속하는 것이었다. 바우만 외(Baumann et al., 1998)에 의하면, 미국의 초등학교 1학년 교사 중 80퍼센트 이상이 문학 텍스트를 학생들에게 적극적으로 지도하고 있으며, 유치원부터 초등학교 2학년을 담당하는 교사 중 97퍼센트 이상이 아이들에게 문학 텍스트를 규칙적으로 제시하고 있었다. 또한 초등학교 교사 중 94퍼센트 이상이 독서교육의 목적을 문학작품을 스스로 골라서 읽고 즐기는 독자 육성에 두고 있으며, 유창성 증진을 위해서는 반드시 문학작품을 열심히 읽어야 한다고 믿고 있었다. 교사들의 이러한 장르 선호 양상은 학생들이 정보 텍스트를 좋아하지 않는다는 믿음을 기반으로 하고 있다.

그러나 많은 연구 결과에 의하면 학생들은 이야기책만큼이나 정보책 읽기도 좋아하는 것으로 나타났다. 학교도서관에서 자율적으로 책을 고를 때, 도

[표 11-4] 고등학교 교사와 학생의 교육 내용 선호도

	교사		학생	
	빈도수	백분율	빈도수	백분율
① 듣기 / 말하기	18	3.2	64	12.3
② 읽기	48	8.7	193	37.0
③ 쓰기	7	1.3	23	4.4
④ 문법	60	10.8	27	5.2
⑤ 문학	409	73.8	189	36.3
⑥ 매체 언어	15	2.7	23	4.4
⑦ 기타	0	0.0	2	0.4
계	557	100.5	519	99.6

(김주환, 2014)

서관에는 정보 텍스트가 매우 부족함에도 불구하고 학생들은 소설책보다 정보 텍스트를 두 배나 더 많이 선택했다. 영국 학생들의 텍스트 선호를 조사한 콜과 홀(Cole & Hall, 2002)도 학교 밖 자유 독서 상황에서 남학생과 여학생 모두 정보 텍스트가 중심인 잡지나 신문 읽기를 즐긴다고 보고했다. 심지어 어린 학생들도 정보책을 좋아하며, 정보 텍스트를 통해 많은 것을 학습하고 있는 것으로 나타났다. 같은 맥락에서 클레치엔과 서보(Kletzien & Szabo, 1998)는 초등학교 저학년생 중 반수 이상이 자유 독서 상황에서 정보 텍스트를 선택하며 정보 텍스트 읽기를 좋아한다고 보고했다. 이 시기 아이들은 사물이 어떻게 작동하는지에 관심이 많으며, 친근한 주제(애완동물이나 곤충, 자동차 등)나 탐구심을 자극하는 주제(로봇, 돌, 태양계, 화산 등)에 대한 책 읽기도 좋아하는 것으로 나타났다.

독서 동기 연구자들은 학교의 교과서나 독서교육 자료 안에 학생들의 지식 탐구(knowledge-seeking) 욕구를 충족시킬 만한 텍스트가 부족하다고 비판하고 있다. 거스리 외(Guthrie et al., 1998)에 의하면 학생들의 독서 동기나

흥미, 몰입에 영향을 미치는 가장 강력한 요소가 호기심(curiosity)인데, 관심 분야의 정보 텍스트는 학생들의 호기심을 자극하고 충족하는 데 매우 중요한 역할을 수행한다고 한다. 그런데 학교에서 제시하는 교수학습 자료에는 양질의 정보 텍스트가 절대적으로 부족하다는 것이다. 이러한 연구는 문학만이 '즐거움을 위한 독서(reading for pleasure/entertainment)'의 대상은 아니며, 정보 텍스트도 독자에게 즐거움과 희열의 원천임을 강조한다. 독자에 따라서는 정보 텍스트를 통해서 문학 독서 이상의 강렬한 기쁨과 만족을 경험하기도 한다. 하비(Harvey, 1998: 70)나 모스(Moss, 2003)를 비롯한 여러 연구들이 정보 텍스트 읽기의 장점을 다양한 측면에서 제시하고 있다. 정보 텍스트 읽기의 다양한 목적과 혜택을 정리하면 [표 11-5]와 같다.

[표 11-5] 정보 텍스트 읽기의 다양한 목적과 혜택들

정보 텍스트 읽기의 목적	정보 텍스트 읽기의 혜택
• 정보 획득 • 지적 호기심 충족 • 세상에 대한 이해의 확장 • 새로운 개념의 이해, 어휘 확장 • 우리의 삶과 학습 연계 • 좋은 정보 텍스트 생산 • 재미와 기쁨, 자기만족	• 특정 분야의 개념이나 주제에 친숙해짐 • 텍스트 표지/구조 관련 독해 전략 증진 • 교과에 관련된 깊이 있는 정보 제공 • 최신의 정확한 정보와 각종 어휘 습득 • 독자의 호기심 충족과 유발, 동기 증진 • 교수학습의 개별화 가능성 제고 • 그래픽, 표, 그림/사진 독해력 증진

최근 미국에서는 공통 핵심 교육과정(Common Core State Standards: CCSS)을 통해 정보 텍스트의 비중을 늘리도록 요구하고 있다. 학교 공부와 직업 생활에서 주로 사용하는 것이 정보 텍스트이기 때문에 초등학교 때부터 정보 텍스트에 대한 노출을 확대해야 한다고 본 것이다. 국가평가위원회(National Assessment of Educational Progress: NAEP)에서는 정보 텍스트의 비중을 초등학교 때에는 50퍼센트에서 고등학교 때에는 70퍼센트까지로 늘리도록 요구하고 있다.

국가 수준의 성취도 평가에서 정보 텍스트의 비중을 의무적으로 늘리도

[표 11-6] 학년별 문학 텍스트와 정보 텍스트의 비중

학년	문학 텍스트	정보 텍스트
4	50	50
8	45	55
12	30	70

록 한 정부의 교육정책을 비판하는 교사나 연구자들도 적지 않다. 이들은 교사와 학생들이 모두 문학 텍스트를 선호한다는 점, 문학 텍스트를 통해서 높은 수준의 문화적 소양을 갖출 수 있다는 점을 강조한다. 그러나 많은 연구자들이 현재와 같은 문학 텍스트 일변도의 교육에서 벗어나 정보 텍스트의 비중을 늘려 텍스트 간의 균형(the balance of texts)을 확보할 필요가 있다는 인식에 공감하고 있는 것으로 보인다.

5. 독서지도:
지식 중심인가, 활동 중심인가

그동안 교사의 말에만 의지하던 교실수업이 다양한 학생 활동 중심으로 변하면서 수업 분위기는 이전보다 훨씬 밝아졌다. 활동 중심 수업에서 '활동'은 대체로 '학생들이 할 수 있는 활동', 또는 '학생들이 흥미를 가지는 활동'으로 편성되기 때문에 수업에 대한 학생들의 관심과 흥미가 훨씬 높아진 것이 사실이다. 그동안 조용히 선생님의 말씀을 듣고 공책에 받아 적기만 했던 학생들이 스스로 발표하고 움직이는 활동을 통해 적극적이고 능동적으로 변하게 되었으며, 교실수업은 좀 더 시끄러워지긴 했지만 그래도 생명력이 넘치는 공간으로 변했다. 어떻게 보면 교실수업이 재미있어졌다는 사실 하나만으로도 학생 활동 중심 수업은 교육 발전에 충분히 기여하고 있는지도 모른다.

그러나 '학생들이 할 수 있는 활동', 또는 '학생들이 흥미를 가지는 활동'으로 재미있는 수업이 되었다는 사실이 반대로 학생 활동 중심 수업의 폐해로 지적되기도 한다. 즉 '학생들이 할 수 있는 활동', 또는 '학생들이 흥미를 가지는 활동'에만 머무르게 되면 높은 수준의 활동을 할 기회는 그만큼 줄어든다. 학생들은 기본적으로 쉽고 재미있는 활동을 하려고 하지 어렵고 힘든 활동을 하려고 하지는 않는다. 그런데 이렇게 쉽고 재미있는 활동만을 반복하게 될 때 그 수업 시간은 즐겁게 보낼 수 있지만 그로 인해 학생들의 능력을 개발하고 수준을 높이는 일은 뒷전으로 흐르게 될 가능성이 많다.

실제로 활동 중심 교과서에서 제시되고 있는 활동들을 보면 이런 것들을 해야 할 필요가 있을까 할 정도로 수준이 낮거나 사실 별로 관련도 없는 활동들이 그저 '흥미를 돋우기 때문에' 혹은 '학생 수준에 맞추기 위해서' 제시되는 경우가 적지 않다. 이런 활동들을 했을 때 수업은 훨씬 쉽고 재미있을지 모르지만 실상 그 내용은 별로 없는 경우가 많다. 예를 들어 한 중학교 국어 교과서에는 "다음 시를 읽고, 머릿속에 떠오르는 광경을 그림으로 그려 보자."고 한 다음, 박남수의 「마을」이라는 시가 제시되어 있다.

마을

박남수

외로운 마을이
나른나른 오수에 졸고

넓은 하늘에
소리개 바람개비처럼 도는 날.

뜰 안 암탉이
제 그림자 쫓고
눈알 대록대록 겁을 삼킨다.

이 시를 보면 하나의 이미지가 선명하게 떠오른다. 그래서 아마 이 시를 읽고 "머릿속에 떠오르는 광경을 그림으로 그려 보자."는 활동을 제시했을 것이라고 생각한다. 그런데 학생들이 이 시를 읽고 '머릿속에 어떤 광경'을 떠올릴 수 있다면 이 시를 충분히 이해하고 감상한 것이다. 그렇기 때문에 그 광경을 굳이 그림으로 그려 볼 이유가 없다. 그러므로 이 시를 읽고 '머릿속에 떠오르는 광경을 그림으로 그려 보자'는 활동은 시 공부를 재미있게 하기 위해서 미술을 활용하는 것 이외에 아무런 교육적 가치가 없다. 그리고 더 중요한 것은 아이들은 그림을 그리고 있는 사이에 해야 할 중요한 것을 놓치고 있다는 점이다.

이 시를 읽을 때 제시된 언어를 통해서 하나의 이미지를 떠올리는 일이야말로 중요한 작업이다. 여기에는 '미술적 능력'보다는 시골 생활에 대한 경험이 더 요긴할 수도 있고, 제시된 언어에 대한 정보가 더 중요할 수도 있다. 중학교 1학년 아이들은 오수라는 말을 잘 이해하지 못하고 소리개가 병아리를 채 간다는 사실을 모르는 경우도 많기 때문이다. 따라서 '이 시의 광경을 그림으로 그리는' 활동을 통해서는 이 시가 담고 있는 삶과 세상에 대한 이해에 도달하기는 힘들다. 이 시를 바탕으로 활동을 해야 할 것은 '그림을 그리는 일'이 아니라 이 시가 제공하는 '이미지를 생생하게 떠올리는 일'이다. 이를 위해서는 시의 함축적인 표현을 바탕으로 상상력을 발휘하도록 해야 한다.

지식 중심 교육이 가져온 여러 가지 폐해로 우리는 지식을 가르치는 데 주저할 때가 많다. 추상적인 지식을 가르치고 배우기보다는 삶의 현실에서 경험을 쌓게 하는 것이 훨씬 유익하다고 생각한다. 특히 오늘날의 교육이 기능적인 지식인을 양산하고 있을 뿐 진정한 인간을 양성하는 전인교육의 이상과는 멀어지고 있다고 느끼는 상황에서 이러한 생각은 더욱 힘을 얻는다. 이러한 관점에서 보면 추상적인 관념을 대신해서 삶의 현실을 교육의 내용으로 삼는 것은 타당하다고 할 수 있다.

그렇다면 전통적인 지식은 교육의 내용으로서 도외시되어도 좋은가? 사실 누구도 교과의 지식을 배제하고 교과가 존재할 수 있다고 생각하지는 않는다. 지식이 추상적이라고 비판하지만 추상적이지 않으면 지식이라고 할 수도 없다. 또한 지식은 삶의 현실과 동떨어져 있다고 하지만 최초의 지식은 삶의 현실에 철저히 바탕을 두고 있었다. 어느 편인가 하면 지식은 삶의 현실 속에서 발견된 일반화된 개념들이다. 그렇기 때문에 이 지식에는 인류의 지혜와 통찰이 담겨 있다. 따라서 이러한 지혜를 배우는 일은 후세인들의 엄청난 축복이라고 할 수 있다. 지식이야말로 정리되지 않고 혼란스러운 삶의 경험에 방향을 알려 주는 나침판과 같은 구실을 한다.

> 교과를 활용하는 것과 활용하지 않는 것의 차이는 모래사장에서 바늘을 찾는 것과 잘 정리된 서랍에서 서류를 찾는 것 사이의 차이와 같습니다. 또한 교육 내용은 사고하고 추리하는 데에도 방향을 제시해 줍니다. 교육 내용이 있기 때문에 우리는 아이디어가 자연스럽게 나아가는 일반적인 길과 방향을 꽤 정확히 파악하고 따라갈 수 있으며, 사고하고 추리할 때에 쓸데없이 방황할 필요가 없습니다 (Dewey, 1902: 59).

지식 중심 교육에 대한 비판을 넘어서 지식을 폐기하고 그것을 다른 무엇으로 대치하려고 한다면 이는 또 다른 교육의 왜곡을 낳게 된다. 지식을 배제하고 그 자리를 삶의 경험이나 학생의 활동으로 대치하려는 시도는 그 의도는 좋지만 결과적으로는 학생들에게 혼란스러운 경험을 반복하게 하고 어디로 끌고 가려는 것인지가 불분명한 교육을 제공하는 우를 범하기 쉽다. 추상적이고 논리적인 지식을 일방적으로 전달하는 교육이 한계를 가졌다고 해서 지식 자체를 배제해서는 안 된다는 뜻이다. 추상적이고 논리적인 지식을 학생들의 실제적인 삶의 경험과 관련시키는 일이야말로 교사가 해야 할 일이다. 따라서 학생들이 하는 활동이나 경험은 지식에 의해서 선택되고 틀이 잡혀야 한다.

그렇다면 교과의 지식을 경험화한다는 것은 무엇을 의미하는가? 박남수의 「마을」이라는 시는 그냥 감상할 수도 있지만, 시에 대한 지식을 활용했을 때 더 효과적으로 감상을 할 수 있다. 이 시를 감상하는 데는 심상과 상징의 개념이 필요하다. 이 시는 "나른나른 오수에 졸고"라는 표현을 통해 일견 평화로워 보이는 마을의 모습을 묘사하고 있다. 그러나 둘째 연에 등장한 '소리

개'로 인해 마을은 긴장감이 돌기 시작한다. 그 긴장을 온몸으로 느끼는 것이 3연의 '암탉'이다. 그러나 이 시에는 암탉이 왜 겁을 먹고 있는지를 자세히 알려 주지 않는다. 암탉이 두려워하는 이유를 이 시적 상황에서 추론해야 하는 것이다. 이 시의 상황을 이해하기 위해서는 먼저 '암탉'의 모습을 그려 보고 그 심정에 공감할 수 있어야 한다. 암탉의 심정에 공감하게 되면 두려움의 이유도 충분히 추론할 수 있을 것이다. 이렇게 할 수 있을 때, 학생들은 비로소 심상의 개념을 이해하는 것이다.

학생들이 병아리를 걱정하는 암탉의 심정에 공감을 한다면 이 시에 대한 일차적인 이해에 도달했다고 할 수 있을 것이다. 여기서 한 발 더 나아가 왜 시인은 하고 많은 장면들 중에서 이 장면을 제시해서 보여 주었는지를 추론해 보는 것이 필요하다. 이 마을은 일견 우리의 삶과 동떨어진 시골의 어느 마을을 보여 주는 것처럼 보이지만 실상은 우리의 일상적인 삶의 한 장면일 수도 있다. 이 시적 상황이 우리의 어떤 삶과 유사한지는 학생들의 경험에 따라 다양할 수 있다. 어쨌든 이러한 추론이 가능할 때 학생들은 상징이라는 개념을 이해한 것이라고 할 수 있다.

이렇게 본다면 시에 대한 지식은 시를 해석하고 감상하는 데 필요한 도구라는 것을 알 수 있다. 물론 심상이나 상징이라는 개념을 사용하지 않더라도 이 시를 감상할 수는 있다. 그러나 이러한 도구를 활용하는 것이 작품에 대한 감상을 좀 더 깊이 있게, 체계적으로 할 수 있을 뿐만 아니라 전혀 새로운 텍스트를 해석할 때도 활용할 수 있어 지적 능력을 발전시키는 데 도움을 준다. 교과의 지식에 대한 이해는 교사가 말로 전달하는 활동을 통해서는 한계가 있기 때문에 학생 자신의 직접적인 체험과 활동을 통해서 습득하도록 하는 것이 중요하다. 더구나 독서에 관한 지식과 기능은 말로 전달해서 이해하는 것으로 끝날 것이 아니라 학생들의 독서 활동에 적용할 수 있도록 해야만 의미가 있다. 따라서 교과를 경험하도록 하라는 듀이의 지침은 독서지도에서도 여전히 유용한 개념이라고 할 수 있다.

11장 학교 독서교육의 쟁점

1. 독서교육의 복표: 능력 향상인가, 인격 완성인가

- 능력 향상 : – 등장 시기: 제5차 교육과정 이후
  - 특징: 독자의 능동적인 의미 구성을 강조함.
- 인격 완성: – 등장 시기: 한문교육기 이후
  - 특징: 텍스트를 통한 지식과 교양의 습득을 강조함.

2. 독서 교육과정: 독서와 문학은 같은 것인가, 다른 것인가

- 독자의 능동적인 의미 구성이라는 점에서는 독서나 문학은 차이가 없음.
- 읽기·독서의 읽기 자료는 정보 텍스트나 문학 텍스트에 제한이 없는 반면에 문학의 읽기 자료는 문학 텍스트에 한정됨.

3. 교과서 텍스트: 정전인가, 언어 활동의 자료인가

- 정전 자료: – 문학사적 평가를 받은 주요 장르의 작품
  - 청소년들의 인격 성장에 도움이 되는 작품
- 활동 자료: – 학습목표 달성에 효과적인 일상적인 언어 자료
  - 학생들의 관심과 흥미가 높은 대중적인 작품

4. 교과서 텍스트: 정보 텍스트인가, 문학 텍스트인가

- 정보 텍스트: – 정보 텍스트를 흥미롭게 생각하는 학생들이 있음.
  - 정보 텍스트는 지식을 습득하고 독서에 대한 흥미를 높이는 데 기여함.
  - 실생활에서 가장 많은 비중을 차지하는 것은 정보 텍스트임.
- 문학 텍스트: – 문학 텍스트는 대체로 학생들의 흥미도가 높은 편임.
  - 초·중등 국어 교과서에서 문학 텍스트의 비중이 가장 높음.
  - 문학 텍스트에 대한 교사의 선호가 학생보다 월등히 높음.

5. 독서지도: 지식 중심인가, 활동 중심인가

- 지식 중심 지도: – 교과에서 가르쳐야 할 내용은 지식임.
  - 지식은 추상적이기 때문에 말로 전달하는 데 어려움이 있음.
- 활동 중심 지도: – 학생들의 활동과 경험을 통해 습득한 것이 진정한 지식이 됨.
  - 활동 중심의 수업은 방향을 잃어 지식 습득을 저해할 수 있음.

학습활동

1. 학교 독서교육의 쟁점들에 대해서 자신의 입장을 정해서 친구들과 토론해 보자.

쟁점	나의 입장	이유, 근거
1) 능력 향상 & 인격 완성		
2) 독서 & 문학		
3) 정전 & 자료		
4) 정보 텍스트 & 문학 텍스트		
5) 지식 & 활동		

2. 이 책에서 소개하고 있는 것 외에도 학교 독서교육의 쟁점들이 적지 않다. 학교 독서교육의 쟁점이 될 수 있는 것들을 찾아서 소개해 보자.

범주	쟁점
1) 독서교육의 목표	
2) 독서교육의 내용	
3) 독서지도의 방법	
4) 독서 자료	
5) 독서평가	

3. 다음은 교과서의 텍스트 선정에서 고려해야 할 요건들이다. 이 요건들 중에서 가장 중요하다고 생각되는 것 순으로 번호를 붙여 보고, 추가할 만한 기준이 있으면 제시해 보자.

텍스트 선정의 요건	중요한 순서
1) 텍스트의 내용이 학생들의 인격성장에 도움이 되는가?	
2) 학습활동의 목표에 부합하는가?	
3) 학생들의 관심과 흥미에 부합하는가?	
4) 텍스트의 난이도가 학습자의 수준에 맞는가?	
5) 텍스트의 유형이 편중되지 않았는가?	
6) 문학사적 가치 혹은 언어적 가치가 있는가?	
7) 학생들에게 소개할 만한 저자인가?	
8) 글의 출처가 명확하고 신뢰할 만한가?	

4. 다음은 2015 개정 국어과 교육과정의 '읽기'와 '문학' 영역의 중학교 1~3학년 성취기준이다. 두 영역의 성취기준 간의 비슷한 점과 차이점이 있는지 분석해 보고, 두 영역을 통합해서 교육과정을 구성할 경우, 어떻게 구성하는 것이 좋을지 통합된 성취기준을 만들어 보자.

[읽기 영역 중학교 1~3학년 성취기준]

[9국02-01] 읽기는 글에 나타난 정보와 독자의 배경지식을 활용하여 문제를 해결하는 과정임을 이해하고 글을 읽는다.
[9국02-02] 독자의 배경지식, 읽기 맥락 등을 활용하여 글의 내용을 예측한다.
[9국02-03] 읽기 목적이나 글의 특성을 고려하여 글 내용을 요약한다.
[9국02-04] 글에 사용된 다양한 설명 방법을 파악하며 읽는다.
[9국02-05] 글에 사용된 다양한 논증 방법을 파악하며 읽는다.
[9국02-06] 동일한 화제를 다룬 여러 글을 읽으며 관점과 형식의 차이를 파악한다.
[9국02-07] 매체에 드러난 다양한 표현 방법과 의도를 평가하며 읽는다.
[9국02-08] 도서관이나 인터넷에서 관련 자료를 찾아 참고하면서 한 편의 글을 읽는다.
[9국02-09] 자신의 읽기 과정을 점검하고 효과적으로 조정하며 읽는다.
[9국02-10] 읽기의 가치와 중요성을 깨닫고 읽기를 생활화하는 태도를 지닌다.

[문학 영역 중학교 1~3학년 성취기준]

[9국05-01] 문학은 심미적 체험을 바탕으로 한 다양한 소통 활동임을 알고 문학 활동을 한다.
[9국05-02] 비유와 상징의 표현 효과를 바탕으로 작품을 수용하고 생산한다.
[9국05-03] 갈등의 진행과 해결 과정에 유의하며 작품을 감상한다.
[9국05-04] 작품에서 보는 이나 말하는 이의 관점에 주목하여 작품을 수용한다.
[9국05-05] 작품이 창작된 사회·문화적 배경을 바탕으로 작품을 이해한다.
[9국05-06] 과거의 삶이 반영된 작품을 오늘날의 삶에 비추어 감상한다.
[9국05-07] 근거의 차이에 따른 다양한 해석을 비교하며 작품을 감상한다.
[9국05-08] 재구성된 작품을 원작과 비교하고, 변화 양상을 파악하며 감상한다.
[9국05-09] 자신의 가치 있는 경험을 개성적인 발상과 표현으로 형상화한다.
[9국05-10] 인간의 성장을 다룬 작품을 읽으며 삶을 성찰하는 태도를 지닌다.

참고문헌

김동환(2013). 국어과 교과서와 문학 제재와 관련된 쟁점과 제안. 국어교육학연구 47, 45-67.

김주환(2013). 고등 문학 교과서 텍스트에 대한 교사와 학생들의 반응 연구. 교육과정 평가연구 16, 27-51.

김주환(2014). 고등『국어』교과서 텍스트에 대한 교사와 학생들의 반응 연구 - 2007 고등『국어』(상)·(하)를 중심으로 -. 국어교육 144, 341-368.

김주환(2015). 학생글로 배우는 글쓰기. 우리학교.

김창원(2009). 읽기·독서교육과 문학교육의 교과론. 독서 연구 22, 79-114.

김혜정(2005). 국어 교재의 문종 및 지은이 변천에 대한 통사적 검토. 국어교육 116, 35-66.

김혜정(2011). 정보 전달 텍스트의 본질 및 특성과 교수학습. 한국어교육학회 제271 회 정기학술대회 자료집, 173-193.

이도영(2007). 국어과 교육과정에 나타난 텍스트 유형에 대한 비판적 검토. 텍스트 언어학 22, 249-276.

이성영(2013). 국어과 제재 텍스트의 요건. 국어교육학연구 48, 67-94.

이순영(2011). 교사들의 텍스트 유형별 선호와 인식 연구. 국어교육학연구 42, 499-532.

이홍우(2004). 지식의 구조와 교과. 교육과학사.

천경록(2014). 읽기 제재 선정의 기준과 쟁점. 국어교육연구 54, 27-54.

Alexander, P. A.(1997). Knowledge-seeking and self-schem: A case for the motivational dimensions of exposition. *Educational Psychologist,* 32(2), 83-94.

Anderson, R. C., Hiebert, E. H., Scott, J. A., & Wilkinson, I. A. G.(1985). *Becoming a Nation of Readers*. National Academy of Education.

Baumann, J. F., Hoffman, J. V., Moon, J., & Duffy-Hester, A. M.(1998). Where are teachers' voices in the phonics/whole language debate? Results from a survey of U.S. elementary classroom teachers. *Reading Teacher,* 51(8), 636-650.

Coles, M., & Hall, C.(2002). Gendered readings: learning from children's reading choices. *Journal of Research in Reading*, 25, 96-108.

Dewey, J. (1902). *The child and the curriculum.* The University of Chicago Press. [박철홍 역(2002). 아동과 교육과정/경험과 교육. 문음사.]

Duke, N. K.(2000). 3.6 minutes per day: The scarcity of informational texts in first grade. *Reading Research Quarterly*, 35, 202-224.

Duke, N. K., & Bennett-Armistead, V. S.(2003). *Reading & writing informational text in the primary grades.* New York: Scholastic.

Guthrie, J. T.(2001). Contexts for engagement and motivation in reading. *Reading Online* 4(8).

Guthrie, J. T., Van Meter, P., Hancock, G. R., McCann, A., Anderson, E., & Alao, S.(1998). Does Concept-Oriented Reading Instruction increase strategy-use and conceptual learning from text? *Journal of Educational Psychology*, 90(2), 261-278.

Harvey, S.(1998). *Nonfiction matters: Reading, writing, and research in grades 3-8.* New York, ME: Stenhouse.

Moss, B.(2003). *Exploring the literature of fact: Children's nonfiction trade books in the elementary classroom.* New York: Guilford.

Warren, L., & Fitzgerald, J.(1997). Helping parents to read expository literature to their children: Promoting main-idea and detail understanding. *Reading Research and Instruction*, 36, 341-360.

독서교육 연구의 동향과 전망

Where the telescope ends, the microscope begins.
Which of the two has the grander view?
— Victor Hugo, 1862

1. 독서교육 연구의 주제

(1) 독서교육 연구의 중요성

인류가 문자를 발명하여 의사소통을 해 온 이후로 글을 읽는 독서 활동은 문화생활의 중심으로 자리를 잡아 왔다. 문자를 고안했을 당시만 해도 낯설었을 독서가 이제는 하루도 거를 수 없을 정도로 중요하고도 핵심적인 생활 활동으로 자리를 잡았다. 그런데 사람들은 과학기술의 발달과 함께 영상 매체가 널리 퍼지면서 독서 활동은 이제 종언(終焉)을 고한 것처럼 생각하기도 한다. 많은 사람들이 텔레비전이나 스마트 기기에서 눈을 떼지 못하는 모습을 보면 이러한 주장에 동의할 수도 있을 듯하다. 그러나 환경이 다소 달라졌을 뿐 독서의 중요성은 결코 낮아지지도 않았으며 독서 활동의 빈도도 떨어지지 않았다.

영상 매체가 널리 퍼졌다고는 하지만, 여전히 학생들은 학업을 위해, 직장인들은 직무 처리를 위해 글을 읽어야 한다. 핵심적이고 중요한 정보는 여전히 문자를 바탕으로 하여 소통이 이루어지고 있다. 사람들은 스마트 기기로 영상에만 몰두하는 것이 아니라, 정보를 담은 글도 찾아 읽는다. 오히려 스마트 기기 덕분에 글에 대한 접근성이 높아지면서 글을 읽는 활동이 더 빈번해졌다. 글을 접하는 환경이 달라진 것이지 독서 활동의 의의가 감소한 것이 아니다. 출퇴근 때에 펼치던 신문이나 잡지, 책이 스마트 기기로 대체되었을 뿐이다.

글을 읽는 독서 활동은 문자의 탄생과 함께 지속되어 왔지만 독서를 과학적인 연구 대상으로 삼은 지는 그리 오래 되지 않았다. 앞에서도 살펴보았듯이, 독서는 의미를 구성하는 과정이므로 이러한 인지 과정을 연구 대상으로 삼은 인지심리학이 성립된 이후에 독서 연구가 체계화되었다고 할 수 있다.

이 장에서는 독서교육 연구의 중요성, 분야 또는 주제, 연구의 동향 및 전망을 살펴보고자 한다. 이 장에서 관심을 두는 대상은 우리나라의 독서교육 연구이다. 독서교육 연구는 국외 역사가 더 오래되었지만 대상을 국외로까지 확대하면 그 폭과 깊이를 감당하기가 쉽지 않다. 독서는 정보 처리의 핵심으로 인식되어 온 만큼 인지심리학사와 거의 일치하기 때문이다. 이제는 우리나라에서도 외국 연구 성과에 버금가는 독서교육 연구가 이루어지고 있으므로 우리나라의 연구 성과를 중심으로 연구 경향을 살피는 것도 의미가 있다.

독서교육 연구가 중요한 이유

어느 분야를 막론하고 해당 분야의 연구는 그 나름대로 중요성을 지니지만, 독서교육 연구는 다른 어떤 분야보다도 중요하다. 그 이유는 미래 사회가 평생학습 사회로 변화할 것이라는 점과 관련이 있다. 현재에도 독서는 학교의 학업 성취와 사회의 직업 성취에 영향을 미치고 있지만, 미래 사회에서는 독서가 더욱 중요한 능력 요소로 떠오를 것이다. 미래 사회는 평생에 걸쳐 학습해야 하는 시대이다. 그래서 학교 안의 학습보다도 학교 밖의 학습이 더 중요해지고 있다. 평생학습 시대의 학습은 전통적인 학교 공부처럼 수업이나 강의를 듣는 것이 아니라, 자기 주도적으로 계획하고 실천하는 형태의 학습이 될 것이다. 이러한 학습의 핵심에는 바로 독서가 있다.

지금도 많은 사람들이 독서를 공부, 즉 학습으로 보는 경향이 있다. 실제로 고급 문식성 단계에 들어서면 독서와 학습은 구분되지 않는다. 설명문을 읽는 방법으로 널리 알려진 SQ3R도 프랜시스 로빈슨(F. Robinson)이 대학생들의 학습을 돕기 위해 고안한 것이다. 어떤 교과이든 어떤 학문 분야이든 교과서는 설명문으로 되어 있으므로 학습을 하기 위해서는 글을 읽어야 한다. 학교에서 독서 능력이 학업 성취와 관련이 있고 사회에서 직업 성취와 관련이 있는 것은 이 때문이다. 그러므로 학생들이 어떻게 하면 좀 더 나은 독서 능력을 갖추도록 할 수 있을까를 모색하는 것은 중요한 의미가 있다.

독서가 중요한 만큼 학생들이 독서를 잘 수행할 수 있도록 해야 하는데, 그렇게 하려면 독서 활동에 영향을 주는 여러 가지 변인이나 요인에 대해서 잘 알아야 한다. 이외에도 어떤 내용을, 어떠한 학습 자료로, 어떠한 방법으로 지도해야 하는지에 대해서도 잘 알아야 한다. 이렇게 독서교육에 필요한 정보를 얻으려면 과학적인 방법으로 연구를 수행해야 하는데, 이것이 바로 독서교육 연구이다. 독서교육 연구가 이루어지지 않으면 독서교육에서 무엇을 어떻게 처치하고 대처해야 하는지를 알기 어렵다. 그러므로 독서교육 연구는 독서교육에 필요한 정보를 밝혀내고 제공하는 체계적인 활동이라고 할 수 있다.

이렇게 보면, 독서를 지도하는 국어교사도 독서교육 연구에 대해서 관심을 기울일 필요가 있다. 관심을 두는 정도를 넘어서서, 국어교사는 잠재적인 독서교육 연구자로서 역할을 수행할 필요도 있다. 국어교사는 한편으로는 독서교육 연구가 밝힌 정보를 활용해서 학생들의 독서 능력 신장을 위해 노력해야 하지만, 다른 한편으로는 어떤 변인이나 요소를 제공(또는 통제)했을 때, 어떤 프로그램을 어떻게 조직했을 때 더 효과적으로 지도할 수 있을지를 탐색해야 하기 때문이다. 매일 이루어지는 독서 수업은 이러한 지도 방법이나 지도 전략을 탐색하는 과정의 연속이라고 할 수 있다.

(2) 독서교육 연구의 분야와 주제

독서교육에 필요한 정보를 탐구하는 독서교육 연구는 어떤 분야가 있을까? 그 분야에서 다룰 수 있는 주제는 무엇일까? 이를 체계적으로 설명하려면 국어과 교육의 탐구 과제 모형을 원용하는 것이 효과적이다. 국어과 교육의 탐구 과제는 '교육, 인간, 언어, 사용'을 변인으로 하는 삼각뿔 모형으로부터 이끌어낼 수 있는데(노명완 외, 1988: 25) 이를 원용하면 독서교육 연구 분야와 주제를 체계화할 수 있는 십자 모형을 [그림12-1]처럼 얻을 수 있다.

[그림 12-1] 독서교육 연구의 주제 탐구 모형

[그림 12-1]처럼 독서교육 연구에서는 '교육, 인간, 자료, 활동'을 주요 변인으로 삼아 연구 분야를 체계화할 수 있다. 이를 차례로 살펴보기로 하자.

교육 변인의 분야와 주제

교육 변인에는 '교육과정, 교수학습, 평가'의 연구 분야를 설정할 수 있다. 교육과정은 독서교육을 위한 종합적인 계획이라고 할 수 있는데, 여기에는 독서교육의 성격, 목표, 내용, 실행 양상, 독서 교육과정 평가 등을 세부 분야로 구분할 수 있다. 이러한 분야에서는 독서교육은 어떠한 성격을 지니고 있으며, 무엇이라고 규정해야 하는가, 독서교육의 목표는 무엇이며, 어떻게 설정해야 하는가, 독서교육의 목표를 구현하기 위해서는 무엇을 내용으로 삼아 교육해야 하는가, 그 내용은 학년에 따라 어떻게 배열해서 얼마만큼씩 교육해야 하는가, 독서 교육과정은 학교교육에서 실제적으로 어떻게 운영되는가, 학교에서 시행한 독서 교육과정은 효과적이었는가, 무엇을 유지하고 무엇을 개선해야 하는가와 같은 연구 주제를 설정하여 탐구할 수 있다. 포괄적 관점에서 독서 교육과정 전체를 연구 주제로 삼을 수도 있지만, 독서교육의 성격, 목표, 내용 등을 각각 주제로 삼아 별도로 연구하는 것도 가능하다.

독서의 교수학습은 교수학습 모형, 교수학습 방법 및 전략, 교수학습 자료 등의 세부 분야로 구분할 수 있다. 이러한 분야에서는 새로운 독서교육 모형을 설계하고 효과를 입증하는 연구, 기존에 제안되었던 독서교육 모형을 다시 검증하거나 개선하는 연구, 독서교육의 구체적인 방법이나 전략을 설계하고 효과를 입증하는 연구, 독서교육에 필요한 교수학습 자료의 형태, 구성, 제시 방법 등을 다루는 연구가 가능하다. 독서평가에는 평가 모형, 평가 방법, 평가 자료, 평가 기준, 평가 결과의 처리 등의 세부 분야를 설정할 수 있는데, 여기에서는 새로운 독서평가 모형의 설계와 검증, 기존 독서평가 모형의 검토 및 보완, 독서평가 방법의 개발 및 개선, 독서평가를 위한 자료의 구성, 형태, 제시 방식, 독서평가 결과의 처리 방법 등을 연구 주제로 설정할 수 있다.

인간 변인의 분야와 주제

인간 변인은 '교사'와 '학생' 분야로 구분할 수 있다. 독서교육 연구의 관점에서 볼 때, 교사는 독서교육의 주체이고 학생은 독서학습의 주체라는 점에서 이 분야는 매우 중요하다. 두 분야 중에서도 교사 분야는 그 중요성에도 불구하고 독서교육 연구에서 잘 다루어 오지 않았다. 그러므로 앞으로 더 많은 독서교육 연구가 필요한 분야라고 할 수 있다. 교사 분야에서는 독서교육 전문성과 관련된 국어교사의 인식, 지식, 수행, 태도 등의 주제를 설정할 수 있다. 이외에도 독서를 지도하는 국어교사의 양성, 선발, 연수 등도 교사 분야에서 다룰 수 있는 주제라고 할 수 있다. 국어교사는 학교에서 학생들에게 독서를 교육해야 하는데, 교사 양성 과정에서 어떤 내용을, 얼마나, 어떻게 학습하는지, 선발 과정에서 독서교육은 어떤 내용이 얼마나 다루어지는지, 국어교사 연수에서는 독서교육 전문성 신장을 위한 프로그램이 어떻게 운영되는지, 그 프로그램은 효과적인지 등이 이 분야의 주제에 해당한다.

학생 분야는 독서교육에서 필요로 하는 정보의 대부분을 차지하는데, 독서에 관한 학생의 인식, 지식, 수행, 태도 등을 세부 분야로 설정할 수 있다. 이 중에서 중요하게 다루어 온 분야는 독서에 대한 학생들의 인식, 여러 가지 변인에 따른 학생들의 독서 수행(독서 능력)인데, 최근에는 독서 태도와 관련된 주제가 깊이 있게 연구되고 있다. 학생들이 가지고 있는 독서에 대한 인식은 어떠한지, 학년이나 성별, 독서 능력, 가정 문식성의 수준 등에 따라 인식은 차이가 있는지, 학생들이 가지고 있는 지식 및 수행의 수준은 어떠한지, 학년이나 성별과 같은 요인에 따라 지식 및 수행의 양과 질은 차이가 있는지, 학년 및 나이에 따른 발달적 양상은 어떤지, 학생들이 가지고 있는 독서 태도는 어떠하며, 어떠한 요인들이 영향을 미치며 어떻게 변모하는지 등이 이 분야에서 선정할 수 있는 주제이다. 학생과 관련된 정보는 독서교육에서 상대적으로 중요도가 높아 많은 연구 성과가 쌓여 있다.

이외에도 학생 분야에서는 기능적 문맹, 독서 부진이나 독서 장애와 같은 주제도 중요하게 다룰 필요가 있다. 표면적으로는 잘 드러나지 않지만, 학교 교실에는 글을 소리 내어 읽을 수는 있지만 그 의미를 거의 파악하지 못하는 기능적 문맹인 학생, 독서 능력이 현저히 떨어지는 독서 부진이나 어떤 신체적 문제나 신경적 문제로 독서 장애를 가지고 있는 학생들이 있기 때문이다. 현대 사회에서는 독서의 중요성이 더욱 커지고 있으므로 이들이 독서에서 어떤 문제를 겪는다면 성공적인 삶을 영위하기가 어려울 수 있다. 이러한 이유에서 독서교육 연구에서는 이러한 주제에 관심을 기울여야 한다.

자료 변인 및 활동 변인의 분야와 주제

자료 변인은 '글(텍스트)'과 '다매체 자료' 등을 세부 분야로 설정할 수 있다. 글 분야에는 글과 관련된 여러 가지 요소, 예를 들면 글의 유형(장르), 구조, 표지, 이독성, 복합도(또는 복잡도), 독자와의 적합성 등이 포함된다. 독서 자료인 글은 어떻게 유형을 구분할 수 있는지, 각 유형의 주요 특징은 무엇인지, 그 특징은 독서에 어떤 영향을 미치는지, 글의 구조는 어떻게 이루어져 있으며, 이와 관련된 표지는 무엇이 있는지, 글의 구조와 표지는 독서에 어떤 영향을 미치는지, 글의 이독성과 복합성은 어떻게 측정할 수 있는지, 국어 교과서 및 독서 교과서에 수록된 글은 이독성 및 복합성의 정도에 부합하는지 등이 이 분야와 관련된 주제이다.

다매체 자료 분야에는 다매체 자료의 특성, 구조, 구성, 제시 방식 등의 세부 분야를 설정할 수 있다. 여기에서는 다매체 자료는 종이에 인쇄된 글과 구별되는 특징이 무엇인지, 어떤 구조나 구성을 취하고 있는지, 다매체로 제시한 글이 학생의 독서 활동을 어떻게 변모시키는지, 글을 읽는 방식이나 이해 과정은 어떠한 차이가 있는지, 학생들이 다매체 자료를 이해하려면 어떠한 방법이나 전략을 사용하는 것이 효과적인지 등을 연구 주제로 꼽을 수 있다. 최근 정보 통신 기술의 발전에 따라 다매체 자료가 보편적으로 쓰이고 있어 이 분야의 연구는 활발하게 이루어지고 있다. 앞으로 더욱 더 많은 연구가 이루어질 것으로 예상된다.

마지막으로, 활동 변인에는 '독서 활동을 둘러싼 맥락, 독서 활동을 이끌어내는 과제, 독서 활동의 양상' 등의 세부 분야를 설정할 수 있다. 이 분야에서는 독서 맥락을 구성하는 요인은 무엇이며, 각 요인은 독서 활동에 어떠한 영향을 미치는지, 이를 설명하는 모형은 어떠한 것이 있는지, 독서 과제는 어떻게 구성하고 제시해야 하는지, 학생들이 보이는 독서 활동은 학교 안이나 학교 밖에서 어떤 양상이나 습관을 보이는지, 그러한 양상이나 습관에 영향을 주는 요인은 무엇인지 등의 연구 주제를 마련할 수 있다.

이상의 논의를 바탕으로 하여 독서교육 연구의 주제를 정리하면 다음과 같다.

- 교육 변인: 교육과정(성격, 목표, 내용, 실행, 평가 등), 교수학습(모형, 방법 및 전략, 자료 등), 평가(모형, 방법, 자료, 기준, 결과 처리 등)
- 인간 변인: 교사(인식, 지식, 수행, 태도, 양성, 선발, 연수 등), 학생(인식, 지식, 수행, 태도, 독서 부진 및 독서 장애 등)
- 자료 변인: 글(유형, 구조, 표지, 이독성, 복합도, 적합성 등), 다매체 자료(특성, 구조, 구성, 제시 방식 등)
- 활동 변인: 맥락, 과제, 양상

(3) 독서교육 연구의 방법

독서교육 연구 방법은 기준을 어떻게 설정하는가에 따라 다양하게 분류할 수 있다. 그러나 일반적으로는 통계 분석을 적용하여 의미를 밝히는 양적 연구 방법과, 독서 활동을 관찰하여 의미를 해석하는 질적 연구 방법으로 대별할 수 있다.

양적 연구 방법에는 조사 연구, 실험 연구가 포함되는데, 이는 독서교육의 전형적인 연구 방법이라고 할 수 있다. 독서에 대한 학생들의 인식은 어떠한지, 태도는 어떠한지, 독서 능력은 어느 정도의 수준인지, 이것이 학년별로, 성별로, 지역별로 차이가 있는지를 알아보려면 조사 연구 방법을 적용해야 한다. 이런 점에서 볼 때 조사 연구는 독서에 관한 현재적 실태를 파악하기 위한 방법이라고 할 수 있다. 조사 연구를 할 때에는 연구 주제에 따라 적절한 검사 방법을 사용해야 한다. 독서에 관한 학생들의 인식이나 태도를 대규모로 조사할 때에는 이를 다루는 설문지를 제작(선정)하여 적용하며, 전문가를 대상으로 하여 소규모로 조사할 때에는 설문지 외에도 면접의 방법을 적용하기도 한다.

조사의 대상이 독자의 어떤 행동에 관한 것일 때에는 첨단 장비를 적용하기도 한다. 최근 독서교육 연구에서는 눈동자 움직임을 기록하여 분석하는 연구가 많이 이루어지고 있는데, 이를 위해서는 눈동자 움직임을 추적할 수 있는 첨단 장비가 필요하다. 글을 읽을 때 발생하는 뇌파를 분석하거나, 글을 읽을 때 나타나는 두뇌 활성화 부위를 분석할 때에도 이를 검출해 낼 수 있는 첨단 장비를 활용해야 한다.

실험 연구는 독서 교수학습 모형, 방법이나 전략의 효과를 검증할 때, 평가 모형이나 방법의 효과를 검증하거나, 평가 기준의 적절성을 검증할 때 흔히 적용하는 독서 연구 방법이다. 가령 학교에서 새롭게 구안한 독서 프로그램이 독서 능력을 기르는 데 효과가 있는지를 알아보려면 실험 연구를 적용한 후 결과를 비교해 보아야 하며, 새롭게 제작한 독서평가 기준이 적절한지를 알아보려면 그 기준을 적용하여 실험한 후 결과를 비교해 보아야 한다. 이전보다 결과가 더 좋아졌다면 적용한 모형, 방법이나 전략, 기준 등이 효과가 있다고 판단할 수 있다.

조사 연구와 실험 연구 외에도 메타 연구가 독서교육 연구에 활용되기도 한다. 메타 연구는 동일한 주제로 이루어지는 실험 연구를 수집한 후 비교·분석하여 실험에 적용한 변인이나 프로그램이 어느 정도가 효과 있는지를 밝히는 특징이 있다. 실험 연구의 성과를 검토하고 연구의 방향을 모색할 수 있다는 점에서 메타 연구도 의의가 있다. 그러나 실험 연구가 충분히 축적되지 않으면 메타 연구가 어렵다는 점에서 한계도 있다.

질적 연구 방법은 참여관찰 연구, 문화기술 연구, 교육인류학적 연구 등의 명칭으로 불리기도 한다. 부르는 이름은 다소 차이가 있지만, 연구자가 독서 활동이 이루어지는 현장에 참여하여 관찰하고 특징적인 독서 활동 패턴이나 맥락을 선택하여 그것의 의미를 해석하는 연구라는 점에서는 유사하다. 글을 읽는 독자를 가까이에서 관찰하여 기술함으로써 독서 활동의 구체적인 장면을 생생하게 포착해 내는 장점이 있지만, 관찰 기간이 길고 의미 해석에 어려움이 따른다는 단점도 있다. 특정 독자를 세부적으로 관찰하여 기술해야 하다 보니 독자의 권리 보호, 독자의 개인 정보 노출 등과 관련된 연구 윤리를 어디 까지 어떻게 지켜야 하는가가 논란으로 떠오르기도 한다.

우리나라에서는 독서교육의 질적 연구는 잘 활성화되어 있지 않다. 그 이유는 질적 연구를 수행하기 위해서는 체계적인 훈련도 필요할 뿐만 아니라, 시간과 노력, 비용이 많이 든다는 어려움 때문이다. 그러나 질적 연구는 관찰을 토대로 함으로써 현실의 맥락이 반영된 실제적인 정보를 제공해 준다는 점에서 의의가 크다. 다양한 변인의 영향 아래 이루어지는 독서 활동이나 독서 교육이 어떻게 이루어지는지를 세밀하게 파악하기 위해서는 반드시 질적 연구를 거쳐야 한다.

학교 독서교육을 담당하는 국어교사도 독서교육의 연구 방법에 관심을 두는 것은 중요한 의미가 있다. 국어교사는 항상 학교 독서교육을 효과적으로 수행하기 위해 어떤 모형, 방법이나 전략을 적용하기도 하고, 학생들의 독서 활동을 관찰하여 그 의미를 해석하기 때문이다. 학생들에게 도움이 될 만한 어떤 독서 프로그램을 적용하고자 할 때에는 그와 관련된 연구 결과를 모두 검토해야 하므로 메타 연구의 관점과 유사한 태도를 취하기도 한다. 학교에서, 교실에서 독서교육을 하는 내내 국어교사는 교수 모형, 방법이나 전략, 학습지, 교수 행동이나 발화 등의 효과가 어떠한지를 검토하는 일을 멈추지 않으며, 학생의 독서 활동을 세밀하고 관찰하고 그 의미를 해석하는 일을 멈추지 않는다. 그러므로 국어교사를 잠재적인 독서교육 연구자로 보는 관점에 따르면 국어교사는 독서교육의 일상적인 양적 연구자이자 질적 연구자라고 불러도 손색이 없을 것이다.

2. 독서교육 연구의 동향

(1) 독서교육 연구의 시기 구분

독서 연구와 독서교육 연구

독서교육 연구의 역사를 통해 우리나라 독서교육 연구의 경향을 탐색해 보기 전에 먼저 확정해 두어야 할 쟁점이 있다. 그것은 바로 어디까지를 독서교육 연구로 보아야 할 것인가 하는 점이다. 이 쟁점에 대한 이해를 돕기 위해 다음과 같은 질문을 생각해 보자. 어떻게 새로운 국어 단어가 만들어지는지를 탐구한 연구가 있다고 할 때 이 연구는 문법 연구일까, 아니면 문법교육 연구일까? 소설에서 시점의 유형을 어떻게 분류할 수 있는지를 탐구하는 연구, 시적 화자의 유형을 어떻게 분류할 수 있는지를 분석하는 연구는 문학 연구일까, 아니면 문학교육 연구일까?

이에 대한 답이 간단한 것처럼 보이지만 실제로는 그렇지 않다. 대답하는 사람에 따라 엄격하게 구분하여 문법 연구 및 문학 연구로 보아야 한다고 주장하기도 하지만, 그렇게 엄격하게 구분하여 처리할 수 없다고 주장하기도 한다. 국어의 조어법, 소설의 시점, 시적 화자는 국어교육에서 지도해야 할 내용이라고 보면 이러한 연구는 국어교육의 교육 내용 연구에 해당한다고 할 수 있고, 따라서 교육 연구가 아니라고 단정하기 어렵다는 것이다.

국어교육학계에서 오랜 역사를 자랑하는 학술지 『국어교육』(현재 한국어교육학회에서 연 4회 발행)은 표제가 '국어교육'이지만 여기에는 앞에서 예로 든 국어의 조어법, 소설의 시점, 시적 화자와 같은 연구논문이 수록되어 있다. 그 비율도 적지 않다. 현재에도 이러한 경향이 있지만 발행 시기를 거슬러 올라갈수록 이러한 경향은 더욱 뚜렷하다. 이러한 경향을 보이는 이유는 우리말의 조어법을 분석하는 연구나 소설의 시점을 분석하는 연구가 국어교육의 한 축을 담당한다고 간주했기 때문이다.

절대적인 방법은 아니지만, 어떤 연구가 교육 연구인가 아닌가를 가르는 기준으로 인간 변인을 포함하고 있는가를 살펴보는 것이 효과적이다. 교육은 교사(교수자), 학생(학습자), 교육 내용을 핵심적인 요소로 삼고 있으므로 교육 연구는 인간 변인을 포함하지 않을 수 없기 때문이다. 교육은 학생의 행동 변화를 추구하는 체계적인 활동이므로 교육 연구에서는 인간 변인을 배제하기 어렵다. 그러므로 인간 변인의 포함 여부를 기준으로 교육 연구의 범위를 판단해 볼 수 있다.

인간 변인의 포함 여부로 교육 연구의 범위를 따져 보는 방법이 효과적이기는 하지만 독서교육 연구에서는 이러한 방법이 크게 도움이 되지 않는다. 독서 연구와 독서교육 연구 모두 인간 변인을 포함하고 있기 때문이다. 독서는 인간에게서만 발견되는 특별한 인지 과정이므로 독서 연구는 기본적으로 인간 변인을 포함할 수밖에 없다. 그러므로 독서 분야는 인간 변인의 포함 여부로 교육 연구인가 아닌가를 구별하는 것이 쉽지 않다. 독서 연구와 독서교육 연구가 모두 인간 변인을 포함하고 있으므로 오히려 이 둘을 구분하지 않는 것이 더 적절하고 바람직하다고 할 수 있다. 독서 연구에서 다루는 대상이 청소년이 아니라 성인이라고 해도 교육 연구로 처리하는 것도 문제가 되지 않는다.

그러한 연구도 독서교육에 필요한 정보를 탐구하고 제공하는 중요한 장치가
될 수 있기 때문이다.

이러한 상황을 고려하여 이 장에서 다루는 독서교육 연구는 독서 연구를
포함하는 것으로 하고자 한다. 즉, 이 장에서 독서교육 연구와 독서 연구는 구
분하지 않으며 독서 연구까지를 포함하여 독서교육 연구로 통칭하고자 한다.
독서 연구와 독서교육 연구를 구분하지 않는 경향은 독서교육 연구사를 정리
한 다른 선행 연구에서도 확인할 수 있다. 예를 들면 강혜진(2000),[1] 한철우 외
(2005), 이경화(2005), 이순영(2011)에서는 독서 연구와 독서교육 연구를 구분
하지 않은 채 연구사를 정리하고 있을 뿐만 아니라, 논의의 맥락에 따라 독서
연구와 독서교육 연구를 동의어처럼 다루고 있다. 이러한 선행 연구에서 독서
연구와 독서교육 연구를 구분하지 않은 것도 두 연구가 모두 인간 변인을 포
함하는 특징에서 비롯되었다고 할 수 있다.

우리나라 독서교육 연구를 주도하고 있는 전문 학술 단체인 한국독서학
회의 명칭도 이러한 경향을 잘 보여 준다. 한국독서교육학회가 아니라 한국독
서학회라는 명칭을 사용하고 있지만 독서 연구와 독서교육 연구를 구분하지
않는다. 한국독서학회에서 발행하는 학술지 『독서연구』는 '독서 연구'이지만
'독서교육 연구'를 동등하게 존중하고 있다.[2] 이는 독서 연구와 독서교육 연구
를 동시에 포괄적으로 다루려는 태도를 보여 주는 것이라고 할 수 있다. 이를
통해 보건대, 독서교육 연구를 대표 용어로 삼고 여기에 독서 연구까지를 포
함해도 크게 무리가 따르지 않는다고 할 수 있다.

---

1   강혜진(2000)은 비교적 초기에 이루어진 독서교육 연구사라고 할 수 있는데, 우리나라의 연구물은 다루지 않
     고 국외 연구 성과만을 정리하였다. 이 장에서는 우리나라의 독서교육 연구를 대상으로 삼고 있으므로 강혜진
     (2000)에서 언급한 국외 연구는 다루지 않는다.
2   한국독서학회에서는 독서 연구와 독서교육 연구를 동등하게 존중하고 있지만, 2012년에 한국독서교육학회가
     새롭게 창립됨으로써 전통적으로 유지해 오던 이러한 관점과 태도에 균열이 일어날 가능성이 높아졌다. 한국
     독서학회와 한국독서교육학회는 참여하는 연구자들이 서로 다른 것으로 보인다.

독서교육 연구의 시기

독서교육 연구를 어떻게 정의하는가에 따라 다소 차이가 있겠지만 우리나라에서 과학적인 방법으로 독서교육 연구를 수행해 온 역사는 그리 길지 않다. 독서가 생활의 중심에서 주요 활동이자 주요 행동으로 존재해 왔지만, 그것을 과학적인 연구의 대상으로 인식하고 수용하는 데에는 오랜 시간이 걸렸다. 독서의 본질을 의미 구성 과정으로 정의하고 이를 토대로 독서교육을 펼쳤던 때가 1980년대 후반이었다는 점을 생각해 보면, 우리나라의 독서교육 연구의 역사는 겨우 30년 정도를 헤아릴 수 있을 따름이다.

우리나라에서 이루어진 독서교육 연구는 그 역사가 짧지만 연구의 발전 속도는 매우 빨랐다. 의미 구성 과정으로 독서를 정의하는 관점을 바탕으로 국어과 교육과정이 편성되고, 독서교육 연구를 주도하는 학회도 설립되고, 독서교육을 전공하는 박사 연구자들이 배출되면서 짧은 역사에 어울리지 않을 만큼 독서교육 연구가 크게 발전해 왔다. 그러므로 현재까지의 역사를 토대로 연구의 시기를 구분해 볼 수 있다.

- 제1기: 독서교육 연구의 태동
- 제2기: 독서교육 연구의 발전

제1기는 독서교육 연구의 태동으로 요약할 수 있다. 시대적으로는 대략 1970~90년대가 제1기에 해당한다. 우리나라에서는 이 시기에 이르러 과학적인 연구 방법으로 독서교육을 탐구하기 시작했다. 독서를 과학적인 방법으로 연구하는 데에는 독서교육의 중요성을 일찍 인식하고 외국에서 공부한 후 귀국한 선진 연구자들의 기여가 컸다. 이때부터 우리나라에서 독서교육을 과학적으로 다루기 시작했다는 점에서 의의가 있다. 또한 선구적으로 활동한 독서교육 연구자들의 노력으로 1980년대 후반에 독서교육을 전공하는 박사학위 과정이 설치되었는데, 이러한 제도적인 뒷받침도 독서교육 연구를 발전시키는 데 중요한 역할을 했다.

제2기는 독서교육 연구의 발전으로 요약할 수 있다. 시대적으로는 2000년 대부터 현재까지를 여기에 포함시킬 수 있다. 독서교육을 전공하는 연구자들이 배출되면서 독서교육 연구는 발전적인 국면에 들어섰다. 이 시기에 이르러 연구자가 없어 독서교육을 연구할 수 없었던, 절대적 빈곤의 상황을 벗어날 수 있게 되었다. 그리고 이때에도 외국에서 선진적인 독서교육의 이론과 방법을 체계적으로 공부한 연구자들이 국내에 자리를 잡으면서 독서교육 연구가 더욱 활성화되었다.

이렇게 제1기, 제2기로 독서교육 연구의 시기를 구분하는 것은 사실 편의적인 방법이다. 독서교육 연구는 연속성을 유지하면서 진행되어 가므로 어떤 특정한 시기를 기준으로 경향이나 성과를 가르는 것은 무리가 따를 수 있다. 그러나 이렇게 독서교육 연구의 시기를 구분하는 것은 독서교육 연구의 전반적인 흐름과 양태, 한계와 전망을 모색해 볼 수 있는 근거를 제공한다는 점에서 의의가 있다. 이제 좀 더 구체적인 면모를 검토해 보기로 하자.

(2) 독서교육 연구의 태동

제1기인 1970년대부터 1990년대까지의 시기는 독서교육 연구가 태동하기 시작한 때라고 볼 수 있다. 독서교육 연구가 첫걸음을 떼기 시작한 때이므로 독서교육 연구의 성과가 집중적이지 못하고 간헐적이다. 이 시기의 연구는 이후에 이루어진 독서교육 연구의 토대를 제공하였다는 점에서 의의가 있다.

초기의 독서교육 연구

초기에 이루어진 독서교육 연구는 대학원에 제출된 학위논문이 주류를 이루었다. 독서의 정의 요인에 해당하는 독서 흥미를 조사한 연구(정동화, 1968), 한글을 판독에 활자 크기와 행 길이가 미치는 영향을 분석한 연구(임의도, 1965),

학생들의 독서 행동 실태를 분석한 연구(강석순, 1970), 초기 독서의 독서 전략 형성에 미치는 영향을 분석한 연구(노명완, 1975) 등이 초기 독서교육 연구를 대표하는 업적이라고 할 수 있다.

독서 흥미를 조사한 연구는 인간 변인 중 학생 분야의 주제를 다룬 것이고, 활자 크기와 행 길이가 판독에 미치는 영향을 조사한 연구는 자료 변인 중 글 분야의 주제를 다룬 것이다. 학생들의 독서 행동 실태를 분석한 연구는 활동 변인 중 독서 활동 양상 분야의 주제를, 독서 전략 형성을 다룬 연구는 인간 변인 중 학생 분야의 주제를 다룬 것이다. 언어심리학 분야에서 독서의 중요성 및 필요성을 강조하고 독서의 과정, 기능, 전략을 다룬 연구도 있는데(김병원, 1979), 이 연구는 교육 변인 중에서는 교육과정과 관련된 주제를, 인간 변인 중에서는 학생과 관련된 주제를 다루고 있다.

대학원 제도의 수립과 독서교육 연구

독서교육 연구가 태동하는 데에는 이러한 선구적인 연구들이 영향을 미쳤지만 독서교육을 전공하는 대학원 학위 과정의 설립도 크게 기여했다. 전문적인 연구자의 양성 없이 독서교육 연구가 저절로 발전할 수는 없는 일이기 때문이다. 독서교육을 전공하는 박사학위 과정은 서울대학교, 고려대학교, 한국교원대학교 등에 설치되었는데, 이를 통해 독서교육을 전공한 전문 연구자들이 배출되면서 독서교육 연구가 하나의 분과 학문으로 성장하기 시작했다. 독서교육 연구사에서는 1993년에 처음으로 독서교육 전공의 박사학위논문이 제출된 것으로 기록하고 있다.

독서교육 전공의 박사학위 과정이 더할 나위 없이 중요하지만, 박사학위 과정의 전단계로서 석사학위 과정이 존재한다는 점도 기억해 둘 필요가 있다. 석사학위논문으로 제출된 연구도 독서교육의 태동을 이끄는 데 기여한 점이 크기 때문이다. 석사학위논문을 제출한 연구자들이 박사학위 과정에서 더욱 발전적인 형태를 갖춘 박사학위논문을 제출했다는 점을 고려해 보면 석사학위논문의 의의도 충분히 인정할 수 있다.

　이 시기에는 글의 내용 중요도, 글의 구조 및 지도 방법, 읽기 지도를 위한 질문법, 글의 이독성 측정, 단락 및 문장의 중요도 판정, 글의 요약 방법 및 전략, 읽기 평가 방법, 읽기 지도 요소, 스키마의 활성화 방안, 글의 의미 구조 분석 방법 등이 주요 주제로 연구가 이루어졌다. 이러한 주제를 다룬 독서교육 연구는 좁게는 독서교육에, 넓게는 국어교육에 큰 반향을 불러일으켰으며, 국어교육학의 학문적 정체성을 수립하고 국가 수준의 국어과 교육과정을 편성하는 데에도 크게 영향을 미쳤다.

　현재에도 대학원에서는 많은 연구자들이 독서교육을 공부하고 있으므로 학교에서 독서교육을 시행하는 데 필요한 정보를 얻으려면 이들의 연구 동향과 결과에 관심을 기울일 필요가 있다. 대학원에서 독서교육을 공부하는 연구자들이 작성한 학술연구논문이나 학위논문에는 독서교육에 관한 최신 이론과 최신 성과가 담겨 있으므로 이를 통해서 학교 독서교육에 필요한 정보를 신속하면서도 정확하게 얻을 수 있기 때문이다. 학교 독서교육을 한다고 해서 교과서에만 매몰되기보다는 새로운 정보를 토대로 학교 독서교육을 체계화하는 것이 바람직하다. 이것은 잠재적 독서교육 연구자인 국어교사에게 요구되는 중요한 덕목이기도 하다.

한국독서학회의 창립

독서교육 연구가 태동하던 1990년대에 여러 분야에서 다양한 주제의 연구가 이루어지기 시작한 데에는 독서교육의 발전에 헌신한 전문 연구자들의 공이 컸다. 우리나라에서는 독서를 과학적인 방법으로 다루는 학풍이 성립되어 있지 않았으므로 독서교육을 전공하기 위해서는 외국 유학이라는 방법을 선택할 수밖에 없었는데, 이 길을 걸었던 전문 연구자들이 우리나라 학계에 자리를 잡으면서 독서교육의 발전을 견인했다. 이들은 우리나라의 1세대 독서교육 전문가들이라고 할 수 있다.

1세대 연구자들은 외국에서 과학적인 독서교육 연구 방법을 공부한 후 우리나라에서 독서교육을 이끌었는데, 그 성과가 노명완(1988), 노명완 외(1988), 박영목(1996), 한철우 외(2001) 등으로 나타났다. 독서교육 전공의 대학원 제도가 수립된 이후 전문 연구자들로 성장한 사람들은 대부분 이 1세대 독서교육 전문가들의 후학들이다. 그러므로 1세대 연구자들이 독서교육 연구에 미친 영향은 매우 컸다고 할 수 있다.

독서교육 연구의 태동을 선명하게 보여 주는 또 다른 징표는 '한국독서학회'의 창립이다. 한국독서학회는 1995년에 창립총회를 열고 1996년에 학술지 『독서연구』 창간호를 발행했다. 한국독서학회는 미국에서 활발하게 운영되던 국제독서학회(International Reading Association: IRA)를 본뜬 형태로 출범하였다.[3] 한국독서학회는 우리나라의 독서교육 연구를 주도하는 전문 학술 단체이다. 그러므로 한국독서학회의 창립과 독서교육 전문 학술지 『독서연구』의 발행은 우리나라 독서교육 연구의 태동을 뒷받침하는 중요한 사건이라고 할 수 있다. 한국독서학회가 창립됨으로써 새롭게 탐구한 독서교육의 연구 결과를 정기적으로 발표하는 학술대회가 열렸으며, 이를 토대로 독서교육의 발전을 위한 학술적 토론이 이루어지기 시작했다. 한국독서학회가 마련한 학술대회는 독서교육의 담론을 형성하는 데 기여하였으며, 독서교육 전문 연구자들이 다양한 측면에서 탐색한 연구 결과를 『독서연구』에 발표하여 독서교육 연구의 발판을 다졌다.

한국독서학회는 독서교육에 종사하는 사람들에게 개방되어 있는 학술 단체이므로 한국독서학회의 학술 활동 결과를 통해서도 독서교육에 관한 최신 정보를 얻을 수 있다. 최신의 연구 성과를 바탕으로 소개하고 소통하는 학술대회를 열기도 하고 독서교육의 쟁점을 추려 그것을 어떻게 인식하고 대처할

---

3   한국독서학회 창립 초기에는 한국독서학회를 IRA의 한국 지부로 등록하는 방안을 논의하기도 했다. 창립 당시 한국독서학회에는 외국에서 독서교육을 전공한 전문 연구자들이 주요 임무를 맡고 있었는데, 이들은 IRA의 회원이기도 했다.

것인지를 다루는 학술대회를 열기도 하므로, 이러한 행사에 참여함으로써 학교 독서교육을 체계화하는 데 필요한 정보를 효과적으로 얻을 수 있다. 현재 한국독서학회에는 학교 독서교육을 담당하는 많은 국어교사들이 회원으로 가입하여 활동하고 있다.

(3) 독서교육 연구의 발전

2기인 2000년대부터 현재까지의 시기는 독서교육 연구가 발전하는 때라고 볼 수 있다. 이 시기에는 이전 시기보다도 더 많은 독서교육 연구자들이 활동하기 시작했으며, 이에 따라 연구 분야 및 주제의 확장과 독서교육 연구 방법의 확장이 이루어졌다.

독서교육 연구의 양적 확대

2000년대에 들어서면서 경향 각지에서 독서교육을 전공하는 대학원이 더 많이 설립되었고, 이에 따라 독서교육을 체계적으로 연구하는 연구자들이 1기보다 양적으로 확대되었다. 국내에서 배출된 독서교육 연구자 외에도 외국에서 독서교육을 전공한 전문 연구자들이 가세하면서 2기는 훨씬 더 풍부한 연구자 집단을 갖출 수 있게 되었다. 우리나라 대학원에서 배출된 독서교육 연구자들과, 외국 대학에서 공부한 독서교육 연구자들은 모두 1세대 독서교육 연구자들의 후학들이므로 2세대 독서교육 연구자로 명명할 수 있을 듯하다.

이 시기에는 글의 이해 과정과 전략, 상호텍스트성을 바탕으로 한 독서교육 방법, 활동 중심의 독서교육 방법, 독서 교수학습 과정의 분석, 글 의미 구조의 분석과 지도 방법, 독서토론 활동에서 나타나는 독서 행동의 변화 양상, 학생의 독서 능력 발달 등이 관심을 끈 연구 주제로 다루어졌다. 이 시기는 전체적으로 볼 때 교육 변인, 인간 변인, 자료 변인, 활동 변인 모두와 관련 있는 주제를 탐색했다는 특징이 있다.

한편, 이 시기에 국가에서 공인된 것은 아니지만, 여러 기관에서 독서교육 전문가(reading specialist)를 양성하는 과정이 마련되었다. 독서교육 전문가는 인지 발달 및 언어 발달, 학습 및 지도, 독서 과정, 독서 기능 및 전략 등에 대한 이론을 갖추고 독서교육에 대한 철학을 바탕으로 효율적으로 독서교육 프로그램을 편성·운영·관리할 수 있는 사람을 뜻한다. 다시 말해 독서교육 전문가는 독서교육을 전문적으로 실천할 수 있는 사람을 지칭한다. 여러 기관에서 도입한 독서교육 전문가는 국어교사의 자격과는 구분된다. 독서를 교육하는 국어교사가 잠재적인 독서교육 연구자라는 관점에서 보면, 독서교육 전문가도 잠재적인 독서교육 연구자로 볼 수 있다. 따라서 이 시기에 이루어진 독서교육 전문가의 양성은 독서교육 연구자를 양적으로 확대하는 데 기여했다고 할 수 있다.

독서교육 연구 분야 및 주제의 확장

앞에서 독서교육 연구의 분야와 주제에 대해서 살펴보았지만, 모든 분야가 균등하게 연구 비중을 차지했던 것은 아니다. 분야나 주제의 중요도에 따라, 학문적 경향에 따라 차이가 있다. 일반적인 관점에서 볼 때, 연구가 많이 이루어진 분야는 자료 변인 중 글 분야, 인간 변인 중 학생 분야라고 할 수 있다. 인간 변인 중에서도 학생 분야는 독서 전략이나 상위인지와 같은 세부 분야의 주제가 많이 연구되었으며, 상황에 따라 교육 변인의 교수학습 분야와 연계되어 연구가 이루어지기도 했다. 이러한 연구는 '전략의 지도 방법'으로 요약할 수 있다.

그런데 이 시기에 들어서면서 지금까지 크게 관심을 끌지 못하던 분야나 주제로 독서교육 연구가 확대되는 경향이 나타났다. 가령, 독서 태도 분야의 연구가 새롭게 주목을 끌게 되었다(이순영, 2006; 박영민, 2006; 서수현·정혜승, 2012; 윤준채, 2013; 최숙기, 2014). 학년 및 성별에 따른 독서 태도의 발달, 독서 능력 및 성별에 따른 독서 동기의 차이, 한국과 미국 학생들이 보이는 독서 태도의 차이, 독서와 관련된 정의 요인의 특징 분석, 독서 태도 측정을 위한 검사 도구 개발 등이 이 분야에서 연구되었던 주제들이다. 이러한 연구는 학생의 인지 분야에만 관심을 두었던 기존의 연구 경향을 반성하면서 독서교육 연구 분야 및 연구 주제를 확장하였다는 점에서 의의가 있으며, 정의 요소와 관련된 학생의 정보를 제공함으로써 효과적인 독서교육을 펼칠 수 있도록 했다는 점에서도 의의가 있다.

한편, 이 시기에는 다매체 자료 분야의 주제를 다루는 독서교육 연구도 많아졌다. 이전 시기에서는 이와 관련된 연구가 많지 않았으므로 2기에 들어서서 연구 분야 및 연구 주제가 확장된 예로 볼 수 있다. 이 시기에 다매체 자료 분야가 관심을 끌었던 데에는 2007 국어과 교육과정의 영향이 컸던 것으로 보인다. 2007 국어과 교육과정에서는 선택 과목에 〈매체〉를 편성하였는데, 이로 인해 다매체 자료를 다루는 연구가 풍성하게 이루어졌다(정혜승, 2008; 조병영, 2007; 이순영, 2010). 물론 과학기술의 발달로 인해 다매체 자료의 중요성이 커진 점도 영향이 있었지만, 국어과 교육과정은 이와 관련된 내용을 별도의 선택 과목으로 다루도록 함으로써 다매체 자료를 중심으로 한 논의에 근거를 제공하는 역할을 하였다. 이에 따라 문식성을 새롭게 정의하려는 연구도 이루어지고 다매체 자료를 활용하는 독서 활동의 다양한 기제를 분석하는 연구도 이루어졌다. 문식성의 개념적 변화, 인터넷 환경에서 초인지적 독서 전략의 작동 방식 분석, 다매체 자료와 비판적 독해의 관련성 및 중요성 등이 이 분야에서 이루어진 연구 주제들이다.

독서교육의 연구 분야 및 주제가 확장되면서 얻게 된 연구 성과들은 그간 관심을 끌지 못했던 독서교육 관련 요소의 의미를 드러내어 줌으로써 독서교육의 방법을 더욱 체계화하는 데 기여하였다. 그러므로 이러한 연구 성과는 학교 독서교육을 세밀하게 조정하는 데에도 도움을 줄 수 있다. 학교에서 학생 독서교육을 담당하는 국어교사는 연구에서 다루는 것보다 훨씬 더 다양한 변인을 마주하게 될 것이다. 학교 독서교육을 담당하는 국어교사가 이러한 변인을 과학적으로 조사하고 탐구한다면 학교 독서교육을 좀 더 정확하게 이해하는 데 도움을 줄 수 있다. 더 나아가 학교 독서교육의 목표를 구현하는 데에도 기여할 수 있을 것이다.

연구 방법의 확장

이 시기에서 주목해야 할 것 중의 하나는 독서교육 연구 방법의 확장이 이루어졌다는 점이다. 그것은 바로 눈동자 움직임을 추적하는 방법이다. 눈동자 움직임을 추적하여 분석하는 방법은 '시선 추적 방법' 또는 '안구 운동 분석 방법'으로 불리기도 한다. 이러한 독서교육 연구 방법은 인지심리학자들이 이미 적용했던 것이기는 하지만, 국어교육학계에서는 이 시기에 이르러 독서교육 연구 방법으로 채택하기 시작했다. 그 단초로서 2003년에는 독서교육 연구 분야에서 눈동자 움직임 분석 방법을 체계적으로 소개한 연구가 이루어졌다(이차숙·노명완, 2003).

눈동자 움직임 분석 연구는 눈동자의 움직임이 글의 의미를 처리하는 과정과 관련이 있다고 전제한다. 눈동자 움직임 분석 연구에서는 글을 읽을 때 보이는 눈동자 움직임은 의미 처리 과정을 반영하고 있으며, 따라서 눈동자 움직임을 분석하면 눈에 보이지 않는 독서 과정을 파악할 수 있다고 믿는다. 사람들은 눈이 인간의 마음, 즉 인지 과정을 반영한다고 생각한다. 모든 사람이 일상적으로 경험하듯이, 관심이 가는 곳에 눈동자가 머물고 주의를 기울일수록 눈동자가 오래 머문다. 어떤 사람이 어디에 눈동자를 멈추고 응시하는지를 살펴보면 그 사람의 '현재 생각'을 효과적으로 파악할 수 있는데, 이러한 원리를 적용한 것이 눈동자 분석 연구라고 할 수 있다.

눈동자 분석 연구에서는 독자가 글을 읽을 때 어떤 부분에 눈동자를 멈추고 주시하는지(고정), 어떤 부분을 읽지 않고 건너뛰는지(도약), 먼저 읽었던 부분으로 눈동자가 되돌아가는지(회귀)를 추적한다. 눈동자 분석 연구에서는 이를 통해서 글을 읽을 때 작동하는 인지 과정을 파악하고자 한다. 눈동자의 고정, 도약, 회귀는 독서 과정 연구를 할 때 고려해야 하는 주요 특징이다. 이러한 특징을 분석하여 독서 과정을 밝히려 한 연구가 박영민(2012ㄱ, 2012ㄴ, 2013), 최숙기(2013), 이소라·서혁(2013), 서혁 외(2015) 등에서 시도되었다.

미국의 일부 지역에서는 학교 독서교육의 효과를 높이기 위하여 학생들의 눈동자 움직임을 분석하여 그 정보를 활용하기도 한다(Paulson & Freeman, 2003). 학생들에게 글을 읽게 한 후 눈동자 움직임을 분석하여 독서 과정에 문제가 있는지의 여부를 점검하고, 문제가 발견되면 그에 맞는 프로그램을 선정하여 적용한다. 이는 눈동자 분석 연구를 학교 독서교육에 접목한 예로서 독서교육 연구와 학교 독서교육의 발전적 관계를 잘 보여 준다. 우리나라에서도 독서교육 연구와 학교 독서교육의 발전적 관계를 지향하는 가운데 독서교육 연구 방법의 확장을 학교 독서교육의 발전으로 연계하려는 노력이 필요하다.

3. 독서교육 연구의 전망

(1) 독서교육 분야 및 주제의 균형적 접근

앞에서도 언급했던 것처럼, 모든 독서교육 분야가 연구자들로부터 관심을 끌어왔던 것은 아니다. 독서교육에 필요한 정보는 인간 변인 중 학생 분야에서 얻는 것이 많으므로 상대적으로 여기에 연구가 집중되어 있다고 할 수 있다. 그러나 관심을 거의 끌지 못했던 분야에 대해서 독서교육 연구가 이루어질 필요가 있다. 가령, 인간 변인 중 교사 분야가 그러한 예이다. 독서교육의 주체가 국어교사임에도 불구하고 국어교사에 대해서는 연구가 잘 이루어지지 않았다. 학교 독서교육을 위해 국어교사가 갖추어야 할 인식과 지식은 무엇인지, 독서교육 수행에 필요한 방법이나 전략은 무엇인지, 학교 독서교육에 대해서 국어교사는 어떠한 태도를 갖추어야 하는지, 그리고 현재의 실태는 어떠한지, 이를 개선하거나 증진하기 위해 양성 과정이나 연수 과정에서 어떤 프로그램을 적용해야 하는지, 그 효과는 어떠한지 등에 대해서도 거의 연구가 이루어지지 않았다.

학교 독서교육을 담당해야 할 예비 국어교사나 현직 국어교사의 관점에서 보면 이는 매우 중요한 주제들이다. 가르쳐야 할 학생들에 관한 정보도 중요하지만, 가르쳐야 할 '나' 자신에 대한 정보가 바로 이러한 연구 성과에 담겨 있기 때문이다. 교사 양성 과정, 연수 과정 운영자의 관점에서도 이러한 연구가 제공하는 정보는 큰 의미가 있다. 국어교사 양성 과정 프로그램과 연수 과정 프로그램을 편성하고 운영하는 데 도움을 얻을 수 있기 때문이다. 만약 현재 국어교사 양성 과정을 마친 예비 국어교사가 독서교육에 대한 전문성을 갖추고 있지 못하다면, 그것은 양성 프로그램에 허점이 있기 때문일 것이다. 이를 개선하려면 인간 변인 중 교사 분야에 대한 연구가 균형 있게 이루어질 필요가 있다.

한편, 교육 변인 중 교육과정 분야와 평가 분야의 주제를 다루는 연구도 활성하게 이루어질 필요가 있다. 독서교육의 종합계획인 교육과정에는 독서교육의 성격, 목표, 내용 등이 담기는데, 독서교육의 성격은 무엇이며 목표를 무엇으로 설정해야 하는지, 그 목표를 구현하는 데 필요한 교육 내용은 무엇이어야 하며 어느 정도가 적정한지 등을 다루는 연구가 좀 더 충실하게 이루어져야 한다. 독서평가 분야도 상대적인 소외의 정도가 큰데, 학교 독서평가의 표준적인 모형, 방법이나 전략, 결과 처리 방법 등을 주제로 한 연구가 활발하게 이루어져야 할 것이다. 독서평가는 독서교육의 한 과정으로서 독서 교수학습을 설계하는 데 필요한 정보를 제공해 주기 때문이다.

(2) 문학교육과의 통합 방안 모색

독서교육 연구의 전망에서 가장 먼저 살펴보아야 할 것은 문학교육과의 관계이다. 문학교육도 독서교육과 마찬가지로 글을 자료로 삼고 있기 때문이다. 문학교육에서 문학에 대한 지식만을 교육 내용으로 삼아야 한다고 고집하지 않는 한 글을 읽는 독서 행동을 피해갈 수 없다. 글로 이루어진 문학작품을 학생들이 읽지 않으면 문학교육에서 추구하는 그 어떤 활동도 실현할 수 없기 때문이다. 감상을 위해서도 문학작품을 읽어야 하고, 비평을 위해서도 읽어야 하며, 토론을 위해서도 읽어야 한다. 그러므로 독서교육처럼 문학교육도 글을 읽는 활동의 수행을 바탕으로 삼고 있다고 할 수 있다.

이 점에서 보면 독서교육과 문학교육이 동일한 선상에서 논의가 이루어져야 할 것 같지만, 우리나라의 현실은 그렇지가 못하다. 국어과 교육과정에서는 독서교육과 문학교육을 다른 영역으로 분리해 놓았을 뿐만 아니라, 내용의 체계, 과목의 체계도 다르게 편성해 놓았다. 독서교육을 공부하는 연구자는 독서교육 전공자로, 문학교육을 공부하는 연구자는 문학교육 전공자로 분리하여 다루고 있으며, 각각의 연구자들은 스스로 학문적 정체성이 다르다고 인식하고 있다.

그러나 독서교육과 문학교육이 글을 읽는 독서 활동을 바탕으로 삼고 있다는 점에서 보면 현재와 같이 분리해서 운영하는 것은 적절하지 못하다. 인지심리학자들이 독서 과정을 규명하기 위해 사용했던 자료는 오히려 서사문에 속하는 것이 많았다. 스키마 이론을 창출해 냈던 바틀렛(Bartlett)이 사용했던 글도 인디언 문화에 관한 서사문 「유령의 전쟁The War of the Ghost」이었다. 현재에도 인지과학자들이 주도하는 이해 과정의 연구에서는 서사문을 매우 빈번하게 활용하고 있다. 서사문은 문학적인 글 유형에 속하므로 인지심리학자들은 독서 과정을 탐구할 때 글의 유형을 정보 중심의 글과 문학 중심의 글로 분리해서 생각하지 않았음을 알 수 있다. 이를 통해 보건대 독서교육과 문학교육은 분리해야 할 이유가 없으며, 오히려 독해 과정을 바탕으로 하는 독서교육이 문학교육까지를 포함해서 다루는 것이 더 적절할 수도 있다. 독서는 정보 중심의 글을 읽는 활동과 문학 중심의 글을 읽는 활동으로 구성된다고 설명하면 더 간명해진다.

글에 내용이 포함되어 있고 독자가 그것을 읽는다면, 그 글이 문학적인 글이든 정보적인 글이든 상관없이 의미를 구성하는 정신적 과정은 독자의 마음에서 항상 일어난다. 문학작품을 읽고 이해하는 것도 의미 구성의 결과이고, 정보적인 글을 읽고 이해하는 것도 의미 구성의 결과이다. 이 둘은 사실 구분되지 않는다. 문학교육의 본질이 문학에 관한 지식을 가르치는 것이 아니라 문학작품을 읽고 문학 활동을 수행하는 데 있다면 독서 영역과 문학 영역을 분리하지 않는 것이 적절하다.

독서교육과 문학교육을 통합할 때 훨씬 더 다양한 방법으로 글 이해 능력을 돕는 교육의 목적을 실현할 수 있다. 내용의 추론도 정보 중심의 글도 가능하지만 문학 중심의 글도 가능하다. 내용을 비판적으로 이해하는 활동도 어떤 유형의 글이든 모두 가능하다. 주요 내용을 간추리는 요약도 정보 중심의 글에서도 가능하고 문학 중심의 글에서도 가능하다. 글을 쓴 의도나 목적을 파악하는 것도 두 가지 유형의 글에서 모두 가능하다. 정보 중심의 글이 명시적이라면 문학 중심의 글이 암시적이라는 차이가 있다. 그러므로 두 가지 유형의 글을 단독으로, 또는 비교·대조의 방식으로 지도하면 글을 읽고 이해하는 데 필요한 전략을 매우 다양하면서도 폭넓게 다룰 수 있다. 현재에는 문학교육이 별도의 영역으로 분리됨으로써 문학작품을 읽고 이해하는 과정의 전략을 충실히 다루지 못하는 문제를 안고 있다고 할 수 있다.

그러므로 독서교육 연구에서는 앞으로 문학교육을 포괄해서 다루는 방안을 적극적으로 다룰 필요가 있다. 궁극적으로 그 도달점은 독서교육과 문학교육의 통합이 되어야 할지 모른다. 앞으로 이루어질 독서교육 연구에서는 독서교육과 문학교육의 통합을 지향하지만, 그 중간 단계로서 협력적으로 운영을 위한 원리나 방법을 적극적으로 탐구하고 마련할 필요도 있다. 문학작품을 읽는 것을 독서 활동의 한 가지 유형으로 처리하면 지금까지 독서 영역에서 개발해 온 여러 가지 전략이나 프로그램을 탄력적으로 적용할 수 있으므로, 장기적으로는 문학작품의 이해 능력을 기르는 데에도 도움이 될 수 있다.

(3) 작문교육과의 발전적 협력

한국독서학회와 한국작문학회는 2014년 10월 11일에 연합 학술대회를 개최한 바 있다. 이전에도 연합 학술대회를 연 적이 있지만, 연합해서 학술대회를 열 수 있다는 것은 독서교육과 작문교육이 접점이 넓다는 것을 의미한다. 고급 문식성 단계에 이르면 독서와 작문이 구분되지 않는다는 점을 고려하면 두 학회가 연합하여 학술대회를 여는 것이 오히려 자연스럽고도 당연한 일이라고 할 수 있다. 그러므로 독서교육과 작문교육을 발전적인 협력의 관계로 만드는 방안을 모색해 볼 필요가 있다. 현재 독서교육과 작문교육은 영역이 분리되어 따로 이루어지고 있지만, 앞으로 이루어질 독서교육 연구에서는 이에 대해 충분히 관심을 기울여야 한다. 초·중·고등학교 교실에서 이루어지는 활동을 보더라도 독서 활동과 작문 활동은 거의 동시적으로 이루어진다.

그런데 독서교육과 작문교육의 발전적인 관계를 이루기 위해서는 이에 대한 논의를 더욱 심층적으로 이끌어갈 필요가 있다. 지금까지 독서와 작문의 통합을 논의하는 장이 종종 마련되었지만, 이를 깊이 있게 논의하는 연구는 상대적으로 빈약했다. 독서와 작문이 문자 언어를 공유하고 있으므로 통합해서 지도해야 한다는 식의 당위론적인 주장이 많았고, 정보 처리의 관점이나 의미 문자 언어 구성의 관점에서 이들의 협력적 관계를 학술적으로 뒷받침하는 연구가 잘 이루어지지 못했다. 그러므로 앞으로 이루어질 독서교육 연구에서는 이를 충실하게 규명하고 연계성을 검토함으로써 독서교육과 작문교육의 발전적 관계를 실질적으로 모색해야 할 것이다.

한편, 독서교육과 작문교육을 통합적으로 전개하고자 할 때 이를 실질적으로 지원할 수 있는 프로그램이나 교수 방법에는 무엇이 있는지를 탐구하는 연구도 이루어질 필요가 있다. 학술적으로 둘의 관계만을 밝힌다면 학술적 연구 성과는 그냥 성과로만 남을 뿐 실제적인 차원에서 독서교육의 발전이나 작문교육의 발전에는 기여하는 바가 거의 없게 된다. 독서교육이든 작문교육이

든 학생들이 실제적으로 수행하고 활동할 수 있는 프로그램이 마련되어야 교육적 활동으로서의 가치가 살아나게 될 것이다.

(4) 독서교육 연구 방법의 혁신 추구

앞으로 이루어질 독서교육 연구에서는 연구 방법의 혁신을 더 모색해 보아야 할 것이다. 어떤 방법을 적용하면 머릿속에서 이루어지는 독서 과정을 선명하게 관찰할 수 있을까를 생각해 보면 창의적인 연구 방법을 얻는 데 도움이 될 수 있다. 지금까지 독서 과정을 연구하기 위해 사용되어 온 연구 방법은 크게 세 가지로 압축할 수 있다. 사고 구술 방법, 오독 분석 방법, 눈동자 움직임 분석 방법이 그것이다.

　이 세 가지 방법은 모두 연원이 오래 된 것들로서 독서 과정을 밝히는 데 크게 공헌해 왔다. 그러나 세 가지 방법 중에서 사고 구술 방법과 오독 분석 방법은 상대적으로 연구 성과가 미약한 편이다. 실험 참여자의 주관이 많이 개입할 여지가 있고, 분석 과정이 매우 복잡하고 어렵기 때문인 것으로 보인다. 그래서 이 방법을 적용한 독서교육 연구는 그리 많지 않다.

　이에 비해 눈동자 움직임 분석 연구는 첨단 장비를 요구하는 방법임에도 불구하고 사고 구술법이나 오독 분석법보다 오히려 더 활발하게 적용되고 있다. 눈동자 움직임 분석 방법도 그 절차가 간단한 것은 아니지만 실험 참여자의 주관이 상대적으로 배제되는 생리적인 반응을 측정하는 방법이어서 상대적으로 수월하다. 눈동자 움직임 분석 방법이 활발하게 적용되고 있는 데에는 이 방법이 적용되어 온 지가 이미 100년이 넘다 보니 실험 과정이나 결과 해석에 관한 선행 연구가 많다는 점도 영향을 미친 것으로 보인다.

　눈동자 움직임은 독서 과정을 매우 정교하게 추론할 수 있게 해 준다는 장점이 있다. 그러나 비판이 없는 것은 아니다. 모든 눈동자 움직임이 인지 과정을 반영한다고는 볼 수 없기 때문이다. 가령 정보 처리를 하지 않는 채 단순히 눈동자만 고정하여 응시할 수도 있고 눈동자를 어떤 지점에 고정했더라도 그와는 무관한 정보를 처리할 수도 있다. 국어 수업 시간에 교과서를 응시하고는 있지만 다른 생각에 빠져 있을 수 있는 것처럼. 그래서 눈동자 움직임을 분석하더라도 어떤 인지 기능이 작동하여 그러한 움직임이 나타난 것인지를 알 수 없다는 점이 가장 큰 한계로 지적된다.

이러한 문제를 해소하기 위해 최근 독서교육 연구에는 눈동자 움직임 분석과 반성적 사고구술(retrospective think aloud)을 통합하는 연구 방법이 활용되고 있다. 반성적 사고 구술은 활동 수행 중에 이루어지는 일반적인 사고 구술과는 달리, 활동 수행 이후에 세부적인 독서 행동을 왜 했는지를 설명하는 방법이다. 예컨대 학생이 글을 읽을 때 보이는 눈동자 움직임을 녹화한 후 그 녹화 영상 자료를 보면서 어떤 지점에서 눈동자를 왜 그렇게 움직였는지를 구술하는 것이다. 이를 통해서 그러한 독서 행동을 보인 이유, 즉 어떤 인지 과정이 개입하여 그러한 눈동자 움직임을 보인 것인지를 효과적으로 파악할 수 있다.

앞으로 이루어질 독서교육 연구에서는 뇌파 측정 장치(electroencephalogram: EEG)나 기능적 자기 공명 영상 장치(functional magnetic resonance imaging: fMRI)를 활용하는 방법도 시도해 볼 필요가 있다. 우리나라의 독서교육 연구에서는 이러한 방법이 활용된 예가 거의 없는 실정인데, 그 이유는 아마도 눈동자 움직임을 추적하는 장치보다 훨씬 더 복잡하고 정교한 장치를 활용해야 하기 때문일 것이다. 이러한 연구 방법은 접근성이 상대적으로 낮다. 이 방법을 적용하려면 독서교육 연구자가 많은 수련을 거치지 않으면 안 된다. 그러나 이러한 방법들은 독서 과정과 관련된 생리적 특성 정보를 제공함으로써 독서 과정을 이해하는 데 기여할 수 있다. 외국의 연구자들은 이러한 방법을 활용하여 글의 이해 과정을 두뇌 기능을 통해 설명하는 연구 결과를 축적해 가고 있다.

한편, 교육적인 측면에서 학생들의 독서 능력과 독서 태도의 신장을 돕는 프로그램을 개발하고 효과를 검증하는 연구도 더욱 활발하게 이루어질 필요가 있다. 우리나라의 독서교육 연구는 독서 연구임에도 불구하고 프로그램 개발과 그 효과를 검증하는 연구가 상대적으로 소홀한 편이다. 우리나라의 연구 결과를 토대로 한 메타분석 연구가 많지 않다는 점이 이를 뒷받침한다. 독서 프로그램을 개발하는 연구, 그리고 그 프로그램의 효과를 검증하는 연구가 축적되어야 실천적인 국면에서 독서교육이 더욱 활성화될 수 있고 체계화될 수 있다. 학교나 사회에서는 학생들의 독서 능력과 독서 태도를 기르기 위해서 많은 노력을 기울여야 한다고 주장하지만, 적절하고 효과적인 프로그램이 마련되지 않으면 이러한 주장을 실현할 수 없다.

12장 독서교육 연구의 동향과 전망

1. 독서교육 연구의 주제

▪ 독서는 학업적 성공과 직업적 성공에 절대적인 영향을 미치므로 학교 독서교육에 필요한 정보를 탐색하고 제공하는 독서교육 연구는 중요한 의의가 있다.

▪ 독서교육 연구의 분야와 주제는 다음과 같다.
  – 교육 변인: 교육과정(성격, 목표, 내용, 실행, 평가 등), 교수학습(모형, 방법 및 전략, 자료 등), 평가(모형, 방법, 자료, 기준, 결과 처리 등)
  – 인간 변인: 교사(인식, 지식, 수행, 태도, 양성, 선발, 연수 등), 학생(인식, 지식, 수행, 태도, 독서 부진 및 독서 장애 등)
  – 자료 변인: 글(유형, 구조, 표지, 이독성, 복합도, 적합성 등), 다매체 자료(특성, 구조, 구성, 제시 방식 등)
  – 활동 변인: 맥락, 과제, 양상

▪ 독서교육 연구의 방법은 양적 연구(조사 연구, 실험 연구, 메타 연구)와 질적 연구(문화기술 연구)로 대별할 수 있다.

2. 독서교육 연구의 동향

▪ 독서교육 연구의 시기는 '독서교육 연구의 태동', '독서교육 연구의 발전'으로 구분할 수 있다.
  – '독서교육 연구의 태동'의 시기는 독서교육 연구의 1기로서 1970~90년대를 배경으로 하며, 경험적으로 다루어 왔던 독서를 과학적 연구의 대상으로 인식했다는 특징이 있다.
  – '독서교육 연구의 발전'의 시기는 독서교육 연구의 2기로서 2000년대부터 현재까지를 배경으로 하며, 다양한 과학적 연구 방법을 동원하여 독서교육의 여러 가지 변인을 분석하고 심층적인 원리를 탐구했다는 특징이 있다.

3. 독서교육 연구의 전망

▪ 독서교육 연구 분야 및 주제의 균형을 위해 인간 변인 중 교사 분야, 교육 변인 중 교육과정 및 평가 분야의 연구를 활성화할 필요가 있다.

▪ 독서교육과 문학교육은 모두 글을 다룬다는 점에서 동일하므로 독서교육의 관점을 확대하여 문학교육을 독서교육의 일부로 통합하는 방향을 모색해야 한다.

▪ 독서교육과 작문교육은 인지 과학에서 제시하는 설명이 유사하고 유사한 인지 기능을 공유하고 있으므로 발전적인 협력의 관계를 모색해야 한다.

▪ 새로운 독서교육 연구 방법을 모색하여 사고구술, 오독 분석, 눈동자 움직임 분석과 같은 전통적인 방법을 극복할 필요가 있으며, 독서 프로그램을 개발하고 효과를 검증하는 실증적 연구도 강화할 필요가 있다.

학습활동

1. 아래 용어를 간단히 설명하시오.

    • 평생학습   • 사회독서의 중요성   • 독서교육 연구의 의의
    • 메타 연구   • 다매체 자료   • 독서교육 전문가

2. 다음 진술을 참(T)과 거짓(F)으로 구분하고, 거짓은 바르게 수정하시오.

    (1) 독서교육 연구의 주요 변인은 '인간' 변인이며, 여기에는 '교사'와 '학생'
        의 세부 분야가 포함된다.
    (2) 독서교육 연구의 발전기에는 연구 분야 및 주제의 확장과 연구 방법의
        확장이 이루어졌다.
    (3) 중학생들의 독서 능력과 독서 태도의 관계를 분석하는 연구는 '활동' 변
        인 중 '양상' 분야에 속한다.
    (4) '독서교육 발전기'로 명명할 수 있는 2010년대에는 학생의 독서 실태를
        조사하는 독서교육 연구가 주류를 이루고 있다.

3. 자신이 현재 학교에서 독서를 지도하는 국어교사라고 가정해 보고, 독서교
   육의 어떤 분야에서 어떤 주제를 연구해 보고 싶은지, 그 이유는 무엇인지
   정리하여 말해 보시오.

4. 자신이 현재 학교에서 독서를 지도하는 국어교사라고 가정해 보고, 독서교육 연구를 조사하여 학교에서 적용할 독서교육 프로그램을 설계해 보시오.

5. 학교에서 독서교육을 계획하고 시행할 때 어떤 정보가 필요한지 생각해 보고, 그 정보를 얻을 수 있는 독서교육 연구를 조사하여 주요 내용을 발표해 보시오.

6. 각 시기별 독서교육 연구의 주요 특징을 말해 보시오.

7. 우리나라 독서교육 및 독서교육 연구에 헌신해 온 주요 연구자를 선정하여 인터뷰를 해 보고, 당시의 독서교육이나 독서교육 연구의 현황을 정리하여 발표해 보시오.

참고문헌

강혜진(2000). 읽기교육의 최근 동향과 국어교육에의 시사. 국어교육학연구 10, 107-139.

고성룡·민철홍·최경순·고선희·황민아(2010). 어린이 글 읽기에서 나타나는 안구 운동의 특성. 인지과학 21(4), 481-503.

권민균(2002). 초등학생의 읽기 동기에 관한 연구: 읽기 동기 구성 요인, 학년과 성 차이를 중심으로. 아동학회지 23(9), 17-33.

권민균(2005). 초등학교 저학년 아동의 읽기 동기 구성 요인과 읽기 능력의 관계. 대한가정학회지 43(1), 53-67.

김경주(2004). 읽기 교수 학습 과정에 대한 연구. 서울대학교 박사학위논문.

김국태(2006). 읽기 수업의 교수적 비계 설정 양상 연구. 한국교원대학교 박사학위논문.

김도남(2002). 상호텍스트성을 바탕으로 한 읽기 지도 방법 연구. 한국교원대학교 박사학위논문.

김라연(2006). 모둠 독서 활동에서의 독서 행동 변화 양상 연구. 고려대학교 박사학위논문.

김명순(2003). 활동 중심 읽기교육 내용 연구. 한국교원대학교 박사학위논문.

김명순·김미영·이유진(2007). 아동의 읽기 동기에 대한 학년과 학교 읽기 환경의 영향력. 아동학회지 28(4), 289-304.

김병원(1979). 새 시대의 독서교육. 배영사.

김봉순(1996). 텍스트 의미 구조의 표지 연구. 서울대학교 박사학위논문.

김영진·최광일·임윤(2004). 텍스트 읽기 과정에서 보이는 안구 운동: 관찰연구. 한국실험심리학회 겨울 학술대회 논문집.

김혜정(2002). 텍스트 이해의 과정과 전략에 관한 연구. 서울대학교 박사학위논문.

노명완 외(1988). 국어교육론. 갑을출판사.

노명완 외(2012). 국어교육학개론(4판). 삼지원.

노명완(1988). 국어교육론. 한샘.

노명완(1990). 읽기의 개념과 읽기 지도의 문제점. 교육한글 3, 5-44.

노명완·박영목·권경안(1988). 국어과교육론. 갑을출판사.

노명완·이차숙(2002). 문식성 연구. 박이정.

문병상(2010). 초등학생의 읽기 동기, 읽기 활동 및 읽기 능력 간의 구조적 관계. 초등교육연구 23(3), 133-152.

박수자(1993). 읽기 전략 지도 교재 구성에 관한 연구. 서울대학교 박사학위논문.

박영목(1996). 독서 이해론: 독서교육의 기저 이론. 법인문화사.

박영목(2011). 국어과 교수 학습 방법 연구. 박이정.

박영민(2006). 중학생 읽기 동기의 구성 요인. 독서연구 16, 297-334.

박영민(2008). 중학생의 읽기 동기 구성 요인 분석과 읽기 동기 신장 프로그램 개발. 청람어문교육 38, 141-184.

박영민(2012ㄱ). 눈동자 움직임 분석을 통한 중학생, 고등학생 및 대학생의 읽기 특성 비교. 학습자중심교과교육연구 12(2), 165-189.

박영민(2012ㄴ). 읽기 부진 학생의 눈동자 추적을 통한 읽기 과정 특성 분석 연구. 국어교육 139, 335-362.

박영민(2013). 눈동자 추적 및 반성적 사고구술을 활용한 학업성취수준별 국어교과서 읽기 방식의 차이 분석. 청람어문교육 48, 155-190.

박진용(2006). 텍스트 의미 구조의 읽기 교수 학습 연구. 한국교원대학교 박사학위논문.

박화엽(1980). 속독교육: 실험 독서 방법의 교수법. 독서행동개발사.

서수현·정혜승(2012). 중학생의 읽기 태도 양상. 독서연구 27, 258-283.

서혁(1996). 담화의 구조와 주제 구성에 관한 연구. 서울대학교 박사학위논문.

서혁 외(2015). 시선 추적 장치를 활용한 공무원과 일반인의 공문서 읽기 특성 비교 분석. 새국어교육 102, 7-44.

윤낙영·고성룡(2009). 난이도가 다른 덩이글 읽기에서의 안구 운동 양상. 인지과학 20(3), 291-307.

윤준채(2007). 초등학생의 읽기 태도 발달에 관한 국제 비교: 한국과 미국을 중심으로. 국어교육학연구 28, 485-517.

윤준채(2013). 다문화 가정 아동의 읽기 태도 발달 양상 연구. 새국어교육 95, 161-179.

윤준채·박수자(2008). 한국판 초등학생 읽기 태도 검사 도구의 타당도 검증: 구인 타당도를 중심으로. 한국어교육학회 학술대회 발표 논문집(공연문화와 국어교육), 257-273.

이경화(1999). 담화 구조와 배경지식이 설명적 담화의 독해에 미치는 효과에 관한 연구. 한국교원대학교 박사학위논문.

이경화(2005). 독서교육. 한국어교육학회 편찬위원회(편). 국어교육론 2. 한국문화사.

이경화(2010). 읽기교육의 원리와 방법. 박이정.

이명숙(1997). 초등학생들의 읽기 태도 연구2: 학년, 성별 및 학교 지역. 교육학논총 16, 153-168.

이삼형(1994). 설명적 텍스트의 내용 구조 분석과 교육적 적용 연구. 서울대학교 박사 학위논문.

이성영(2009). 읽기교육에서 태도의 문제: 읽기 태도의 교육 가능성을 중심으로. 독서 연구 21, 285-318.

이소라·서혁(2013). 시선 추적 장치를 활용한 읽기 과정 연구의 현황과 가능성 탐색. 국어교육학연구 46, 479-503.

이순영(2006). 독서 동기와 몰입에 영향을 주는 요인에 관한 이론적 고찰. 독서연구 16, 359-381.

이순영(2010). 디지털 시대의 청소년 독자와 비판적 읽기. 독서연구 24, 87-110.

이순영(2011). 읽기 연구의 최근 동향과 과제-국내외 2005년부터 2010년까지의 연구 를 중심으로. 한국어문교육 10, 311-340.

이승희·조옥귀(2008). 중학생의 읽기 태도와 정서 조절 양식, 심리적 안녕감의 관계. 교육 이론과 실천 17, 139-164.

이영진·조성만·권태현(2010). 고등학생의 읽기 동기 구성 요인 분석. 독서연구 24, 345-386.

이차숙·노명완(2003). 읽기 행동에서 어휘 처리 과정과 눈동자의 움직임. 유아교육연 구 23(3), 219-239.

이춘길(2004). 한글을 읽는 시선의 움직임. 서울대학교 출판부.

정동화(1977). 독서 흥미의 발달에 대한 연구-독서 흥미의 발달 단계 설정을 중심으 로. 국어교육 30, 69-132.

정혜승(2006ㄱ). 읽기 태도의 개념과 성격. 독서연구 16, 383-405.

정혜승(2006ㄴ). 읽기 태도 구인과 검사 도구의 요건. 국어교육학연구 27, 467-492.

정혜승(2008). 문식성 개념 변화와 교육과정적 함의. 문식성 교육 연구. 한국문화사.

정혜승·서수현(2011). 초등학생과 읽기 태도에 관한 연구. 국어교육 134. 353-382.

조병영(2007). 인터넷 환경에서의 초인지적 독서 전략-사고 구술 연구로부터의 증거 들. 국어교육 124, 281-316.

천경록(1997). 읽기 교재의 수정 방안에 관한 연구. 한국교원대학교 박사학위논문.

최경숙(2007). 아동의 기억 발달. 교문사.

최숙기(2010ㄱ). 중학생의 읽기 능력 발달 양상에 관한 연구. 한국교원대학교 박사학 위논문.

최숙기(2010ㄴ). 중학생의 읽기 동기와 읽기 태도에 관한 상관성 연구. 독서연구 23, 346-381.

최숙기(2011). 중학생의 읽기 발달을 위한 읽기교육 방법론. 역락.

최숙기(2013). 복합 양식 텍스트에 대한 독자의 읽기 행동 분석에 기반한 디지털 시대의 읽기교육 방안 탐색. 녹서연구 29, 225-264.

최숙기(2014). 우리나라 청소년들의 읽기 태도 모형 연구: 읽기 목적과 읽기 매체 변인을 중심으로. 국어교육학연구 49, 734-765.

한국심리학회(2000). 교육심리학용어사전. 학지사.

한국어문교육 연구소·국어과교수학습 연구소(2006). 독서교육사전. 교학사.

한상철(1997). 읽기 전략과 초인지 그리고 동기 요인이 교재 이해에 미치는 효과. 교육학연구 35(1), 83-104.

한철우 외(2001). 과정 중심 독서 지도. 교학사.

허재영(2008). 독서교육 연구사: 학교 독서교육을 중심으로. 독서연구 5, 207-240.

홍인선(2010). 내용교과 독서 지도 연구. 한국교원대학교 박사학위논문.

Ferstl, E. C., & von Cramon, D. Y.(2007). Time, space and emotion: fMRI reveals content-specific activation during text comprehension. *Neuroscience Letters*, 427, 159-164.

Just, M. A., & Carpenter, P. A.(1980). A theory of reading: From eye fixations to comprehension. *Psychological Review*, 87, 329-354.

McConkie, G. W., Zola, D., Grimes, J., Kerr, P. W., Bryant, N. R., & Wolff, P. M.(1991), Children's eye movements during reading. In J. F. Stein(Ed.), *Vision and Visual Dyslexia*. UK London: Macmilan.

Paulson, E., & Freeman, A.(2003). *Insight from the Eyes: The Science of Effective Reading Instruction*. NH: Heinmann.

Rayner, K.(1998). Eye movement in reading and information processing: 20 years of research. *Psychological Bulletin*, 124(3), 372-422.

Szaflarski, J. P., Altaye, M., Rajagopal, A., Eaton, K., Meng, X., Plante, E., & Holland, S.(2012). A 10-year longitudinal fMRI study of narrative comprehension in children and adolescents. *NeuroImage*, 63, 1188-1195.

Tylor, S. E.(1965). Eye movement while reading: Facts and fallacies. *American Educational Research Journal*, 2, 187-202.

13장

평생 독자를 위한 독서 지원

1. 평생 독자를 위한 지원 시스템과 법제적 기반
2. 평생 독자를 위한 가정·학교·지역사회의 지원

Today a READER, Tomorrow a LEADER.
— Margaret Fuller

1. 평생 독자를 위한 지원 시스템과 법제적 기반

(1) 평생 독자를 위한 지원 시스템

사회의 구성원들은 영·유아기를 제외하면 거의 전 생애를 독자로서 살아 간다. 이런 이유로 이들을 평생 독자(life-long reader), 또는 생애 독자(lifetime reader)라고 부르기도 한다. 독서는 개인이 행복한 삶을 추구하고 사회의 구성원으로서 일정한 역할을 수행하기 위하여 반드시 필요한 요건이다. 국민의 독서 능력이나 독서문화는 개인에게도 중요하지만 국가 경쟁력에도 영향을 미치는 사회적인 문제이기도 하다. 그래서 세계 각국에서는 국민들이 적절한 독서 능력을 갖추고, 독서를 즐기고, 나아가 양질의 독서 활동을 지속할 수 있도록 다양한 지원 방안을 모색하고 있다.

[그림 13-1] 독자를 지원하는 주체들

어린 독자의 문식성 발달과 가정 문식성

독서는 개인은 물론 국가적 차원에서도 매우 중요하기 때문에 독자를 지원하는 주체는 다양하다. 가정, 학교, 도서관, 직장, 지역사회, 각종 민간단체, 국가 등이 그 예이다. 이 중에서 '가정'은 독자가 처음으로 소속되는 공간이며 동시에 독자에게 다양한 영향을 미치는 중요한 환경이다. 앞서 1부 1-3장에서 설명하였듯이 어린 독자는 가정에서 많은 시간을 보내며 가족의 도움 속에서 언어를 습득하고, 처음으로 독서 활동을 시작한다. 초기의 독서 활동은 타인이 읽어 주는(보여 주거나 이야기해 주는) 책의 내용을 듣거나, 스스로 책의 그림을 보는 활동이 대부분이다. 문자를 습득하면서 이들의 독서 활동도 보다 본격적이고 능동적인 형태로 발전한다. 이후 어린 독자는 다양한 독서 경험을 축적하고, 독서에 대한 자신의 생각과 태도를 형성해 나간다.

가정은 취학 전의 어린 독자를 문식 세계로 이끄는 중요한 공간이며, 가족 구성원들은 어린 독자를 지원하는 주체라고 할 수 있다. 연구자들은 가정 문식성 환경(family literacy environment, 가정 문해 환경)이 어린 독자의 문식성 습득과 발달에 영향을 미치는 중요한 요인임을 강조해 왔다. 어린 독자의 문식성은 가정 내 구비된 도서의 수나 종류와 같은 물리적 환경에도 영향을 받지만, 보다 중요한 요인은 어린 독자가 이러한 자료를 접하며 경험하는 '문식 활동의 질'이라고 할 수 있다. 여기에는 독서에 대한 부모의 관심과 지원, 부모를 포함한 가족 구성원의 문식 수준, 가정 내 사회·정서적인 분위기, 어린 독자와 타 가족 구성원 간의 상호 작용 양상 등 다양한 요인이 개입된다. 이런 이유로 세계 각국에서는 정부는 물론 지역사회, 공공도서관, 민간독서운동단체 등 여러 주체들이 협업하여 가정의 독서 활동을 지원하기 위하여 노력하고 있다. 특히 미취학 독자를 대상으로 한 독서 지원 사업은 어린 독자가 책에 관심을 갖고, 책과 관련된 즐거운 체험을 통해 긍정적인 독서 습관을 형성하도록 하는 데 초점을 맞추고 있다.

독자의 성장과 지원 주체의 다원화

영·유아를 대상으로 한 가정의 독서 지원은 주로 독자의 인지적이고 정서적인 발달을 촉진하여 평생 독자의 기반을 마련하는 데 있다. 이후 독자의 생애주기에 따라 독자를 지원하는 주체나 지원의 방향도 변화한다. [표 13-1]을 보면, 학령기 독자에 대한 지원은 학교 안과 밖을 나누어 살펴볼 수 있다. 학교에서는 학생이 대부분의 시간을 보내는 교실과 학교도서관의 독서환경을 정비하고, 학생의 독서 능력을 높이고, 독서를 생활화하도록 하는 지원 사업을 진행하고 있다. 정규 교과과정의 독서교육, 방과 후 학교 프로그램, 동아리(학생 중심, 사제 동행, 학부모 동행), 학교도서관 프로그램, 독서 캠프나 토론활동 등이 그 대표적인 예이다. 학교 밖에서는 지역사회와 공공도서관, 그리고 민간 단체의 지원이 있다. 학교 밖 독서 활동은 학교 내 활동보다 자유 독서 활동이나 문화·예술 활동과 접목된 체험이 많은 것이 특징이다.

[표 13-1] 평생 독자를 위한 독서 활동과 지원의 예

대상	영·유아 (0~5세)	아동·청소년 (6~19세)	청·장년 (20~59세)	노년기 (60세 이상)
특징	정서·인지능력 발달 평생 독자의 기반 마련	성장기, 학령기 독서 습관 형성기	고등교육, 사회생활 여가독서, 가족독서	퇴직, 인생 이모작 실버독서, 자원활동
지원 방향	양육자와 책으로 교감, 책 읽기=즐거움 인식	유치원·학교의 독서환경 정비	대학·직장·지역의 독서환경 정비	경로당, 지역의 실버독서환경 정비
독서 활동	북스타트 (지자체/도서관)	아침독서 (초·중·고교)	책 읽는 대학/직장 (대학/직장/도서관)	어르신 인문학 강좌 (도서관/단체/마을)
	책 읽어 주기 (가정/도서관/어린이집)	독서 캠프, 문화학교 (학교/도서관 등)	한 도시 한 책 (지방자치단체)	대(大)활자본 보급, 읽기 독서 모임 (도서관)
	책놀이 프로그램 (도서관/어린이집 등)	사제 동행 독서 (학교 등)	독서동아리 (대학/도서관/직장)	독서 멘토 활동 (도서관/시민단체)

(문화체육관광부, 2014: 12)

성인기 이후의 독자를 위한 지원도 다양하다. 성인 독자는 일반적으로 직장에 소속되어 사회생활을 하는 존재로, 개인적으로는 가정을 꾸며 부모로서의 역할을 수행하기도 한다. 그러므로 성인 독자를 대상으로 한 지원은 직장이나 사회생활을 중심으로 한 독서 활동과 가정 내 독서 활동, 두 가지 차원에서 이루어진다. 최근에는 직장 내 독서 활동도 업무와 연계된 전문 독서부터 개인의 취미나 관심 분야 확대 차원의 자유 독서 활동에 이르기까지 다원화되고 있다. 지원의 주체도 해당 독자가 소속된 직장과 지역사회, 공공도서관, 각종 민간단체, 정부 등 다양하다. 퇴직 후의 노인 독자에 대한 지원의 중요성도 나날이 강조되고 있다. 최근 노년층의 독서 활동은 개인의 행복 차원을 넘어 독서를 매개로 한 사회적 소통과 복지 실현의 측면에서도 그 중요성을 인정받고 있다. 이런 맥락에서 정부도 정신적으로 건강하고 활력 있는 노년층의 삶을 위해 다양한 독서진흥사업을 시행하고 있다.

(2) 평생 독자를 지원하기 위한 법제적 기반

앞서 살펴보았듯이, 독서를 권장하고 지원하는 주체는 매우 다양하다. 이 중에서 가장 광범위하고 체계적인 지원 사업을 기획·운영하는 주체는 정부이다. 우리 정부의 독서진흥정책은 법률에 근거하여 그 시행을 보장하고 있다. [표 13-2]를 살펴보면, 현재 우리나라의 독서진흥에 관한 법률은 주로 도서관을 중심으로 하여 독서·출판·인쇄 문화를 융성하는 데 초점을 맞추고 있음을 알 수 있다. 그리고 이 법률들은 중앙정부 부처(예: 문화체육관광부, 교육부, 국방부, 보건복지부 등)와 시·도교육청 등 유관 정부기관, 그리고 지방자치단체가 독서진흥사업들을 수립·시행하는 근간이 되고 있다.

[표 13-2] 독서진흥에 관한 법률의 예

법명	제정 일자	개정 일자	목적
독서문화진흥법	2006.12.28. (법률 제8100호)	2013.3.23. (3차 개정)	독서문화의 진흥에 관한 기본적 사항을 규정하여 국민의 지적 능력을 향상하고 건전한 정서를 함양하며 평생교육의 바탕을 마련함으로써, 국가 경쟁력을 강화하고 국민의 균등한 독서 활동 기회를 보장하여 삶의 질을 개선하는 데 이바지함.
학교도서관진흥법	2007.12.14. (법률 제8677호)	2013.3.23. (3차 개정)	학교교육의 기본 시설인 학교도서관의 설립·운영·지원 등에 관한 사항을 규정함으로써 학교도서관의 진흥을 통하여 공교육을 내실화하고 지역사회의 평생교육 발달에 이바지함.
도서관법	1994.3.24. (법률 제4746호)	2015.3.27. (14차 개정)	국민의 정보 접근권과 알 권리를 보장하는 도서관의 사회적 책임과 그 역할 수행에 필요한 사항을 규정하여, 도서관의 육성과 서비스를 활성화함으로써 사회 전반에 대한 자료의 효율적인 제공과 유통, 정보 접근 및 이용의 격차 해소, 평생교육을 증진하여 국가 및 사회의 문화 발전에 이바지함.

독서문화진흥법과 독서문화진흥기본계획

국민의 독서진흥을 도모하는 가장 대표적인 법률은 독서문화진흥법이다. 독서문화진흥법은 독서의 생활화를 통해 국민들의 지적 능력을 향상시키고, 국가의 지식 경쟁력을 강화하고자 2006년에 제정되었다. 이 법에서는 '독서문화'를 "문자를 사용하여 표현된 것을 읽고 쓰는 활동을 중심으로 하여 이루어지는 정신적인 문화 활동과 그 문화적 소산"으로 정의하고 있다. 독서문화진흥법의 제4장(독서진흥)에는 1)모든 국민을 대상으로 하는 독서교육의 기회 제공, 2)지역 주민의 독서 생활화를 위한 독서 시설의 마련과 독서진흥 활동 제공, 3)학교교육을 받는 모든 국민들이 독서문화진흥의 혜택을 누리고, 교육과정을 통해 읽기 능력과 쓰기 능력 등의 언어에 관한 능력을 향상하도록 기회 제공, 4)직장 내의 독서 활동 활성화, 5)국민들의 독서 의욕 고취와 독서 생활화를 위한 독서의 달 설정을 명시하고 있다. 이 법은 국내의 독서진흥사업 전반의 기틀이 되고 있다.

　　문화체육관광부에서는 독서문화진흥법에 근거하여 5년 단위로 독서문화진흥기본계획을 수립한다. 독서문화진흥기본계획의 시행 성과는 국회에 보고되

[표 13-3] 독서문화진흥기본계획(2차)의 목표와 과제

목표	국민 독서문화 확산 - 책 읽는 사회 만들기 -			
추진 전략	1. 사회적 독서진흥 기반 조성	2. 생활 속 독서문화 정착	3. 책 읽는 즐거움의 확산	4. 함께하는 독서 복지 구현
중점 추진 과제	① 독서진흥 협력 체계 구축 ② 지역 독서 공동체 조성 ③ 학교 독서환경 개선 ④ 책 읽는 직장 만들기 ⑤ 우수 독서 자료 지원 ⑥ 디지털 독서문화 확산 ⑦ 독서문화 기반 확충	① 생애주기별 독서 활동 지원 ② 다양한 독서동아리 활성화 ③ 맞춤형 독서교육 및 독서 프로그램 보급 ④ 독서 정보 시스템 구축	① 국민 참여형 독서운동 전개 ② 다양한 매체를 통한 국민 독서 참여 확산 ③ 지역 풀뿌리 독서문화 확산 ④ 독서를 통한 인문정신 문화 확산	① 독서장애인 독서 서비스 확대 ② 소외계층 독서 활동 지원 강화 ③ 병영, 교정시설 독서 활동 지원 ④ 다문화가정의 독서 접근성 제고
추진 기반	• 독서진흥 관련 법·제도 개선과 정책수단(조직·예산·사업) 확충 • 민간 주도, 정부 지원의 '독서사회 협력체계'(독서 거버넌스) 구축 • 우수 사례의 전파 및 '문화융성'의 기반 정책으로 추진			

고 지속적으로 관리되고 있다. 제1차 독서문화진흥기본계획(2009-2013년)은 2013년에 종료되었고, 2014년에 제2차 독서문화진흥기본계획(2014-2018년)이 발표되었다. 제2차 독서문화진흥기본계획은 독서가 창의성·상상력·국민 소통의 기반이며, 디지털 다매체 환경에서 생각의 힘을 키우는 독서진흥이 필요함을 강조하여 기획되었다. 이 기본계획에는 4대 추진전략과 19대 중점 추진과제가 제시되었는데, 각 중점 추진과제는 다시 그 하위에 2-5개의 추진과제(총75개)를 포함하고 있다. 각 추진과제는 문화체육관광부·교육부·국방부·법무부·여성가족부·방송통신위원회·지방자치단체가 추진의 주체로 설정되어, 각 기관별로 시행 계획을 수립·추진하고 있다.

중앙 부처와 지자체의 독서진흥정책 동향

현재 정부는 '국민행복'과 '문화융성'의 국정 기조에 따라 독서진흥정책을 추진하고 있다. 정부의 조사(문화체육관광부, 2013)에 따르면 우리나라 성인의 74.5퍼센트, 학생 중 53.9퍼센트가 스스로 독서량이 부족하다고 느끼고 있으

며, 출판 시장의 불황과 경기 침체로 인해 양서의 발행 여건이나 가계의 도서 구입비 비중도 악화되는 추세이다. 또한 매체 환경이 변화하면서 종이책의 독서량은 감소하는 반면, 전자책 독서량은 전년 대비 35.3퍼센트 증가한 상태이다. 급변하는 문식 환경 속에서 정부의 독서정책도 독자의 생애주기별 지원을 통한 독서 인구와 독서율의 제고, 그리고 다매체 환경에 부응하는 독서 콘텐츠의 제공을 강조하고 있다.

정부의 독서진흥정책은 독서문화진흥시행계획을 수립하는 문화체육관광부나 학교 독서교육을 주관하는 교육부를 중심으로 추진된다(표 13-4). 그러나 이외에도 행정자치부(각급 도서관의 정보화 지원), 국방부(진중문고의 보급과 병영

[표 13-4] 정부 부처의 독서진흥정책 추진 내역

문화체육관광부	- 독서문화진흥법을 기본으로 한 제1차 「독서문화진흥기본계획(2009~2013)」을 2008년 6월 발표. 국민독서문화 증진사업 추진(4대 과제, 52개 단위사업 제시). - 2013년 11월 제2차 「독서문화진흥기본계획(2014~2018)」 수립 발표(각계 전문가 의견 수렴을 바탕으로 4대 추진 전략과 19개 중점 추진과제 제시). - 2013년 '국민독서문화증진 사업'과 '우수도서선정 지원 사업' 진행함(독서문화 시상식 및 토론회, 독서문화학교, 맞춤형 전 국민 대상 독서교육, 책드림 콘서트, 미디어와 함께 하는 독서 활동, 북스타트 운동, 독서동아리, 문화 소외지역과 취약계층 대상 독서 활성화 지원). - 2014년 3월 「2014년도 독서문화진흥시행계획」 수립·시행중.
교육부	- 2009년 9월 독서교육종합추진 방향에 따라 '책 읽는 학교문화'를 위한 「학교 독서교육 및 도서관 활성화 방안」을 발표. 교사·학생·학부모 독서동아리 지원, 책읽기를 통한 학습부진학생 지원, 독서치료 프로그램·도서관 활성화 지원, 독서교육·학교도서관 활성화 포럼 지원. - 2011년 7월 「초·중등 독서 활성화 방안」 추진을 발표하고 종합적인 학교 독서 활성화 추진. 과도한 입시 위주의 학교 문화로 학생들의 독서 활동이 제한되고 독서교육이 내실 있게 이루어지지 못하는 한계를 극복하고자 독서교육종합지원시스템을 에듀팟과 분리. - 2014년 초·중등 독서교육 활성화(학생 독서동아리 지원, 교사 독서교육연구회 지원, 학교도서관 활용 및 교과독서교육 지원) 사업에 7,270백만 원의 예산 책정. 독서교육종합지원시스템 기능 개선 및 독서교육 콘텐츠 개발에 3,685백만 원, 독서교육 자료집 개발에 470백만 원의 예산 책정.
국방부	- 병영의 독서 활동 지원을 위하여 2014년 진중문고 도서 구입(5,200백만 원), 병영도서관 도서 구입(500백만 원), 병영도서관 운영비(500백만 원) 등 총 8,300백만 원의 예산 책정. - 2012년부터 병영 독서 생활화를 위해 매일 30분 이상의 자율독서를 전 부대로 확산 추진.

(문화체육관광부, 2014: 18)

도서관 운영), 법무부(전국의 교정시설에서 독서치료 프로그램 실시, 교정시설의 독서 문화 확산) 등 여러 부처에서 독서와 관련된 사업을 시행 중이다. 이외에 각 시·도 예산을 확보하여 독서진흥사업을 시행하는 데 중요한 역할을 담당하고 있다. 『독서진흥에 관한 연차 보고서』(2014)에 의하면, 전국 각 시·도에서 2012년에는 2,119건, 2013년에는 2,498건의 독서진흥사업을 시행하였다. 시·도의 역점 사업은 독서환경 조성과 독서운동 지원이었다.

이상의 설명을 통해 정부 각 부처와 지자체에서 시행하는 다양한 독서진흥사업을 확인하였다. 그러나 독서진흥사업과 관련하여 개선의 필요성도 제기되고 있다. 현재로서는 정부의 각 부처와 지자체의 독서정책 전반을 관할하는 제도나 행정 기반이 부재한 상황이다. 이로 인해 [표 13-2]와 같이 다양한 법률에 근거하여 기관 단위로 독서정책을 수립·시행하고 있다. 그 결과 정책 시행의 비효율성이나 지역·계층별 편중의 문제가 지적되고 있다. 이러한 문제를 해소할 법적·행정적인 방안이 마련되어야 할 것이다. 또한 독서 지원 주체는 다양하지만 지원 내용이 도서관 인프라와 같은 독서환경 개선이나 우수 도서 추천 등 몇 개의 사업에 쏠려 있다는 지적도 있다. 급변하는 독서환경 속에서 독자의 요구에 맞는 보다 다양하고 실제적인 독서진흥사업에 대한 고민이 필요하다고 하겠다.

2. 평생 독자를 위한 가정·학교·지역사회의 지원

(1) 독서교육의 요람: '가정' 관련 정책과 지원

앞서 언급하였듯이, 가정은 평생 독자가 처음으로 소속되는 가장 중요한 공간이다. 독자는 가정에서 문자를 습득하고, 책과 관련된 기본적인 지식과 기능을 배우고, 독서 경험을 축적해 나간다. 독서진흥 측면에서 볼 때, 가정은 독자에게 영향을 미치는 가장 기본적이고 중요한 독서환경이라고 볼 수 있다. 「국민독서실태 조사」(2013)에서는 가정에서 독서에 대한 관심을 촉진한 정도(예: 책 읽어 주기, 부모-자식 간 책에 대한 대화 등)가 독자의 독서량을 결정하는 중요한 배경임을 지적하고 있다. 이런 이유로 가정은 독자의 독서 습관에 큰 영향을 미치는 공간이며, 정책 입안자들도 독자의 생애주기별 지원 계획을 수립할 때 가정에 특별한 주의를 기울이고 있다. 현재 가정과 관련된 우리나라의 독서진흥정책은 세 가지 측면을 강조하고 있다.

이 중에서도 가장 많은 지원을 받는 정책 방향은 **독서환경 조성**이다. 이를 위하여 1) 가족 단위의 독서 프로그램 개발과 운영(예: 주말·방학 중 가족 독서 기행, 책 읽는 가족 공모 행사, 독후감 공모 행사 등), 그리고 2) 독서 중심의 가족문화 및 주거문화 조성 지원(예: 책 읽는 부모, 가족 간 독서 대화 활성화, 가정 내 독서 운동, 가정의 달 독서 행사, TV 대신 서가를 둔 거실 만들기 운동 등)이 추진되어 왔다. 2014년에 발표된 제2차 독서문화진흥기본계획에도 '생활 속 독서문화 정착(전략 2)' 하에 영·유아(어릴 적부터 책 읽기의 즐거움 체험 기회 제공)와, 아동·청소년(창의성과 상상력을 기르는 독서 활동 지원) 대상 추진과제를 두고 있다. '함께하는 독서 복지 구현(전략 4)'의 하위에도 소외계층 아동을 위한 독서환경과 다문화가정의 독서 접근성 확대를 추진과제로 두어 강조하고 있다.

끝으로 가정의 독서 지원과 관련하여 영·유아나 미취학 아동에게 책을 선물하는 북스타트(bookstart) 운동을 살펴볼 수 있다. 북스타트는 1992년 영국에서 시작된 운동으로 일본, 호주, 태국 등 세계 각국에서 널리 추진되고 있다. 우리나라에서는 2003년에 도입되어 현재 문화체육관광부와 책읽는사회만들기문화재단, 각 지자체가 공동으로 전개하고 있다. 2012년 한 해에만도 전국에서 11만 명 이상의 영·유아가 북스타트 운동의 수혜를 받은 것으로 보고되고 있다. 북스타트 운동은 사회적 육아 지원 운동으로 지역사회가 구성원들에게 제공하는 문화 복지 사업으로서의 성격도 갖고 있다. 영·유아가 있는 가정에 책을 제공하는 일은 '책-아가-가정'의 결속력을 높여 아가와 부모의 친교를 돕고, 어린 독자가 책을 친숙하고 즐거운 대상으로 느끼도록 하고, 나아가 독서 습관화를 유도하여 평생교육의 기반을 마련한다는 점에서 의미가 있다. 현재 북스타트 운동은 초·중·고등학생을 대상으로 하는 책날개 운동으로 그 대상을 확장하고 있다.

(2) 독서교육의 핵심 : '학교' 관련 정책과 지원

학교의 독서 지원은 초·중·고등학생을 주 대상으로 하되, 교사와 학부모를 포함한다. 이 시기의 학생 독자에게는 독서 습관을 형성하고, 독서 능력을 높이는 것이 필수적인 과업이다. 학교 독서는 모든 학생들에게 장기간에 걸쳐 체계적이고 집중적인 지원이 가능하기 때문에 그 중요성이 매우 높다. 또한 학교의 독서 지원은 여타의 독서 지원 사업보다도 본격적인 독서교육 사업을 포함하고 있는 것이 특징이다. 학교 독서정책과 지원은 주로 [표 13-5]에 제시된 세 가지 법률에 근거하여 시행되고 있다. [표 13-5]를 살펴보면, 우리나라의 학교 독서정책은 정규 교과의 교육과정보다는 학교도서관을 중심으로 설계되어 있음을 알 수 있다. [표 13-6]에서는 학교 독서 지원 사업의 주요 내용을 확인할 수 있다.

[표 13-5] 학교 독서정책의 근거가 되는 법률 정보

법률	주요 조항
학교도서관 진흥법 [시행 2013.3.23.] [법률 제11690호, 2013.3.23. 타법개정] 교육부 (창의교수학습과)	**제1조(목적)** 이 법은 학교교육의 기본시설인 학교도서관의 설립·운영·지원 등에 관한 사항을 규정함으로써 학교도서관의 진흥을 통하여 공교육을 내실화하고 지역사회의 평생교육 발달에 이바지함을 목적으로 한다. **제2조(정의)** 이 법에서 사용하는 용어의 정의는 다음과 같다. 　2. "학교도서관"이란 학교에서 학생과 교원의 학습·교수활동을 지원함을 주된 목적으로 하는 도서관이나 도서실을 말한다. 　3. "학교도서관지원센터(이하 "지원센터"라 한다)란 특별시·광역시·도·특별자치도의 교육청(이하 "시·도교육청"이라 한다)에서 학교도서관의 업무를 효율적으로 수행할 수 있도록 지원하는 조직을 말한다. 　4. "사서교사"란 「초·중등교육법」 제21조에 따른 사서교사 자격증을 지니고 학교도서관의 업무를 담당하는 사람을 말한다. 　5. "실기교사"란 문헌정보학 또는 도서관학을 이수하고 「초·중등교육법」 제21조에 따른 실기교사 자격증을 지니고 학교도서관의 업무를 담당하는 사람을 말한다. 　6. "사서"란 「도서관법」 제6조 제2항에 따른 자격요건을 갖추고 학교도서관에서 근무하는 사람을 말한다.

학교도서관 진흥법 [시행 2013.3.23.] [법률 제11690호, 2013.3.23. 타법개정] 교육부 (창의교수학습과)	제7조(학교도서관진흥기본계획) ① 교육부장관은「도서관법」제14조에 따른 도서관발전종합계획에 따라 학교도서관 진흥을 위하여 학교도서관진흥기본계획(이하 "기본계획"이라 한다)을 수립·시행하여야 한다. 이 경우 미리 관계 중앙행정기관의 장과 협의하여야 한다. ② 기본계획은 다음 각 호의 사항을 포함하여 5년마다 수립하여야 한다. 　1. 학교도서관의 진흥에 관한 종합계획 　2. 학교도서관의 설치와 시설·자료의 확충과 설비 　3. 학교도서관의 진흥에 관한 연구 　4. 사서교사·실기교사·사서의 확보·양성·교육
	제15조(독서교육 등) ① 교육부장관·교육감과 학교의 장은 대통령령으로 정하는 바에 따라 학교의 독서교육과 정보이용교육을 위한 세부계획을 수립·시행하여야 한다. ② 제1항에 따른 독서교육과 정보이용교육은「초·중등교육법」제23조에 따른 학교의 교육과정 운영계획에 포함시켜야 한다.
독서문화 진흥법 [시행 2013.3.23.] [법률 제11690호, 2013.3.23. 타법개정] 문화체육관광부 (출판인쇄산업과)	**제1장 총칙** 제1조(목적) 이 법은 독서문화의 진흥에 관한 기본적 사항을 규정하여 국민의 지적 능력을 향상하고 건전한 정서를 함양하며 평생교육의 바탕을 마련함으로써, 국가 경쟁력을 강화하고 국민의 균등한 독서 활동 기회를 보장하며 삶의 질을 개선하는 데 이바지함을 그 목적으로 한다.
	제4장 독서진흥 제8조(독서교육 기회 제공) 국가와 지방자치단체는 모든 국민에게 독서교육의 기회를 균등하게 제공하기 위하여 노력하여야 한다. 제10조(학교의 독서진흥) ①교육부장관은 학교교육을 받는 동안 모든 국민이 독서문화 혜택을 누릴 수 있도록 그 교육과정의 전체를 통하여 읽기 능력, 쓰기 능력 등의 언어에 대한 능력을 향상하기 위하여 노력하여야 한다. ② 교육부장관은 학교의 독서문화진흥을 위하여 다음 각 호의 사항을 포함하는 시책을 수립하여 시행하여야 한다. 　1. 학교의 독서교육 활성화를 위한 계획의 수립·시행에 관한 사항 　2. 학교도서관의 신설·확충 및 환경 개선에 관한 사항 　3. 학교의 독서 자료 확보와 독서지도를 담당하는 교사의 배치에 관한 사항 　4. 독서교육 관련 교육과정과 교육 내용의 연구·개발 및 보급에 관한 사항 　5. 그 밖에 학교의 독서문화진흥에 필요한 사항 ③ 학교의 장은 학생이 독서를 생활화할 수 있도록 독서 모임의 운영 장려, 학교도서관의 설치·운영 등 필요한 여건을 조성하고 이를 지원하여야 한다. ④ 학교의 장은 독서 활동이 학교도서관 활동과 유기적으로 연계될 수 있도록 운영하여야 한다. ⑤ 학교의 장은 학교에서 독서를 생활화하기 위하여 사서교사나 독서교육을 전담하는 교사를 1명 이상 둘 수 있다.
도서관법 [시행 2012.8.18.] [법률 제11310호, 2015.3.27. 일부개정] 문화체육관광부 (도서관정보정책 기획단 도서관정책과)	**제1장 총칙** 제2조(정의) 이 법에서 사용하는 용어의 정의는 다음과 같다. 　6. "학교도서관"이라 함은「초·중등교육법」제2조에 따른 고등학교 이하의 각급 학교에서 교사와 학생, 직원에게 도서관 서비스를 제공하는 것을 주된 목적으로 하는 도서관을 말한다. 제6조(사서 등) ① 도서관은 대통령령이 정하는 바에 따라 도서관 운영에 필요한 사서,「초·중등교육법」제21조 제2항에 따른 사서교사 및 실기교사를 두어야 하며, 도서관 운영에 필요한 전산직원 등 전문직원을 둘 수 있다.
	제6장 학교도서관 제37조(설치)「초·중등교육법」제2조에 따른 학교에는 학교도서관을 설치하여야 한다. 제38조(업무) 학교도서관은 학생 및 교원 등의 교수·학습활동을 지원하기 위하여 다음 각 호의 업무를 수행한다. 　1. 학교교육에 필요한 도서관 자료의 수집·정리·보존 및 이용 서비스 제공 　2. 학교소장 교육 자료의 통합관리 및 이용 제공 　3. 시청각자료 및 멀티미디어 자료의 개발·제작 및 이용 제공 　4. 정보관리시스템과 통신망을 이용한 정보공유체제의 구축 및 이용 제공 　5. 도서관 이용의 지도 및 독서교육, 협동수업 등을 통한 정보 활용의 교육 　6. 그 밖에 학교도서관으로서 해야 할 기능 수행에 필요한 업무

[표 13-6] 학교 독서와 관련된 문화체육관광부와 교육부의 주요 정책 개관

문화체육관광부		년도	교육부	
독서문화진흥 정책	도서관 정책		학교도서관 중심 정책	독서교육·동아리 중심 정책
		03	**학교도서관 활성화 종합방안** (2003~2007, 3000억 이상 예산 집행) ① 학교도서관 시설 및 장서 확충 ② 학교도서관 활용 프로그램 강화 ③ 전담 인력 배치 및 전문성 제고 ④ 학교도서관 지원 민관 협력체제 구축	
		04		
		05		
		06		
		07		
독서문화진흥기본계획 (1차: 2009~2013) ① 독서 환경 조성 ② 독서 생활화 사업 ③ 독서운동 전개 ④ 소외계층 독서 활동 지원	**도서관발전종합계획** (1차: 2009~2013) ① 도서관 접근성 및 서비스 환경 개선 ② 창의 인재 양성을 위한 도서관 역할 강화 ③ 지식정보 격차 해소로 사회 통합에 기여 ④ 국가지식정보 활용을 위한 국가도서관 체계 재정립 ⑤ 교육·학술·연구 핵심지원센터로 대학·전문도서관 진흥 ⑥ 도서관 인력 전문화 및 관련 제도 선진화 ⑦ 지식정보 확산과 공유 위한 U-library 구현 ⑧ 도서관 협력 기반 강화로 글로벌 도서관 정보 서비스 구현	08	**학교도서관진흥기본계획** (1차: 2008~2013, 2000억 예산안) ① 학교도서관 이용 서비스 확대 ② 도서관 기본 역량 강화 ③ 학교도서관 진흥 체제 강화 ④ 학교도서관 네트워크 구축	**학교 독서교육 및 도서관 활성화 방안** ① 학교급, 학생발달단계에 맞는 학교 독서교육 ② 학교 독서교육 역량 강화를 위한 대상별 연수 ③ 교사·학생·학부모의 다양한 독서 활동 지원 ④ 자기주도학습·평생교육센터로서의 학교도서관
		09		
		10		**학교 독서교육 및 도서관 활성화 방안** ① 학교도서관 지역문화센터 사업 ② 사제동행 독서동아리 지원 ③ 독서교육종합지원시스템 보급
		11		**초·중등 독서 활성화 방안** ① 학교 생활 속 독서 강화 ② 교원·학부모 독서교육 역량 강화 ③ 독서 친화적 환경 조성 ④ 학교·지역 중심의 독서문화 운동 ⑤ 독서 활성화 지원체제 구축
		12		
		13		
독서문화진흥기본계획 (2차: 2014~2018) ① 사회적 독서진흥 기반 조성 ② 생활 속 독서문화 정착 ③ 책 읽는 즐거움 확산 ④ 함께하는 독서 복지 구현 관련 내용 포함	**도서관발전종합계획** (2차: 2014~2018) ① 생애주기별 맞춤형 도서관 서비스 확대 ② 지식정보 취약계층 도서관 서비스 강화 ③ 국가도서관의 정체성 및 역할 강화 ④ 교육·학습 및 학술연구 정보 지원 서비스 ⑤ 도서관 기반 확충 및 운영 내실화 ⑥ 도서관 자원의 연계·공유·협력체계 구축 ⑦ 도서관 법·제도 정비	14 ~ 18	**학교도서관진흥기본계획** (2차: 2014~2018, 208억 예산안) ① 창의성이 발현되는 교육과정 지원 ② 꿈과 끼를 찾아 주는 인성 교육 지원 ③ 소통과 나눔 공간으로의 확대 ④ 학교도서관 인프라 확충 ⑤ 학교도서관 지원 체제 확대	

(김주환·이순영, 2014:46 수정·보완)

우선 [표 13-5]를 살펴보면, 학교의 독서정책은 학교도서관을 중심으로 제시되어 있으며, 학교의 교육과정과 연계된 독서교육은 부수적으로 다루어지고 있음을 알 수 있다. 이는 학교 독서에 대한 법률적 기반이 1)도서관(예: 학교도서관진흥법, 도서관법)이나 2)일반 독서문화진흥(예: 독서문화진흥법)에 한정되어 있기 때문이라고 할 수 있다. 학교의 특성상 특화되어야 하는 '교육과정과 연계된 독서교육'은 그 법률적 기반이 부재한 상황이다. 이는 다시 학교 독서교육 지원 사업의 수립하고 시행함에 있어서 제한점으로 작용하고 있다. 이외에도 학교도서관 업무 담당자(예: 사서교사, 사서, 실기교사 등)나 독서진흥을 위한 전담 교사의 요건과 고용 조항(예: 독서문화진흥법 제4장 제10조 5항)도 채용의 가능성만 밝히고 있어서 쟁점을 안고 있다.

[표 13-6]은 관련 법률에 근거하여 문화체육관광부와 교육부가 수립한 독서정책 중에서 학교 독서와 관련된 사업을 정리한 것이다. 문화체육관광부의 독서진흥 정책은 전 국민을 대상으로 하는 독서문화 융성을 기조로 하되, 이를 위해 1)도서관 정책과 2)일반 독서문화진흥 정책을 제시하고 있다. 반면에 교육부는 1)학교도서관에 대한 정책과 2)학교의 독서교육 또는 동아리 정책을 제시하고 있다. 이 중에서 학교도서관 정책은 학교도서관진흥법에 근거하여 5년을 단위로 하여 안정적으로 수립·시행되고 있으나, 독서교육이나 동아리 정책은 단발적으로 수립되며 지원되는 예산의 규모도 매우 작다. 문화체육관광부와 교육부의 학교 독서정책이 공통적으로 강조하는 4대 추진과제를 정리하면 다음과 같다.

• 학교의 독서진흥 정책 방향

(1) 학교의 독서 환경 개선(학교도서관의 인프라 확충과 인력 배치)

(2) 학교의 독서교육 활성화(교원의 역량 강화 연수, 프로그램 운영)

(3) 학생·교사·학부모의 독서 활동 지원

(4) 학교와 지역 중심의 독서문화 운동, 독서 활성화 지원 체계 구축

위에 제시된 네 가지 과제 중에서 가장 많은 예산이 사용되는 중점 과제는 (1)번, 학교 독서 환경의 개선이다. 교육부(2014)에 의하면 지난 2003년 이래 우리나라의 학교도서관 환경은 비약적으로 개선되었다. 2013년 기준으로 볼 때, 학교도서관의 설치율은 99.6퍼센트, 학생 1인당 장서 수는 23.1권, 전담 인력 배치율은 45퍼센트에 이르렀다. 2008년에 비해서도 장서 수가 두 배 이상 늘었고, 전담 인력 배치율도 상당히 증가한 결과이다. 그러나 학교도서관의 환경은 개선되었지만 2008년 이래 학교도서관의 연간 이용자 수나 연간 이용 책 수는 급격히 감소하였다(김주환·이순영, 2014). 교육부도 제1차 학교도서관진흥기본계획의 성과를 분석하고 제2차 기본계획의 방향을 모색할 때 이러한 결과가 나타난 이유를 파악하고자 고심하였다.

이러한 결과는 기본적으로 학교도서관의 인프라 확장만이 학교 독서진흥의 효과적인 방법이 아님을 의미한다. 현재 학교도서관의 독서 프로그램은 소수의 학생들이 참여하는 일회적 행사 중심이다. 이러한 상황에서 학교도서관이나 학교 독서교육 관계자들은 학교도서관의 독서 프로그램이 공공도서관의 것과 차별성을 갖지 못하며, 현행 프로그램으로는 학생들(특히 독서 동기가 낮은 독자들)의 독서 활동을 진흥하는 데 한계가 있다고 지적하고 있다. 학교의 독서 지원 방향은 누구보다도 이용자인 학생들이 처한 상황과 구체적인 요구를 바탕으로 수립되어야 할 것이다. 그리고 학교도서관 내부의 프로그램만으로 학교 구성원 전체의 독서문화 진흥을 도모하기보다는, 학교의 핵심인 정규 교과의 교육과정과 수업에 독서를 접목하여 학생들이 자연스럽게 도서관을 찾을 수 있도록 유도할 수 있다. 특히 중·고등학교에서는 독서를 당위로서 강조하는 접근 방식에 한계가 있기 때문에 학생들의 요구에 맞추어 실제로 도움이 되는 지원 방법을 적극적으로 모색할 필요가 있다.

(3) 독서문화진흥의 실현 기반 : '도서관'과 '지역사회' 관련 정책과 지원

가정과 직장을 벗어나면 평생 독자가 소속된 가장 기본적인 공간은 지역사회가 된다. 이런 맥락에서 볼 때, 각 지역의 지방자치단체와 도서관은 해당 지역의 독자들을 지원하는 중요한 시스템이다. 최근에는 중앙행정기관과 별도로 지방자치단체 단위로 다양한 독서 지원 사업을 시행하고 있다. 이러한 사업들은 보통 지역의 도서관(공공도서관, 대학도서관, 학교도서관, 전문도서관)과 각종 사회복지시설, 그리고 민간단체가 구심점이 되어 운영한다.

특히 도서관은 독서진흥의 구심체로 지역의 독자들을 지원하는 핵심 기관이라고 할 수 있다. 앞서 살펴보았듯이 도서관에 대한 정책은 도서관법에 근거하여 5년 단위로 수립된 도서관발전종합계획에 영향을 받는다. 2014년에 발표된 제2차 도서관발전종합계획(2014: 6)은 창조 국가의 발전을 위해서는 경제·사회 제도라는 외형적 구조와 함께 문화와 지식정보라는 내면적 구조의 균형 있는 발전이 필요함을 강조하고 있다. 나아가 도서관이 정보와 콘텐츠 창조를 통해 지식정보의 소통과 공유 체계를 확장하고, 국민의 지적 욕구와 정보 수요에 신속하게 대처하여 국가의 창조 역량 강화에 기여할 수 있음을 계획의 기반으로 삼고 있다.

제2차 도서관발전종합계획은 제1차 계획에 대한 성과 분석과 함께 급변하는 독서환경과 인구 구성, 그리고 이와 연동되는 미래 도서관의 모습과 역할에 대한 고민을 통해 발표되었다. 제1차 계획의 성과로는 5천4백억 이상의 재정 지출을 통한 도서관의 접근성 향상과 환경 조성이 대표적이었고, 반면에 도서관의 질적인 측면이라고 할 수 있는 안정적 운영과 도서관에서 제공하는 서비스 측면에서는 개선이 시급한 것으로 분석되었다. 그 결과 제2차 도서관발전종합계획에서는 100세 시대, 평생교육의 시대에 돌입한 이용자들을 위해 '생애주기별 맞춤형 도서관 서비스'를 첫 번째 추진과제로 설정하였다. 구체적으로 각 지역의 도서관을 1)배움, 나눔, 소통의 지역 공동체 기반으로 구축하여 생애주기별 평생 학습을 지원하고 2)이용자들에게 진로, 취업, 창업, 건강, 독서 등 각종 생활 밀착형 지식정보를 제공하며, 3)이용자들을 위한 상담 서비스를 확대할 계획이다. 제2차 도서관발전종합계획에서 추진하고자 하는 독자의 생애주기별 프로그램 사례를 살펴보면 [그림 13-2]와 같다.

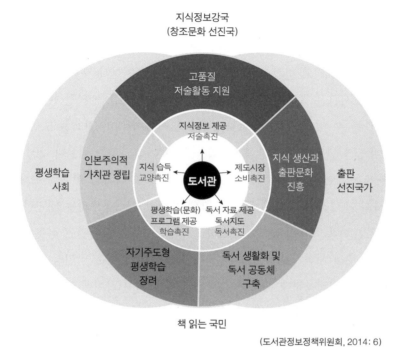

(도서관정보정책위원회, 2014: 6)

[그림 13-2] 제2차 도서관발전종합계획의 기본 모형

도서관의 독서진흥의 방향은 지역사회의 독서 지원과 긴밀하게 연계되어 있다. 제2차 도서관발전종합계획에서는 도서관이 지역 공동체의 거점이 되어 지역 주민을 위한 창조 공간, 또 다양한 지자체 마을 만들기에 기여할 수 있도록 노력하고 있다. 과거에는 크고 장서가 많은 도서관을 강조했었다. 그러나 최근에는 주민들의 거주 공간에서 가깝고, 교통이 편리하고, 다양하고 유용한 정보·교육·문화·예술 서비스를 제공하며, 주민들의 일상과 가깝고 친근하면

[표 13-7] 제2차 도서관발전종합계획의 추진 전략과 정책 과제

추진 전략	정책 과제
1. 생애주기별 맞춤형 도서관 서비스 확대	1.1 평생학습과 인문정신문화를 고양하는 도서관 서비스 확대
	1.2 미래창조형 도서관 지식정보 서비스 강화
2. 지식정보 취약계층 도서관 서비스 강화	2.1 지식정보 취약계층을 위한 도서관 강화
	2.2 특수 환경의 이용자를 위한 도서관 서비스 강화
3. 국가도서관의 정체성 및 역할 강화	3.1 세계적인 한국지식문화 보고 구축
	3.2 의회정보 및 입법정보 서비스 강화
	3.3 국가종합법률정보 서비스 고도화
4. 교육·학습 및 학술연구정보 지원 서비스 강화	4.1 학교도서관의 교육·학습 지원 서비스 강화
	4.2 대학도서관의 교수·학습 지원 서비스 강화
	4.3 전문도서관의 지식정보 서비스 강화
5. 도서관 기반 확충 및 운영 내실화	5.1 공공도서관 확충 및 서비스 환경 개선
	5.2 학교도서관 서비스 환경 개선
	5.3 대학도서관 학술정보 인프라 개선
	5.4 전문도서관 육성 기반 구축
	5.5 도서관 발전 재원 확충
6. 도서관 자원의 연계·공유·협력체계 구축	6.1 도서관 지식정보의 연계·공유 환경 구축
	6.2 지역 대표 도서관 중심의 협력체계 구축
	6.3 도서관 협력 강화 및 활성화
7. 도서관 법·제도 정비	7.1 도서관 법·제도 개선
	7.2 도서관 행정체계 및 평가제도 개선

(도서관정보정책위원회, 2014: 41)

서도 아름다운 공간을 갖춘 '가고 싶은 도서관'을 요구하고 있는 것이다.

도서관과 함께 지자체의 독서진흥 정책도 큰 변화를 보이고 있다. 지자체는 자체의 예산을 운용하여 다양한 독서 지원 사업을 시행하고 있다. 문화체육관광부(2009)에서 밝힌 2009년 시·도별 재정 투자 내역을 살펴보면 경기 990

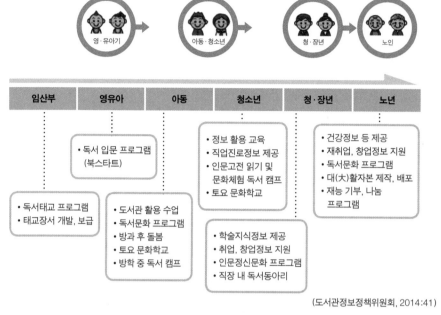

임산부	영유아	아동	청소년	청·장년	노년

• 독서 입문 프로그램
(북스타트)

• 정보 활용 교육
• 직업진로정보 제공
• 인문고전 읽기 및
  문화체험 독서 캠프
• 토요 문화학교

• 건강정보 등 제공
• 재취업, 창업정보 지원
• 독서문화 프로그램
• 대(大)활자본 제작, 배포
• 재능 기부, 나눔
  프로그램

• 독서태교 프로그램
• 태교장서 개발, 보급

• 도서관 활용 수업
• 독서문화 프로그램
• 방과 후 돌봄
• 토요 문화학교
• 방학 중 독서 캠프

• 학술지식정보 제공
• 취업, 창업정보 지원
• 인문정신문화 프로그램
• 직장 내 독서동아리

(도서관정보정책위원회, 2014:41)

[그림 13-3] 제2차 도서관발전종합계획의 생애주기별 평생학습 프로그램의 예

억 원, 경남 626억 원, 서울 430억 원, 전남 334억 원 순이다. 지자체의 독서
진흥 사업 수의 비율(2009–11년 시행)은 독서환경 조성(38%), 독서운동 지원
(29.8%), 독서 생활화 사업 지원(18.8%), 소외계층 지원(13.3%) 순으로 나타났
다(이순영 외, 2013: 29). 지자체의 독서진흥 사업은 2009년 이래 꾸준히 증가하
고 있으나, 지역별 편중과 특성화의 부족, 일회성 캠페인의 비중이 지나치게 높
은 점 등이 문제로 지적되었다. 최근에는 지자체의 특성과 지역 주민들의 요구
에 맞는 특화된 독서진흥 프로그램을 개발·제공하고자 하는 방향으로 노력이
진행 중이다.

(4) 해외의 독서운동 사례

지금까지 다양한 주체들이 지원하는 국내의 독서 지원 정책과 사업의 내용을

살펴보았다. 세계 각국에서는 오래 전부터 자국민의 독서 활동을 지원하여 개인의 삶의 질을 높이고 국가 발전을 도모하고자 많은 노력을 기울이고 있다. 이런 이유로 우리나라에서는 국가의 독서정책을 수립하기에 앞서 세계 주요 국가들의 독서문화진흥 정책을 검토하여 시사점을 추출해 왔다. [표 13-8]은 문화체육관광부(2014)에서 해외 각국의 독서운동 사례를 정리한 것이다. 이 표에 제시된 독서운동 사례를 살펴보면 운동의 주체가 매우 다양한 것을 알 수 있다. 중앙행정기관이 주체가 되는 경우도 있지만, 각종 민간단체나 기업이 중심인 사업도 많다. 이외에도 문화체육관광부(2013), 이순영 외(2013), 도서관정보정책위원회(2014) 등을 살펴보면 보다 다양한 세계 각국의 독서운동 동향을 확인할 수 있다.

이 장에서는 평생 독자를 위해 다양한 주체들이 지원하는 독서진흥사업들을 살펴보았다. 독서진흥사업의 성패는 지원 받는 사람의 수나 금액보다도, 해당 사업이 독자에게 얼마만큼 크고 중요한 영향을 미치는가 하는 질적인 문제에 달려 있다. 독서진흥사업은 결국 한 명 한 명의 개별 독자가 마음을 움직여 책을 열고, 독서를 통해 더 나은 삶을 경험할 수 있어야 하기 때문이다. 독서를 교육하거나 연구하는 이들은 변화무쌍한 문식 환경 속에서 상이한 특성을 갖고 있는 독자들에게 적합한 지원의 방법을 늘 모색해야만 한다.

[표 13-8] 해외의 독서운동 사례

대상	국가	독서운동 사례

(1)
영·유아
(북스타트)
	미국	• 주체: ROR의 조기 문맹 퇴치 전략에 의해 훈련을 받은 소아과 의사와 간호사
		  – ROR(Reach Out and Read)은 미국 50개 주 전역으로 확산됨
		  – 해마다 150만 명의 어린이들에게 300만 권의 책을 나눠 줌
		  – 16,000명 이상의 소아과 의사와 간호사가 ROR의 조기 문맹퇴치 전략에 의해
		    특별 훈련을 받아 이 운동을 추진하고 있음

	영국	• 주체: 북 트러스트(Book Trust)
		  – 2002년 65만 명의 신생아들이 참여
		  – 영·유아에게 무료로 책을 보급하고 부모에게 길잡이가 되어 주는 정부 차원의 계획
		  – 대상 연령을 30개월까지 확대한 '북스타트 플러스' 프로그램 도입
		• 주체: 공공도서관
		  – 유아와 어린이 독서운동 '북스타트'와 전국 단위 어린이독서그룹
		  – 모든 어린이가 대상이나 특히 사회적으로 소외된 집단의 어린이에게 제공
		  – 국가도서관 발전 전략의 성공적 사례로 포함시켜 소개

	독일 함부르크	• 주체: 시, 복지기관, 민간기관 – 시, 복지기관, 민간기관이 기금을 마련하고 소아과에서 책 꾸러미 전달
	호주	• 주체: 각 지방 정부, 공공도서관 등 – 각 지방 정부가 도서관에서 사용할 책, 가방, 물품에 대한 기금 매년 지원

	포클랜드
	아일랜드
		• 주체: 민간기업, 정부
		  – 지역의 민간기업이 책 꾸러미 기금 후원, 정부는 포클랜드 섬으로 배송하는
		    운송비 지원

	일본	• 주체: 북스타트 지원 센터 – 2003년 말 600곳 이상의 지방자치단체에서 시행, 예산은 각 지자체에서 부담
	태국	• 주체: 전국지능학습재단(National Institution for Brain-Based Learning) – 2005년 7월 28일부터 정부에서 전국 모든 아이들에게 책 꾸러미 배포
	싱가포르	• 주체: 국가도서관위원회, 시민협회, 지역사회 자치단체 – 2004년부터 지난 3년간 3,000명의 어린이들과 자원봉사자 1,000명 참여
영·유아 (북 모빌)	핀란드	• 주체: 공공도서관 – 도서관에 스스로 찾아오기 힘든 어린 아이들을 위한 이동 도서관

(2)
아동·
청소년
	미국	**시작을 공유하자**
		(Shared Beginnings) / • 주체: RIF(Reading Is Fundamental)
		  – 미성년자 부모(10대 부모)들이 아동들에게 책 읽기를 효과적으로
		    가르치도록 교육하는 프로그램

		러닝 스타트 **(Running Start)** / • 주체: RIF(Reading Is Fundamental) – 갓 학교에 입학한 어린이와 가족들에게 독서 동기 유발 프로그램
		북 온 더 메뉴 **(Books on the menu)** / • 주체: RIF(Reading Is Fundamental) – 같은 학교의 선배와 후배 학생을 '책 친구'로 연계하는 프로그램

		퍼스트 북
		(First Book) / • 주체: 퍼스트 북(First Book)
		  – 저소득 가정의 아이들과 독서 능력, 학업 능력이 떨어지는 아동에게
		    책을 지급하며 독서 훈련 프로그램 제공

(2) 아동· 청소년	미국	여름 독서 (Summer Reading)	• 주체: 공공도서관 – 각 지역별로 여름 방학에 불우 환경의 아동들 대상 독서교육
		책을 즐기자 (Carpe Librum)	• 주체: 페이지를 넘기자(TTP, turning the page) – 중고 책, 기증된 책을 판매하여 수익금으로 불우아동 교육 지원
		책 읽다 들켜라 (Get Caught Reading)	• 주체: 미국출판도서협회(AAP) – 미국 서적상 연합 및 미국 잡지 출판 연합 후원으로 이루어지는 연중 추진 캠페인으로 유명 인사들의 적극적인 관심 및 참여 – 전국적 규모의 캠페인으로 독서의 즐거움을 알림
		청소년 독서주간 (Read Week)	• 주체: 청소년도서관협회(YALSA) – 1998년부터 매년 10월 셋째 주에 열림 – 해마다 투표로 새로운 세부 주제를 정함
	영국	북토큰 (Book Token)	• 주체: 국제북토큰(National Book tokens Ltd), 출판인연합(The Publishers Association), 서점연합(The Booksellers Association) – 북 토큰은 책을 살 때 현금 대신 사용할 수 있는 일종의 도서상품권
		여름 독서 프로그램 (Summer Reading Challenge)	• 주체: The Reading Agency – 1998년에 시작되어 매년 어린이 60만 명 이상 참여 – 어린이들이 방학 중에 6권 이상의 책을 읽도록 한 후 메달과 증명서, 선물 등을 증정해 독서 장려
		채터북스 (Chatterbooks)	• 주체: Launch-Pad(독립 독서 개발 단체) – 2009년 기준 145개 도서관에 400개 이상의 그룹이 형성 – 어린이가 도서관을 방문하여 계속 새로운 책을 읽도록 장려하고, 그룹을 형성하여 책에 대해 대화를 나누도록 유도
	프랑스	독서 및 문화 활동 센터	• 주체: 아장스 드 라 프랑코포니(Agence de la Francophonieo) – 프랑스어를 사용하는 17개 국가의 213개(2001년 12월 현재)에 센터가 조직되어 책, 시청각 재료, 다양한 문화활동 제공
	독일	귀로 읽기	• 주체: 슈투트라그트 시(市) – 자원봉사자들이 지역의 어린이 소집단에게 정기적으로 책을 읽어 줌 – 어린이 각자의 독서능력에 따라 지원을 받을 수 있음
		독서재단	• 주체: 독서재단(Lesestiftung) – 멀티미디어시대의 청소년들의 독서문화를 진흥시키기 위해서 설립
		전국 학생 낭독대회	• 주체: 전국 서점·도서관·학교·문화시설 – 약 8,000여 개 학교에서 학생 약 70만여 명 참여 – 학생이 스스로 원하는 책을 선택하여 낭독대회에 참여
		올해의 이야기꾼	• 주체: 독일서적상업협회, 서점위원회, 독서진흥협회 – 매년 어린이와 청소년에게 책 잘 읽어 주는 작가를 선정, 수상
	일본	아침독서운동	• 주체: 아침독서추진협의회 – 2007년 현재 일본 전체 학교의 약 63퍼센트인 24,130개교 참여 – 매일 아침 수업 시작 전 10분 동안 학생과 교사의 책 읽기 활동

(3) 성인	미국	북 크로싱 (Book Crossing)	• 읽기(Read), 쓰기(Register), 양도(Release)의 3Rs – 독서 후, 책과 함께 메시지를 적어 공공장소에 놔두면 다음에 습득한 사람도 메시지와 책을 남기는 책 돌려 읽기 운동
	미국	오프라 윈프리 북클럽	• 주체: 오프라 윈프리 쇼 – 선정 도서는 50만~100만 부의 판매를 보장받는 베스트셀러가 됨
		가이즈 리드 (Guys Read)	• 주체: 뉴욕예술재단(New York Foundations for the Arts) – 성인 남성 독자들을 위한 읽기 능력 향상 독서 프로그램
		성인 여름 독서 프로그램	• 주체: 공공도서관 – 18세 이상의 성인 독자들을 위한 읽기 능력을 향상 독서 프로그램
		빅 리드 (Big Read)	• 주체: 전미예술기금(National Endowment for the Arts) – 각 자치제 등의 기관과 그 지역 주민이 하나의 책을 읽고 토론
		북 페스티벌 (National Book Festival)	• 주체: 백악관과 미국의회도서관 – 2001년부터 매년 초가을에 개최하는 책 축제. 주민들의 참여를 통해 살아 있는 도서관을 만들고 직접 책의 중요성과 독서의 즐거움을 함께하는 일들을 통해 평생 독서 생활화에 기여
		한 책, 한 도시	• 주체: 공공도서관, 단체 – 1998년부터 각 지역사회 공공도서관 및 단체가 주체가 되어 벌인 운동, 공통된 대화의 소재를 찾아 토론하고 이를 통해 독서를 활성화시키며 지역 공동체성을 회복하는 것을 목적으로 함
	영국	리처드 앤 주디 북클럽	• 주체: 리처드 앤 주디 쇼 – 매년 책을 선정해서 다음 해 1–3월까지 한 주에 한 권씩 전문가들에 의해 집중 소개, 독자 투표를 통해 '리처드 앤 주디 북' 선정
		RaW (Reading & Writing)	• 주체: BBC, 영국 – 읽기, 쓰기에 어려움을 겪고 있는 1,200명의 성인 독자를 위한 읽기 및 쓰기 능력 향상 캠페인. 2007년 가족 범위로 확대 시행
		바이탈 링크 (the Vital Link)	• 주체: 리딩 에이전시(Reading Agency) 등 – 2006년 교육기술부(Department for Education and Skills)로부터 '재미를 주는 독서 캠페인'의 일환으로 기금을 지원
		빅 북 쉐어 (Big Book Share)	• 주체: 영국독서연맹(Reading Agency) 등 – 수감자 스스로 책을 선정, 독서토론 참여. 책을 녹음, 가족에게 전달 – 문화와 교육 결핍의 대물림 현상을 막기 위한 가족 독서 프로그램
	말레이시아	국민독서 캠페인	• 주체: 정보능력활용증진국(Information Literacy Promotion Division) – 독서의 달 캠페인에서 유래. 1995~2000년까지는 매년 8월에, 2001~2005년까지는 매년 7월에 다양한 독서 프로그램 실시
	호주	MS 독서마라톤	• 주체: 호주 MS – 30년 이상 개최되어 온 호주의 주요 독서기금 모금 프로그램 – 6월, 7월, 8월 중 30일을 정하여 책을 읽고 자선모금 지원
	브라질	지혜의 등대	• 주체: 꾸리찌바 시 – 저소득 지역 곳곳에 '지혜의 등대'라는 도서관을 세움. – 초등학생부터 성인에 이르기까지 책을 대출하여 이용

(문화체육관광부, 2014: 31–33)

13장 평생 독자를 위한 독서 지원

1. 평생 독자를 위한 지원 시스템과 법제적 기반

- 사회의 구성원들은 영·유아기를 제외하면 전 생애를 독자로서 살아가기 때문에 '평생 독자'나 '생애 독자'라고 불린다.

- 평생 독자를 지원하는 주체는 가정, 학교, 도서관, 직장, 지역사회, 각종 민간단체, 국가 등 다양하다. 이들은 다양한 상황에 처해 있는 독자들을 다각도로 지원하고 있다.

- 평생 독자를 지원하기 위한 법제적 기반으로는 1) 독서문화진흥법, 2) 학교도서관진흥법, 3) 도서관법이 있다. 이 법률에 근거하여 중앙정부 부처와, 유관 정부기관, 그리고 지방자치단체가 다양한 독서진흥 사업을 수립하여 시행하고, 시행의 결과를 보고한다.

2. 평생 독자를 위한 가정·학교·지역사회의 지원

- 가정의 독서진흥 정책의 방향은 1) 가정 내 적합한 독서 환경 조성, 2) 가족 구성원의 독서 생활화 지원, 3) 독서를 매개로 한 가족 구성원 간 유대감 강화와 건전한 가족문화 조성이다.

- 학교의 독서진흥 정책의 방향은 1) 학교의 독서 환경 개선(학교도서관의 인프라 확충과 인력 배치), 2) 학교의 독서교육 활성화, 3) 학생·교사·학부모의 독서 활동 지원, 4) 학교와 지역의 독서문화 운동과 독서 활성화 지원 체계 구축이다.

- 도서관과 지역사회의 독서진흥 정책의 방향은 1) 도서관 서비스의 확대(생애주기별, 취약계층 대상, 교육학습 및 학술연구정보 지원), 2) 도서관 운영 확충 및 내실화, 3) 도서관 자원의 연계와 공유, 4) 도서관 법·제도 정비 등이 있다.

- 우리나라를 비롯한 세계 여러 나라에서는 평생 독자의 요구에 맞는 다양한 독서 지원 프로그램을 운영해 왔다. 독서교육 전문가들은 국내·외의 다양한 독서 지원 사업에 관심을 갖고 그 동향을 확인할 필요가 있다.

학습활동

1. 아래 용어의 개념을 간단히 설명하시오.

   •평생 독자   •가정 문식성 환경   •북스타트

2. 이 장에서는 국내·외의 다양한 기관에서 시행하는 독서정책들을 살펴보았다.
   아래의 질문에 대한 자신의 생각을 동료들과 적극적으로 공유해 보시오.

   (1) 내가 기존에 알고 있던 독서정책은 무엇인가?

   (2) 이번 기회에 새로 알게 되었거나 흥미를 갖게 된 독서정책은 무엇인가?

   (3) 여러 독서정책 중에 실효성이 높은 것과 낮은 것은 무엇이라고 생각하는
       가? 그 이유는 무엇인가?

   (4) 우리나라에서 독서정책의 성패를 결정짓는 핵심적인 요인은 무엇일까?

   (5) 향후 독서진흥의 방향을 조정한다면 어떠한 변화가 필요할까?

   (6) 성공적인 독서정책의 수립과 시행을 위해 구체적인 아이디어를 제안한
       다면?

참고문헌

김명순(2012). 학교 독서교육과 독서운동. 독서연구 27, 64-88.

김순남·박찬홍·이재승·박영민·권민석·이창로(2011). 초·중등 학생의 독서실태 진단 및 활성화 방안 연구. 교육과학기술부.

김은하(2009). 영국의 독서교육. 대교출판.

김주환·이순영(2014). 학교 독서정책의 핵심 쟁점과 과제. 독서 연구 31, 41-69.

곽철완·장윤금(2006). 학교도서관 활성화 종합 방안 효과에 대한 분석. 한국도서관정보학회지 37(4), 143-160.

교육과학기술부(2008). 학교도서관 활성화 우수사례. 교육과학기술부 교육복지기획과.

교육과학기술부(2009). 학교 독서교육 및 도서관 활성화 방안. 교육과학기술부.

교육과학기술부(2011). 초·중등 독서 활성화 방안. 교육과학기술부 인재정책실.

도서관정보정책위원회(2014). 제2차 도서관발전종합계획(2014-2018).

류희경(2010). 평생 학습의 장으로서 도서관 독서프로그램 고찰. 독서 연구 23, 185-203.

문화체육관광부(2009). 지식기반 사회 소프트 파워의 구심점, 도서관 선진화 본격 시동. 보도자료.

문화체육관광부·대통령소속 도서관정보정책위원회(2011). 2011 전국 도서관 운영평가 결과보고서.

문화체육관광부(2013). 독서문화진흥기본계획(2014-2018).

문화체육관광부(2013). 2013 국민 독서실태 조사.

문화체육관광부(2014). 2014년 독서진흥에 관한 연차보고서.

박인기(2007). 독서 현상 연구와 독서 정책의 방향. 독서 연구 17, 9-35.

송기호(2007). 교과 학습과 연계한 학습 독서의 실제. 한국도서관정보학회지 38, 423-441.

송승훈(2010). 정부 정책을 통해 본 독서교육의 진단과 방향. 우리말교육현장연구 4(1). 7-37.

윤유라·이제환(2010). 일본의 독서교육에서 학교도서관의 의미: 학생들의 관점을 중심으로, 한국도서관정보학회지 41(1), 187-209.

이만수(2009). 독서교육을 위한 학교도서관의 행사 활성화 방안. 한국도서관정보학회지 40(1), 385-404.

이순영·송정윤(2012). 중등 학교도서관의 독서프로그램 현황 분석 연구. 독서 연구 28, 290-318.

이순영·안찬수·이정수·이현진·권이은·이규만·김은하·이창희(2013). 독서 문화 확
　　산을 위한 조사 연구 보고서. 한국출판문화산업진흥원.

이용남(2007). 학교도서관과 공공도서관의 연계·협력 체제에 대한 분석. 한국도서관
　　정보학회지 38(2), 353-372.

이지연(2009). 학교도서관이 학교교육에 미치는 영향에 관한 연구. 한국문헌정보학회
　　지 43(4), 353-380.

이차숙(2005). 유아언어교육의 이론과 실제. 학지사.

장윤금(2006). 학교도서관의 독서지도 프로그램 활성화 방안 연구. 한국비블리아학회
　　지 17(1), 27-46.

전국학교도서관담당교사모임(2007). 학교도서관, 희망을 꿈꾸다: 학교도서관 운영의
　　모든 것. 우리교육.

조미아(2009). 학교도서관 환경변화에 따른 학교도서관 운영 전문가의 역할에 관한 연
　　구. 한국도서관정보학회지 40(1), 493-516.

정혜승(2014). 초등학생 학부모의 문식성에 대한 인식과 문식 활동 및 자녀 지원 방식.
　　국어교육 146, 275-309.

Britto, P. R.(2001). Family literacy environments and young children's emerging
　　literacy skills. *Reading Research Quarterly*, 36, 346-347.

Teale, W., & Sulzby, E.(1986). *Emergent Literacy: Writing and Reading*.
　　Norwood, NJ: Ablex Publishing Corp.

찾아보기